复旦哲学·中国哲学丛书

吴震 郭晓东 主编

视域交汇中的经学与家礼学

下

论陈立对《春秋》"王鲁"说的发挥

郭晓东（复旦大学）

自汉代有《公羊》学以来，"以《春秋》当新王"及与之密切相关的"王鲁"说就一直是《公羊》思想体系中的重要一环。然而，魏晋以降，随着《公羊》式微，"王鲁"说也备受后儒诟病。一直到清代中叶《公羊》复兴，一批《公羊》学家才重新正视起"王鲁"说，并予以诸多新的诠释，其中以陈立（卓人，1809-1869）尤具代表性。陈立先后花了四十余年的时间，集其毕生之精力，作百余万言之《公羊义疏》。该书博稽载籍，不仅广蒐汉唐以来的《公羊》古义，而且有清一代说《公羊》者，如庄存与、孔广森、刘逢禄、宋翔凤、凌曙、包慎言等，无不左右采获，整齐排比，融会而贯通之，堪称清代中期以来《公羊》学的集大成著作。该书恪守何休家法，而对何氏《公羊解诂》中的"王鲁"说发明尤多。然而，学者对陈立之《公羊义疏》，或泛泛重其"完备"，[1] 或

---

[1] 皮锡瑞称"览陈立《义疏》，以求大备"，见氏著：《经学通论·春秋通论》（北京：中华书局，1954年），第89页。戴维赞其为"疏释《公羊》最完备的著述"，见氏著：《春秋学史》（长沙：湖南教育出版社，2004年），第479页。

许其长于考据训诂²而讥其"不通义例",³多未能注意到陈立对"王鲁"说的发挥及其对《公羊》学的意义所在,是以许陈立者与讥陈立者,似乎皆未能得其要领。本文即试图以陈氏对"王鲁"说的发挥为切入点,来重新审视陈立对清代《公羊》学史的意义。

一、《春秋》王鲁说的提出与后儒的质疑

《春秋》王鲁说是公羊学的核心义旨之一。"王鲁"一词,最早见于董仲舒的《春秋繁露·三代改制质文》:"故《春秋》应天作新王之事,时正黑统。王鲁,尚黑,绌夏,新周,故宋。"在董仲舒看来,孔子作《春秋》,以《春秋》当"新王",⁴而《春秋》实为一本书,并不可能成为真正的王者,如何以《春秋》当新王,实为费解之说,董仲舒也不过是约略地说,"今《春秋》缘鲁以言王义"。(《春秋繁露·奉本》)直到东汉末,何休解诂《公羊》,"以

---

2 陈立从凌曙、刘文淇学,凌、刘二氏皆深于汉学,刘氏曾批评孔广森、刘逢禄等人"详义例而略典礼、训诂",凌氏则主张治《公羊》当"由声音、训诂而明乎制度典章,以进求夫微言大义"。见氏著:《公羊礼疏序二》。受凌、刘二氏之影响,故陈立之治《公羊》,亦是"由声音、训诂而明乎制度典章,以进求夫微言大义"。《清史列传·儒林传》称陈立"渊雅典硕,不尚空言,大抵考订服制、典礼及声音、训诂为多"。见《清史列传》(北京:中华书局,1987年),第5655页。

3 如杨向奎先生说:"《公羊》之长不在典礼,训诂云云,难用于义理。卓人用力勤,时间久而通训诂,考据是其所长,奈无用武之地何!不通义例是其所短。"见氏著:《清儒学案新编》(济南:齐鲁书社,1994年),第四卷,第115页。此说影响极大,当代学者多以此为定论。参见赵伯雄:《春秋学史》(济南:山东教育出版社,2004年),第731页;黄开国:《公羊学发展史》(北京:人民出版社,2013年),第567页;陈其泰:《清代公羊学》(北京:东方出版社,1997年),第133-143页。

4《春秋繁露·玉杯》"孔子立新王之道";又《春秋繁露·三代改制质文》"《春秋》上绌夏,下存周,以《春秋》当新王"。

《春秋》当新王"及与其相关的"王鲁"说遂有了明确的内涵,且成为何注《公羊》最为核心的义理之一。

《春秋》庄公二十七年"杞伯来朝",何休解曰:"不称公者,《春秋》黜杞,新周而故宋,以《春秋》当新王。"[5] 按公羊家通三统的说法,新王即位,尚须保留以前两王朝之后,为之封土建国,让他们依然遵守前王朝之旧传统与旧制度,并给予最高的爵位(公爵),与此新王朝同时而并存,此即所谓"存二王后"的说法。[6] 因此,当周灭商之后,分别封夏、商二王之后为杞国和宋国。但是,一旦周失去天命,而《春秋》成为新王,则相对于新王的二王后就不再是杞、宋,而成了宋与周,也就是说,杞国的国君因此退出二王后的序列,其爵位就不再是公爵,此即董仲舒所讲的"绌夏",亦即何休所讲的"黜杞"。这样,相对于《春秋》新王而言,二王后为宋与周,故何休在所谓"三科九旨"中又称之为"新周、故宋、以《春秋》当新王"。不过,相对董仲舒对"以《春秋》当新王"之说语焉不详的解释,何休则结合具体的《春秋》经传文本,以"王鲁"之说为之赋予了明晰的内涵。

《春秋》隐公元年,《公羊传》:"元年者何,君之始年也。"何休注云:

> 不言公,言君之始年者,王者诸侯皆称君,所以通其义于王

---

5 徐彦:《春秋公羊传注疏》(上海:上海古籍出版社,2014年),第320页。
6 何休《公羊解诂》隐公三年"春王二月"注:"王者存二王之后,使统其正朔,服其服色,行其礼乐,所以尊先圣,通三统,师法之义,恭让之礼,于是可得而观之。"见《春秋公羊传注疏》,第57页。又隐公三年"宋公和卒",何注:"宋称公者,殷后也。王者封二王后,地方百里,爵称公,客待之而不臣也。"见《春秋公羊传注疏》,第64页。

者,惟王者然后改元立号。《春秋》托新王受命于鲁,故因以录即位,明王者当继天奉元,养成万物。[7]

按《左氏》学,天子诸侯皆可以改元立号,但《公羊》家认为只有王者才能改元立号[8],故何休认为,传文用"君之始年"而不言"公之始年",是因为"公"只指向诸侯,而"君"既可指天子,又可指诸侯,所以传文的"君"字是"通其义于王者"。而之所以用这一个可"通其义于王者"的"君"字,是因为"《春秋》托新王受命于鲁"。也就是说,《公羊》家以《春秋》当新王,但作为书的《春秋》,要行王者之权,必须有所依托,所以有"《春秋》托新王受命于鲁"的说法,此即"王鲁"之意。

"《春秋》托新王受命于鲁",而鲁隐公为《春秋》第一公,故何休又以认为,《春秋》托隐公为始受命王。隐公元年,"公及邾娄仪父盟于眛",《公羊传》认为"仪父"是邾娄国国君的字,体现了对邾娄国国君的褒扬,而所以要褒扬者,是因为邾娄仪父在隐公即位以来率先与隐公结盟。何休注云:

> 《春秋》王鲁,托隐公以为始受命王,因仪父先与隐公盟,可假以见褒赏之法,故云尔。[9]

---

[7]《春秋公羊传注疏》,第7页。
[8] 孔颖达曰:"天子之封诸侯也,割其土壤,分之臣民,使之专为已有,故诸侯于其封内各得改元。"见氏著:《左传正义》(北京:北京大学出版社,1999年),第39页。徐彦则曰:"若《左氏》之义,不问天子诸侯,皆得称元年。若《公羊》之义,唯天子乃得称元年,诸侯不得称元年。"见《春秋公羊传注疏》,第6页。
[9]《春秋公羊传注疏》,第21页。

按，邾娄仪父作为邾娄国国君，以常规书法，当书其爵称邾娄子。何休认为，"仪父本在《春秋》前失爵，在名例尔"，[10] 即仪父在入《春秋》以前，因有罪而被夺爵，本应该书名。但是，因为他在新王受命之际，率先与新王结盟，遂不书"名"而书"字"，以示对他的褒扬。

隐公十一年，"滕侯、薛侯来朝"。滕本小国，子爵，而所以以大国之称称之为"滕侯"者，何休说："称侯者，《春秋》托隐公以为始受命王，滕、薛先朝隐公，故褒之。"即滕侯、薛侯能率先朝《春秋》之始受命王，故褒而称侯。不仅滕子本人被褒称"滕侯"，就连其已故的父亲也因之被褒称"滕侯"，在何休看来，此亦体现《春秋》王鲁之义。[11]

此"王鲁"之说，在何休的《公羊解诂》中，还具体体现在诸多书法中。如隐公十一年，"滕侯、薛侯来朝"。《公羊传》曰："其言朝何？诸侯来曰朝，大夫来曰聘。"何注云："传言来者，解内外也。《春秋》王鲁，王者无朝诸侯之义，故内适外言如，外适内言朝聘，所以别外尊内也。"[12] 也就是说，鲁被假托为王者，而王者无朝诸侯之义，所以凡外诸侯来鲁国称"朝"，鲁国朝外诸侯称"如"，以示王鲁之义。又如桓公十年，"桓十年，齐侯、卫侯、郑伯来战于郎"。《公羊传》曰："此偏战也。何以不言师败绩？内不言战，言战乃败矣。"何注云："《春秋》托王于鲁。战者，敌文也。

---

10 《春秋公羊传注疏》，第21页。
11 隐公七年，"滕侯卒"。此"滕侯"即隐十一年朝鲁之"滕侯"的父亲。何休说："所以称侯而卒者，《春秋》王鲁，托隐公以为始受命王，滕子先朝隐公，《春秋》褒之以礼，嗣子得以其礼祭，故称侯见其义。"见《春秋公羊传注疏》，第94页。
12 《春秋公羊传注疏》，第108页。

王者兵不与诸侯敌,战乃其已败之文,故不复言师败绩。"[13] 在何休看来,"战者,敌文也",即"战"字意味着交战双方地位相当,但《春秋》托王于鲁,于是鲁作为王者,与外诸侯之地位不敌,因此传文称"内不言战"。但是,一旦鲁国与外诸侯交战失利,出于对内讳战败的考虑,《春秋》不书"我师败绩",而用"战"字表明鲁国对外战争的失利。诸如此类的例子,在何休的《解诂》中屡屡可见,不一而足。

然而,也正是《春秋》"王鲁"的说法,招致后儒的不断诟病,以为周天子具在,而以鲁为王,则有犯上作乱之嫌。早在东汉贾逵就批评说:

> 名不正则言不顺,言不顺则事不成,今隐公人臣而虚称以王,周天子见在上而黜公侯,是非正名而言顺也。如此,何以笑子路率尔?何以为忠信?何以为事上?何以诲人?何以为法?何以全身?如此若为通乎?[14]

西晋杜预在《春秋左传集解序》中说:

> 所书之王,即平王也;所用之历,即周正也;所称之公,即鲁隐也。安在其黜周而王鲁乎?[15]

13《春秋公羊传注疏》,第169页。
14 贾逵:《左氏长义》,转引自《春秋公羊传注疏》,第3页。
15《左传正义》,第29页。

后世类似的说法极多，唐代陆淳引述其师啖助批评"王鲁"说云："悖礼诬圣，反经毁传，训人以逆，罪莫大焉。"[16]宋苏轼云："后之言《春秋》者，黜周王鲁之学，与夫谶纬之书者，皆祖《公羊》。《公羊》无明文，何休因其近似而附成之。愚以为，何休，《公羊》之罪人也。"[17]北宋晁说之批评说："其最为害者有三：曰王鲁，曰黜周，曰新周故宋。"[18]又如宋代叶梦得批评曰："《公羊》之学，其妖妄迂怪，莫大于黜周王鲁，以隐公托新王受命之论。……若周未灭而黜之，鲁诸侯而推以为王，则启天下乱臣贼子，乃自《春秋》始。孰谓其诬经敢至是乎！"[19]直至晚清，仍有苏舆批评何休之说曰："如董所云，则《春秋》托鲁言王义，未尝尊鲁为王、黜周为公侯也。何氏直云'王鲁'，遂启争疑。"（《春秋繁露义证·奉本》）

因此，对传统的《公羊》家来说，"王鲁"说实是最为核心的思想，而对《公羊传》及何休的批评，矛头亦多指向"王鲁"。因此，如何看待"王鲁"说，特别是以其为"悖礼诬圣，反经毁传"的批评，对于后世之《公羊》家来说，实为不可回避的根本问题之一。[20]

---

16 陆淳：《春秋集传纂例》，收入《景印文渊阁四库全书》（台北：台湾商务印书馆，1986年），第146册，第280页。
17 苏轼：《春秋变周之文》，收入《苏轼文集》（北京：中华书局，1986年），卷三，第76页。
18 晁说之：《迂景生集》，收入《景印文渊阁四库全书》（台北：台湾商务印书馆，1986年），第1118册，第236页。
19 叶梦得：《春秋公羊传谳》，收入《景印文渊阁四库全书》（台北：台湾商务印书馆，1986年），第149册，第649-650页。
20 有学者甚至认为，自魏晋以降，公羊学一蹶不振，颇有受王鲁说之累。参见张厚齐：《春秋王鲁说研究》，（台北：花木兰文化出版社，2010年），第5页。

二、陈立对《春秋》王鲁说的理解

陈立作为清代《公羊》学的集大成者，其学又以恪守何休家法为最大特色所在，[21] 因此，对于何休的"以《春秋》当新王"与"王鲁"思想，亦予以极力维护，并多有所发挥。

宣公十六年，"成周宣谢灾"。何休注曰："新周，故分别有灾，不与宋同也。孔子以《春秋》当新王，上黜杞，下新周而故宋。"这是何休对《公羊》通三统说最明确与最经典的表述之一，而陈立《义疏》于此亦开宗明义指出，"注为全书发其例也"。[22] 称"注为全书发其例"，则显见其以通三统说为《公羊》及何氏《解诂》的最核心义旨，此可谓善读何休者也。其又引刘逢禄《释例》之文以证己说，且下一按语曰，"其言以《春秋》当新王之意至为明显"。[23] 则显然同意刘氏对何休的解读，且引为同调也。又言孔子"假鲁以立王法，所谓《春秋》之鲁也"，[24] 又言"以鲁当新王，故新周。新周者，新黜周，等王者后也"，从而明确地称"合宋、周、《春秋》为三统"。[25] 则对陈立而言，以《春秋》当新王，即假鲁以立王法，即托鲁当新王，是即"王鲁"。

对于后世针对"王鲁"说的种种批评，在陈立看来，这正是

---

21 梁启超评论陈立的《公羊义疏》曰："此书严守疏不破注之例，对于邵公只有引申、绝无背畔。"见《中国近三百年学术史》，收入朱维铮编：《梁启超论清学史二种》（复旦大学出版社，1985年），第322页。
22《公羊义疏》，卷四十九，第1884页。
23 同上。
24 同上书，第1884-1885页。
25 同上书，第1885页。

"俗儒"不察"以《春秋》当新王"之义,遂"猥以王鲁之说集矢于《公羊》",其曰:

> 以《春秋》当新王,不能见之空言,故托之于鲁,所以见之行事也。所谓托新王受命于鲁也。托王于鲁,非以鲁为王。夫子以匹夫行褒贬之权,不可无所藉,故托鲁为王,以进退当世士大夫,正以载之空言,不如行事之深切著明也。《繁露·王道》云:"诸侯来朝者得褒,邾娄仪父称字,滕薛称侯,荆称人,介葛卢得名,内出言如,诸侯来曰朝,大夫来曰聘,王道之意也。"是也。俗儒不察,猥以王鲁之说集矢于《公羊》,此不知《春秋》者也。[26]

陈立又著有《春秋王鲁说》一文,以进一步详细阐明"王鲁"之义曰:

> 隐元年何君注曰:"《春秋》托新王受命于鲁,故因以录即位。"又云"方陈受命制正月故假以为王法。"然则王鲁者,托王于鲁,非以鲁为王也。孔子当世衰道微之世,惧王道之熄灭,作《春秋》以拨乱,上刺王公,下讥卿大夫,而逮士庶人,以匹夫行天子之权,不能无所寄。鲁者,父母之国也。有所见、有所闻、有所传闻,较百二十国宝书为信,故据以为本而以行赏罚、施黜陟,盖托之空言,不如见诸行事之深切著明,故引史记而加乎王心也。殷继夏,周继殷,《春秋》继周,故以隐为受命王。

---

26 陈立:《公羊义疏》(北京:中华书局,2017年),卷一,第15页。

《春秋》之隐公，则周之文王也。故仪父慕义则字之，宿男与盟则卒之，滕、薛来朝则褒之。于所传闻世，见治起于衰乱之中；于所闻世，见治升平；于所见世，著治太平，仅于讥二名，人道浃，王道备，功至于获麟。故麟于周为异，于《春秋》为瑞。《周南》之《麟趾》、《召南》之《驺虞》，犹斯道也。……然则君人者，能继天奉元，养成万物，行《春秋》之道，则可以拨乱，则可以反正，则可以获麟，故麟之瑞于鲁，为《春秋》之鲁言之，非为衰周之鲁言之也。王鲁故新周，新周故故宋、黜杞，所谓异义非常可怪之论，此也。所谓知我罪我，此也。若徒以《春秋》为鲁史记之别名，则一记载占毕之徒了此矣，何至笔则笔，削则削，而游、夏之徒不能赞一词哉？[27]

陈立于此将"以《春秋》当新王"与"王鲁"说的关系说得尤其清楚明白。首先，在陈立看来，孔子以《春秋》当新王，然而《春秋》毕竟只是一本书，而孔子欲以《春秋》行天子之权，就不能空言而无所依托。而鲁国作为孔子的父母之国，有所见、所闻、所传闻之事，故孔子可以据以为本，因鲁之旧史而加之以"王心"，即所谓"托王于鲁"，从而陈立一方面反复强调，"王鲁"者，"非以鲁为王也"。但另一方面，陈立又指出，《春秋》既然托鲁为王，故"《春秋》之鲁"不同于"衰周之鲁"，即《春秋》所"托王"的鲁国，不同于当时实存的作为列国之一的鲁国。"《春秋》之鲁"的提法，亦见于《义疏》卷四十九：

---

[27] 陈立：《句溪杂著》（清同治刻陈汝恭续刻本），卷二，第1-2页。

> 孔子曰：我欲托之空言，不如著之实事。故假鲁以立王法，所谓《春秋》之鲁也。[28]

其又论鲁隐公与鲁桓公，分别"《春秋》之隐、桓"与"鲁国之隐、桓"：

> 盖隐、桓以下，为《春秋》之隐、桓，非鲁国之隐、桓。圣人以托之空言，不如见之行事，故假鲁以张治本，非隐真为受命王也。杜预、范宁不识七十子微言大义，以孔子之《春秋》牵泥于鲁之《春秋》，以故动辄荆棘，则不但不知读《春秋》，并不知读《孟子》矣。[29]

"《春秋》之隐、桓"，即"《春秋》之鲁"的隐公、桓公，亦即被托王的隐公与桓公；"鲁国之隐、桓"，即"衰周之鲁"的隐公与桓公，亦即作为诸侯之一的隐公与桓公。事实上，"衰周之鲁"与"《春秋》之鲁"的区分，在包慎言等人那里已微有见意，如陈立引包慎言《王鲁说》云："此十二君者，鲁之君乎哉？《春秋》之君也。"[30] 此已分别就"鲁之君"与"《春秋》之君"视《春秋》之十二公。但相较而言，陈立之说显得更为明白透彻，对于理解《公羊》及何休的"王鲁"之义极具帮助。盖后人之所以疑于"王鲁"说

---

[28]《公羊义疏》，卷四十九，第1885页。按：刘尚慈先生校点本认为"《春秋》之鲁"的"之"字当据文义改"王"字，不过，在笔者看来，作"之"字义亦通，不必强改为"王"。
[29]《公羊义疏》，卷四，第146页。
[30]《公羊义疏》，卷一，第17页。

者,往往是将孔子所以"托王"的"《春秋》之鲁"混同于当时事实存在的作为列国之一的鲁国,从而"猥以王鲁之说集矢于《公羊》,此不知《春秋》者也"。如《左传疏》引刘炫难何氏云:"新王受命,正朔必改,是鲁得称元,亦应改其正朔,仍用周正,何也?既托王于鲁,则是不事文王,仍奉王正,何也?诸侯改元自是常法,而云托王改元,是妄说也。"陈立即批评说:"是由昧于托王于鲁为借鲁以明王之义,故以俗见强说也。"[31] 按刘炫之意,鲁既然为王,则不当用周正、奉时王,陈立称其"昧于托王于鲁为借鲁以明王之义",就是批评其于"《春秋》之鲁"与"衰周之鲁"不加分别。作为"《春秋》之鲁",是孔子借鲁国旧史而加以"王心"的结果,亦即是"以《春秋》当新王"的具体体现,故陈立说:"殷继夏,周继殷,《春秋》继周,故以隐为受命王。"以隐公为受命王,即是"《春秋》继周"的具体表现。在这一意义上讲,陈立极其深刻地指出:"《春秋》之隐公,则周之文王也。"《公羊传》称:"王者孰谓?谓文王也。"何休注曰:"以上系王于春,知谓文王也。文王,周始受命之王,天之所命,故上系天端。"[32] 陈立以"周之文王"视"《春秋》之隐公",则隐公亦"元年春王正月"之"王",亦即"上系天端"之"王",故"《春秋》之隐公",实非"衰周之鲁"的隐公,而是作为《春秋》之始受命王的隐公,此不可不察。反过来,若视鲁为周之诸侯国,即从"衰周之鲁"的角度看,则《春秋》与孔子未经删削的鲁史记就没有实质性的区别。又哀公十四

31《公羊义疏》,卷一,第17页。
32《春秋公羊传注疏》,第7页。

年,"西狩获麟",《公羊传》以为"记异也",然而麟又是一种太平之瑞兽,何休称"麟于周为异,《春秋》记以为瑞,明大平以瑞应为效也",在陈立看来,作为太平瑞应之麟,显然是"为《春秋》之鲁言之,非为衰周之鲁言之也"。所以陈立又进而引刘逢禄的说法,"《春秋》者火也,鲁与天王、诸侯,皆薪蒸之属",[33] 又引包慎言的说法,称"十二公皆筌蹄",[34] 都表达了这一意思。

三、陈立以"《春秋》王鲁说"的立场来释读《公羊》

在《公羊义疏》中,陈立站在恪守何休家法的立场,对何氏认为体现"《春秋》王鲁说"的具体文本,作了进一步的阐释与发明。有些关于"王鲁"的文本,何氏本身语焉未详,而徐彦旧疏又未能很好地予以阐发,陈立则立足于何氏之说,对之进行深入的引申与推衍,从而使得何休的"王鲁"思想被更为彻底地得到了贯彻。

约略言之,陈立在《公羊义疏》中对"王鲁"说的释读与发挥表现为如下几个方面:

首先,在疏文中转述敷陈何氏"王鲁"的解说。隐公元年,"秋,七月,天王使宰咺来归惠公仲子之赗"。何氏注曰:"所传闻之世,外小恶不书,书者来接内也。《春秋》王鲁,以鲁为天下化首,明亲来被王化渐渍礼义者,在可备责之域,故从内小恶举也。"[35] 陈立疏曰:

33《公羊义疏》,卷一,第16页。
34 同上书,第17页。
35《春秋公羊传注疏》,第33页。

> 春秋托王于鲁，假若隐公为受命王，故为天下化首。凡来接内者，皆如亲被王化，宜渐渍礼义，如上之褒仪父。是《春秋》责备贤者，故虽小恶必书，为其在可责备之域故也。其非接内者，则在无足责之例，故小恶不示讥文也。[36]

按《公羊传》，周天子使宰咺来归惠公仲子之赗，实兼赗惠公与仲子，而仲子为惠公之妾，周天子不别尊卑，故《公羊传》以之为"非礼"，从而何休视之为"小恶"。然而，按《公羊》三世之说，外小恶不书，而所以书者，何休认为是因为"接内"，从而在"王鲁"的意义上说，凡是来亲近"新王"，从而"被王化渐渍礼义"者，都要褒而书之。陈立基本上是转述与敷陈何休之说，只不过说得更清楚明白了一些。在《公羊义疏》一书中，陈立对何休之继承与发挥大率皆如此。

又隐公元年，"及宋人盟于宿"，传曰："孰及之？内之微者也。"何休注曰："内者，谓鲁也。"[37] 陈立疏之曰：

> 此通解全书之例，成十五年传："《春秋》内其国而外诸夏。"故凡言内者皆鲁也。[38]

按：何氏"内者，谓鲁也"，实为《春秋》"王鲁"之例。徐彦曰："据百二十国宝书以为《春秋》，非独鲁也。而言内者，托王于

---

[36]《公羊义疏》，卷三，第114页。
[37]《春秋公羊传注疏》，第34页。
[38]《公羊义疏》，卷三，第113页。

鲁，故言内，犹言内其国外诸夏之义也。"[39] 陈立亦引成公十五年传"《春秋》内其国而外诸夏"，则陈立在此实以"王鲁"解"内鲁"也。陈立于此称"此通解全书之例"，可谓善读《公羊》者。所谓"此通解全书之例"，亦即认为全书以"王鲁"为大例。

其次，何氏之注语义未详，徐彦疏又未能发明"王鲁"义，而陈氏作"王鲁"解读者。隐公三年，"尹氏卒"。何氏《解诂》曰："时天王崩，鲁隐往奔丧，尹氏主傧赞诸侯，与隐交接而卒，恩隆于王者，则加礼录之，故为隐恩录痛之。日者，恩录之，明当有恩礼。"[40] 徐疏曰："言隐公恩隆于王者，则加礼录其傧赞之人也。"[41] 陈立不满于此说，故疏之曰：

> 按尹氏傧赞隐公，即为恩隆于王者也。旧疏非。[42]

又曰：

> 上元年公子益师卒，注："故于所见之世，恩己与父之臣尤深，大夫卒，有罪无罪皆日录之。"又云："主所以卒大夫者，明君当隐痛之也。"盖尹氏新与鲁接，恩隆王者，即当恩录之，故书日比内大夫，著王者当有恩礼，即赗、赙之属，非所谓恩隆王者，则加礼加其傧赞之人也，盖《春秋》托王于鲁也。[43]

---

39 《春秋公羊传注疏》，第200页。
40 同上书，第61页。
41 同上。
42 《公羊义疏》，卷五，第67页。
43 同上。

按徐氏旧疏之意，隐公"恩隆于王者"，其所谓"王者"，指的是周天子，即隐公恩隆于天子，遂及其傧赞之人，故"加礼录其傧赞之人"。而陈立则以为，何氏所谓"王者"，并非指的是周天子，而是指鲁隐公，盖"《春秋》托王于鲁"，尹氏傧赞隐公，即是尹氏"恩隆于王者"。因此，尹氏虽为外大夫在不书卒之例，但因其恩隆于隐公，故当书日书卒，以比之于内大夫例，以明王者当有恩礼。故陈立以为，何氏乃于"尹氏卒"发明《春秋》"王鲁"之义，而旧疏则未有此意。

又次，何注与徐疏在《公羊注疏》中未作"王鲁"义解读者，而陈立本何、徐之意以"王鲁"说发明之。

僖公七年，"夏，小邾娄子来朝"。何氏注曰："至是所以进称爵者，时附从霸者，朝天子，旁朝罢，行进，齐桓公白天子进之，固因其得礼，著其能以爵通。"[44] 按何休的意思，小邾娄子能够附从齐桓公朝天子，所以天子进之以爵。徐彦疏则对比隐公十一年"滕侯、薛侯来朝"，认为滕侯、薛侯以其来朝新王，故进而称"侯"，而小邾娄子"不由朝新王"，得进而称侯，"正以僖公非受命之王故也"。即徐彦承认隐公是受命王，但不承认僖公是受命王。[45] 然而，在陈立看来，"小邾娄因朝天子，齐桓白天子，进称爵，然不合书"。[46] 而所以书者，"时旁朝鲁，鲁为受命王，因得礼书其爵，以示法也"。[47] 按：据本条何休注与徐疏彦，均未发明"王鲁"之

44《春秋公羊传注疏》，第401页。
45 同上书，第402页。
46《公羊义疏》，卷三十，第1129页。
47 同上书，第1130页。

义。而徐氏称"正以僖公非受命之王故",则显然没有能够领会何休"王鲁"说的精义。虽然在隐公篇何休相对更多提及隐公为始受命王,但从"王鲁"的角度来说,既然《春秋》托王于鲁,则《春秋》十二公,莫非受命王也,所以陈立认为,所以书小邾娄子来朝,其实与滕、薛朝隐公的性质是一样的,都是因朝受命王而得书。

又僖公二十七年,"冬,楚人、陈侯、蔡侯、郑伯、许男围宋"。《公羊传》曰:"此楚子也,其称人何?贬。曷为贬?为执宋公贬,故终僖之篇贬也。"何休注云:"古者诸侯有难,王者若方伯和平之,后相犯,复故罪,楚前执宋公,僖公与共议释之。【僖二十一年,执宋公以伐宋】今复围犯宋,故贬,因以见义。终僖之篇贬者,言君子和平人,当终身保也。"[48] 按:《春秋》经书"楚人",而实为楚子髡,《公羊》认为,因楚子髡执宋襄公,故终僖公之篇贬之,但传文实未明其义。何休从"君子和平人,当终身保"的角度解释了终僖之篇贬楚子髡的理由,不过,何休的解释似乎说得还不是很透彻,陈立则疏曰:《春秋》托王于鲁,僖公托王者方伯之职,和平诸侯,今复相犯,即是得罪于僖,即为得罪于王法,故云终僖之篇贬耳。"[49] 也就是说,何休仅就僖公曾经调停宋楚之争,而楚子髡之后重新犯宋,是则破坏僖公平和楚宋之功,故称得罪于僖公,从而《春秋》终僖之篇贬之。而陈立则进而从"王鲁"的角度,认为僖公既然是《春秋》所假托的王者,楚子髡得罪于僖

---

[48]《春秋公羊传注疏》,第475页。
[49]《公羊义疏》,卷三十五,第1305页。

公,即是得罪于"王法",因此而终僖之篇贬之。此说可以说较何氏注更具有说服力,而且将何氏的"王鲁"说贯彻得更为彻底。

又昭公二十五年,"宋公佐卒于曲棘"。《公羊传》曰:"诸侯卒其封内不地,此何以地? 忧内也。"何休注曰:"时宋公闻昭公见逐,欲忧纳之,至曲棘而卒,故恩录之。"[50] 按:《春秋》外诸侯于其封内卒不书地,此书者,《公羊传》以"忧内"解之。从前述"内鲁"即"王鲁"的大例看,此条显然可从"王鲁"的角度解之。但何休仅解宋公忧昭公之见逐,从而恩录之,并没有特别点出其中所具有的"王鲁"义。陈立则进一步对何休的"恩录之"作了阐释。其曰:"恩录之,与成二年书曹公子手同。六月癸酉,季孙行父、臧孙许、叔孙侨如、公孙婴齐帅师会晋郤克、卫孙良夫、曹公子手及齐侯战于鞍,齐师败绩。曹无大夫,公子手何以书? 忧内也。彼注云:'《春秋》托王于鲁,因假以见王法,明诸侯有能从王者征伐不义,克胜有功,当褒之。'此以诸侯能为王者忧,勤王而卒,亦宜恩录之也。"[51] 则陈立据何休成公二年注解此条,认为宋公所以"恩录之",非仅仅出于为昭公忧,而其实是为王者忧。可以说,若仅仅为昭公忧,昭公仍不过是"衰周之昭公";若视作为王者忧,则昭公乃成其"《春秋》之昭公"。由此可见,陈立之解,实本于何氏之义,而何氏于此多少失察。

又次,何氏未作"王鲁"解读,徐彦疏以"王鲁"解而义未能显豁者,陈立则进而解析之。庄公元年,"夫人孙于齐"。何休注

---

50 《春秋公羊传注疏》,第1014页。
51 《公羊义疏》,卷六十六,第2565页。

云：" 言于齐者，盈讳文。"[52] 陈立疏之曰：

> 旧疏云："据百二十国宝书以为《春秋》，非独鲁也。而言内者，托王于鲁，故言内，犹言内其国外诸夏之义也。然则内鲁为王，王者无出奔之义，故谓之孙。而僖二十四年，'冬，天王出居于郑'，言'出'者，彼传云：'王者无外，此其言出何？不能乎母也。'注：'不能事母，罪莫大于不孝，故绝之言出也。'"然则彼天王合绝，故书出，不天子之也。[53]

按：桓公夫人文姜通乎齐侯而致桓公被弑，故于庄公元年出奔齐。经不书"奔"而书"孙"，何休认为是"盈讳文"，故何注于此实未曾论及"王鲁"。但徐彦疏以"王鲁"义说之，认为"王者无外"，故无出奔之义。[54] 僖二十四年"天王出居于郑"，传亦言"王者无外"，徐疏则引何注称周天子不能事母故绝。然而徐疏于此未能申明"王鲁"义之"王者无外"与周天子之"王者无外"的区别，而陈立则直言"不天子之"，意谓周天子有罪合绝，故云"不天子之"。然而文姜有罪亦当绝，出于"内鲁"之意，以"王者无外"而讳言"孙"；天王有罪当绝，陈立则直言"不天子之"。则陈立之"不天子之"四字，事实上进一步从反面论说"王鲁"之义，即《春秋》王鲁，而周天子不当王也，从而徐疏之意因此而更加显豁。

52《春秋公羊传注疏》，第200页。
53《公羊义疏》，卷十七，第623页。
54《春秋公羊传注疏》，第200页。

四、小结

总而言之，陈立可以说是有清以来对"王鲁"说阐释得最为透彻者，其严格区分《春秋》之鲁"与"衰周之鲁"，则对"王鲁"的理解，就决不是如贾逵所批评的那样"隐公人臣而虚称以王，周天子见在上而黜公侯"。事实上，按陈立的理解，所谓"王鲁"者，即孔子作《春秋》而据鲁之故事以为本，而以行赏罚、施黜陟，亦即借鲁史而加"王心"、立"王义"焉者。故对陈立而言，"王鲁"说及与之相关的"以《春秋》当新王"说，可以称得上是《公羊》的第一原理，是以其视"王鲁"为《春秋》之大例。从某种意义上讲，陈立对"王鲁"说的发挥，甚至比何休本人表现得更为彻底，可谓是何氏之功臣。然而，陈立著《公羊义疏》，其另一重要特色是以汉学本领治《公羊》，以致时贤多因陈立长于考据训诂，遂认为"不通义例是其所短"。然而，就陈立视"王鲁"为《春秋》之大例，就陈立对"王鲁"的阐释与发挥来讲，陈氏可谓深得《公羊》之微言大义者，[55] 以"不通义例"责陈立，未免苛责太甚。

---

[55] 梁启超论陈立云："其于《公羊》三世九旨诸说，邵公所谓'非常异义可怪之论'者，阐发无余蕴，不独非巽轩所梦见，即方耕、申受亦逊其精锐。"见氏著：《中国近三百年学术史》，收入《梁启超论清学史二种》，第322页。

清代礼学研究的复盛和礼书编撰的兴起[*]

苏正道（西南财经大学）

清代礼学以考证研究最为知名，除此之外还包括礼书编撰著作。如时见于学术年谱及方志"艺文"、"经籍"中的学者及民间家礼著作，以及著名学者和学术赞助者，如徐乾学、江永、秦蕙田等卷帙浩繁的经礼编著。清代的礼学研究和礼书编撰，其兴起的原因是什么，过程如何？这是值得研究者措意的问题。梁启超说："自黄梨洲、顾亭林惩晚明空疏之弊，提倡读古书。读古书自然触处都感觉礼制之难懂了，……礼学盖萌芽于此时了。"[1]这自然是一种逻辑上的假说。周启荣先生指出，清代的礼学考证是明清间儒家礼教思潮推动的产物，内生出音韵、训诂的需求[2]。张寿安认为，明清之

---

[*] 本文系国家社科基金一般项目"清代的礼书编撰与礼学研究"（18BZS074）阶段性成果。原文简略版载于《闽江学院学报》2015年第3期，此为增订版本。

[1] 梁启超：《清代学者整理旧学之总成绩》，朱维铮校注：《梁启超论清学史二种》，复旦大学出版社，1985年，第306页。

[2] Kai-wing Chow, *The Rise of Confucian Ritualism in Late Imperial China: Ethics, Classics, and Lineage discourse*, Stanford University Press, 1994. 周启荣：《儒家礼教思潮的兴起与清代考证学》，《南京师大学报》（社会科学版）2011年第3期，第5-20页。李孝悌、刘永青均主此说。李孝悌：《18世纪中国社会中的情欲与圣体：礼教世界外的嘉年华会》，收入氏著：《恋恋红尘：中国的城市、欲望和生活》，上海人民出版社，2007年；刘永青：《情礼之间：论明清之际的礼学转向》，人民出版社，2014年。

际在家礼实践中出现的诸多问题，导致学者回归古礼进行研究，渐启文本考证的途辙[3]。长期以来，关于清代礼学研究的复兴，主要有"社会外缘"和"内在理路"说。"外缘"包括政治压迫、文字狱等，邓声国说："清初统治者的文化递变和两手政策，使当时知识分子大都回避政治，埋头于没有政治风险的学术研究。……《仪礼》之学主要属于仪节礼制之诠释，较之其他儒经的诠释，它与当时政治思想之斗争距离要远得多，自然容易成为当时学者进行学术研究的避风港。"[4] "理路"说认为清代礼学的复兴是对明末王学空疏学风的反思，是复古风气下的必然选择[5]。本文拟在上述诸说的基础上，通过对晚明以来社会思想、民众习俗、学者学术研究的考察，窥观清代礼书编撰兴起的历史原因，和礼学研究复盛的学术进程。

一、明清之际的社会背景和回归儒家经典研究

明朝建立后，在意识形态上一尊程朱，导致了思想上的滞固。薛瑄曰："自考亭已还，斯道已大明，无烦著作，直须躬行耳。"[6] 曹端、胡居仁等，笃践履谨，绳墨守之。但随着明中叶陈献章、王守仁学术的兴起，尤其是王阳明"致良知"学说的流衍，"别立宗旨，显与朱子背驰，门徒遍天下，流传逾百年，其教大行，……嘉、隆而后，笃信程朱，不迁异说者，无复几人"[7]。虽然阳明心学在破除

---

3 张寿安：《十八世纪礼学考证的思想活力》，北京大学出版社，2005年，第19-85页。
4 邓声国：《清代〈仪礼〉文献研究》，上海古籍出版社，2006年，第3页。
5 林存阳：《清初三礼学》，社会科学文献出版社，2002年，第21-44页。
6 [清] 张廷玉等撰：《明史》卷二八二《儒林一》，中华书局，1974年，第24册，第7229页。
7 [清] 张廷玉等撰：《明史》卷二八二《儒林一》，第7222页。

程朱学术的禁锢，及与民众交流的活泼、简便方面具有积极意义，但其学术体系对于主观性的心性追求，使得它较于程朱理学更加空疏。

王阳明不承认其学说受佛学的启发，并且积极辟佛。但这并不能掩饰其学术中的佛学因子，尤其是禅宗的影响，阳明后学大多走上兼通儒释的道路。如王畿讲学"杂以禅机，亦不自讳也"。王艮读书"止《孝经》、《论语》、《大学》，信口谈说，中理解，……驾师说上之，持论益高远，出入于二氏"。周汝登"其学不讳禅，……更欲合儒释而会通之，辑《圣学宗传》，尽采先儒语类禅者以入。盖万历世士大夫讲学者，多类此"[8]。

王学的风靡，文风亦变得空疏。明初四书、经义取士，不尚华采，其后"标新领异，益漓厥初"，作文引文不止六经、《左传》、《国语》、《史记》、《汉书》，"《史记》穷而用六子，六子穷而用百家，甚至佛经、道藏摘而用之"。万历十五年，礼部奏请刊布弘治、正德、嘉靖初年中式文字典雅者一百十余篇，但士子却不以为矩矱。天启、崇祯间，文体益变，以出入经史百氏为高，势重难返[9]。会试主考者厌《五经》而喜《老》《庄》，程文破题以《庄子》之言入[10]。明人不读传注，士子作文张冠李戴，考官亦复不知[11]。

学风空疏，士风亦趋，竟至提倡"酒色财气，一切不碍菩提

---

8 ［清］张廷玉等撰：《明史》卷二八三《儒林传二》，第7274、7276页。
9 ［清］张廷玉等撰：《明史》卷六九《选举一》，第1689页。
10 ［清］顾炎武：《日知录》卷一八"破题用庄子"，《日知录集释》中册，上海古籍出版社，2006年，第1057页。
11 ［清］顾炎武：《日知录》卷一八"科场禁约"，《日知录集释》中册，第1061页。

路"¹²、"无事袖手谈心性，临危一死报君王"¹³。这一切带来了亡国的悲剧¹⁴。

明清鼎革之际，清廷一系列的高压措施，如圈地、投充、逃人法等，导致满汉矛盾突出，其中尤以薙发、易服引起汉人的极度不满。清廷执行薙发令相当严厉，甚至衍圣公亦不可避免¹⁵。在汉人的文化传统中，"身体发肤，受之父母，不敢毁伤"，薙发令与固有文化相冲突，也使得满汉矛盾激化。双方隔阂益深，互不信任，有骨气的遗民大多不愿意出仕新朝。由于复国的愿望一时无法实现，加之中晚明以来王学禅学化的影响，士人们率相逃禅以避世。

逃禅的士大夫人数众多。孙奇逢说："当世士大夫，儒而归禅者，十常四五。"¹⁶ 颜元南游，所见"人人禅子，家家虚文"¹⁷。即使地处边陲的滇、黔等省，逃禅人数亦不少¹⁸。士大夫逃禅各有原因。有的是向新朝表明出处之义的姿态，如屈大均借古讽今，批评出仕元朝的许衡，以为"惟伦有五，而衡不辨君臣，惟经有五，而衡不

---

12 此为邹守益转述李贽语，引自《东廓语录》，《明儒学案》卷一六，中华书局，2008年，第345页。
13 [清] 颜元：《存学编》卷一《学辨》，《颜元集》上册，中华书局，1987年，第51页。
14 明亡的原因有流贼说、宦官说、朋党说、皇帝说、民困说、学术说，徐凯：《明朝大厦倾覆与社会矛盾的合力作用——清前期对明亡之因探讨的再解析》，《社会科学战线》2011年第11期，第93-102页。主张明亡于学术的代表人物是陆陇其，他以为"明之天下，不亡于寇盗，不亡于朋党，而亡于学术。学术之坏，所以酿成寇盗、朋党之祸也"。《三鱼堂文集》卷二《学术辨上》。
15《清世祖实录》卷二一顺治二年十月条，《清实录》第3册，中华书局影印本，2008年，第1678页。
16 [清] 孙奇逢：《夏峰先生集》卷七《答赵宽夫》，《孙奇逢集》中册，中州古籍出版社，2003年，第793页。
17 [清] 李塨：《颜习斋先生年谱》卷下，《颜元集》，中华书局，1987年，第774页。
18 陈垣：《明季滇黔佛教考》卷五，河北教育出版社，2000年，第388-435页。

知《春秋》"。[19] 有的是一种伪装，很多抗清志士在复国无望之后迅速还俗。有的是借此慰藉苦痛的心灵，如钱谦益晚年研究内典，以摆脱家国覆亡，臣仕二主的人生经历。这些大量逃禅的情况引起了学者们的反思，最终将矛头指向王学，批评王学的空疏和阑佛入儒。陆陇其说："自阳明王氏倡为良知之说，以禅之实而托儒之名，……学术坏而风俗随之，其弊也至于荡轶礼法，蔑视伦常，天下之人，恣睢横肆，不复自安于规矩绳墨之内，而百病交作。"[20] 学者们争辨儒、释。在颜元看来，"佛氏立教，与吾儒之理，远若天渊，判若黑白，反若冰炭，其不相望也，如适燕适越之异其辙"[21]。但在儒、释之辨上，不是每个人都有颜氏的自信。汤斌就是其中的不自信者。尽管他是强调修身的理学家，也知道"儒而不禅，不可不辨"[22]，但究竟怎么辨？心中并无眉目，于是请益于老师孙奇逢。孙氏《语录》记下了两人的谈话。汤斌问："儒学本天，释学本心。心无二理，何以与吾儒异？"孙氏回答说："心无善、无不善，此禅宗也，释氏本心之说也。性命于天，自是至善无恶，孟子所以道性善。此圣学本天之说也。本天以天地万物为一体，故能兼善天下。本心只了当一己，故谓之自私自利。"[23] 孙氏以善、恶标准，指出儒学和佛学的区别在对"公"和"私"的态度。姑且不论这是

---

19 [清] 屈大均：《复王山史书》，《翁山文钞》卷九，《清代诗文集汇编》影印清康熙刻本，上海古籍出版社，2010年，第119册，第110页。
20 [清] 陆陇其：《学术辨上》，中华书局影印《丛书集成初编》本，1985年，第1—2页。
21 [清] 颜元：《存学编》卷二，《颜元集》，中华书局，1987年，第774页。
22 [清] 汤斌：《汤子遗书》卷三《孙征君先生文集序》，《汤斌集》上册，中州古籍出版社，2003年，第92页。
23 [清] 孙奇逢：《夏峰先生集》卷二，《孙奇逢集》中册，中州古籍出版社，2003年，第562—563页。

儒、释的区别，还是孙氏的发挥，但谈话揭露出理学家亦很难判断出儒、释的区别，可见这一问题的困难。相较之下，黄宗羲对佛、释的批评更加鞭辟入里，他检讨自己，"昔贤辟佛，不检佛书，但肆谩骂；譬如用兵，不深入其险，不能剿绝鲸鲵也，……乃阅《佛藏》，深明其说，所以力排佛氏，皆能中其窾要"[24]。他批评陈乾初虽然表面辟佛，但没有深入佛理，"于宋儒所言近于未发者，一切抹去，以为禅障，……反是佛家作用见性至旨也"[25]。对于逃禅者，黄宗羲感叹他们"不甘为异姓之臣，反为异氏之子"，极其痛心。其弟黄宗会晚年好佛，宗羲为之反复辩论，极言其不可[26]。

在理论上进行辟佛的同时，学者们针对晚明以来的空疏学风，开始进行儒家典籍的恢复和礼乐之学的研究，以期重塑儒家经典地位。这些学者包括顾炎武、黄宗羲、阎若璩、胡渭等。顾炎武将王阳明"致良知"比之王衍"清谈"、王安石"新说"[27]。针对儒家经典混入释、道成分，他们积极进行重新考证，重建原始儒学。如宋儒传下来的《易》图有明显的道家痕迹，清初易学研究集中于对《易》图的考辨，力图找到其来源。黄宗羲《易学象数论》、黄宗炎《图书辨惑》、毛奇龄《河图洛书原舛编》完成了这项工作。胡渭《易图明辨》引证详博，坐实此事。清初以后的易学研究以此为起点，力图复原汉代易学原貌，从而发展出自己的研究特色。不仅释、道混入儒家经典，流传的儒家经典自身也存在问题，比如《伪

---

24 [清]江藩：《国朝汉学师承记》卷八，中华书局，1983年，第127页。
25 [清]黄宗羲：《与陈乾初论学书》，《黄宗羲全集》第10册，浙江古籍出版社，2005年，第159-160页。
26 [清]江藩：《国朝汉学师承记》，第127页。
27 [清]顾炎武：《日知录》卷一八"朱子晚年定论"，《日知录集释》中册，第1068页。

古文尚书》，经过阎若璩等人的整理，其文本的真假问题得到初步解决，儒家经典的权威得到了维护[28]。

清初礼学研究的复兴是这一学术背景的产物。由于唐宋以来佛道仪节渗进入儒礼，造成民间礼用在具体实行中多违礼义。清代学者进行礼书编撰和礼学研究，努力重倡儒家礼乐文明，重新回归儒家经典研究，以期达到纠偏实际礼用和"资考核"的作用。

明初礼仪特别强调等级差别。如在婚礼方面，明廷竭力提倡门当户对，对娶乐人为妻妾、良贱结为婚姻、僧道娶妻等有严格规定[29]，同时对士庶所用丧葬礼仪也作了详细规定，强调"丧葬之礼通乎上下，各有等差无敢僭逾"[30]。然而到了中晚明，随着商品经济的发达，朝廷训令已成一纸具文，人们任情而逾礼，"婚娶之家惟论财势耳"[31]。由于王学在明中后期的主导地位，儒释道三教合一思潮的助力，佛僧礼俗阑入儒家礼仪等，在王学风靡的江南地区，民间礼仪参入佛道礼俗并无忌讳，其中丧、葬礼仪参入佛道仪式蔚为风气。《嘉兴县志》记载："居丧葬祭，……里俗一以道释、阴阳人主之。初死，燃灯诵经，名曰'伴灵'；每七日必命释子修瑜珈法荐灵，至三周年而后已，以为亡者或困鬼狱，仗佛力赦出之。"[32]秀

---

28 清初群经辨伪的研究，见林庆彰：《清初的群经辨伪学》，华东师范大学出版社，2011年。针对王学的空疏，明中期以来，杨慎、梅鷟、陈第、方以智等学者进行博雅的考证研究，但他们思想、方法和学术规范上的不成熟，导致清代学者对他们的考证并不认同。

29 ［明］刘惟谦等撰：《大明律》卷六《户律三·婚姻》"良贱为婚姻"条、"娶乐人为妻妾"条等，日本影明洪武刊本。

30 ［明］申时行等撰：《大明会典》卷九六《礼部五十四·丧礼一》，明万历内府刻本。

31 ［明］谢肇淛：《五杂俎》卷一四《事部二》，上海书店，2001年。

32 《崇祯嘉兴县志》卷一五《政事志·里俗》，书目文献出版社，日藏中国罕见地方志丛刊，1991年。

水地区"每七日,俗家作佛事,士大夫亦间有之"[33]。钱塘士人田艺蘅对丧葬用僧乐的现象大发感叹:"今俗,疾病则用僧道作斋醮,丧死则用僧道作道场,送葬则用僧道为引导。不惟愚民之家,虽士宦亦有为之者。"[34] 陈确妻子的临终遗言竟是"以佛礼葬吾"。陈氏指出当时流行的许多礼仪程序不符合礼制规定,如"鼓铙佛事之饰耳目,非礼也","接煞,遣煞,及七七之说,皆非礼也"[35]。世风如此,不可挽回。

与此同时,《朱子家礼》在明代以来的礼学研究和社会实践中依然占据着重要的地位。洪武元年朝廷下诏"令凡民间嫁娶,并依《朱文公家礼》行"[36]。明代官方编撰的礼书亦以《朱子家礼》为蓝本。如洪武二年(1369)八月开始纂修的《明集礼》,其家礼精神与主要仪节深植于《朱子家礼》。永乐十三年(1415),官修《性理大全》完成,其中收录《朱子家礼》并加注解,两年后刊布天下。《朱子家礼》遂由私修礼书转变为官修礼典。

但明代《朱子家礼》和国家礼书的官方传播在深度和广度上都是有限的。史书所谓"颁之天下",不过是到达府县一级政府机构和书院。况且《朱子家礼》礼文深奥,礼典的作用往往要依赖私

---

33 《万历秀水县志》卷一《舆地志·风俗》,成文出版社影印民国十四年铅字重刊本,1970年,第95页。

34 [明]田艺蘅:《留青日札》卷二七"丧葬用僧乐"条,上海古籍出版社,1992年,第507页。

35 [清]陈确:《陈确集·别集》卷八《俗误辨·丧葬第二》。关于明中后期的逾礼行为和民间丧葬遭遇佛教礼俗的问题,见陈江:《明代中晚期的礼仪之变及其社会内涵——以江南地区为考察中心》,《史林》2006年第1期,第92-102页。

36 [明]申时行等撰:《大明会典》卷七一《礼部二十九·婚礼五》,明万历内府刻本。

修礼书进一步地简易化、通俗化[37]。唐、宋以来的"礼下庶民"运动在明代继续,民间礼用的需求促生出大量家礼著作的编撰。这种情况一直延续到清代。据统计,明清时代的家礼有六十至八十余种[38]。这些家礼大多据《朱子家礼》进行修订,以便更简易地实行。其中最著名者是丘濬《家礼仪节》。该书为《朱子家礼》的注释性著作,以《家礼》文本损益当时之制,每章后附"余注"及"考证",以礼用为目标,极大地推动了《朱子家礼》的庶民化。还有冯善《家礼集说》,多以朱子晚年礼说正《家礼》之误。《朱子家礼》的节编本、改编本、补编本众多,其中著者如吕坤《四礼翼》,增订冠、昏、丧、祭四礼。吕坤又有《四礼疑》一书,孙奇逢谓其"简易有先进之遗"[39]。

明代民间礼书主要以《朱子家礼》为主进行改编,其中使用的一些礼仪与《仪礼》的记载不合。如明代冠礼不为人重视,冠礼"三加"据《仪礼》应为缁布冠、皮弁、爵弁,而顾起元记述南京一带诗礼之家的冠礼,称:"冠礼之不行久矣。耿恭简公在南台为其犹子行冠礼,议三加之服,一加用幅巾、深衣、履鞋,二加用头巾、蓝衫、绦靴,三加用进士冠服、角带、靴笏。……故留都士大夫家,亦多沿俗行礼,草草而已。"[40]《杭州府志》记载当地的丧礼习俗,"古者,妇人迎送不逾域,吊死送丧,男子事也。杭俗妇人有所谓'陪吊'、'陪殡'者"[41]。

---

37 赵克生:《修书、刻图与观礼:明代地方社会的家礼传播》,《中国史研究》2010年第1期。
38 张寿安:《十八世纪礼学考证的思想活力》,第20页注释1。
39 [清]孙奇逢:《家礼酌序》,《夏峰先生集》卷四,中华书局,2004年,第145-146页。
40 [明]顾起元:《客座赘语》卷九"礼制"条,中华书局,1987年,第287页。
41 《万历杭州府志》卷一九《风俗》,明万历七年刊本。

这种情况的出现主要是明代礼书注重实行，其用意在于执礼。这决定了明代礼书编撰的缘俗特征，甚至援俗入礼。明代家礼著作中，这样的例子比比皆是。如葛引生《家礼摘要》："请期第四：《家礼》只用纳采、纳币……然请期之礼，世俗必先令日者合其当婚之吉，以告女家。是请期之礼未废而纳吉之礼亦略改耳。仍宜从俗行之，庶不失存羊之意。……亲迎第六：朱子曰，初昏，婿盛服。今土俗多用未明时，从俗可也。"[42] 这种缘俗性造成民间所编礼书不合《仪礼》记载，编者臆说横行，而用礼者概莫能知。

明代以《朱子家礼》为主导，兼采程颐、司马光等家礼，同时融入地方礼俗的家礼编撰与经典悬隔太甚，这遭到清初学者的批评。毛奇龄批评《朱子家礼》"其书鲜据，不惟古礼不甚合，实时俗有未行者"[43]。李塨批评《家礼》"多杜撰无凭，行之偾踬"[44]。到中叶清人修《四库全书》时，把明人礼书多归入"杂礼类"，四库馆臣理想的礼书撰著应是尊经注、考仪节、辨制度、明古今，以经典为法式。在精于考据的清代学者看来，"礼有定制，不容轻议"[45]。他们认为丘濬《家礼仪节》、吕坤《四礼翼》等明代家礼书考证不精、经义不明、以今断古、好为臆说。这成为清代礼学研究兴起的滥觞。

正是晚明以来释道仪式杂入士庶民众日常使用的丧祭礼中，加

---

42 ［明］葛引生：《家礼摘要》卷三《婚礼》，引自赵克生：《修书、刻图与观礼：明代地方社会的家礼传播》，《中国史研究》2010年第1期，第142页注释3。

43 ［清］毛奇龄：《辨定祭礼通俗谱》卷一，台湾商务印书馆影印文渊阁四库全书本，第142册，第745页。

44 ［清］冯辰、刘调赞撰：《李塨年谱》卷三，中华书局，1988年，第97页。

45 张寿安：《十八世纪礼学考证的思想活力》，第22页。

上民间流通的通俗礼书偏离经典的解说太多，对先儒的曲解和错讹数不胜数，所以考据学家需要通过考订经典文本中的礼仪规范来复原其真相[46]。这促使有志之士"以古礼正今俗"，更注重礼制的考证，以矫正明代家礼的臆说。他们最终选择回归《仪礼》研究，并以《仪礼》为本进行礼书编撰。正是这些不苦其繁的工作，礼学才不遂歇绝而渐次复兴，最终形成清代礼学研究的繁盛局面[47]。

二、《朱子家礼》在清初的困境和习礼、考礼的兴起

明清社会是宋代以来"礼下庶人"时代的继续，而清代学术亦以礼学最著。但清初学者对于礼学礼制的研究，却最早与反对阳明后学的空疏紧密联系。晚明王学的空疏滥觞于王阳明对礼的认识。尽管王阳明和朱熹在概念上都承认"礼即理"，但朱子将礼落实到了具体礼仪中，并进行关于古礼的研究。而王阳明则将礼学心学化，以为"礼字即理字。……约礼只是要存此一心"[48]。明清鼎革后，学者反思王学的空疏，主张践履而非空谈。孙奇逢就是其中之一。

孙奇逢学兼朱、王，自述"谨守程朱之训，然于陆王亦喜之"[49]。

---

46 杨念群：《影响18世纪礼仪转折的若干因素》，《华东师范大学学报》（哲学社会科学版）2014年第3期，第11页。
47 清代礼学研究的复兴主要是《仪礼》学的复兴，它是相对于明代《仪礼》研究的落寞而言的。《四库全书总目》于明代《仪礼》类著作未著录一部，亦仅郝敬《仪礼节解》、张凤翔《礼经集注》、朱朝瑛《读仪礼略记》三种存目，且多批评。如以为郝著"谓《仪礼》不可为经，尤其乖谬，所解亦粗率自用，好为臆断"，张著"自出新义者，多所未允"，朱著"其自为说者，以精意几无"。
48 ［清］黄宗羲：《明儒学案》卷十，中华书局，2008年，第200-201页。
49 ［清］孙奇逢：《夏峰先生集》卷七《寄张蓬轩》，《孙奇逢集》中册，第721页。

针对王学的空疏，他倡导躬行践履之说，并力图复兴古礼。为此他年轻时就进行了实践，魏裔介记载孙氏"二十二岁时丁父艰，哀毁成例，病、丧、葬，一准古礼，偕兄若弟结庐墓侧，不饮酒、不食肉、不御内者三年。服甫阕，旋丁母艰，既葬倚庐六载如一日"[50]。不仅如此，他还立《家规》、起草《苏门会约》，进行了大量的礼学实践，以更为实在的礼来取代空疏的理。他的《家祭仪注》规定了日常行为的诸多规范，其《家礼酌》一准明代吕坤《四礼疑》的简易风格，回归孔子"礼奢宁俭"的主张，以适合日用[51]。但孙氏礼书仍是明代家礼的继续，不过根据现实情况作了补充，缺乏经典依据。值得注意的是，孙氏门徒众多，门生多居要职，其礼学主张在清初有很大影响。他对于礼的践履也被学生们提倡，如魏裔介批评说："自明季以来，风俗颓靡，僭越无度，浮屠盛行，礼乐崩坏。"[52] 魏象枢以为"夫礼者，所以辨上下、定民志也"[53]，请求朝廷编修庶民通用礼书。

同孙氏一样进行践履之学的还有颜元。颜元也提倡古礼，但他在实践《朱子家礼》的过程中遭遇到困境。颜元在为父母服丧期间，对于《朱子家礼》有关丧事的种种规定，比如不饱腹便要行礼仪，或者见人吊唁也不能过分悲伤，觉得十分不合情理，于是校对

---

50 [清] 魏裔介：《兼济堂文集》卷十一《孙征君先生传》，《四库全书》本。又见《夏峰先生本传》，朱茂汉点校：《夏峰先生集》，中华书局，2004年，第1页。
51 [清] 孙奇逢：《家礼酌序》，朱茂汉点校：《夏峰先生集》卷四，第145-146页。
52 [清] 魏裔介：《兼济堂文集》卷一《兴教化正风俗疏》，中华书局，2007年。
53 [清] 魏象枢：《寒松堂全集》卷三《请颁礼制之书等事疏》，中华书局，1996年，第80页。

古礼，发现全因《家礼》误改所致[54]。他于是转向古礼的研习，又立族约、置常仪、书院规制，主躬践履行。不过颜元交游不广，对其学术进行推阐播扬的是李塨。

李塨继承颜元对礼的践履，以三物、六行、六艺为学之本，期于致用。他认为"理即礼也。礼以敬为主，而其事则先习于学习中"，"孝弟之温清定省，徐行隅坐，皆礼也。且礼不在故迹即在当前……随时随地，能合情理，是为礼矣"[55]。李塨将礼的范围扩大，不限于具体节文，而且坚持践履，这对矫正王学的空疏性有积极意义。但习礼亦需要经典文本的支撑，才能保证礼义的正确实行，所以李塨逐渐转向考礼研究。李塨的转向与其交游有关，他的交游对颜元学说的传播有极大的好处，但也改变了颜学的取向。他受到南方考证礼学的影响，拜毛奇龄为师学乐，开始礼乐考据。李塨以为"礼之冠昏丧祭，非学习不能熟其仪，非考订不能得其仪之当，二者兼用也"[56]。他批评《朱子家礼》"多杜撰无凭，行之偾踬，其考议之当急"[57]，因此著有多种考礼著作，如《宗庙考辨》、《士相见礼》、《禘祫考辨》、《郊社考辨》等。李塨由习礼转向考礼，说明考礼事

---

54 [清] 戴望：《颜氏学记》卷一："先生居丧，守《朱氏家礼》惟谨，古礼：'初丧，朝一溢米，夕一溢米，食之无算。'《家礼》删去'无算'句，先生遵之过，朝夕不敢食，当朝夕遇哀至，又不能食，病几殆。又《丧服传》曰：'既练，舍外寝，始食菜果，饭素食，哭无时。'《家礼》改为：'练后，止朝夕哭，惟朔望未除服者会哭。凡哀至，皆制不哭。'先生亦遵之，校以古丧礼，非是。因叹先王制礼，尽人之性，后儒无德无位，不可作也。"中华书局，1958年，第1-2页。钱穆说："根据此段传文，知习斋守丧，与阳明格庭前竹的情形相同。惟重习行，重一'礼'。"《国学概论》，《钱宾四先生全集》第1册，联经出版事业股份有限公司，1993年，第295页。

55 [清] 李塨：《论学》卷二，清畿辅丛书本。

56 [清] 冯辰、李调元撰：《李塨年谱》，中华书局，1988年，第96页。

57 [清] 冯辰、李调元撰：《李塨年谱》，第97页。

关礼义的正确实行,习礼需要经典文本的支撑。

在南方,主张践履的人物是陆世仪。陆世仪重视六艺,尤其是礼,但主张切于世用。他曾言"六艺之中,礼乐为急",认为实践礼的方法是保持"敬"字,"立于礼,成于乐,不过始终教人成一个敬字"[58]。面对《朱子家礼》的教条和纷争,陆世仪以为"今所传文公《家礼》,……大概准今酌古,俱可遵行,只要行之者贯以诚心,不必拘拘仪式。……是虽不尽泥礼文,而实得礼之精意"[59]。陆氏主张践礼、行礼,以平息《朱子家礼》的争论,代表着鼎革之际的礼学研究反对王学空疏学风的趋势。陆世仪曾准备重编朱子《仪礼经传通解》,他以为朱子本书"成于门人,未及折衷,亦且多泥古礼,而不能揆之于今,使后世无所遵守。愚意欲一依朱子《通解》所分之目,如家礼、国礼、王朝礼之类,自三代以至近代,一一类载其礼,而后以己意为文以折衷之,名曰《典礼折衷》。庶几议礼之家有所考据"[60]。陆氏的做法,表明主张践履的理学家亦需要礼学文本的支持。用礼首先需要考礼,庶几其礼可用,而礼书的编撰可以为考礼提供参考。从陆氏的设想和实践中,可见习礼、考礼和礼书编撰的关系:无论是学术研究,还是具体礼用,均对回归《仪礼》及相关考证,以及礼书编撰等,有着内在的需求。

由于礼用在传统社会生活中的重大作用,它的正确与否直接相关《仪礼》礼仪的实行。因此,对于具体礼制的考证成为必然。但

---

[58]〔清〕陆世仪:《思辨录辑要》卷二《居敬类》(丛书集成初编本),商务印书馆,1936年,第24页。
[59]〔清〕陆世仪:《思辨录辑要》卷十《修齐类》,第103页。
[60]〔清〕陆世仪:《思辨录辑要》卷四《格致类》,第49-50页。

清初的礼制考证主要发生在江南学者中间。这与王学在江南的风靡，以及它所造成的释、道礼俗参进儒家礼仪的背景有关。由于民间礼书以《朱子家礼》为主进行编撰，所以他们将考证的矛头多指向《朱子家礼》。这其中以黄宗羲、毛奇龄和鄞县万斯大、万斯同的礼学考证最为著名。

黄宗羲很重视礼，他说"六经皆载道之书，而礼其节目也"[61]。他的《深衣考》主要针对《朱子家礼》所载衣制，详列了朱熹等五家图说，各指其误，立陈新说。由于《朱子家礼》在民间礼用中的重要性，黄氏对朱子的批评更显实用色彩。黄氏批评朱熹"有因孔氏而失之者，有不因孔氏而失之者"，并列举了朱熹的具体错误[62]。但黄氏说法由于缺乏经典依据，被四库馆臣认为"排斥前人，务生新义"、"变乱旧诂，多所乖谬"[63]。黄氏的做法凸显出礼学考证缺乏经典证据造成的困境，这样不仅不能纠偏《家礼》的错误，反而会陷入臆说。

同样陷入臆说的还有毛奇龄。毛奇龄的礼学著作多达十数种，如《昏礼辨正》《丧礼吾说篇》《仪礼疑义》《辨定祭礼通俗谱》等。他的礼学考证主要针对民间礼书的臆说，自叙"少时与先仲兄相订，纂丧、祭二礼以正末俗"[64]。他将批评的重点指向《朱子家礼》，自叙"幼时与仲氏学礼，伤时俗蛊坏，思一时补救，而无可考证，

---

61 [清] 黄宗羲:《学礼质疑序》,《黄宗羲全集》第10册, 浙江古籍出版社, 2005年, 第24页。
62 [清] 黄宗羲:《深衣考》,《黄宗羲全集》第1册, 第177-180页。
63 [清] 永瑢等撰:《四库全书总目》卷二一, 中华书局, 1965年, 第172-173页。
64 [清] 毛奇龄:《辨定祭礼通俗谱》卷一, 台湾商务印书馆影印文渊阁四库全书本, 第142册, 第745页。

不得已取朱氏《家礼》一书为至胚模。而其书鲜据，不惟古礼不甚合，实时俗有未便行者"[65]。他指责《朱子家礼》错误太多，"误以肃拜为手拜，致凶丧之礼行之平时"[66]，"祠堂之制若从朱氏《家礼》，则误认长房为宗子"[67]，"《家礼》谓成妇三日始可庙，见自宋至今通行之，则不特不读《春秋》，将并《礼记》三日庙见之说而尽误之"[68]。毛奇龄的考证并不重视经典文献，如他解释"三年之丧不折月说"引民俗说礼，以为"古礼虽亡，然尚有草蛇灰线可隐相踪迹"[69]。毛氏追求新解异说，认为三年之丧为三十六个月，这与传统的二十七月说相抵牾[70]。他本为纠偏民间礼书的臆说，但因缺乏经典证据，反而自己陷入臆说。

毛奇龄勇立新说，万斯大也是如此。万斯大于三礼均有考证，有《学礼质疑》《礼记偶笺》《仪礼商》《周官辨非》等，其中最负盛名的是《仪礼商》。《仪礼商》含附录共三卷六十六条，首二卷按《仪礼》十七篇次第逐篇辨说，遇有疑误则先列原文，继加考辨。本书承袭宋儒疑经传统，如其解《聘礼》之"裼"、"袭"，颇多新意。应㧑谦称"喜其覃思，而嫌其自用"，四库馆臣谓万斯大"颇

---

[65]［清］毛奇龄：《辨定祭礼通俗谱》卷一，台湾商务印书馆影印文渊阁四库全书本，第745页。

[66]［清］毛奇龄：《经问》卷一，台湾商务印书馆影印文渊阁四库全书本，第191册，第16页。

[67]［清］毛奇龄：《经问》卷一六，台湾商务印书馆影印文渊阁四库全书本，第191页。

[68]［清］毛奇龄：《春秋毛氏传》卷十一，台湾商务印书馆影印文渊阁四库全书本，第176册，第117页。

[69]［清］毛奇龄：《丧礼吾说篇》卷七，《四库全书存目丛书》影印康熙间刻《西河合集》本，第87册，第707页。

[70]［清］毛奇龄：《三年服制考》，《丛书集成续编》本第9册，第61页。

有新义，而亦勇于信心"[71]。这种得失参半的评价，凸显出万氏受到宋儒疑经思想的影响，未能回归《仪礼》汉唐注疏。这也从侧面反映出礼学考证和《仪礼》研究需要回归原始经典的内在需要。

万斯同亦受学于黄宗羲，他博通经史，长于古礼。初至京师，人皆以为其特长在史，及徐乾学居忧读礼，与之讨论，发现其礼学才华，因请纂修《读礼通考》。万斯同不负其望，"上自国恤，以讫家礼，《十四经》之笺疏，《廿一史》之志传，汉、唐、宋诸儒之文集、说部，无或遗者，又以其余为《丧礼辨疑》四卷，《庙制折衷》二卷"[72]。万斯同编撰礼书，对于礼学材料的全面了解和把握，使得他对《朱子家礼》的评价比较客观。其《群书疑辨》对于《家礼》的批评很多，如"古之五服未有不用衰者"，万氏以为"《朱子家礼》则惟期服以上用之，虽失古人之制，犹曰己所著书，原非尽依古礼也。勉斋、信斋素称达于礼者，其于《仪礼》一书，析之极其精矣，乃谓礼惟父母用衰，旁亲皆不用，是何敢于背礼，为此无稽之论也"。关于"神帛"，万氏以为"古礼无神帛之说，……自程子定为木主式，而朱子家礼因之，则士大夫俱得用木主矣。既用木主，可以不用神帛"。但他并非一味务反朱子。如"书仪葬不用椁"，他以为"《朱子家礼》虽不为木椁，而易以灰隔之制，则坚与铁石无异，实胜于木椁，此后人所当法也"[73]。

另外，江藩《国朝汉学师承记》提到阎若璩与汪琬关于丧服的

---

71 [清]永瑢等撰：《四库全书提要》卷二十，中华书局，1965年，第162页。
72 [清]全祖望：《鲒埼亭集》卷二八《万贞文先生传》，朱铸禹汇校汇注：《全祖望集汇校汇注》上册，上海古籍出版社，2000年，第519页。
73 分引自陈祖武点校：《清儒学案》卷三五，河北人民出版社，2008年，第1164、1168、1173页。

争论:"琬著《五服考异》成,若璩纠其缪。琬虽改正,然护前辙,谓人曰:'百诗有亲在,而喋喋言丧礼乎!'百诗闻之曰:'王伯厚尝云:夏侯胜善说礼服,言礼之丧服也。萧望之以礼服授皇太子,则汉世不以丧服为讳也。'"[74] 前述万斯同在京亦助徐乾学编《读礼通考》,可见当时京师的学术圈,由于学术交流的频繁,江南学者的礼学考证影响广泛。

从江南和京师学术圈的礼制考证来看,清初有关礼制的具体考订主要针对家庭和社会用礼而进行,考证内容主要是民用的丧、祭礼,以此补正《朱子家礼》及其改编本的不足。但由于这些学者的考证并没有回复到《仪礼》文献上来,更多是在《家礼》范围内根据时俗进行有限地修正,造成这些学者的考证臆说过多,得失参半。可见,无论是对于礼的践履,还是对于具体礼制的考证,都必须要有经典依据,习礼、考礼内生出回归《仪礼》研究和礼书编撰的需要。

三、《仪礼》研究的复兴及其内在理路

清初对于《仪礼》全经的研习是由张尔岐开始的。清初《仪礼》研习一尊敖继公《仪礼集说》,张氏《仪礼郑注句读》宗主郑玄的选择是一个例外。这个例外同时也是意外,其宗郑竟是"闻有朱子《经传通解》,无从得其传本"的替代选择[75]。张尔岐从三十岁

---

74 [清] 江藩:《国朝汉学师承记》卷一,中华书局,1983年,第9页。
75 [清] 张尔岐:《仪礼郑注句读序》,台湾商务印书馆影印文渊阁四库全书本,第108册,第3页。

开始研究《仪礼》，历经三十年，至康熙十年（1671）始成其书。该书对《仪礼》进行分章别句，以郑注为主，融合疏注体和章句体两者优点，以考据为基础，重视名物的考订和仪节的诠释，以及礼制的说解，讲究证据，十分简明而条畅地体现了汉学质朴的治学风格[76]。不过，由于成书较早，加上张氏交游不广，其书影响有限。

张尔岐的贡献不止《句读》，其《仪礼监本正误》《仪礼石本误字》在清代校勘学上影响巨大。由于当时流行的十三经监本"校勘非一手，疏密各殊。至《仪礼》一经，脱误特甚"，张氏乃取石本、吴澄本、监本进行校勘。张氏的校勘工作很仔细，他校正出通用本《仪礼》中误字、脱字、倒置、经注混淆等情况，共计脱八十字，误八十八字，羡十七字，倒置六处计十三字，经文误细书一字，注文误大书混经文二字[77]。《石本误字》是张氏校勘监本的副产品，"参订监本脱误凡二百余字，并考《石经》脱误凡五十余字"，成绩显著[78]。

值得注意的是，顾炎武亦校勘过《仪礼》文本。尽管他没有专门的《仪礼》著述，但《九经误字》中有《仪礼》部分内容的校勘，《日知录》中保留了少许礼学札记，大部分与丧礼有关。其后，金曰追在四库馆据内府所藏唐宋元明版本逐章对《仪礼》进行了校正。另外，浦镗、卢文弨亦有《仪礼》文字、注疏的校订。乾隆五十六年（1791）诏刻石经，《仪礼》校勘之风更盛，冯登府、洪

---

76 邓声国：《试论张尔岐的〈仪礼〉诠释特色及其成就》，《江西科技师范学院学报》2012年第4期，第61-65页。《清代仪礼文献研究》，上海古籍出版社，2006年，第250-254页。
77 [清]张尔岐：《仪礼郑注句读》附《仪礼监本正误》，台湾商务印书馆影印文渊阁四库全书本，第108册，第249页。
78 [清]江藩：《国朝汉学师承记》，中华书局，1983年，第17页。

亮吉、阮元等皆参预其事[79]。顾、张二人可谓开风气之先。

造成《仪礼》研究必须先行校勘是由于历史原因造成的。顾炎武在为张尔岐《仪礼郑注句读》所作序中说：

> 自熙宁中王安石变乱旧制，始罢《仪礼》，不立学官，而此经遂废，此新法之为经害者一也。南渡已后，二陆起于金溪，其说以德性为宗，学者便其简易，群然趋之，而于制度文为一切鄙为末事，赖有朱子正言力辨，欲修三礼之书，而卒不能胜夫空虚妙悟之学，此新说之为经害者二也。……沿至于今，有坐皋比，称讲师，门徒数百，自拟濂、洛，而终身未读此经一遍者。[80]

《仪礼》研究从校勘文字、厘定章句开始，然后进行通贯的整理，最终形成专门的研究，这成为清代《仪礼》学最为显著的特点。

前面提到，清初的《仪礼》研究一尊敖继公《仪礼集说》。《集说》的突出特点是对郑玄注的背离，具有浓郁的疑经风气。《集说》影响广泛，清初《仪礼》研究，无论是万斯大《仪礼商》、姚继恒《仪礼通论》，还是方苞《仪礼析疑》，均受此影响。一直到乾隆初修撰《三礼义疏》，其中《仪礼义疏》尽管在章节方面一尊朱熹

---

[79] 彭林：《论清人〈仪礼〉校勘之特色》，《中国史研究》1998年第1期，改题"清人的《仪礼》学研究"，收入《清代学术讲论》，广西师范大学出版社，2005年，第37页。关于清代的《仪礼》校勘和礼学回归郑注的论述，详见其说。
[80] [清]顾炎武：《仪礼郑注句读序》，《亭林文集》卷2，《四部丛刊》影清康熙本。顾炎武捍卫《仪礼》的经典地位，考释方面归宗郑学，礼学应用方面弘扬朱学，开辟出融会古今的礼制建设通途。陈晓东、田汉云：《顾炎武〈仪礼〉学探析》，《南京社会科学》2010年第4期，第142-148页。

《仪礼经传通解》，但在解释话语方面仍以敖继公注疏为主。但正是学者们参与对《仪礼义疏》的修订，在修订的过程中，必然要清理《仪礼》的流传历史以及参阅郑玄的注释，于是在反复的对比勘验中，他们发现敖继公和郑玄的不同，在更多的时候是敖继公错误，而郑玄是正确的。于是渐有对敖说的批评，并力图回归郑注，这其中尤以吴廷华、褚寅亮，以及稍后的凌廷堪最著。他们的《仪礼》研究，贡献最为突出[81]。

吴廷华著有《仪礼章句》一书，其训释多本郑贾笺疏，间采他说，附案以发明之，于《丧礼》尤为详审[82]。在敖继公和郑注贾疏对垒的过程中，吴氏对于郑注的重视具有标志性意义。褚寅亮则认为敖继公《集说》不在解经，而有意与康成立异，甚且改窜经文曲就其义，于是著《仪礼管见》四卷，大多申郑驳敖。如《乡饮酒》记"北面者东上"，敖改"东"为"西"，褚氏驳之曰："注明言统于门，门在东，则不得以西为上也。"《乡射礼·记》"胜者之弟子洗觯升酌，南面坐，奠于丰上，降、袒执弓，反位"，敖以"袒执弓"句为衍，褚氏驳之曰："胜者之弟子，即射宾中年少者，以是胜党，故袒执弓，非衍文也。"[83]褚氏对于敖继公的批评更加直接，使得人们开始重新审视郑、敖二人的是非得失。

凌廷堪的《仪礼释例》跳出了以传统经注方式研究《仪礼》的窠臼，对《仪礼》全书作了通贯研究。他再次证明，在敖继公和郑

---

81 关于清代《仪礼》研究回归郑注及敖继公《集说》的地位问题，见彭林：《清人的〈仪礼〉研究》，《清代学术讲论》，第38–41页。
82 [清] 永瑢等撰：《四库全书提要》卷二十，第164页。
83 [清] 褚寅亮：《仪礼管见》卷上之四、五，《续修四库全书》影印浙江图书馆藏清乾隆刻本，上海古籍出版社，2002年，第88册，第396、401页。

玄的争论中，多数的情况是郑玄是正确的，而敖继公是错误的。其后胡培翚《仪礼正义》和黄以周《礼书通故》对敖氏逐条进行批评。在这时候，郑玄注的地位完全确立。

但值得注意的是，清人对于敖注的好处并未随意抹杀，对于郑注也非盲从。比如皖派学者程瑶田的诸多考礼之作，其中对于郑玄之说，不苟异亦不苟同，凡郑氏之失，皆援据经史以规正之。而金榜著《礼笺》，仿郑玄笺《诗》之意，对郑玄礼注的不合理处进行规正[84]。

《仪礼》研究回归郑注的同时，清代礼学研究还出现专精研究的趋势，对于衣制、宫室及典章制度等进行专门考证。如对深衣的考证，先后有黄宗羲、万斯大、江永等人的著述。其中尤以江永《深衣考误》最著。它从训诂学角度重新探究深衣制度，纠偏朱熹和黄宗羲之说。又如对宫室的考证，先后有江永《仪礼释宫增注》、任启运《宫室考》等。江永误将李如圭《仪礼释宫》视为朱子所作，对其详加推敲，辨析入微，多所补正。关于祭礼的考证主要有任启运《肆献祼馈食礼》，任氏认为《仪礼》中《特牲馈食礼》《少牢馈食礼》均属士礼，王礼则未及，因此分祭统、吉蠲、朝践、正祭、绎祭五篇，博采众论而成。

清代礼学复兴实质是《仪礼》学的复兴，它经历了一个从"家礼"研究向"经礼"研究的转变过程。顾炎武和张尔岐的《仪礼》研究从校勘开始，开启了清代《仪礼》学研究的序幕。此后的礼学研究由文本校勘转向专题研究和通礼编撰，最终形成清代礼学中以郑玄《仪礼》学为代表的经礼和朱熹《通解》为代表的通礼研究的

---

84 [清] 金榜：《礼笺序》，上海书店影印《清经解》第 3 册，1988 年，第 820 页。

全面繁荣，影响了整个清代学术的走向。

四、重编礼书的热潮和朱子《仪礼经传通解》的赓续

在乾隆初年三礼馆开馆之前，尤其是康熙时期的礼学研究，当时学者欲改革和施行礼制，为了寻找经典的证据来支持自己的意见，礼学研究主要环绕家庭及宗族内适用的礼仪而进行。康熙时期的礼学著作几乎都是环绕朱熹《朱子家礼》《仪礼经传通解》而提出进一步的增修研究、批评或者辩护，或者用朱熹的礼学著作为基础，继续编纂有关礼书[85]。朱子《仪礼经传通解》前后体系上的矛盾和未成之作的现实，使得清代的众多学者掀起了赓续朱子礼书的高潮。

钱穆说，朱熹"不仅集北宋一代理学之大成，同时亦集汉晋以下经学之大成"，而"于经学中，于礼特所重视"[86]。朱熹少时就傅，由杨由义亲授司马光《杂仪》，这为他以后的礼学研究奠下基础[87]。他年轻时考订诸家祭礼，成为其礼学研究的起点[88]；他在司马氏《书仪》基础上增订而成《家礼》，是书在明清时风靡宇内，成为民间普及型礼书读本；他晚年主持编撰的《仪礼经传通解》，不仅是礼制方面的鸿篇巨制，也是其绝笔之作，事实上也是未成之作。此书同样在明清风靡，既影响着礼书编撰的式样，又成为《仪礼》研究的典范。

---

85 周启荣：《儒家礼教思潮的兴起与清代考证学》，《南京师大学报》（社会科学版）2011 年第 3 期。
86 钱穆：《朱子新学案》第 4 册《朱子之礼学》，《钱宾四先生全集》第 14 册，第 127 页。
87 《朱子语类》卷九十，《朱子全书》第 21 册，上海古籍出版社，2002 年，第 1121 页。
88 《晦安朱先生文集》卷二五《与建宁傅守札子》，《朱子全书》第 17 册，第 3052 页。

朱子钟情礼书编撰，有着鲜明的时代背景。唐宋间社会经济的变化和门第的消失，礼下庶民运动开始进行。这推动了礼书编撰，以满足日用。同时，北宋时期，神宗接受王安石的建议，罢废《仪礼》，士人弃读《仪礼》而研习《礼记》，弃经任传，遗本宗末，造成《仪礼》研究中杜撰之风盛行。在现实中，在涉及国家礼制的庙议、承统、祭祀等问题上的争讼不断，由于经典研究的缺乏，使得这类争讼不能得到有效解决[89]。这一切促使朱熹在奏请国家设局编撰礼书的同时，开始私人主持编撰礼书，最终编撰完成《仪礼经传通解》这部煌煌巨制。

《仪礼经传通解》是朱熹最大的礼学著述。相较于陈祥道《礼书》的满纸名物、制度汇编，本书最大的特点是纲举目张，内容上包括家礼、乡礼、学礼、邦国礼、王朝礼，以及设计中的丧礼、祭礼，体现着其"家齐国治"的理学思想。如此庞大的体系绝非一人之力所能成就，本书事实上由朱子发凡起例，众弟子各司其职，最后由朱子笔削定夺，撰成《通解》一书[90]。

庆元六年（1200），朱熹去世，《通解》并未完成。在嘉定丁丑（1217）南康道院的《通解》刊刻本中，只有《家礼》、《乡礼》、《学礼》、《邦国礼》、《王朝礼》共三十七卷，《丧礼》、《祭礼》并未

---

[89] 殷慧：《朱子礼学思想研究》，湖南大学博士论文，2009年，第92-107页。
[90] 据白寿彝考证，朱熹先后进行了五次较大的体系调整，才形成了今本《仪礼经传通解》的体系和内容，白氏称为"五次设计"。白寿彝：《仪礼经传通解考证》，《国立北平研究院院务汇报》第7卷第4期，1936年。收入《白寿彝史学论集》下册，北京师范大学出版社，1994年，第1037-1068页。亦收入《白寿彝文集》第7卷《朱熹撰述丛考》，河南大学出版社，2008年，第40-69页。此外，钱穆《朱子新学案》之《朱子之礼学》（《钱宾四先生全集》第14册，第127-200页），殷慧《朱子礼学思想研究》，均有关于《仪礼经传通解》撰写过程的讨论，可以参阅。

成型。三十七卷中只有前二十三卷经过朱子审订，定名《仪礼经传通解》，《王朝礼》十四卷未通过审订，是为《仪礼集传集注》。黄榦秉承朱熹遗愿，继续编《丧礼》《祭礼》，但他在嘉定十三年（1220）《丧礼》编撰完成后不久就去世了，剩下的《祭礼》由杨复编撰完成[91]。

杨复上承朱熹礼学，其研究为元代马端临所承继。马氏《文献通考》承继朱子典制类礼书的编撰，对明清以来的礼学研究者影响巨大。元代吴澄和汪克宽亦据《仪礼经传通解》编撰礼书。吴澄撰有《仪礼逸经传》二卷，是书搜集经传材料，共成《投壶礼》《奔丧礼》等八篇，以补《仪礼》之遗。"其编次先后，皆依行礼之节次，不尽从其原文，盖仿朱子《仪礼经传通解》之例。"[92] 汪克宽亦尊朱子编例，采集经传、《家语》及汉儒记录，以吉、凶、军、宾、嘉为目，成《经礼补逸》九卷，《礼经附说》终焉[93]。明代的礼学研究中，丘濬最为著名。他早年据《朱子家礼》作《家礼仪节》，损益当时之制，其书蔚为流行[94]。但其晚年上献弘治且被立即刊行的《大学衍义补》，才是他系统探讨礼制的篇章。真德秀《大学衍义》

---

[91] "杨复在编次黄榦《祭礼》时，看到很多内容抵牾的地方，便萌生了重编《祭礼》的想法，他又按照朱熹生前的构想在绍定四年（1231）重新编写成一部《祭礼》。所以《仪礼经传》的《祭礼》部分其实有截然不同的两种书，但清代以来一直被学者混淆，《四库提要》和《朱子全书》皆是如此。"叶纯芳：《杨复再修仪礼经传通解续卷祭礼·导言》，中研院中国文哲研究所，2011年。对杨复《仪礼》研究成绩的清理，见刁小龙《杨复〈仪礼〉学初探——以〈特牲馈食礼〉〈少牢馈食礼〉章句论为中心》，《中国典籍与文化》2014年第1期，第34-42页。

[92] [清]永瑢等撰：《四库全书总目》卷二十，第160页。

[93] [元]汪克宽：《经礼补逸》，台湾商务印书馆影印文渊阁四库全书本，第105册，第635-729页。

[94] [清]永瑢等撰：《四库全书总目》卷二五，第206页。

止于"修身",丘濬试图补撰"齐家"和"治国"部分。真氏所引材料大都依据理学家著述,丘濬则大幅度地扩充了《大学衍义》的内容和架构,试图建立一套严谨的官方执政纲要,和具体入微的帝王治国之学[95]。这种仿效朱熹构建理学体系的编撰方法,彰显出丘濬对朱熹礼书编撰的认可。

而到清初,朱子《通解》遭遇到强烈的反对声音。黄宗羲为万斯大《学礼质疑》作序,指出"朱子亦尝修《仪礼经传》,不过章句是正;于其异同淆乱,固未弹驳而使之归于一也"[96]。姚际恒则认为《通解》毫无学术价值,"经传颠,……全录注疏,毫无发明,一抄书吏可为也……一粗识文字童子亦可为也……其于无可合者,则分家、乡、学、邦国、王朝等名,凭臆变乱,牵强填塞,此全属纂辑类书伎俩。使经义破碎支离,何益于学?何益于治"[97]。

黄、姚的指斥凸显出《仪礼经传通解》一书的内在矛盾。《通解》编撰实际上由朱子发凡起例,朱门弟子及友朋参与编撰,最后由朱熹笔削整理。从成书来看,朱子亲定部分只有《通解》,《集传集注》未及整理,黄榦、杨复《通解续》又未能完全融入朱熹构建的"家齐国治"体系。江永指出《通解》"前后体例亦颇不一,《王朝礼》编自众手,节目阔疏且未入疏义,黄氏之书,《丧礼》固详密,亦间于漏落,《祭礼》未及精专修改,较《丧礼》疏密不伦。信斋杨氏有《祭礼通解》,议论详瞻,而编类亦有未精者"[98]。同时,

---

95 [清]张廷玉等撰:《明史》卷一八一《丘濬传》,中华书局,1974年,第4808-4810页。
96 [清]黄宗羲:《学礼质疑序》,《黄宗羲全集》第10册,第24页。
97 [清]姚际恒:《礼学通论·仪礼论旨》,上海古籍出版社影印北京图书馆藏抄本,1995年,第2页。
98 [清]江永:《礼书纲目序》,《丛书集成续编·经部》第11册影印广雅书局刊本,第153页。

朱子将学礼位设于家、乡与邦国、王朝礼之间,位置、类型均不恰当。朱子对《仪礼》分经附记,造成经文、传文、记文混杂,事实上割裂了《仪礼》经文,这遭到清代学者的诟病。体系矛盾的内在缺陷和未成之作的现实,导致在清代掀起了重撰《通解》的高潮。

对于朱子《仪礼经传通解》的重新整理,清初胡具庆曾有计划。他是孙奇逢的弟子,所著书中有《仪礼经传通解》《礼记类诠》[99]。立志重编朱子此书的人很多,但大多未有机会完成,顾炎武是其中之一。他早年参加抗清斗争,中年以后又浪迹天涯,晚年拟编修礼书又无精力,心中充满悔恨,而将希望寄托于来学[100]。庶几完成礼书编撰的学者,如徐乾学《读礼通考》,秦蕙田《五礼通考》等,均成于众家之手,有待删削。事实上,清代礼书编撰无不以朱子《通解》为底本,但成书者极少,或者成书反不及《通解》。如应㧑谦《礼学汇编》"往往参以臆见";胡抡《礼乐通考》"丛脞少绪";姜兆锡《仪礼经传内编》"多因袭前人,发明最少……盖欲补正《仪礼经传通解》,然不及原书远矣";梁万方《重刊朱子仪礼经传通解》名曰"重刊",实则改修,"掩其书名而观之,殆莫能知为《仪礼经传通解》之文也"[101];盛世佐《仪礼集编》落入朱子礼书繁复的窠臼。可见赓续朱子此书的困难[102]。相比之下,以一己之力成书的仅有江永《礼书纲目》,而且体系上有超越之处。其书篇

---

99 引自徐世昌:《清儒学案》卷一《夏峰学案》,河北人民出版社,2008年,第52页。
100 [清]顾炎武:《亭林文集》卷三《答汪苕文书》,《顾亭林诗文集》,中华书局,1983年,第60页。
101 [清]永瑢等撰:《四库全书总目》卷二五,第205-206页。
102 礼书编撰主要要解决"繁难"和"缺损"两大问题,清代学者大多囿于朱熹《仪礼经传通解》的体系设计,未能有所突破,因而造成礼书编撰的不成功。

幅简略，但补苴朱熹礼书颇为有功。

需要指出的是，清代学者争相重订《仪礼经传通解》，有着时代背景。一是《朱子家礼》的固有缺陷，生出根据朱子《通解》进行礼书编撰的需要。明清民间礼书对《朱子家礼》的改编展现出"以时为大"的原则，也透露出《家礼》的内在缺陷：它和实行礼用之间有着矛盾冲突。《家礼》首揭祠堂宗庙制度，突出宗法，但所主张的宗子主冠、昏、祠之祭，明显违背《仪礼》"父母为冠昏主人"的记载。《家礼》的丧服制度和制作方式与传统经注不和，也与朱子《通解》有异[103]。在实行中，《朱子家礼》的规定多违人情，如颜元为父母服丧期间遵循《家礼》所产生的困境，全因《家礼》误改古礼所致[104]。

《家礼》的种种矛盾冲突，使得人们开始重提《家礼》公案。《朱子家礼》在朱子生前被窃取，死后流出，其来源可疑。加上它记载的一些礼仪明显地与朱子后来所作《仪礼经传通解》有很大的差异，这就不能不引起一些学者的怀疑。元至正间，武林应氏作《家礼辨》，怀疑此书非朱子作。清代王懋竑作《家礼考》《家礼后考》《家礼考误》，坐实《家礼》为伪书之说。四库馆臣认同王氏考证，认为此书非朱子作[105]。

---

[103] 彭林先生从内容上论述了《家礼》在虚抬宗法、丧服制度、妇人不杖、握手、衬祭、仪节错乱、昧于经义、前后不照、取舍失当、悖逆朱子礼说等十个方面的问题，证明朱子《家礼》非朱子所作。彭林：《朱子作〈家礼〉说考辨》，《文史》2012年第3辑，第363-383页。

[104] [清] 戴望：《颜氏学记》卷一，中华书局，1958年，第1-2页。

[105] 近来的研究虽然表明朱子前后礼作矛盾，但不能排除本书为朱子原作的可能。关于《家礼》是否为伪作的正反意见，见彭林：《朱子作〈家礼〉说考辨》，《文史》2012年第3辑；吾妻重二：《朱熹〈家礼〉实证研究》，华东师范大学出版社，2012年。

《朱子家礼》的众多不合古制及违碍人情之处，引起明清以来改良《家礼》的出现。其基本的做法，或者缘俗以编礼书，或者回归朱子《仪礼经传通解》进行礼书编撰。万历间嘉善钱士升居忧读礼，发现《家礼》和朱子晚岁论礼不合，于是参考历代礼制及诸儒异同，以《仪礼》为本而成《考证》一书[106]。冯善《家礼集说》亦多以朱子晚年礼说正《家礼》之失，江南士庶之家多用之。但清代学者的编撰与明代学者的不同之处在于，清代学者对于《通解》的改编并非为了实用，而是作为"资考核"之用，如陆世仪所谓"欲一依朱子《通解》所分之目，……庶几议礼之家有所考据"[107]。

清代学者争相重订朱子礼书，与国家礼书编撰迟未进行有关。清朝建立之后忙于干戈，无暇文治，国家礼书编撰和礼制建设未提上议事日程。顺治元年（1644），朱鼎蒲即提出"礼仪为朝廷之纲，而冠履、侍从、揖让、进退其纪也。若上习便安，下乐盘辟，则错乱无纪而礼仪之纲坏"[108]。康熙六年（1667），熊赐履再倡礼治之说，魏象枢亦竭力主张编撰礼书[109]。但直到高宗亲政后，才下令诏开三礼馆，纂修《三礼义疏》，同时编撰《大清通礼》。清廷"尊崇"程朱，礼学研究渐趋繁荣，国家礼书的钦定版本迟迟未现，给学者们赓续朱子礼书带来动力，激发出民间礼书编撰的热潮。据江

---

106 [明] 许重熙辑：《赐余堂年谱》，载 [明] 钱士升《赐余堂集》，《四库禁毁书丛刊》影印清乾隆四年钱佳刻本集部第 10 册，第 409 页。
107 [清] 陆世仪：《思辨录辑要》卷四《格致类》，商务印书馆，1936 年，第 49-50 页。
108 《清世祖实录》卷十，顺治元年甲申十月丙寅，《清实录三》，中华书局，1985 年，第 99 页。关于这一论题的讨论参阅林存阳：《礼乐百年而后兴——礼与清代前期政治文化秩序建构》，《齐鲁文化研究》第八辑，第 14-32 页。
109 [清] 魏象枢：《寒松堂全集》卷三，中华书局，1996 年，第 80 页。

藩的记载，从顺治十三年开始的钦定诸经书，仅三礼未有完成[110]。而清廷官修《三礼义疏》在体裁选择和编撰时长上的遭遇，侧面说明了礼书编撰的困难。民间礼书编撰有导引政府礼书纂修和留名的企图，如江永自认其礼书编撰是在"为圣朝备一礼乐之书"[111]。

综上所述，清初礼学研究的主要形式是习礼、考礼，主要针对民间礼用，有着现实意义，并非脱离现实的纯粹考证，也非受到文字狱的影响。由于《朱子家礼》及其改编本礼书脱离经典，导致考证礼学和重编礼书的兴起。《仪礼经传通解》是朱子晚年之作，可以更正《朱子家礼》本身的缺陷。但《通解》在体系和结构上存在弊病，加上明清鼎革的刺激，学者们进行深刻的学术反思，清初兴起重编此书的热潮。清代学者的努力并未引起民俗的变化，民间依然盛行夹杂着佛道仪节的《家礼》，但却引起学术上的巨变。

周启荣先生指出，在乾隆初三礼馆开馆前，尤其是康熙时的礼学研究，主要基于实际改革和施行礼制而进行，其礼学著作几乎都是环绕朱熹《朱子家礼》《仪礼经传通解》而提出进一步的增修研究、批评或者辩护，或者用朱熹的礼学著作为基础，继续编纂有关礼制的书[112]。这一观察是正确的。但需要继续指出的是，在清代后期，具体地说，是在嘉、道时期及以后出现了礼学考证的兴盛，而礼书编撰出现衰落的趋势。即使礼书的编撰，如黄以周《礼书通故》注重礼学考证和体系编撰的结合，而不再一味追随朱子，进行

---

110 ［清］江藩：《国朝汉学师承记》卷一，中华书局，1983年，第4-5页。
111 ［清］江永：《答程悚也太史书》，载《善余堂文集》，中研院中国文哲研究所，2013年，第39页。
112 周启荣：《儒家礼教思潮的兴起与清代考证学》，《南京师大学报》（社会科学版）2011年第3期。

理学体系的构建。

　　清代礼学研究的显著转变，一是乾隆初三礼馆设立和修撰，前后召集了大批的耆老和专家参编其中，不仅促成了《三礼义疏》的诞生，也促进了学者们继续独自研究礼学，产生了大批的礼著，促进了学术的发展。二是从惠栋开始出现了研究路径的明显差异。惠栋提倡"求古"，即以汉代音韵、训诂研究古代典章制度，是清中期惠、戴分帜的学术特色。实际上，这种特色在惠、戴之前的惠士奇、江永处，就已经出现分际的端倪。清初的其他学术，比如《易》学等的研究，亦以惠栋引领的学风转变为标志。惠栋在清代学术诸多学术面向的转变中，成为清代学术的引领人物之一，他和他的礼著应该是我们重点研究的对象。

清人经典诠释的取向及特色
——以"三礼"诠释为中心的考察
潘 斌（西南财经大学）

清代是经学的"复盛时代"[1]，从阮元所编《清经解》、王先谦所编《清经解续编》、刘晓东所编《清经解三编》便可窥清代经学规模之宏大。在经学大盛的背景下，清人的"三礼"诠释取得了辉煌的成就。全面考察清人的"三礼"诠释，对于丰富清代的经典诠释学以及廓清清代经学史皆具有重要意义。鉴于此，本文拟对清人"三礼"诠释的宗旨、方法以及成就进行考察，以见清人"三礼"诠释的内容和特色。[2]

---

[1] （清）皮锡瑞：《经学历史·经学复盛时代》，《皮锡瑞全集》第6册，中华书局2015年，第87页。

[2] 学界从文献的角度对清代《仪礼》学文献有所研究，这方面的代表作是邓声国的《清代〈仪礼〉文献研究》。该书于清代《仪礼》学文献的流派、诠释体式等有较深入的探讨。舒大刚主编的《儒学文献通论》于历代"三礼"文献的种类、数量等皆有介绍。此外，台湾学者张寿安的《十八世纪礼学考证的思想活力》，张仁善的《礼·法·社会——清代法律转型与社会变迁》，林存阳的《清初三礼学》《三礼馆：清代学术与政治互动的链环》，将学术史和社会史研究相结合，对清代"三礼"诠释与政治、学术的关系作了辨析。

一、清代"三礼"诠释的经世取向

中国之被称为"礼仪之邦"者,端赖有"三礼"为其先导和教典。"三礼"所强调的礼乐精神内化于国民之心,外现于国人之行。自古以来,"三礼"之学不限于纯学理性的探讨,其还与社会秩序规范的实践有着十分密切的关系。历代的"三礼"学家,除了文本层面的文字训诂之外,还将"三礼"所强调的礼仪风范与社会的需要密切关联起来。比如有功于礼学的东汉郑玄治"三礼","非是注解,且可为朝廷定制也"[3]。刘歆、王安石等人则通过《周礼》之诠释,从而为社会变革提供思想资源。清人承继了前人"三礼"诠释的经世取向,并在新的社会历史条件下有所发展。

明清之际的不少学人如陈确、颜元、张尔岐、王夫之等深感王学末流空疏之弊,他们在经典诠释中寻求经世良方,颇具实用意味的"三礼"遂进入他们的诠释视域。张尔岐撰《仪礼郑注句读》时曰:"方愚之初读之也,遥望光气,以为非周、孔莫能为已耳,莫测其所言者何等也,及其矻矻乎读之,读已又默存而心历之,而后其俯仰揖逊之容,如可睹也,忠厚恻怛之情,如将遇也。周文郁郁,其斯为郁郁矣;君子彬彬,其斯为彬彬矣。虽不可施之行事,时一神往焉,仿佛戴弁垂绅、从事乎其间,忘其身之乔野鄙僿,无所肖似也。"[4] 尽管张尔岐主要是从文献学的角度从事《仪

---

[3]（清）陈澧:《东塾读书记》卷十五,《陈澧集》第2册,上海古籍出版社2008年,第265页。
[4]（清）张尔岐:《仪礼郑注句读序》,《仪礼郑注句读》卷首,文渊阁四库全书,第108册,第3-4页。

礼》之诠释,然其撰作的根本动机是寻求圣人之意以济时用。王夫之则希望藉《礼记》之诠释以明"中国之所以为中国,君子之所以为君子"[5],还藉《礼记》以抒发对教化陵夷、世风败坏之深层忧虑。王夫之《礼记章句序》曰:"夫之生际晦冥,遘闵幽怨,悼大礼之已斩,惧人道之不立,欲乘未死之暇,上溯'三礼',下迄汉、晋、五季、唐、宋以及昭代之典礼,折衷得失,立之定断,以存先王之精意,征诸实用,远俟后哲。"[6] 鉴于礼仪崩坏之现状,王夫之希望通过折衷前人治礼得失,从而存先王之精意,以达经世之效用。

乾嘉时期是清代政治经济发展的极盛期,也是中国学术发展的高峰期。此间学人汲汲于文字、音韵、训诂、典章、制度、校勘、辑佚之学,考据蔚然成风。学界普遍认为乾嘉学人埋头于考据,割裂学术与社会的关系。然而通过考察乾嘉学人于"三礼"之诠释,可知他们考据之学的背后有对社会秩序建构的深沉思索。

如被奉为"一代礼宗"[7]凌廷堪所撰的《礼经释例》多被认为仅是一部考据之作,然而凌廷堪《仪礼》诠释的深层动机,是其对礼的节情复性功能之认知。凌廷堪对礼的重要性之强调可谓无以复加。他认为礼是牢笼万有的学问,"圣人之道,一礼而已"[8],"礼之外别无所谓学也"[9]。凌氏撰《复礼》上、中、下三篇,对复礼的必

5（清）王夫之:《礼记章句序》,《礼记章句》卷首,《船山全书》第4册,岳麓书社2011年,第9页。
6（清）王夫之:《礼记章句序》,《礼记章句》卷首,《船山全书》第4册,第10页。
7（清）江藩:《校礼堂文集序》,《凌廷堪全集》第4册,黄山书社2009年,第321页。
8（清）凌廷堪:《复礼上》,《凌廷堪全集》第1册,黄山书社2009年,第13页。
9（清）凌廷堪:《复礼上》,《凌廷堪全集》第1册,第13页。

要性作了全面而深刻的论述。其认为礼为圣人所作，圣人制礼是基于对人之善性的认知，即因父子之道而制为士冠礼，因君臣之道而制为聘觐礼，因夫妇之道而制为士婚礼，因长幼之道而制为乡饮酒礼，因朋友之道而制为士相见礼。在凌氏看来，"所以复其善者，学也；所以贯其学者，礼也"[10]，"是故圣人之道，一礼而已矣。……自元子以至于庶人，少而习焉，长而安焉。礼之外别无所谓学也"[11]。凌氏认为，圣人知人性涵有"五伦"，故制礼以彰显"五伦"之善；而人要知"五伦"之善，须通过习礼去实现。

乾嘉学派皖派的代表人物戴震对"三礼"也颇有研究，其《考工记图》通过图、文对《考工记》的名物制度作了详细的考证。晚清皮锡瑞在《经学历史》"经学复盛时代"部分两次提到戴震《考工记图》，可见此书影响之深远。此外，戴震晚年入四库馆，对《大戴礼记》《仪礼识误》《仪礼集释》《仪礼释宫》等文献进行校勘。在《仪礼》校勘史上，戴震卓然一大家。戴震还对《礼记·乐记》"理欲之辨"有系统之研究，且颇有创见。戴震对"三礼"的重视，是基于其对"三礼"所涵义理及功能的深刻认识。戴震认为礼可以辨亲疏上下，他说："言仁可以赅礼，使无亲疏上下之辨，则礼失而仁亦未为得。"[12]戴震认为，礼与仁有密切关系，若没有礼，人与人便无亲疏上下之辨，与佛家和墨子的学说就没有区别了，仁也因此而失去。戴震曰："礼得，则亲疏上下之分尽。"[13]"礼至，则于有

10（清）凌廷堪：《复礼上》，《凌廷堪全集》第1册，第13页。
11 同上。
12（清）戴震：《仁义礼智》，《孟子字义疏证》，中华书局1982年，第48页。
13（清）戴震：《原善》卷上，《孟子字义疏证》，第62页。

杀有等，各止其分而靡不得。"[14] 通过礼，则有亲疏上下之别，社会才会趋于有序。戴震对《礼记·乐记》"理欲"观之辨析，意在驳宋明理学家对立地看待"天理"与"人欲"之关系。戴震说："今既截然分理欲为二，治己以不出于欲为理，治人亦必以不出于欲为理，举凡民之饥寒愁怨，饮食男女，常情隐曲之感，咸视为人欲之甚轻者矣。轻其所轻，乃'吾重天理也，公义也'，言虽美，而用之治人，则祸其人。"[15] 戴震认为，当统治者将"天理"与"人欲"相对立的观念应用到社会治理中之后，言论看起来很美，实际上却是害人。戴震还认为，将"天理"与"人欲"分离，并以"天理"为是，"人欲"为非，那么尊者、长者、贵者就把持"天理"的解释权，从而对卑者、幼者、贱者形成欺压之势，即使卑者、幼者、贱者据理力争，也会落得大逆不道的恶名。后儒的及统治者的这种做法，是因为他们对理的"自信"，而这种"自信"导致他们将主观意见当作"理"，因而"以理杀人"就是"以意见杀人"。戴震说："由是以意见杀人，咸自信为理矣。"[16] 在戴震看来，宋明理学家将与"欲"对立的"理"应用于社会时，"理"便具有了杀人的功能。戴震在宋儒之基础上，对《礼记·乐记》所言"理欲之辨"所作的新阐释，受到学界的普遍重视，亦对中国近代社会有着启蒙意义。

如果说晚清以前的学者以"三礼"经世致用是还是间接的，那

14（清）戴震：《原善》卷上，《孟子字义疏证》，第66页。
15（清）戴震：《权》，《孟子字义疏证》，第58–59页。
16（清）戴震：《与段若膺论理书》，《戴震全集》第1册，清华大学出版社1991年，第214页。

么晚清部分学人的"三礼"学的经世致用就比较直接了。在晚清危难的时局下,传统士人心忧天下,他们通过经典诠释从而阐发经世致用思想。比如孙诒让通过《周礼》诠释从而阐发他对古今中西之学的认识,康有为通过《礼记·中庸、礼运》诠释从而阐发他的社会人生理想,廖平通过《周礼》和《礼记·王制》诠释从而分辨今古文,进而影响皮锡瑞和康有为。

孙诒让通经致用最典型的著作是其晚年所撰的《周礼政要》一书。[17]在该书序言中,孙氏曰:"中国变法之议,权舆于甲午,而极盛于戊戌。盖俍变而中阻,政法未更,而中西新故之辩,舛驰异趣,已不胜其哗聒。夫政之至精者,必协于群理之公,而通于万事之变。一切弗讲,而徒以中西新故书区畛以自隘。吾知其懵然一无所识也。中国开化四千年,而文明之盛莫尚于周。故《周礼》一经,政法之精详,与今泰东西诸国所以致富强者若合符契。然则华盛顿、拿坡仑、卢梭、斯密亚丹之伦所经营而讲贯,今人所指为西政之最新者。吾二千年前之旧政已发其端,吾政教不修,失其故步,而荐绅先生咸茫昧而莫知其原,是亦缀学者之耻也。辛丑夏天子眷念时艰,重议更法,友人以余尝治《周礼》,属捃摭其与西政合者甄辑之,以备财择。此非欲标楬古经以自张其虚憍,而饰其窳败也。夫亦明中西新故之无异轨,裨迂固之士废然自反,无所腾其喙焉。"[18]此段文字集中体现了孙诒让的古今中西观:中西方的政治观并非截然不同,而是可以会通;西方近代的政治理念与中国古代

---

17 据朱芳圃所编《清孙仲容先生诒让年谱》,可知孙氏于光绪二十八年(1902)夏撰《周礼政要》四十篇。
18 (清)孙诒让:《周礼政要序》,《周礼政要》卷首,中华书局2010年,第340页。

《周礼》蕴含的政治理念若合符契;通过考证《周礼》所记政治制度、发掘《周礼》所蕴含的政治理念,可以为解决时艰提供制度资源和思想资源。《周礼政要》以《周礼》经文为基础,以郑注为补充,对中国、西方、日本的相关制度加以辨析,从而寻找解决现实社会问题的途径。在此书中,孙诒让论述任何问题时皆先征引《周礼》经文,再阐发己见。孙诒让对《周礼》抱有真诚的迷信,他认为"有周一代至典炳然大备","处今日而论治,宜莫若求其道于此经"[19]。他坚定地认为《周礼》出自周公,是后人治国理政的典范。孙氏的尊经精神是真切的,与同时代康有为等人的"尊经"有本质的不同。为了变法的需要,康有为对儒家经典也进行过一番研究,然而康氏多是利用,而非真正"尊经"。他的《新学伪经考》尽管在当时有极大影响,但是从学术的角度来看,其所作考证多经不起推敲。实际上,康有为在"尊经"的旗号下,做的是与经典本身无多大关系之事。与康氏不同,孙诒让的尊经是发自内心的。孙氏议政论政时皆以《周礼》为起点,这种做法源自他内心对经典的敬畏和尊崇。当然,利用《周礼》经世致用,在中国古代并不鲜见,从新莽改制到王安石变法,再到郑伯谦《太平经国之书》、叶时《礼经会元》,试图通过《周礼》诠释以解决时弊者并不乏人,从这个角度来看,《周礼政要》并无新意。不过孙氏良苦的用心、悲悯的情怀却是值得后人钦佩的。

晚清康有为特别重视《礼记》,其所撰《中庸注》《礼运注》是通过对《礼记》的《中庸》《礼运》篇加以诠释,从而阐发社会人

---

[19] (清)孙诒让:《周礼正义序》,《周礼正义》卷首,中华书局1987年,第5页。

生理想。戊戌变法失败后,康有为在避难期间撰《中庸注》,认为《中庸》系孔子之大道。他说:"瞷然念孔子之教论,莫精于子思《中庸》一篇。……此篇系孔子之大道,关生民之大泽,而晦冥不发,遂虑掩先圣之隐光,而失后学之正路。不敢自隐,因润色夙昔所论思,写付于世。"[20]康有为试图会通《中庸》与公羊学以阐发他的社会政治思想。如康氏借《中庸》"温故而知新"言维新变法,他说:"夫故者,大地千万年之陈迹,不温寻之,则不知进化之由,虽欲维新而恐误。新者,万物无穷无尽之至理,不考知之,无以为进化之法,虽能胜古而亦愚。"[21]在康氏看来,孔子甚爱古迹,尤好新法,所以时人应"戒守旧之愚害,而亦不可为灭古之卤莽也"[22]。康有为还利用《礼运》的大同思想以构建政治思想体系,成《大同书》。康氏在《大同书》中认为汉、唐、宋、明不别治乱兴衰,皆小康之世,晚清是超越小康而追求大同之时。康氏曰:"今者中国已小康矣,而不求进化,泥守旧方,是失孔子之意,而大悖其道也,甚非所以安天下乐群生也,甚非所以崇孔子同大地也。"[23]康氏认为,要实现小康到大同,就得托古改制、变法维新。康有为流亡海外期间用《礼运》与世界各国风俗相比附。如《礼运》:"夫礼之初,始诸饮食。其燔黍捭豚,污尊而抔饮,蒉桴而土鼓,犹若可以致其敬于鬼神。"康氏曰:"礼因人道而设,故亦以饮食之礼为始。今非洲之人,以猎为事,归而分之。此亦礼也。太古民愚,故

20（清）康有为:《中庸注》,《康有为全集》第5集,中国人民大学出版社2007年,第369页。
21（清）康有为:《中庸注》,《康有为全集》第5集,第386页。
22 同上。
23 同上书,第553—554页。

尤尚鬼。今考埃及、叙利亚、印度、波斯及各野番之先，皆以事鬼神为至重。印度、波斯、犹太之经，半为祭礼。……土鼓，筑土为鼓也。此盖述太古石期之先，未能制器，先已有礼也。今滕越野人，台湾生番，及南洋、婆罗洲各岛之生番，非洲之野番，尚有。"[24] 非洲人狩猎归而分之，康氏以《礼运》"始诸饮食"释之；埃及、叙利亚、印度、波斯及野番重事鬼神，康氏以《礼运》"致其敬于鬼神"释之；滕越野人、台湾、南洋、婆罗洲各岛之生番、非洲之野番未能制器而能行礼，康氏以《礼运》"蒉桴而土鼓"释之。

晚清也不乏通过"三礼"诠释构建思想体系，从而间接地对社会发生影响者。比如以经学之"变"而闻名天下的廖平对《周礼》《礼记·王制》给予了不少关注。在经学第一变中，廖平对《五经异义》经说加以分析，发现今、古学虽分为很多派，然在封国、爵禄、官制、丧葬等礼制方面"今与今同，古与古同，二者不相出入"[25]。廖氏认为，今、古文经学所言礼制分别主《王制》和《周礼》。他说："《王制》一篇，以后来书志推之：其言爵禄，则职官志也；其言封建九州岛，则地理志也；其言命官、兴学，则选举志也；其言巡狩、吉凶、军宾，则礼乐志也；其言国用，则食货志也；其言司马所掌，则兵志也；其言司寇，则刑法志也；其言四夷，则外夷诸传也。大约宏纲巨领，皆已具此，宜其为一王大法欤！"[26] 与《王制》为今文之祖相对，廖平认为《周礼》是古文之

24（清）康有为：《礼运注》，《康有为全集》第5集，第558页。
25（清）廖平：《今古学考》卷上，《廖平全集》第1册，上海古籍出版社2015年，第15页。
26（清）廖平：《今古学考》卷下，《廖平全集》第1册，第58页。

祖:"古学全用《周礼》,于古为纯。"[27] "古学主《周礼》,隐与今学为敌。"[28] 廖平的平分今古说影响深远,蒙文通评论曰:"清代自宋于庭以来,大张今学之帜,然于今古之界畔不能辨,于是以三世诸义,滥及群经,视前世区区欲以文字辨今古学诚殊,而不知根荄,则一也。以立学官与否为辨,则更肤浅不足道。……先生依许、郑《五经异义》,以明今古之辨在礼制,而归纳于《王制》《周官》。以《王制》《穀梁》鲁学为今学正宗,平分江河,若示指掌,千载之惑,一旦冰解。"[29] 廖平经学凡六变,分辨今古是其经学之灵魂。从礼制的角度对今、古文所作的辨析,使两千年以来的今古文之争疑惑顿消。在经学传统中,公羊学乃今文学之重镇,《公羊传》乃今文学的示范性经典。然而随着清代今文学的演变,《王制》逐渐进入经学家的视域,被廖平称为今文之大宗,与传统意义上的以公羊学为今文学之中心的观念已大有不同。实际上,《王制》进入廖平以及其他今文家的视域绝非偶然。由于《周礼》是古文学的基本经典,汉代的古文经学家以及后来的不少学者都将其归为周公所著,代表的是周代之制。今文家最重视《公羊》经,然而《公羊》经多言改制,在具体制度的记述方面远不及《王制》系统。如何找到一种能与《周礼》言制度相抗衡的经典,是晚清今文家跃上学术舞台时的一个重要使命。在这样的背景下,与《周礼》一样重视制度的《王制》便进入今文家的视域。廖平倡之在前,皮锡瑞推之在后,

---

27 (清)廖平:《今古学考》卷上,《廖平全集》第 1 册,第 29 页。
28 (清)廖平:《今古学考》卷下,《廖平全集》第 1 册,第 34 页。
29 蒙文通:《井研廖季平师与近代今文学》,四川大学古籍所编《儒藏》史部第 100 册,四川大学出版社 2007 年,第 82 页。

《王制》遂成为晚清今文学的经中之经,今、古文之分的新观念也深入人心。特别是康有为在廖平平分今古说的启发下撰《新学伪经考》,使廖平的学说与晚清的社会变革关联起来。[30]

二、清代"三礼"诠释的求实精神

清人"三礼"诠释的求实精神,首先体现在他们于"三礼"经、注、疏之辨疑。

清人于"三礼"之辨疑,从清初就开始了。清初学人陈确说:"凡儒先之言,一以孔、孟之学正之。"[31] 以孔、孟之说为断的前提,就是回归原典,在经书中寻得孔、孟之真义。在此问题意识下,检讨经书文本的真实性和可靠性问题又一次被提出来,阎若璩、胡渭、毛奇龄、朱彝尊、姚际恒等一大批学人对包括《易》《书》《诗》《礼》等经书作了正本清源的工作。清前期于"三礼"之辨疑,姚际恒、毛奇龄、王夫之、万斯大、李光坡可谓代表人物。姚际恒《仪礼通论》于郑注、贾疏以及敖继公、郝敬的解义皆多有驳论。姚际恒反对郑玄以《周礼》解《仪礼》,认为郑玄"张《周礼》之帜而讹乱古礼,更足恨也"[32]。他还对"三礼"注疏表示强烈的质疑。如《仪礼·士昏礼》:"舅飨送者以一献之礼,酬以束锦。"郑

---

30 梁启超说:"康先生之治《公羊》,治今文也,其渊源颇出自井研(廖平),不可诬也。"见梁启超:《论中国学术思想变迁之大势》,上海古籍出版社2006年,第105页;钱穆也说:"盖长素《伪经考》一书,亦非自创,而特剽窃之于川人廖平。"见钱穆《中国近三百年学术史》下册,商务印书馆2005年,第713页。
31 (清)陈确:《复张考夫书》,《陈确集》卷三,中华书局1979年,第132页。
32 (清)姚际恒:《仪礼通论》卷十,中国社会科学出版社1998年,第338页。

玄认为，此"锦"，古文作"帛"。姚际恒曰："古人束帛贵，束锦贱。《聘礼》国君享用束帛，而宾介私觌皆用束锦。主君报礼用束帛，而傧宾介用束锦。夫人归宾束帛，而宾傧使者束锦。又《公食大夫》侑币用束帛，而大夫相食侑币用束锦。其低昂轻重，悉可见矣。"[33] 姚氏认为束帛贵而束锦贱，此用束锦与实际相合。姚际恒对《礼记·中庸》篇可谓从根本上予以否定。他说："大抵佛之与老，其形迹似同，而指归实别。伪《中庸》之言，旁趋于老氏，预启夫佛氏，故其言有类老者，有类佛者。有一言而以为老可者，以为佛可者，则从其形迹而论也。"[34] 姚氏还认为《中庸》与孔子及孔门后学的思想不合。《中庸》教人"推而远之"，姚氏认为此不合《论语》的记载。《论语》记载孔子"出则事公卿，入则事父兄，丧事不敢不勉，不为酒困"，孔子称颜子之好学曰"不迁怒，不贰过"，姚氏据此，认为"圣人平日以此自省者，不离应事接物上见也"[35]，而"以《中庸》较之，有片言只字之合否？然则即使果为子思之言，宁有不信颜曾而反信子思者，又宁有不信孔子而反信子思者"？[36]

清初学人万斯大亦极具辨疑精神。在《周官辨非》《礼记偶笺》等书中，万氏对郑注、贾疏等皆有辨析。其所论者多是前人解义之"非"，此所谓"非"，乃万氏自己之判断。比如万氏通过对《周礼》所记赋役的种类加以辨析，以证《周礼》为伪。《周礼·天官》大宰"九赋"之一的"关市之赋"，万氏曰："圣人之治天下，利民

33（清）姚际恒《仪礼通论》卷二，第64页。
34（清）杭世骏《续礼记集说》卷八十六，《续修四库全书》第102册，第508页。
35 同上。
36 同上。

之事,丝发必兴,厉民之事,毫末必去。关市之赋,厉民之甚者也。"[37] 在万氏看来,周公若制礼,绝不可能将上述"关市之赋"笔之于书、以为常法。万斯大还对《周礼》所记民俗做了辨析,以明《周礼》非周代之书。《周礼·媒氏》云:"中春之月,令会男女。于是时也,奔者不禁,而不用令者罚之。"斯大据《礼记·内则》以及《诗·桑中》《蝃蝀》,曰:"愚按:奔者不禁之言,败礼伤教之尤者也。……言奔者不禁,则作《周官》者见周末时俗,有男女相诱,如《溱洧》诗所云者,而官不禁,误以为周礼固然,而遂笔者不知,其大乱先王之教也。"[38] 斯大认为,《周礼·媒氏》所记"奔者不禁"乃周末之民俗,有败礼伤教之嫌。

除姚际恒、万斯大外,王夫之、方苞等人的"三礼"诠释也颇具辨疑精神。王夫之认为"《儒行》一篇,词旨夸诞,略与东方朔、扬雄诙谐之言相似"[39]。在王夫之看来,《儒行》乃末世儒者托为圣人之言。此外,王夫之认为《儒行》文本有脱误、文义有不通者。方苞的《周官析疑》《周官辩》《仪礼析疑》《礼记析疑》,从书名即可知辨疑是其"三礼"诠释的特色。比如郑氏、孔氏认为《礼记·曲礼上》"烛不见跋"之意为不等烛火烧到烛根部就要易烛,以免客人担心主人厌倦而有辞退之心。方苞驳云:"旧说炬将尽则藏其余,恐客见以夜久辞,非也。易炬不愈见夜久而速客之退乎? 此承上'烛至起'而言,即主人固留亦不见跋而必退也。《诗》曰

---

37 (清)万斯大《周官辨非》,《续修四库全书》第78册,第402页。
38 同上书,第409页。
39 (清)王夫之:《礼记章句》卷四十一,《船山全书》第4册,岳麓书社2011年,第1457页。

'厌厌夜饮',燕礼无算乐后,有'执烛为烛'之文,故以不见跋为之节。"[40]方氏认为,"烛不见跋",意为客人不等烛火烧到根部就该起身告辞。

清人"三礼"学在多大程度实现了直击孔孟之"真义",以及他们的辨疑是否完全实现了释疑,尚需打上一个问号。比如四库馆臣在肯定万斯大《仪礼商》的同时,对其《礼记偶笺》的评价并不高。馆臣曰:"是书与所为《学礼质疑》相表里,皆独欲出新义,而多不能自通。如谓《士丧礼》所云乘车、道车、藁车即是遣车,则士亦有遣车,郑注谓士无遣车,误。……至谓祭天之圜丘即覲礼之方明坛,则尤骇见闻,不足深诘已。"[41]又如四库馆臣认为方苞《仪礼析疑》有考证不精之嫌。《士昏礼》"纳征,玄纁束帛",方氏云:"致币之仪不具,何也?士庶人所通行,人皆知之。"[42]馆臣曰:"夫经文'俪皮'以下既曰'如纳吉礼',则非以人所通行而略之也。且束帛为十端,详于《周礼》郑注、《礼记·杂记注》,十个为束,二端相向卷之,共为一两。苞第云'执一两以致辞',则一两不知为何语矣。"[43]由此可见,方苞此说尚值得商榷。尽管如此,清人于"三礼"的辨疑精神,对于打破权威,从而实现对"三礼"经、注、疏中历代纠缠不清的问题的解决颇有助益。

清人"三礼"诠释的求实精神,还体现他们无汉宋门户之见。清代学术史上有汉宋学之争。所谓汉宋之学,并非仅从时代上来

40（清）方苞:《礼记析疑》卷一,文渊阁四库全书,第128册,第8页。
41（清）永瑢等:《四库全书总目》卷二十四,中华书局1965年,第196-197页。
42（清）方苞:《仪礼析疑》卷二,文渊阁《四库全书》第109册,第17页。
43（清）永瑢等:《四库全书总目》卷二十,第164页。

说，也是从治经的方法言。汉学重视文字训诂、名物制度考证，其典型的形态是汉代的古文学和清代的乾嘉学派；宋学重视义理阐发，其典型的形态是宋代以来的理学和心学。汉学与宋学之争贯穿整个清代，江藩的《国朝汉学师承记》和方东树的《国朝宋学渊源记》将汉宋之争推向高潮。后世学人提及清代的汉宋学派，往往认为二者是壁垒森严、无可调和的两大学术派别。

清人从事"三礼"诠释时，不乏有门户之见者，比如清代汉学家惠栋从事"三礼"诠释时，最看重汉代经学家之解义。《九经古义·周礼古义》共征引三十七家，其中十九家出自汉代。《周礼古义》征引最多的乃汉代司马迁、郑玄、郑众、许慎、杜子春、班固等人的经史著作，其中征引郑玄经说达七十次。惠氏征引汉代以后学人的解义仅欧阳修、王应麟两家。由此可见，惠栋主要是以先秦两汉文献为据，从而开展其《周礼》诠释。其"三礼"诠释的门户之见，由此得见。

惠栋"三礼"诠释有明确的汉学立场，此可谓特例。从整个清代"三礼"诠释史来看，汉宋门户之见却不甚明显，或者说大部分清代学人从事"三礼"诠释并无门户之见。比如清初王夫之《礼记章句》除了对《礼记》文本有校勘，还于《礼记》所记名物有考证。王夫之甚至视《大学》《中庸》为《礼记》的单篇，不强调二者优于《礼记》的其他篇。王夫之认为，《大学》《中庸》二篇，"今既专行，为学者之通习，而必归之《记》中者，盖欲使'五经'之各为全书，以见圣道之大，抑以知凡戴氏所集四十九篇，皆《大学》《中庸》大用之所流行，而不可以精粗异视也"[44]。在王夫之看

---

[44]（清）王夫之：《礼记章句》卷三十一，《船山全书》第 4 册，第 1246 页。

来，若将《大学》《中庸》从《礼记》中抽离出来，"五经"则非完书，圣道之大亦难见。王夫之将《大学》《中庸》还原为《礼记》的单篇而加以诠释，实际上是对宋儒割裂和移易经典文本之举的否定，从汉宋之学的立场来说，王氏此举无疑是属于汉学系统。不过王夫之从事《礼记》诠释时多承张载、朱熹之说。比如在《礼运》篇的解题中，王夫之征引张载《正蒙·至当篇》；在解释《礼运》"鬼神之会五行之秀气也"中的"鬼神"二字时，也征引了张载解义。从学术立场来说，王夫之此举又属于宋学系统。由此可见，王夫之解《礼记》并无汉宋门户之见。

清前期李光坡《三礼述注》既征引郑玄、贾公彦、孔颖达之说，亦不废朱熹、陈傅良、王安石、叶时、王与之、刘执中、陈澔等宋、元学人之解义。李光坡在《礼记述注序》曰："今也不量其力，本述《注》《疏》、朱子之教也。"[45] "陈氏杂合《注》《疏》诸儒为文，或仍之，或以《注》《疏》增其未备，损其枝辞，标'集说曰'从其实也。"[46] 光坡治"三礼"无汉宋门户之见，由此得见。

清代雍、乾以后，"古书渐出，经义大明。惠、戴诸儒，为汉学大宗，已尽弃宋诠，独标汉帜矣"[47]。然而此时期的"三礼"诠释延续了清初求实学风，无门户之见成为此时期"三礼"诠释的主流学风。

乾隆年间，"三礼馆"所修《三礼义疏》融汇汉代以来各家的"三礼"解义，成为清代官方所编"三礼"学代表性著作。《三礼

45（清）李光坡：《礼记述注序》，《礼记述注》卷首，文渊阁四库全书，第127册，第281页。
46 同上。
47（清）皮锡瑞：《经学历史·经学复盛时代》，《皮锡瑞全集》，第90页。

义疏》征引文献浩富，比如《周官义疏》征引汉代以来各家解义一百七十家，《仪礼义疏》征引历代解义一百九十一家，《礼记义疏》征各家解义达二百三十六家。《礼记义疏凡例》云："'三礼'同为圣典，而戴《记》旨非一端，必博征群籍以求精解确证，故自竹书、汲冢、周秦诸子、《帝王世纪》及《史》《汉》等，皆在采录。其诸儒由郑氏而下至本朝儒家专训戴经外，或注他经，或在别说，义有当引，咸采择以入案中，不另标姓氏。"[48] 由此可见，《三礼义疏》于汉宋以来学人之解义皆有征引。《三礼义疏》征引历代解义是以"求是"为原则，"说礼诸家或专尚郑、孔，或喜自立说，而好排注疏，纷纷聚讼，兹各虚心体究，无所专适，惟说之是者从之"。[49] 所谓"惟说之是者从之"，是说不管汉唐还是宋人解义，只要有益于理解经文者则采之，相反则弃之。四库馆臣认为《礼记义疏》"言各有当，义各有取，不拘守于一端，而后见衡鉴之至精也"，[50] 由此可见《三礼义疏》择取经解唯"是"是从，无汉宋门户之见。

此外，乾嘉时期盛世佐《仪礼集编》、凌廷堪《礼经释例》、胡培翚《仪礼正义》、孙希旦《礼记集解》等"三礼"学名著皆无门户之见。比如胡培翚《仪礼正义》在《士冠礼》部分征引历代解义60余家，其中汉唐时期的解义有17家，宋、元、明时期的解义有15家，清代的解义有33家；在《丧服》部分，征引历代解义100余家，其中汉唐时期的解义有45家，宋、元、明时期的解义有28

---

[48]（清）乾隆十三年敕撰：《礼记义疏》卷首《凡例》，文渊阁四库全书，第124册，第3页。
[49] 同上。
[50]（清）永瑢等：《四库全书总目》卷二十一，第172页。

家，清代的解义有43家。胡培翚在从事《仪礼》诠释时无汉宋门户之见，只要有助于解经的解义皆予以征引，而不论解义所出之时代。

孙希旦征引先秦至清代部分学人的解义，成《礼记集解》。比如《曲礼上》部分，孙氏征引汉唐10家，宋代17家，元代2家，清代2家；于《檀弓上》部分，征引汉唐7家，宋代10家，元代3家，清代1家；于《王制》部分，征引汉唐9家，宋代16家，元代2家，明代1家，清代3家。孙希旦所征引者，宋代最多，汉、唐次之，元、明、清又次之。孙氏征引汉、唐时期最多者为郑玄，其次为孔颖达和陆德明；征引宋代最多者为朱熹，其次为吕大临。此外，孙氏对宋人王安石、方悫、马希孟，元人陈澔、吴澄的解义皆颇为重视。孙锵鸣曰："是书（指《礼记集解》）首取郑《注》、孔《义》，芟其繁芜，掇其枢要，下及宋、元以来诸儒之说，靡不博观约取。苟有未当，裁以己意。其于名物制度之详，必求确有根据，而大旨在以经注经，非苟为异同者也。"[51]由此可见，孙希旦于前人解义皆择善而从，而无汉宋门户之见。

通过对清人"三礼"诠释之研究，可知清人在从事经典诠释时并非有那么明显的汉、宋门户意识。清末皮锡瑞曰："国初，汉学方萌芽，皆以宋学为根柢，不分门户，各取所长。是为汉、宋兼采之学。"[52]不过，皮氏认为清初的"汉宋兼采"是"后人论之"，"而

---

51 （清）孙锵鸣《礼记集解序》，《礼记集解》卷首，北京：中华书局，1989年，第1-2页。
52 （清）皮锡瑞《经学历史》，吴仰湘编：《皮锡瑞全集》第6册，北京：中华书局，2015年，第93页。

在诸公当日，不过实事求是，非必欲自成一家也"[53]。因此，说清初学人治"三礼"是汉宋兼采，倒不如说是无汉宋门户之见。即便是到了汉学如日中天的乾嘉时代，学人们于"三礼"之诠释仍不分门户，这在清代诸经诠释中是比较特殊的。由此可见，清代学人治"三礼"追求的是一个"实"字。此所谓"实"，就是通过对历代"三礼"解义予以重新审视，从而实现回归孔孟之"真义"。至于清人多大程度上回归了孔孟之"真义"，那是另外层面的问题。《易》《春秋》之学，汉、宋门户之见显然。然而清人在"三礼"诠释中无明显的门户之见，此与"三礼"学的固有传统是有关系的。自古以来，"三礼"之学都号称"实学"，文字训诂、名物制度考证是这门学问的最重要内容，脱离于此，"三礼"之研究便无从开展。因此，汉、唐与宋、元、明以来的"三礼"诠释皆以文字训诂和名物制度考证为其基本内容，求"实"便成了这门学问的学术价值取向，汉宋门户因此而淡化了。

三、清代"三礼"诠释的集成特点

清人的"三礼"诠释涉及文本校勘、文字训诂、名物制度考证以及礼意阐发，内容之广，程度之深，可谓空前。清代的"三礼"诠释有很强的集成特点。此可从以下几个方面来看。

一是清人集中国古代《仪礼》校勘之大成。

清代的"三礼"校勘与清代训诂学的发展有密切的关系。校

53（清）皮锡瑞《经学历史》，吴仰湘编：《皮锡瑞全集》第6册，第90页。

勘是训诂的基础，要读懂古代典籍，就必须先对古籍誊写中的文字讹误进行清理。反过来，文字学、训诂学也对校勘学的发展起到了推动作用。只有具备了训诂学的知识，同时又博闻强识，才可能纠正古籍中的讹误。清代"三礼"校勘的兴起与取得的巨大成就，与清人在考据学方面取得的成就是密不可分的。清人王鸣盛曾有一段代表性的论述，他说："读书之道当求其实，欲求其实必自精校始，不校者必不能读，不校不读，而动辄驾浮词，骋诡辨，坐长虚伪，甚无谓也。《周礼·外史》'掌达书名于四方'，郑《注》云：'古曰名，今曰字，使四方知书之文字，得能读之。'贾《疏》云：'正其名字，使四方知而读之也。'可见古人读书必先校正文字。圣人特率专官以董之，故《论语》夫子与子路论政必也正名。皇侃《疏》引郑《注》云：'正名，谓正书字也。古者曰名，今世曰字。《礼记》曰：百名以上，则书之于策。孔子见时教不行，故欲正其文字之误。'《礼记·学记》云：'比年入学，中年考校，一年视离经。'郑《注》云：'离经，断句绝也。'由此观之，校书册，正文字，析章句，乃事之最急者，可不务乎？"[54]宋代天道性命之学隆盛，而"三礼"文献校勘之学不兴，即便是张淳、李如圭、朱熹等人于《仪礼》有所校勘，也不成大气候。与宋代不同，清代学术以考据见长，校勘名家辈出。皮锡瑞在论清人"精校勘"时曰："国朝多以此名家，戴震、卢文弨、丁杰、顾广圻尤精此学。阮元《十三经校勘记》为经学之渊海。余亦见诸家丛书，刊误订讹，具析疑滞，

---

[54]（清）王鸣盛《仪礼经注疏正讹序》，《仪礼经注疏正讹》卷首，《续修四库全书》第89册，第420页。

有功后学者。"[55]清代以校勘名家者多,经典校勘的著述形式不拘一格,既可是专著,亦可是经学杂考之作。清代的校勘学大家,又是文字、音韵、训诂学家。"三礼"方面,顾炎武、张尔岐、沈廷芳、金曰追、卢文弨、胡陪翚、阮元、俞樾、孙诒让、曹元弼等人对于"三礼"有精深之研究,这是他们的"三礼"校勘能取得巨大成就的根本原因。

"三礼"之中,清人最重视《仪礼》之校勘。其中的原因,清人已有交代。比如王鸣盛曰:"自唐贞观而降,学者率尚词章,于《仪礼》一经,每苦难读。至宋熙宁中,王安石始议罢之,不立学官,而道学诸公又喜谈德性,于制度文为一切置之不论,遂使十七篇传写镂刻之本误文脱字较他经尤甚。虽张氏淳、杨氏复、敖氏继公类能究心于此,而亦殊多踳驳不纯,沿至明神宗时监本误脱,益不可问矣。"[56]清人重视《仪礼》之校勘,主要原因,一是宋人喜性命之学,考据色彩甚浓的《仪礼》研究就被忽略了;二是王安石变法于《仪礼》不立学官,士人遂不重视;三是《仪礼》贾疏"文笔冗蔓,词义郁辖",后世传抄易致误;四是明人以朱子《仪礼经传通解》为据从事《仪礼》之校勘(朱子此书多删润贾疏),遂失贾疏原貌。而《周礼》《礼记》的命运则不同。宋儒利用《周礼》论政,利用《礼记》构建性理之学,故学界于《周礼》《礼记》文本的重视程度远甚于《仪礼》。在清初由虚转实学风的大背景下,具有考据色彩的《仪礼》之学被人重新提起,《仪礼》学遂大昌。而

55(清)皮锡瑞《经学历史》,吴仰湘编:《皮锡瑞全集》第6册,第92页。
56(清)王鸣盛:《仪礼经注疏正讹序》,《仪礼经注疏正讹》卷首,《续修四库全书》第89册,第419-420页。

此过程中，文本的整理是《仪礼》研究者之先务。顾炎武、张尔岐等人倡之于前，金日追、卢文弨等人赓续于后，通过诸大家的校勘，《仪礼》文本传抄的讹误得到有效的清理，《仪礼》的研究也取得了辉煌成就。《周礼》《礼记》方面，虽然有沈廷芳、阮元等人作了全经之校勘，然相对于《仪礼》的校勘来说，显得有些微不足道了。

二是清人集中国古代"三礼"图之大成。

清代经学研究的各个方面都是大放异彩，礼图研究亦是如此。清人于"三礼"图研究的角度多样。张惠言《仪礼图》、俞樾《士昏礼对席图》、吴之英《仪礼奭固礼事图》、《礼器图》是专门的礼图著作，朱轼《仪礼节略》、徐乾学《读礼通考》、御定《三礼义疏》礼图仅是著作的一部分。俞樾《士昏礼对席图》是对"三礼"单篇中的仪节绘图，而《仪礼图》《三礼义疏》是对"三礼"中的一部或多部著作绘图。清代学人于前人所绘"三礼"图有从有违，徐乾学、朱轼等人多录前人之图，而黄以周、俞樾、吴之英在继承前人之图的同时还多出新图。清人于"三礼"图研究的规模空前，有集成意义。从目录之著录情况看，清代"三礼"图著作有数十部，而宋、元、明各朝的"三礼"图著作屈指可数。此外，由于清人能遍览清代以前经学家的经说，所以对"三礼"的诠释更趋准确，这就使得他们的"三礼"图之绘制更加成熟。比如张惠言的《仪礼图》，此书是在参考宋代杨复《仪礼图》等著作的基础上而成，故能扬前人之长而避前人之短。阮元将张氏图与杨氏图作了比较，认为张氏图"步武朗然"[57]，"尤为

---

[57]（清）阮元：《仪礼图序》，《仪礼图》卷首，《续修四库全书》第90册，第428页。

明著"[58],且"于治经之道事半而功倍"[59]。皮锡瑞曰:"惟张惠言《仪礼图》通行,比杨氏更精密。"[60] 梁启超曰:"张皋文的《仪礼图》,先为宫室衣服之图;次则十七篇,每篇各为之图;其不能为图者则代以表,每图每表皆缀以极简单之说明。用图表方法说经,亦可谓一大创作。"[61]

三是清人集中国古代《仪礼》之例的研究之大成。

在清代经学史上,治经重义例成为一种传统,最具有代表性的当属江永的《仪礼释例》和凌廷堪的《礼经释例》。经学家们希望通过对经典之内容进行辨析和归纳,从而找出一些具有规律性的"例",然后以"例"来统系经典之内容,从而达到纲举目张之效果。清儒凌廷堪、郑珍、张锡恭等人对前人的《丧服》义例进行重新审视,特别是对"尊尊""亲亲"义例作了充分的论述。有些清儒如夏炘、夏燮兄弟甚至跳出前人所归纳出的"尊尊""亲亲"义例,以"三纲"为《丧服》之义例。[62] 清儒从事《丧服》义例研究时,从大量的文献排比中得出规律性的"例",这种归纳是清儒普遍采用的方法,也是清儒考据精神之体现。

众家之中,凌廷堪所撰《礼经释例》是清代《仪礼》之例研究方面最杰出的著作。凌氏认为,《仪礼》所记名物仪节虽然繁多,但是众多的礼仪有"经纬可分",有"途径可跻",若找到了这些

---

58 (清) 阮元:《仪礼图序》,《仪礼图》卷首,《续修四库全书》第 90 册,第 428 页。
59 同上。
60 (清) 皮锡瑞:《经学通论》,《皮锡瑞全集》第 6 册,第 414 页。
61 (清) 梁启超:《清代学术概论》,上海三联书店 2006 年,第 174 页。
62 以"三纲"为《丧服》之义例虽非夏氏兄弟之发明,然夏氏兄弟却是此说的光大者。

"经纬"和"途径",就找到了治《仪礼》之筦钥。这些"经纬"和"途径"就是所谓的"例"。《礼经释例》释例共246则。其分类的标准,既不是吉、凶、军、宾、嘉五礼,亦不是冠、昏、丧、祭、乡、射、朝、聘八礼,而是将《仪礼》整本书所记诸礼的名物、向位、仪节进行重新分类。表面上看,凌氏所作分类的界限并不清晰,比如宾客之例、射例、祭例之中有器服,祭例中有饮食,而凌氏又单列宾客之例、器服之例和饮食之例,故其分类似有重复之嫌。然而细究之后,可知凌氏于例之分类有其用心所在。若依"五礼"或"八礼"划分,进而探求《仪礼》之例,那么出现的问题将会更多,因为诸礼中皆有饮食、器服以及通例中的内容。而其划分为通例、饮食之例、宾客之例、射例、变例、祭例、器服之例、杂例八类,既考虑到比较特殊的射礼、祭礼之例,又考虑到其他诸礼普遍涉及的内容。《仪礼》所记乡射礼、大射礼、祭礼所涉及的器服、仪节与其他诸礼差别较大,不能杂入他例释之,故只能单独列出。而凌氏所列通例、宾客之例、饮食之例、器服之例则遍及诸礼,如饮食之例中的醴礼见于士冠礼、士昏礼、聘礼,器服之例中的几、席见于士冠礼、士昏礼、乡饮酒礼、乡射礼、士丧礼、士虞礼、公食大夫礼、聘礼、觐礼、燕礼、特牲馈食礼。由此可见,凌氏是在对《仪礼》所记诸礼作综合考察的基础上才分类和归纳出礼例,其所归纳的八例可以最大限度地揭示《仪礼》所记诸礼的名物、向位和仪节之规律。凌廷堪《礼经释例》是乾嘉时期朴学的代表作,受到当时和后世学人的高度肯定。阮常生曰:"《礼经释例》……凡经中同异详略之文,多抒特见,务使条理秩然,非乡壁虚造,凭臆断以争胜于前人,其功不在后苍、大小戴、庆普诸人之下，海内学人当不苦其难读矣。"[63] 梁启超曰："凌次仲的《礼经释例》……将全部《仪礼》拆散了重新比较整理贯通一番，发现出若干原则。其方法最为科学的，实经学界一大创作也。"[64]《礼经释例》是《仪礼》之例研究方面的集大成之作，为后人治《仪礼》提供了极大的方便。

清人在时代学风之下融会历代"三礼"解义，从而使得清代的"三礼"诠释取得了辉煌的成就。梁启超说："试总评清代礼学之成绩，就专经解释的著作论，《仪礼》算是最大的成功。凌、张、胡、邵四部大著，各走各的路，各做到登峰造极，合起来又能互相为用，这部经总算被他们把所有的工作都做尽了。《周礼》一向很寂寞，最后有孙仲容一部名著，忽然光芒万丈。"[65] 梁启超用"登峰造极""光芒万丈"形容清人的《仪礼》和《周礼》诠释并不过分，不过梁氏说清人把《仪礼》"所有的工作都做尽了"，从今天来看，却未必如此。清代考古发掘不多，出土文献鲜见，因此学人们的"三礼"诠释主要依靠的是传世文献。以孙诒让的《周礼》诠释为例，从解经方法来看，孙氏《周礼正义》与前代学人并无二致。沈文倬曰："孙氏所处的是个新旧交替的时代，有可能接受新的方法进行研究，而他仍然只是通过汉儒旧训以求疏解《周礼》本文，所走的仍是朴学家的路径，不能改弦易辙，负起承先启后的时代使命，仅仅做了清代《周礼》学的总结工作，而没有新的开创。"[66]

63（清）阮常生：《礼经释例序》，《凌廷堪全集》第4册附录，黄山书社2009年，第307页。
64（清）梁启超：《中国近三百年学术史》，第174页。
65 同上书，第176页。
66 沈文倬：《孙诒让周礼学管窥》，《菿闇文存》(下)，商务印书馆2006年版，第671页。

《周礼》研究内容的拓展和方法的更新是在现当代才实现的。现代以来，随着出土文物的大量出现，以及"二重证据法"应用，一些学者如郭沫若、李学勤、刘雨、张亚初等将金文或其他出土文献与《周礼》所记之职官进行比较研究，在此基础上判定《周礼》的作者和成书年代，从而实现了《周礼》研究方法的更新和内容的拓展。又如武威汉简以及二十世纪的考古发掘报告，对于二十世纪中后期以来的《仪礼》研究起到了很大的推动作用。由于武威出土本《仪礼》与今本《仪礼》的文字有所不同，与两戴本、《别录》本之篇名篇次亦有异，所以陈梦家、沈文倬、王关仕、刘文献等人对出土本和今本《仪礼》的经文作了校勘。此外，二十世纪中后期的对中国文化抱有深厚感情的台湾地区学人希望通过出土材料和新的研究方法，对《仪礼》之仪节、名物、制度等进行研究，从而实现《仪礼》的"复原"。复原小组负责人孔德成说："《仪礼》一书自郑康成以来，注解者虽名家辈出，但囿于时代之关系，其所用之方法及数据，由今以观，似乎尚觉方面过少。故此次之研究，各分专题，运用考古学、民俗学、古器物学，参互比较文献上材料，以及历代学者研究之心得，详慎考证，纳为结论，然后将每一动作，以电影写实的方法表达出来；使读是书者，观其文而参其行，可得事半功倍之效。"[67] 以孔德成为首的台大学人在《仪礼》复原研究方面所作的努力，对于"三礼"研究领域的拓展及研究方法的更新有着重要的启发意义。这一切的实现，都是基于二十世纪新材料的发现

---

67 孔德成：《仪礼复原研究丛刊序》，《仪礼复原研究丛刊》，台湾中华书局1970年，书首。

与研究方法的更新。[68] 由此可见，尽管清代的"三礼"诠释成就斐然，然而今人在新的社会文化背景下，以新的视野和方法从事"三礼"研究，仍然可以获得令人瞩目的成就。

---

[68] 目前，清华大学彭林教授主持的项目"《仪礼》复原与当代日常礼仪重建研究"也是试图用新的手段复原古礼。该项目的《仪礼》复原部分，与上世纪台湾地区的"《仪礼》复原计划"的思路很接近。

明清时期实践礼学的兴衰：一种基于版本数量的考察

徐到稳（中国社会科学院）

一、导言

明清时期礼学的整体状况如何（有无"转折"或"转型"），是近年来学术界颇有争论的问题。张寿安在《十八世纪礼学考证的思想活力——礼教论争与礼秩重省》中指出："明清之际，礼学在移风易俗的动力下兴起，但入清之后，礼学发展却出现了迥异于明代的转向。明代礼学之盛，在形式上是家礼学，在内容上则是混融佛道，明儒称之为'缘俗则礼行'。清初礼学家则高揭'以古礼正今俗'的旗帜，在'以经典为法式'的批判精神下，力斥宋明礼学的'缘俗'性格，走出清学的特色。这就是明清礼学的重要转折：从'私家仪注'的'家礼学'走向'以经典为法式'的'仪礼学'。"[1] 她是在伊沛霞、小岛毅、何淑宜及自己的相关统计与分析的基础上得出这个结论的。[2] 该说提出之后，赞同者有苏正道

---

[1] 张寿安：《十八世纪礼学考证的思想活力——礼教论争与礼秩重省》，北京：北京大学出版社，2005年，第82页。
[2] 见张寿安：《十八世纪礼学考证的思想活力——礼教论争与礼秩重省》，第19—72页。

等人，[3] 反对者有赵克生、安娜。[4] 赵克生、安娜《清代家礼书与家礼新变化》认为："清代家礼是宋、明家礼的延续与发展，并不因为乾嘉经礼的光芒而黯然失色。无论就家礼学抑或清代礼学的整体而言，清代家礼在礼书编纂、家礼实践，甚至家礼考据诸方面都生气勃勃，并未出现有些学者所谓的'礼学转型'或断裂，乾嘉经礼并没有取而代之，相反，经礼考证为家礼的发展提供了学术支持。"该文最独特之处在于推算出"清代家礼书应该不少于350种"，并将这些家礼书分为三类：重刊前朝家礼书、清朝官修家礼书与清人私修家礼书。

笔者认为：张寿安等人的论著对推动明清"家礼学"研究各有贡献，但是其中不乏概念混乱、统计偏差等问题。本文试图在礼学四分法的基础上，对明清实践礼学的兴衰重新探讨。

二、相关概念的辨析："杂礼学""实践礼学"与"家礼学"

笔者曾在《江永礼学研究》中指出：《四库全书总目》"将礼类分为六个属别，这是中国目录学史上的重要创新。周礼、仪礼、礼记三个属别的设立源远流长，容易理解；三礼总义、通礼、杂礼书三个属别的设立属于新创，有待说明。"[5] "《四库全书总目》将礼类分为周礼、仪礼、礼记、三礼总义、通礼、杂礼书六个属别，又以

---

3 见苏正道：《清代礼学研究的复盛和礼书编撰的兴起》，《闽江学院学报》2015年第3期；苏正道《〈朱子家礼〉在清初的困境与出路——兼论江永〈礼书纲目〉的编撰和刊行》，《闽江学院学报》2018年第1期。
4 见赵克生、安娜：《清代家礼书与家礼新变化》，《清史研究》2016年第3期。
5 徐到稳：《江永礼学研究》，清华大学历史系博士学位论文，2013年，第1页。

考证、义理评价前四者，以体系评价通礼，以实践评价杂礼书。这在整个经部是非常特殊的。"[6] "礼学按照内容分，可以分为周礼学、仪礼学、礼记学、总礼学、通礼学、杂礼学；按照性质（或方法）分，可以分为考证礼学、义理礼学、体系礼学、实践礼学。"[7]

表1 礼学分类表

	分类依据	名 目	界 定	代表著作
礼学	内容	周礼学	解释《周礼》	《周礼注疏》
		仪礼学	解释《仪礼》	《仪礼注疏》
		礼记学	解释《礼记》	《礼记正义》
		总礼学	解释三礼总义	《三礼图集注》（聂崇义）
		通礼学	体系建构	《仪礼经传通解》（朱熹）
		杂礼学	私家仪注	《家礼》
	性质	考证礼学	注重考证	《周礼注疏》
		义理礼学	注重义理	《礼经会元》（叶时）
		体系礼学	体系建构	《仪礼经传通解》（朱熹）
		实践礼学	私家仪注	《家礼》

（出自徐到稳《江永礼学研究》第4-5页）

笔者曾在《何谓实践礼学？——一种目录学的分析》中指出："因为杂礼书之属是"私家仪注"，《四库全书总目》主要从是否切实可行来评价，即强调实践性。因此，四库馆臣将杂礼书之属与三礼总义之属、通礼之属区别开来，有很大的合理性。"[8] 也指出：

---

6 徐到稳：《江永礼学研究》，清华大学历史系博士学位论文，2013年，第4页。
7 同上。
8 徐到稳：《何谓通礼——一种目录学的分析》，《金田》2015年第5期。

但是，我们应该看到四库馆臣对"杂礼书"的命名存在不合理性。如上指出：《经义考》将不能归入周礼、仪礼、礼记的称为通礼。《四库总目》在《经义考》基础上对通礼进行细分，分为三礼总义之属、通礼之属、杂礼书之属。虽然它对通礼的界定与所属著作的归类上有些不清楚，但三礼总义之属、通礼之属这两个称谓还是可以接受的。而杂礼书之属这一称谓是不规范的、临时的，可以再斟酌的。当我们以礼学内容将礼学六分的时候，不难发现周礼学、仪礼学、礼记学、总礼学、通礼学基本上能凸显各自的内容，而杂礼学并不能。当我们以礼学性质（或方法）将礼学四分的时候，考证礼学、义理礼学、体系礼学、实践礼学基本上可以凸显它的性质（或方法）。这是笔者提出"实践礼学"这一概念的重要原因。

实践礼学，是私家编写、以儒家精神指导民间礼仪的学问。它是礼学的一个重要分支，以实践性为最大特色，主旨可概括为"以礼化俗"。这是笔者对"实践礼学"定义。需要注意的是，此定义是以《四库全书总目》经部礼类六分法的合理性为基础的。[9]

张寿安的《十八世纪礼学考证的思想活力——礼教论争与礼秩重省》对《四库全书总目》中的杂礼书有好几页（第41-49页）的集中探讨。但是该书没有用"杂礼学"这个说法，而是用了"家礼学"的说法。至于什么是"家礼学"，该书并未明确交代。在《江永礼学研究》中，笔者曾据张寿安"四库所收家礼类的作品共22

---

9 徐到稳：《何谓通礼——一种目录学的分析》，《金田》2015年第5期。

种""杂礼书著录5种、存目17种"指出:"张寿安所言之'家礼学'即杂礼书之学,即本文所言之'杂礼学'。窃以为,杂礼书除了《家礼》及其后续著作外,还有林烈《乡射礼仪节》等与'家'关系不大的著作,它们从总量上来说较少,但不属于家礼学。故本文所言杂礼学即实践礼学,家礼学是其重要组成部分,而非全部。"[10]

在赵克生与安娜的文章中,"家礼学"出现5次,"家礼书"出现61次。什么是"家礼学""家礼书"? 该文都没有解释。从"清代繁多家礼书的三类主要构成,即前朝刊本、清朝官修家礼书和清人私修家礼书"来看,似乎作者将与家礼相关的书都视为家礼书。前朝刊本在清朝的流通可以作为清代"家礼学"研究的对象之一,但不能作为清代"家礼学"比明代"家礼学"发达的原因!《四库全书总目》将仪注分为私家仪注与公家仪注两种,前者入经部礼类,后者入史部政书类,这是一个重要的创新。[11] 赵克生与安娜将两种混淆起来,实不应该。

总之,"杂礼学""实践礼学""家礼学"三者的关系是:将杂礼书之学称作"杂礼学"不是不可以,但不能凸显它的内容,因此不理想;将杂礼书之学称作"实践礼学"能凸显它的性质(或方

---

10 徐到稳:《江永礼学研究》,清华大学历史系博士学位论文,2013年,第4页。
11 徐到稳指出:"刘咸炘是二十世纪中国目录学史上最重要的学者之一,他主要的目录学成果几乎都与其《四库全书总目》研究密不可分。他在'议定经部十类'时,将通礼、杂礼两个属别从经部礼类'别入史部',只留周礼、仪礼、礼记、三礼总义四个属别。他大致认为通礼是对官方仪注的考论、杂礼书是私家仪注,不'依经立义',所以不归入经部。实际上,这是大可商榷的。刘咸炘的经部礼类四分法与对礼学不够重视、对史学期望过高等密切相关。《四库全书总目》将礼类分为六个属别,这是中国目录学史上的重要创新,值得令人继承与发扬。"见徐到稳:《论刘咸炘对〈四库全书总目〉经部礼类六分法的评议》,邓洪波主编:《中国四库学(第三辑)》,北京:中华书局,2019年,第122页。

法），值得大力提倡；"家礼学"是杂礼书之学的重要组成部分，而非全部。因此，肯定《四库全书总目》经部礼类六分法的研究者应该使用"实践礼学"来概括杂礼书之学，避免使用"杂礼学""家礼学"。张寿安将杂礼书之学与"家礼学"等同，还是在《四库全书总目》经部礼类六分法的框架内，可谓"大醇小疵"。而赵克生、安娜（甚至还有梁勇、王志跃等）对《四库全书总目》经部礼类六分法置若罔闻，有意混淆学术史与社会史，也有意混淆礼学著作与含"礼"的文献，这是值得学术界引以为戒的。

三、对明清实践礼学著作的统计

在 2001 年之前，伊沛霞、小岛毅、何淑宜等对明清实践礼学著作有统计。伊沛霞统计明代家礼著作 48 种，清代家礼著作 18 种，共 66 种。小岛毅据《四库全书》统计出明代的礼学著作有 79 种之多。何淑宜在伊沛霞的基础上增补统计，明代家礼著作 64 种，清代家礼著作 24 种，共 88 种。[12] 这些统计对学术界了解明清时期礼学著作全貌是有帮助的。张寿安在这些统计基础上制作《〈四库全书〉礼类"著录"》与《〈四库全书〉礼类"存目"》二表，得出结论："四库理想的四礼撰著，应是尊经注、考仪节、辨制度、明古今。换言之，就是改变'私家仪注'的方式，使成为'以经典为法式'。"[13]

---

12 伊沛霞、小岛毅、何淑宜等的相关统计见张寿安：《十八世纪礼学考证的思想活力——礼教论争与礼秩重省》，北京：北京大学出版社，第 19–20 页。
13 张寿安：《十八世纪礼学考证的思想活力——礼教论争与礼秩重省》，第 49 页。

在2001年之后，梁勇、赵克生、王志跃、杨艳秋、安娜等对明清实践礼学著作有统计。

梁勇在《明代的〈家礼〉研究》中统计明代家礼文献有124种。[14]

赵克生在《明代地方社会礼教史丛论——以私修礼教书为中心》中指出："梁勇的统计并不包括家谱里收录的私家礼书。"[15]还分析了明代家礼文献的分布："这些私修家礼书主要分布在浙江、广东、福建、安徽、江西、河南等地。"[16]

王志跃在《明代家礼文献考辨》中，在何淑宜、赵克生、梁勇的基础上进一步统计，得出结论："明代家礼文献共163种。其中，明初17种，明中期64种，明后期55种，时期不明者27种。其作者共156人，佚名4人，籍贯不明者13人。"[17]他还总结了明代家礼文献的时段与地域特征："明代家礼文献的时段特征为：明初较少，主要产生于明代中后期。在不同地区的表现为：明初，主要在浙江、南畿、福建等地，广东、江西与河南也零星有所出现，而湖广、山东、山西等地此期可能尚未出现家礼文献。明中期与明后期，浙江、南畿、福建三地持续保持优势，广东、江西与河南开始呈现追赶趋势，尤其广东在此期发展迅猛，表现十分抢眼。"[18]

杨艳秋、梁勇在《礼与中国古代社会（明清卷）》中指出：

---

14 梁勇：《明代的〈家礼〉研究》，新加坡国立大学中文系博士学位论文，2006年，第12-18页，转引自王志跃：《明代家礼文献考辨》，《图书馆理论与实践》2014年第4期。

15 赵克生：《明代地方社会礼教史丛论——以私修礼教书为中心》，北京：中国社会科学出版社，2011年，第5页。

16 赵克生：《明代地方社会礼教史丛论——以私修礼教书为中心》，第5页。

17 王志跃：《明代家礼文献考辨》，《图书馆理论与实践》2014年第4期。

18 同上。

"据统计,自宋至清,研究注疏《家礼》的撰著见于著录的近二百种。其中宋代3种,元代1种,明代100余种,清代40-50种。"据谁的统计,作者没有注明。[19]作者接着列出《明代家礼著作目录表》,其中有101种家礼著作。[20]

赵克生、安娜在《清代家礼书与家礼新变化》指出:"有清一代,各地的家礼书层出不穷,无论是通都大邑,还是边鄙村镇,都有家礼流布。究竟有多少种礼书? 尽管文献不足,现在难以确估,还是有学者尝试作过统计。何淑宜博士曾列举清代出版的家礼与丧葬类礼书23种,王锷教授的《三礼研究论著提要》在'杂礼'部分提到过大约17种清代家礼书,除去二者统计中重复的4种,合计为36种家礼书,而这些刊行礼书可能只是礼书总体的很小部分。为合理估算,笔者另辟蹊径,先就湖南地区的家礼书进行较为细致统计,制作《清代湖南的家礼书一览表》如下:……"[21]《清代湖南的家礼书一览表》列有34种家礼书,资料来源为地方志与家谱(族谱)。赵克生与安娜进而"由一省而推天下",推算出"清代家礼书应该不少于350种"。

赵克生与安娜的做法到底是"另辟蹊径"还是"作茧自缚"? 笔者以为很可能是后者。首先,"由一省而推天下"太过主观。赵克生与安娜说:"由一省而推天下,在新疆、西藏、蒙古、东北之

---

19 吴丽娱主编:《礼与中国古代社会(明清卷)》,北京:中国社会科学出版社,2016年,第108页。该书成于众手,出版于1月份,早于赵克生、安娜的《清代家礼书与家礼新变化》。
20 吴丽娱主编:《礼与中国古代社会(明清卷)》,北京:中国社会科学出版社,2016年,第108-114页。
21 赵克生、安娜:《清代家礼书与家礼新变化》,《清史研究》2016年第3期。

外，尚有安徽、浙江、江西、福建、山东、河南、河北、陕甘、两广、云贵川等十余地区。这些地方中，就礼教、宗族兴盛程度而言，湖南也可能处于平均水平。"[22] "就礼教、宗族兴盛程度而言，湖南也可能处于平均水平"就是一个很大的问题，需要多方面论证。王志跃分析了明代家礼文献在不同地区的表现是变化的。[23] 那么我们也有理由怀疑：清代家礼文献在不同地区的表现是变化的。其次，赵克生与安娜较前人更重视家谱（族谱）中的相关记载，表面上应用史料更丰富了。但是清代史料浩如烟海，地方志、家谱（族谱）外还有很多史料，如总数在4万种以上的清人诗文集。赵克生与安娜为什么不利用清人诗文集中的相关记载？最后，就算穷尽清代史料，找到全部相关记载，对家礼书统计还是有问题的。这些相关记载提到的书大多数只是以稿抄本存在过，早已失传，影响可能是微乎其微的。[24] 对早已失传、相关记载非常少的明清实践礼学著作，关注过多没有什么学术意义。[25]

---

22 赵克生、安娜：《清代家礼书与家礼新变化》，《清史研究》2016年第3期。
23 王志跃：《明代家礼文献考辨》，《图书馆理论与实践》2014年第4期。
24 以《清代湖南的家礼书一览表》中34种书与《中国古籍总目·经部》对比，可发现大部分已经失传了。
25 《清代湖南的家礼书一览表》中有汤聘的《丧礼要言》，为什么属于丧礼书呢？该书的资料来源是光绪《湖南通志》卷二四六。笔者按图索骥，看到汤聘的《丧礼要言》归在"杂礼"中。《湖南通志》经部礼类分为周礼、仪礼、礼记、大戴礼记、三礼总义、杂礼六类，与《四库全书总目》差别较大。汤聘的《丧礼要言》后面有两个小字"县志"，可见光绪《湖南通志》的编纂者根据县志列上此书，很有可能根本没有看到。那么有没有必要考察是什么县志呢？没有必要，因为汤聘的《丧礼要言》早已失传了，相关记载极少。仅凭书名，如何判断它的性质？强硬判断必然带来重大问题。在光绪《湖南通志》卷二四六"杂礼"，笔者还看到一些书，没有被赵克生与安娜列入《清代湖南的家礼书一览表》。如：《丧服解》十卷，《祭礼解》十卷，宁乡王文清撰。（县志）"这两部书也失传了，属于什么性质？为什么没被列入《清代湖南的家礼书一览表》？估计赵克生与安娜难以回答。

以赵克生与安娜为代表的对明清实践礼学著作的总体估量实在问题多多。为什么我们不可以《中国古籍总目》为基础探讨存世的明清实践礼学著作呢？

《中国古籍总目》"完成了迄今最大规模的调查与著录，第一次将中国古籍书目著录约为二十万种。"[26] 明代著作存世的约在3万种以上，清代著作存世的约在12万种以上。因为清代距离今日更近，资料更容易保存下来。论实践礼学著作的存世种数，清代无疑超过了明代。那么能否说清代的实践礼学超过了明代呢？窃以为不能。数量固然重要，质量也同样重要。清代实践礼学著作质量普遍很低的话，存世最多也没法证明实践礼学在清代最辉煌。

我们无法准确判断每部存世的实践礼学著作的质量，打分与定级都是非常困难的。"所谓经典，就是一直在印的书"。这句话启发我们：大致上可以通过长时段内一书的出版次数确定该书的经典性，而经典性与质量应该是接近的。

笔者根据《中国古籍总目》，统计有2种及以上的明清时期版本存世的明清人编纂的实践礼学著作，得出此表：

---

[26]《中国古籍总目》编纂出版工作委员会、《中国古籍总目》编纂委员会：《前言》,《中国古籍总目》编纂委员会编：《中国古籍总目·经部》，北京：中华书局，上海：上海古籍出版社，2012年。

表2 明清时期实践礼学著作版本数量统计表

书 名	作 者	成书之年[27]	版本数量[28]	备 注
家礼集说	冯善（明宣德间）	宣德年间（1426-1435）	4	《经部》第533页
文公家礼仪节	丘濬（1421-1495）	约1490	19	《经部》第532页
泰泉乡礼	黄佐（1490-1566）	1530	2	《经部》第533页
四礼疑	吕坤（1536-1618）	约1573	2	《经部》第529页
四礼翼	吕坤（1536-1618）	1573	15	《经部》第529页
四礼初稿	宋纁（1522-1591）	1591	7	《经部》第528-529页
四礼约言	吕维祺（1587-1641）	1624	4	《经部》第529页
重镌徽郡官板翁太史补选文公家礼	翁正春（1553-1626）	1626	2	《经部》第534页
重刻申阁老校正朱文公家礼正衡	周应期（1586-1664）	1664	2	《经部》第533页
齐家宝要	张文嘉（1611-1678）	1678	3	《经部》第534页
家礼辨定	王复礼（1645-1722）	1708	2	《经部》第534页

---

27 大部分著作的完稿之年没有被记载或研究，很多著作完稿之后过了很久才出版（又分在作者生前、身后两种情况），因而精确地对每部著作断年颇不容易。表中的成书之年遵循以下原则：（1）完稿之年有记载或研究的，以完稿之年为准；（2）如完稿之年不可知，以生前初刻时间为准；（3）如初刻在作者身后，以作者卒年为准；（4）如作者卒年不可知，以记载（或研究）中关于作者的最后一个纪年（如中举人、进士的时间）为准。

28 以《中国古籍总目》记载的该书在明清时期的版本数量为准（虽然它有很多疏漏错讹）。

续表

书名	作者	成书之年	版本数量	备注
礼俗权衡	赵执信（1662-1744）	1709	3	《经部》第534页
昏礼辨正	毛奇龄（1623-1713）	1713	2	《经部》第460页
三礼从今	黄本骥（1781-1856）	1844	2	《经部》第516页
四礼榷疑	顾广誉（1799-1866）	1866	3	《经部》第531页

再将明清实践礼学著作的影响因子分期统计：

时期		版本数量
明代	明前期（1368-1459）	4
	明中期（1460-1551）	21
	明后期（1552-1643）	30
清代	清前期（1644-1733）	12
	清中期（1733-1822）	0
	清后期（1822-1911）	5

由此可见，明代实践礼学著作的版本数量远高于清代。[29] 可以认为明代实践礼学发达，清代实践礼学不发达。具体到时期：明前期不大兴盛，明中期开始兴盛，明后期达到极盛，清前期开始衰

---

29 那些认为清代实践礼学很发达的研究者需要考虑：清代实践礼学著作中最有代表性的是哪几种？为什么没有出现版本数量达到4的实践礼学著作？

落,清中期达到极衰,清后期略有上升。[30] 这与王志跃对明代家礼文献的时段特征的分析基本符合,也与伊沛霞、小岛毅、何淑宜、张寿安等人的整体判断大致符合。

那么张寿安关于明清礼学转型的论述是否变得更有道理呢?

四、略论所谓"明清礼学转型"

笔者认为,明清时期礼学确实有个"转型",但这个"转型"不宜用"从'私家仪注'的'家礼学'走向'以经典为法式'的'仪礼学'"来概括,宜用"从实践礼学走向考证礼学"来概括。

张寿安说:"仪礼学在清代兴起是一件非常值得留意的事。"[31] "《仪礼》既见黜于科举,士人遂不再研习,仪礼学几致废弃。"[32] "仪礼学在清代的兴起,是一段很艰辛的长途。"[33] 张寿安想证明清代仪礼学成绩最大,可是她的论证太薄弱了。当她用千余字概括清代学者研究《仪礼》的成就后,说:"清儒致力于此经,前后逾三百年,勿怪乎学界誉之为'工程最艰辛,成就也最大'。"[34] 一

---

30 笔者曾指出:安徽省图书馆所藏江永的《昏礼从宜》为海内孤本,对于我们理解江永之实践礼学及清代实践礼学史均有重要价值。《昏礼从宜》主要是为了反驳以朱熹、朱轼为代表的复古派而作,其主旨是"礼失求诸野",分论点大约有三:古礼多与今之人情相违;今俗多深得古礼精义;经济是影响礼节变化的重要因素。张寿安指出:清代实践礼学的衰落与考证礼学的兴盛密切相关。《昏礼从宜》的发现,可为清代实践礼学的衰落找到新的原因:一方面实践礼学的理论基础非常薄弱,一方面实践礼学受到官方势力的墨守与滥用。见徐到稳:《江永礼学研究》,清华大学历史系博士学位论文,2013年,第50-66页。
31 张寿安:《十八世纪礼学考证的思想活力——礼教论争与礼秩重省》,第49页。
32 同上。
33 同上书,第50页。
34 同上。

般认为清朝有 267 年历史（1644-1911），那么清儒致力于《仪礼》怎么逾三百年？清儒致力于《周礼》《礼记》有多少年历史？"工程最艰辛，成就也最大"是谁的话？[35] 他（她）是怎么证明的？

笔者想说的是：熟悉《清经解》《清经解续编》的学者不难看出清代礼学成就最高的分支（按照内容分）未必是仪礼学，因为周礼学、礼记学成就也很高；不熟悉《清经解》《清经解续编》的学者不妨采用"版本数量法"来比较清代周礼学与仪礼学成就的高低。所谓"十八世纪礼学考证"其实主要《周礼》考证，而非《仪礼》。[36] 不管《周礼》考证，还是《仪礼》考证，都属于"考证礼学"。因此，明清时期礼学确实有个"转型"，这个"转型"宜用"从实践礼学走向考证礼学"来概括。

五、结语

总之，实践礼学，是私家编写、以儒家精神指导民间礼仪的学问；是礼学的一个重要分支，以实践性为最大特色，主旨可概括为"以礼化俗"。本文通过筛选有影响力的实践礼学著作（《中国古籍总目·经部》记载的在明清时期的版本数量要在 2 及以上），统计

---

[35] 张寿安在这里做了一个表述非常模糊的脚注，既提到梁启超的《中国近三百年学术史》，也提到周予同《中国经学史讲义》、彭林《论清人〈仪礼〉校勘之特色》、张寿安《清儒仪礼学的研治方法与成就》。见张寿安：《十八世纪礼学考证的思想活力——礼教论争与礼秩重省》，第 50 页。

[36] 张寿安的《十八世纪礼学考证的思想活力——礼教论争与礼秩重省》完全忽略当时礼学界主流（江永、戴震、程瑶田、段玉裁等）对《周礼》的艰辛考证与卓越成就。虽然张著是部有创新的重要著作，但其中问题很多很大，值得学术界进一步注意与警醒。

各著作的版本数量，发现实践礼学在明清不同时期表现出明显的兴衰：明前期不大兴盛，明中期开始兴盛，明后期达到极盛，清前期开始衰落，清中期达到极衰，清后期略有上升。明清时期礼学确实有个"转型"，但这个"转型"不宜用"从'私家仪注'的'家礼学'走向'以经典为法式'的'仪礼学'"来概括，宜用"从实践礼学走向考证礼学"来概括。

当今礼学研究如何"走出书斋"？[37] 这是一个非常重要的问题。今人在思考这个问题时，似对实践礼学明清兴衰这个重要背景重视不足。本文试图从明清实践礼学史出发，为这一问题提供新的背景。期待有更多学者关注并研究明清实践礼学史，为实践礼学的当代开展努力！

---

[37] 20世纪，儒家文化在中国影响极大的反传统潮流中受到严重冲击，儒家文化中的"礼"更是被严重污名化。1941年，贺麟在《儒家思想的新开展》中指出："我们不必采取时髦的办法去科学化儒家思想。欲充实并发挥儒家思想，似须另辟途径。因儒家思想本来包含有三方面：有理学以格物穷理，寻求智慧。有礼教以磨炼意志，规范行为。有诗教以陶养性灵，美化生活。""儒学是合诗教、礼教、理学三者为一体的学养，也即艺术、宗教、哲学三者的谐合体。因此，新儒家思想的开展，大约将循艺术化、宗教化、哲学化的途径迈进。"见贺麟：《儒家思想的新开展》，原载1941年8月《思想与时代》第一期。他的思想在20世纪几乎是空谷足音，在儒学复兴的21世纪值得特别的重视。刘增光、张南在分析近年礼学与经学的实践指向时指出："经学的复兴已经成为一大趋势，清华大学于9月19日成立了国内首家经学研究院，正体现了这一趋势。在经学复兴过程中，礼学研究尤其值得注意，因为礼兼涉知与行。礼学史是礼学研究的重点。""礼学研究复兴的另一表现是走出书斋，积极参与到当代社会实践和价值塑造的进程中去。"见刘增光、张南：《2018年儒学热点综述》，《杭州师范大学学报（社会科学版）》2019年第2期。与贺麟所言有异曲同工之妙。

"礼让"传统的发明

——乾嘉汉学的礼义之维

刘增光（中国人民大学）

中华文明是礼乐文明，若换个角度则可通俗地说：文明礼让是中华民族的传统美德。"礼者，敬而已矣。"(《孝经》) 敬者，"自卑而尊人"(《礼记·曲礼》)，礼意味着礼让、敬让。礼让自春秋时期即已是时人共尊的美德。就礼所蕴含的敬这一层意义而言，宋明理学家尤其是程朱有着非常丰富的讨论，但是程朱理学对于"敬"的强调和阐发，主要集中在"修己以敬""主敬穷理""涵养须用敬"的层面上，侧重从个体内在的修身上讲敬，虽然揭示了礼的内在性维度，却一定程度上忽略了敬、礼所指涉的人己关系层面。正如《孟子·离娄下》"仁者爱人，有礼者敬人"一语所示，礼必然指涉于敬他人。如果说敬自己，就显得颇为怪异了。而清代乾嘉汉学对礼让之义的发明，正可以矫宋儒"主敬"传统之弊，通过强调"让"，以揭示出美德是发生在人与人之间的社会性、关系性维度。理学家以理言礼与乾嘉汉学之以让言礼，均是对礼义的发明，乾嘉儒者并非专在名物制度上说礼。总体而言，乾嘉汉学对礼让的强调，涵摄义理、经学、治道等多个维度，从这一角度理解学界用以概括明清思想转变的"以礼代理"说,[1]有着通贯澄澈的效果。

一、礼让与主敬

孔子思想兼括仁、礼二维,"礼让"是儒家思想的重要组成部分。《论语》中既言及"礼让",亦言及"不让"。《论语·里仁》:"子曰:能以礼让为国乎?何有?不能以礼让为国,如礼何?"朱熹:"让者,礼之实也。何有,言不难也。言有礼之实以为国,则何难之有,不然,则其礼文虽具,亦且无如之何矣,而况于为国乎?"[2]与此相应的是,在《先进》篇"子路、曾皙、冉有、公西华侍坐"一章中,"子路率尔而对曰:'千乘之国,摄乎大国之间,加之以师旅,因之以饥馑;由也为之,比及三年,可使有勇,且知方也。'夫子哂之"。曾皙问孔子:"夫子何哂由也?"孔子回答说:"为国以礼,其言不让,是故哂之。"朱熹注认为所谓"不让"是说子路不谦逊。[3] 让,即是不争。争,即是不让。让而不争正是君子的美德。《卫灵公》:"子曰:君子矜而不争,群而不党。"《八佾》:"子曰:君子无所争,必也射乎!揖让而升,下而饮,其争也君子。"这两段文字即是孔子明确言君子不争者。而依荀子所言:"人生而有欲,欲而不得,则不能无求,求而无度量分界,则不能不争,争则乱,乱则穷。"(《荀子·礼论》)礼的作用就是"定分

---

[1] 张寿安:《以礼代理——凌廷堪与清中叶儒学思想之转变》,石家庄:河北教育出版社,2001年。
[2] 朱熹:《四书章句集注》,北京:中华书局,1983年,第72页。
[3] 朱熹:《四书章句集注》,第131页。

止争"。

就礼让的起源来看,儒门对礼让的强调无疑并非一家之私言,亦是春秋时期士大夫之公言。《左传》昭公十年记载齐晏子之语:"让,德之主也,让之谓懿德。凡有血气,皆有争心,故利不可强,思义为愈。义,利之本也,蕴利生孽。"[4] 以让为德,方不会以利相争,让是义实现的前提。《左传》襄公十三年又记载"君子曰"的内容:"让,礼之主也。范宣子让,其下皆让。栾黡为汰,弗敢违也。晋国以平,数世赖之。刑善也夫!一人刑善,百姓休和,可不务乎?《书》曰:'一人有庆,兆民赖之,其宁惟永。'其是之谓乎!……世之治也,君子尚能而让其下,小人农力以事其上。是以上下有礼,而谗慝黜远,由不争也,谓之懿德。及其乱也,君子称其功以加小人,小人伐其技以冯君子。是以上下无礼,乱虐并生,由争善也,谓之昏德。国家之敝,恒必由之。"[5] 让是礼的实质与内容,在上者以让示范,则在下者皆休和而不争,这才是好的政治。晏子与"君子曰"的文字均崇尚礼让,而以"争夺"为国家昏敝之因,与荀子一致。尤其是《左传》中之"君子"往往被视为是孔子本人,则更是凸显出孔子对礼让的推崇。而孟子的四端说以"辞让之心"释礼,亦无疑正是对孔子思想的继承。

孔门对礼让的强调,朱熹也明确意识到了,上引"让者,礼之实"即是一证。此外,他亦曾以《大学》"一家仁,一国兴仁;一家让,一国兴让"解释"礼让为国",谓:"自家礼让有以感之,故

---

4 孔颖达:《春秋左传正义》,北京:北京大学出版社,2000 年,第 1473 页。
5 孔颖达:《春秋左传正义》,第 1044-1045 页。

民亦如此兴起。自家好争利,却责民间礼让,如何得他应!"[6] 但在朱熹看来,停留于"让"是不够的,更重要的穷究礼之本,本即是天理。朱熹言:"礼者,天理之节文,人事之仪则。"[7] 宋儒自道学开山周敦颐始即言"理曰礼",张载、程颐以及后来的朱熹都继承了这一以理言礼的路径,呈现出强调理的优先性、重理而轻礼的倾向。[8] 既然理是本,那么,寻求穷理之方就显得极为关键,故作为工夫论核心的"敬"被程朱强调得无以复加。朱熹评价程颐之贡献时即说:"自秦汉以来,诸儒皆不识这敬字,直至程子方说得亲切,学者知所用力。"[9] 朱熹对敬的强调有过之而无不及,他说:"敬字工夫乃圣门第一要义,彻头彻尾,不可顷刻间断。敬之一字,真圣门之纲领,存养之要法。"[10] "敬之一字,圣学所以成始而成终者也。"[11] 朱熹甚至认为,自尧舜至孔子"圣人相传,只是一个字",即"敬"。[12] 而程颐"专一发明一个敬字",便是对此传统的继承。[13] 正因此,朱熹才会认为孔子"修己以敬"之言"至矣尽矣"。[14] 而正如学界所指出的,不论是程颐"主一之谓敬"[15] 还是朱熹"敬是

---

6 黎靖德编:《朱子语类》卷十六,长沙:岳麓书社,1997年,第320页。

7 朱熹:《四书章句集注》,第51页。

8 参见殷慧:《宋儒以理释礼的思想历程及其困境》,《中国哲学史》2013年第2期,第77-79页。

9 《朱子语类》卷十二,第185页。

10 同上书,第187-188页。

11 《大学或问》,《朱子全书》第6册,第506页。

12 《朱子语类》卷十二,第184页。

13 同上书,第185页。

14 朱熹:《四书章句集注》,第159页。

15 程颢、程颐:《二程集》,北京:中华书局,2004年,第168页。

此心自做主宰处"[16]，都重在心之存养上言。[17]

对于朱子之言敬，时人已有批评，如程沙随就以为"圣贤无单独说'敬'字时，只是敬亲、敬君、敬长，方著个'敬'字"。而朱子则直言："圣人说'修己以敬'，曰'敬而无失'……何尝不单独说来！"[18] 但不得不指出的是，"修己以敬"紧接着的就是"安人""安百姓"（《论语·宪问》），而"敬而无失"紧接着的就是"与人恭而有礼"（《论语·颜渊》）。不过程朱之言敬主要在心，并不意味着他们就忽视了外物，当有人问"敬不在外，但存心便是敬"时，就遭到了朱熹的纠正，指出还"须动容貌，整思虑，则生敬"。[19] 但即使这样，也仅仅是在一己之身心整肃而言，并不涉及人己关系。故程沙随之批评并非没有道理。事实上，清代乾嘉儒者也正是如此批评朱熹。钱大昕辨析"主一无适"，认为宋儒以此解"敬"字，将"无适"解为"无对"，实非《论语》"无适"本意，《论语》言敬均主"行事"而言，"敬在事不在心也"。[20] 概言之，将礼内在化，有着脱却人伦事物的危险，此为理学之一弊。

但宋儒以理释礼，显然还有着更为深刻的原因，礼含摄风俗、制度等多方面内容，以理释礼就意味着以天理裁断、指引现实社会与政治，因而也就包含了儒家自始以来的以道抗势的批判性。这正是宋儒师道精神的体现。在此意义上，就需要讲"不让"。《论

---

16 《朱子语类》卷十二，第188页。
17 参见吴震：《略论朱熹"敬论"》，《湖南大学学报》2011年第1期，第13页。亦可参冯兵：《儒家敬论的三个发展阶段》，《哲学动态》2016年第11期，第66页。
18 《朱子语类》卷十二，第185页。
19 同上书，第189页。
20 钱大昕：《十驾斋养新录》，上海：上海书店出版社，2010年，第44-45页。

语·卫灵公》:"当仁不让于师。"朱熹《集注》:"当仁,以仁为己任也;虽师亦无所逊。言当勇往而必为也。盖仁者,人所自有而自为之,非有争也,何逊之有?程子曰:为仁在己,无所与逊。"[21] 这强调的是曾子所言"仁以为己任"的道义担当精神。但此章虽涉及师弟关系,是对道的追求而言,实则并非就实际生活中之师弟交接而论。清初李颙解释"当仁不让于师"就注意到了这一差别:

> 让,美德也,不让则非所以崇德。然有可让,有不可让:万事皆宜先人而后己,不可不让;唯自己身心性命之诣,及纲常名教所关,自宜直任勇承,一力担当,虽师亦不可让,况其他乎,"师"若是寻常章句文艺之师,不议何足贵?此师乃修身明道、为圣为贤、担荷世道、主持名教,凤所师法之人,有为者亦若是,何让之有?"让"则是不敢以第一流自任、甘以不肖自处矣,此之谓无志。[22]

这一解释无疑正是理学师道精神的体现,"纲常名教所关"一语道出了理学的政治关切。宋儒以道统自任,以"格君心之非"为治世之务。如程颐言及臣之谏诤君:

> 或问:"为官僚而言事于长,理直则不见从也,则如之何?"子曰:"亦权其轻重而已。事重于去则当去,事轻于去则当留,

---

21 朱熹:《四书章句集注》,第168页。
22 李颙:《二曲集》,北京:中华书局,1996年,第498页。

事大于争则当争，事小于争则当已。虽然，今之仕于官者，其有能去者，必有之矣，而吾未之见也。"²³

乾嘉儒者往往批评宋儒以道统自任，执理以要君，而目无君主，不守礼法。但上引程颐对君臣关系的理解，亦仍符合孔子所言"以道事君，不可则止"之意。汉儒通义，则谓三谏不从则可去，亦与程颐之意相合。程颐所慨叹的恰恰是当世没有以道抗势的君子之臣。因此，清儒批评宋儒总是"争"，是有偏颇的，不知宋儒乃有所为而言。时移世易，清儒的批评也自有其合理性，何况这种批评在明末即已出现，黄道周《人主之学以明理为先论》一文即对此抱怀深深的担忧：

> 甚哉！理之难明也。人主必以理胜天下，则天下争以理中人主。上下交争理而欲乃乘之，不夺理不止。故秉道与法者，王者之务也；因时审势者，霸主之事也；论事察情者，中主之智也。理者，范事与情，包时与势，静不失道，动不失法，非圣人则未之能明也。圣人之所能明者，私则为欲，公则为理，去欲明理，独得其要而已。夫不得其体要而必目明理，好问察而得之，则其志日以苛，智日以下；不好问察而得之，则其意日以亢，智日以高。故理者，巧佞奸猾、强辨柔美者之所共借，而往昔圣贤所不能保也。正人曰不党不争，宵人亦曰不党不争。正人曰勿贰勿疑，宵人亦曰勿贰勿疑……圣人之所谓理者，要以理天下即以理

---

23 程颢、程颐：《二程集》，第1245页。

一己,遵道与法,归于无过而已矣。天下之事,虚不准道,公不准法,道不揆之于上,法不守之于下,唯理之胜。卒两不胜而坏天下之事者,若汉之于中官,唐之于降夷,前宋之于国用,后宋之于和议是也。[24]

开首即感叹理之难明,黄氏所谆谆告诫者在于,明理对于君主来讲是最为重要的,他也承认理要高于时势,但是问题在于,究竟谁才能真正做到圣人那样的明理。否则,在上者与在下者皆以理相争,而非相让,最后造成的结果必然是"上下交争理而欲乃乘之,不夺理不止","两不胜而坏天下之事",礼法亦成虚设。以理治天下反而成了以理祸乱天下。黄道周的这一警示在清儒关于"理争与礼让"的讨论中得到了回响。

二、"让为人道之最大者"

"让为人道之最大者"为戴震学友程瑶田所提出。在清儒中,程瑶田最重"让",他自言"余以让教人",[25]又名其室为"让室"。[26]程瑶田对礼让的发明最成体系,不仅勾勒出了圣人贵让的一贯传统,并且提出了以让为核心的"和厚让恕"新四德说,以别于理学的"仁义礼智"四德说。

关于贵让的圣人传统,程瑶田在《示后生小子六事》中言及

---

24 黄道周:《黄道周集》,北京:中华书局,2018年,第574页。
25 程瑶田:《慎思致和说》,《程瑶田全集》,合肥:黄山书社,2008年,第96页。
26 程瑶田:《让室卮言》,《程瑶田全集》,第97页。

六事，前四者皆与"让"有关，分别为"畏惧""不自由""知退让""治性情"，关于"知退让"，他说：

> 家庭兄弟之间，尤当以"让"字为主。泰伯以天下让，夷叔、吴札以国让。……至于舜耕历山，历山之人皆让畔，则无时无处无人不当让者也。孔子曰："能以礼让为国乎，何有？"[27] 又曰："其言不让，是以哂由。"然则"让"为人道之最大者矣。马总《意林》引周生烈子曰："让一得百，争十失九。"[28]

这就发掘出了圣人贵"让"之传统。让不仅仅发生在日常的家庭生活中，也发生在治国平天下的王业中。这就突出了"让"之为德的普遍性，正所谓"无时无处无人不当让"。其他三者亦皆与让有关，有所"畏"方能让，"不自由"即人应知"禀命于父兄师长"，人需"治性情"方能让。"让"与"争"相反，而与"争"相应的则是"骄""吝""无忌惮""怨"等。据此亦可知，程瑶田对"让"之传统的发明，其经典依据仍在于《四书》。如他屡屡谈及孔子所言之"君子有三畏"[29]，以此对治"无忌惮"[30]，而"无忌惮"正是出自《中庸》："君子之中庸也，君子而时中。小人之中庸也，小人而无忌惮也。"关于"骄"，他则引《论语》"如有周公之才之美，使骄且吝，其余不足观也已"。[31] 关于"怨""争"，程氏则以《论语》之

---

27 此语又见于其《和厚让恕四德贯通说》，《程瑶田全集》，第96页。
28 《示后生小子六事》，《程瑶田全集》，第91页。
29 如《程瑶田全集》，第91、93页。
30 《祠堂障壁四事呈宗老垂示后生》，《程瑶田全集》，第93页。
31 同上书，第93页。

"恕"、《大学》之"絜矩"对治。[32] 言:

> 尧舜之道,孝弟而已。而终身行之,在能持之以"恕"。孔子曰:"所求乎子以事父,未能也,所求乎弟以事兄,未能也。"大圣人生知安行,其自厉也如此,而况其凡乎?《记》曰:"并坐不横肱。"言人与我并坐,而肱横于我,我必恶之,则我与人并坐,而可以肱横于人乎? 推之上下前后,莫不皆然。此所谓"恕"也。[33]

"君子之道四"云云正是出自《中庸》。而"上下前后"之说则有本于《大学》"所恶于上,毋以使下。所恶于下,毋以事上。所恶于前,毋以先后。所恶于后,毋以从前"。程瑶田对"恕"与"絜矩"的强调,很可能是受戴震的影响。但他提出"专以应付人"的新四德——和、厚、让、恕,则有其独到的思考。在他看来,这四德是贯通的,其核心精神就是"让"。他有其对理学家着意的《中庸》之"和"做了精彩的阐发。

程瑶田一方面说"让为人道之最大者",另一方面则说"人之为道也,和而已矣"。[34] 正如《中庸》所言:"和也者,天下之达道。"[35] 理学家最重视"中",如言"未发之中""未发前气象"或"中是天理",而最重要的则是"十六字心传":"人心惟危,道心

---

32 《和厚让恕四德贯通说》,《程瑶田全集》,第96页。
33 《祠堂障壁四事呈宗老垂示后生》,《程瑶田全集》,第92页。
34 《和厚让恕四德贯通说》,《程瑶田全集》,第95页。
35 程瑶田屡引此语,见《程瑶田全集》,第96、94、95页。

惟微，惟精惟一，允执厥中。"但是，程瑶田却不言"中"，而言"和"，他说：

> 《中庸》曰："中也者，天下之大本也；和也者，天下之达道也。"不中所以不和。然"中"字难说，且先就已发之情做"和"字工夫。和者，无乖戾之谓，今后生小子，大概总是乖戾：言语乖戾，行事乖戾，处己乖戾，待人乖戾，对朋友乖戾，驭僮仆乖戾，其最下流者，明知己之乖戾，而偏要乖戾。然而人谁肯受其乖戾？则亦徒自取乖戾而已矣。36

程瑶田看到的是现实生活中人之"行事"的种种乖戾。"难言"而又"未发"的"中"很难把握，故他强调要在已发之"和"上做功夫，而非在"中"上。他在《擘窠书四字说》中对此做了一个解释："中为大本，和为达道，不言中而专书和者，何也？中者，无过、不及，至庸极难，且主于心。今以应付人，而专致力于和，则元气氤氲，弥纶布濩。天地之大德曰生，所以行四时而育万物，振古如兹，而乾坤不闻或息者，和而已矣。人以藐躬处其中，乖戾焉而不与天地准，斯为去顺效逆，而自蹈于危亡之路也。"37 这表明，他对理学家丰富复杂的"中论"有着清晰的认识，他也不否认"中"之价值，但是就现实生活"应付人"而言，"和"才是最重要的。人应该重行事，这不仅仅是人道的要求，也是天道时行物生的

---

36 《示后生小子六事》，《程瑶田全集》，第 91—92 页。
37 《擘窠书四字说》，《程瑶田集》，第 94 页。

体现。这两段话一者言"待人行事",一者言"以应付人"。他认为,孔子在回答子贡"一言可以终身行之"时仅说一"恕"字,而不言"忠",也正是"以应付人,所做者惟恕"。[38] 但这并不代表孔子就不重视"忠"或者"中",正如他所说"不中所以不和""无忠做恕不出"。圣人之道合内外、统忠恕、兼中和。这是他所承认的,言此四德只不过是为了"专主应付人,非偏重外而遗其内者也"。[39] 而"中""忠"则是"主于心"。[40] 与心相对的即是"事",应付人之事,与人打交道之事。而强调"事",正是乾嘉儒者的共识,戴震、章学诚皆批评理学家"舍事而言理"。[41] 钱大昕亦直言:"古人尚实事,而不尚空言。"[42] 而戴震对"絜矩"的强调、焦循以"忠恕""旁通情"解格物[43]、阮元以"仁"为"相人偶",[44] 都无一例外地意识到:人总是生活在一个与他人共在的世界中,我们总是处于与他人的前后、左右、上下关系中,这就是人伦伦理。正是因此,我们才需要礼让,要生活就要礼让,故曰人道即是礼让。程瑶田引《礼记·曲礼》曰:"并坐不横肱。"而他又说:"若复独坐,不见一人,则所以'慎尔优游'者,何必多其节目?而人生世上,动辄与人相见,不可无以应付之。故虽独坐不见一人时,不得不为此凛凛也。"[45] 与他人共在,共同生活,则需要以和相处,而非相争相斗。人是社会

---

38 《肇寋书四字说》,《程瑶田全集》,第95页。
39 同上书,第95页。
40 同上书,第94页。
41 戴震《孟子字义疏证》"理"十五条。章学诚《文史通义·易教》。
42 钱大昕:《十驾斋养新录》,第350页。
43 焦循:《焦循诗文集》,扬州:广陵书社,2009年,第163页。
44 阮元:《论语论仁论》,《揅经室集》,第176页。
45 《肇寋书四字说》,《程瑶田全集》,第94页。

性的，仅仅静坐慎独是远远不够的。故程瑶田贵"和"，和方能生，这也就意味着，我们每个人都应当超离"自我中心主义"的思维方式和处世方式。和乃天道，"天地交泰""天地合德，阴阳相资"，方为"和之至"。[46] 他摒弃了理学家"执己之是"、以师道自任的自我中心思维，转而以《周易》的"阴阳相资"的关系性思维方式以阐述人我相处之道。

程瑶田对"和"的论述无疑是从《中庸》"已发之和"转向了《论语》"礼之用，和为贵"。而在程瑶田之前，与顾炎武同时的张尔岐便极为重视"和"德，且诉诸《礼》经以论之，其文《和载六德容包六行说》可谓清人阐发"和"的经典文献。据此篇文献亦可见，清儒对和的重视在扭转理学家中和论述这一层考虑之外，正是受郑玄的影响，这也意味着汉代经学的"和"论在清儒的汉宋之辨中复活了。《周礼》言"六德"为智、仁、圣、义、中、和，"六行"为孝、友、睦、姻、任、恤。而《周礼》又言及"五物"，"一曰和，二曰容……"《仪礼》亦有此说，郑玄注："和载六德，容包六行。"贾公彦《仪礼注疏》谓："郑云和载六德者，和是六德之下，六德大，故举下以载上也。容为孝者，人有孝行则性行含容，故以孝为容。孝是六行中之大，故举上以包下，故云容包六行也。"[47]《周礼》《仪礼》中的这一和论自唐代之后长期被人忽视，因为大家所熟知的都是宋儒基于《中庸》的已发未发说。程瑶田对此解释说："和载六德，和固众德之所必待也。德之和者，其心平，

---

[46] 程瑶田：《和厚让恕四德贯通说》，《程瑶田全集》，第96页。
[47] 张尔岐似误以贾公彦疏为"孔疏"。

其气顺。恒以其心之至平,历天下之至不平;恒以其气之至顺,融天下之至不顺。……于是知也、仁也、圣也、义也、忠也,时出之裕如也。何也?载之者厚也。载之者厚,则所载者必全。故观其和而知众德之备也。"[48] 他认为这样的人,才是治国安天下之士,否则,"亢而难平,躁而易动,人情便私",则是宗社忧、生民害。[49]《周易》言"地势坤,君子以厚德载物"。如此一来,程瑶田所重视的和、厚二德均早已在张尔岐这里出现了。可见,程瑶田之说亦可溯源于清初。

与程瑶田强调"和"不同,凌廷堪采用了另外一种路径以强调礼的重要性,提出了"以礼定中"说:

> 然则圣人正心修身,舍礼末由也。故舍礼而言道,则杳渺而不可凭,舍礼而言德,则虚悬而无所薄。民彝物则,非有礼以定其中,而但以心与理衡量之,则贤智或过乎中,愚不肖或不及乎中,而道终于不明不行矣。[50]

正如程瑶田认为"中字难说",凌氏之论也正是针对理学的"求中""观中"说而发。比如二程言"中无定方,故不可执一""中无定体"。[51] 有人询问:"夫子于喜怒哀乐之未发也,谓静而已乎?"程子曰:"汝必从事于敬以直内,则知而得之矣。"曰:"何以未发

---

48 张尔岐:《蒿庵集》,济南:齐鲁书社,1991年,第38页。
49 同上书,第39页。
50 凌廷堪:《校礼堂文集》,北京:中华书局,1998年,第221页。
51 程颢、程颐:《二程集》,第1178、1182页。

言中?"程子曰:"敬而无失,所以中也。凡事事物物皆有自然之中,若俟人为布置,则不中矣。"[52] 那么什么是"中"呢？程子又有言曰:"天理,中而已。"[53] "中即道也。""中也者,状性与道之言也。"[54] 如此,则凌廷堪言"道"与"德"虚悬幽眇,又言以礼定中,并非无由而发。稍晚的刘宝楠《论语正义》解释《雍也》"博学于文,约之以礼",言:"礼者,道之所以行也。人违道与否,不可得知。但已博文约礼,由其外以测其内,亦可不致违道。"[55] 此处"由其外以测其内",正与凌廷堪对"道德仁义,非礼不成"的阐发异曲而同工。

与凌廷堪类似,焦循在解释"克己复礼"时提出"以礼约己":"唯多学乃知天下之性情,名物不可以一端尽之,不可以一己尽之,然后约之以礼。以礼自约,则始而克己以复礼,既而善与人同,大而化之。礼以约己,仁以及人。**约己斯不执己,不执己斯有以及人**。仁、恕、礼,相为表里,而一贯之道视此礼。"[56] 这段话指出了每个人都是有限的,并非圣人,故就需要学习,以及在人己关系中做到以礼自约,约也即是让。"仁、恕、礼,相为表里"之说无疑与程瑶田"新四德"有着同样的理致。

此外,与戴震同时的钱大昕《十驾斋养新录》卷十八中专列《谦让》一节,诉诸理学所推崇的孟子四端说,入室操戈,批评宋儒的"主敬"说：

---

52 程颢、程颐：《二程集》,第1177页。
53 同上书,第1182页。
54 同上书,第1183页。
55 程瑶田：《论语正义·雍也》,北京：中华书局,1986年,第243页。
56 焦循：《论语通释·释礼》,香山黄氏古愚室辑印"清代学术丛书"本。

> 孟子曰:"无辞让之心,非人也。"又曰:"辞让之心,礼之端也。""恭敬之心,礼也。"恭敬、辞让,本非两事。舍让而言敬,则空虚无所著,虽曰言敬,而去礼愈速矣。礼者,自卑而尊人,人与己相接,而不知退让,则横逆及之矣。天道亏盈而益谦,鬼神害盈而福谦。孔子至圣,贤于尧、舜,而自言"窃比老彭",谦之至,让之至也。有礼者敬人,敬人而人恒敬之,舍谦让何以哉![57]

钱大昕认为仅言"敬"是不够的,不是礼,并回到《孟子》对四端的解释,认为必须兼具辞让和恭敬方是礼的内涵,此可谓程瑶田重"让"的先驱。凡此种种,皆表明程瑶田"让为人道之最大者"之论在清代中期的出现并非偶然,而是乾嘉儒者关切现实社会政治以及反思宋明理学的必然结果,由此就必然汇成一股新思潮。

三、礼让与治道——"礼论辞让,理争是非"

孔子言"礼让为国",依程瑶田之意,礼让即含治道层面。程瑶田《让室卮言》则全篇皆在讨论礼让和理争的问题,文章从有子所言"礼之用,和为贵"开始:

> 有子曰:"礼之用,和为贵。先王之道,斯为美。小大由之。有所不行,知和而和,不以礼节之,亦不可行也。"夫礼主于和,

---

[57] 钱大昕:《十驾斋养新录》,上海:上海书店出版社,2011年,第349-350页。

而和或有所不行。窃以谓礼之本出于理，而理亦有所难通，据理而执一，不以礼权之，亦不可通也。[58]

乾嘉儒者中，凌廷堪认为"圣人不言理"。相较于此极端之说，程瑶田并不否认圣人之言"理"，但是在其关于礼、理关系的理解中，实则将理、礼对应于汉儒所言经、权关系，此亦正是戴震《孟子字义疏证》中的观点。段玉裁就指出戴震《孟子字义疏证》较《绪言》多出的"权"一条非常重要，因为"权之一目，所以正程朱说一以贯之之误，言处事必有权，以为重轻之准，非是执理无权。程朱之说，但执意见之理，不顾人情，此是执理无权也"。[59]《疏证·权》开首即言："权，所以别轻重也。凡此重彼轻，千古不易者，常也，常则显然共见其千古不易之重轻；而重者于是乎轻，轻者于是乎重，变也，变则非智之尽，能辨察事情而准，不足以知之。"[60] 以此批评程朱理学是"执理无权"，乃至"以理杀人"。据此，亦可知程瑶田对礼让的强调，当受到了戴震影响。正如戴震对现世的关切一样，程瑶田亦有着浓郁的经世关怀。依其说，礼出于理，但是礼又可以权衡理之通塞。所以，在很大程度上，礼与理已成并列关系，而非源流母子关系。礼贵和，而不贵争，理需要礼作调节，否则就会导致争，所以他又说：

人之言曰，天下止有一理也。余以为此亦一是非，彼亦一是

---

[58] 程瑶田：《让室卮言》，《程瑶田全集》，第97页。
[59] 段玉裁：《答程易田丈书》，载《经韵楼集》，南京：凤凰出版集团，2010年，第176页。
[60] 戴震：《孟子字义疏证》，北京：中华书局，1961年，第52页。

非，乌在其为一理也……今人之各执一是也……各是其是，是人各有其理也，安见仁之理必是，而我之理必非也。于是乎必争，争则持其理而助之以气。[61]

宋儒言理气之辨，正有以理制气之含义，[62] 而依程瑶田，执理而无权，则恰成意气之争，意见之执。"故言理者，必缘情以通之；情也者，出于理而妙于理者也。情通则彼执一之理自屈，而吾之理伸矣；情不通，则吾之理转成其为执一，是吾以理启其人之争矣。争则不和，而戾气中于人心，世局纷纭，缘以结不解者，夫亦自诒伊戚也夫！作楹帖揭以警之曰，'且认理来终惹气，曲通情处渐能和'。圣人动容周旋中礼者，情极其和，而化其执一之理者也"。[63] 正如戴震所言："理也者，情之不爽失也；未有情不得而理得者也。""在己与人皆谓之情，无过情无不及情之谓理。""以己之情，絜人之情。"[64] 戴震认为："非知天理之不外于人欲，则以意见误名之曰理而祸斯民。仆生平论述最大者为《孟子字义疏证》一书，此正人心之要。"[65] 程瑶田和焦循皆继承了这一"通情"之说。

程瑶田进而直指现实，谓：

故夫子断之曰："小人反中庸。"呜呼！此反中庸者，吾犹

---

61 程瑶田：《让室卮言》，《程瑶田全集》，第97页。
62 如义理之性、气质之性的二分，义理之勇、血气之勇的分别。
63 程瑶田：《让室卮言》，《程瑶田全集》，第98页。
64 戴震：《孟子字义疏证》，第1、2页。
65 此语为戴震给段玉裁的书札中语，见段玉裁：《经韵楼集》，上海：上海古籍出版社，2007年，第174页。

> 将执理以绳之，彼已有一理主之于吾理之先，以与我相争胜，是吾惹之生气，而吾之理岂能胜之？故曰：党祸酷烈，虽曰小人可恶，亦未必非诸君子有以激之而成也。夫治小人者，在有以生其悔心，通之以情，斯悔心生矣。若持理太过，则小人将无以自容而恨心起，积恨蓄怨，悔心不萌，岂有冀乎？是亦君子之过也。[66]

此说与首节所引黄道周之论如出一辙，皆直陈以理相争之祸，批评理学家君子小人之辨太过分明激烈。[67]何况君子未必是真君子、小人未必是真小人。凌廷堪就意识到了这个问题，其《读宋史》一文即是专黜理学家君子小人之辨，谓：

> 宋史成于元末，其时道学方盛，所谓君子小人者，皆朋党之说为之也。试以汴宋而论，嘉祐以前，以党吕文靖者为小人，以党范文正者为君子；治平以后，以党熙宁者为小人，以党元祐者为君子。此东都君子小人之大较也。夫党范文正者，即不敢置议矣，而当时所深诋者，如高文庄、夏英公诸人，平心观之，果皆小人乎？……
>
> 再以杭宋而论，隆兴以前，以攻和议者为君子，以党和议者为小人；度元以后，以党道学者为君子，以攻道学者为小人。此南渡君子小人之大较也。……党道学者，即不敢置议矣，而当时所深诋者，如王文定、林简肃诸人，平心观之，果皆小人

---

66 程瑶田：《让室卮言》，《程瑶田全集》，第98页。
67 内中隐意似仍在思考明亡的问题，尤其是明末东林与阉党之争。

乎?……至于道学之焰,隆隆不已,宋竟全入于元,以心性势重,永无平反之日故也。总两宋之事而论,熙宁以前朋党尚轻,元祐以来朋党日重,至南渡以后,竟成水火仇雠,有不可解之势,而国遂以亡,皆欧阳公《朋党》一论不肯持平有以启之也,学者不能无遗憾焉。[68]

在凌廷堪看来,两宋朋党相争、君子持理以责小人,最终导致国亡的结果,道学家有很大责任。与执理相争相对的便是以礼相让,程瑶田说:

> 天下古今,结不解之怨而酿成大祸者,皆始于不相让。曰:"彼无理,我有理,吾安能受屈而让之乎?"然吾之所谓当让者,正在此有理之人耳。夫苟天经地义,事关君父,且将以死争之,所谓"杀身成仁"者也。顾世人于此等大节目,偏甘让人,而于让之非有所不可者,反不相让,甚至丧身败家曾不顾恤者,何其悖也![69]

程瑶田强调,所谓"让",正是对"有理之人"而言,越是有理,就越是要让。遗憾的是,世人不知相让,反而在面临天经地义与君父大义的关头退却相让,让所不当让,导致丧身败家。"让"是待人处事的原则,齐家治国之事皆非独善其身之事,而是要与各种各样的人交接,非可一律以理绳之,故他区分修己与治人,说:

---

68 凌廷堪:《校礼堂文集》,北京:中华书局,1988年,第39—40页。
69 程瑶田:《祠堂障壁四事书呈宗老垂示后生》,《程瑶田全集》,第93页。

> 事必有理……今不曰"理"而书"让"字者,理但可以绳己,自己见得理路一定如此。自达其心,岂故有违?若将理绳人,则人必有诡词曲说,用相取胜,是先启争端也。今吾一以"让"应之,彼虽有褊心,不自知何以变为豁达之度?《大学》曰:"一家让,一国兴让。"其机盖如此也。[70]

同样是注意到《大学》的"一家让,一国兴让",程瑶田的解释与朱熹差异明显。这就意味着,恰恰是理学家之执理无权,而导致了礼让之不兴。易言之,此亦可反证理学家以理释礼、以理解经之不当或疏漏。朱熹在解释《论语》"礼之用,和为贵"时,以下定义的口吻谓:"礼者,天理之节文,人事之仪则。"[71]而刘宝楠《论语正义》则以让言礼:"《礼·祭义》云:'礼者,履此者也。'《管子·心术篇》:'登降揖让,贵贱有等,亲疏有体,谓之礼。'礼主于让,故以和为用。"[72]这就表明了二者对礼之认识不同,亦决定了其在经典解释上之差异。阮元亦言礼可以弭争,他甚至蹈袭"晚年定论"之旧途,认为朱熹晚年已持"理出于礼"的观点:"朱子中年讲理,固以精实,晚年讲礼,尤耐繁难,诚有见乎理必出于礼也。古今所以治天下者礼也,五伦皆礼,故宜忠宜孝即理也。……以非礼折之,则人不能争;以非理折之,则不能无争矣。故理必附乎礼以行,空言理,则可彼可此之邪说起矣。"[73]这无异于

---

[70] 程瑶田:《擘窠书四字说》,《程瑶田全集》,第94页。
[71] 朱熹:《四书章句集注》,第51页。
[72] 刘宝楠:《论语正义》,北京:中华书局,1990年,第29页。
[73] 阮元:《书东莞陈氏〈学蔀通辨〉后》,《揅经室续集》卷三,北京:中华书局,1993年,第1062页。

将朱熹作为了礼让的"代言人"。凌廷堪则继承戴震之精神,直斥宋儒"蹈虚言理",而非"实事求是","故往往持论纰缪","以此说经,真可谓不知而作者矣"。[74]虚实之别就在于:"夫实事在前,吾所谓是者,人不能强辞而非之,吾所谓非者,人不能强辞而是之也,如六书、九数及典章制度之学是也;虚理在前,吾所谓是者,人既可别持一说以为非,吾所谓非者,人亦可别持一说以为是也,如理义之学是也。"[75]凌廷堪之论是以"实事求是"否定了宋人解经之合理性。

此外,乾嘉儒者还从经典教化的层面上批评理学之非。礼缘人情而设,焦循即发挥《周易》"旁通情"之旨,将以情感人作为经教之核心,故而尤其强调《诗经》的教化意义,他说:

> 夫《诗》,温柔敦厚者也,不质直言之,而比兴言之;不言理而言情,不务胜人而务感人。自理道之说起,人各挟其是非,以逞其血气,激浊扬清,本非谬戾,而言不本于性情,则听者厌倦,之于倾轧之不已,而怨毒之相寻,以同为党,即以比为争,甚而假官闱庙祀储贰之名,动辄千百人哭于朝门,自鸣忠孝,以激其君之怒,害及其身,祸于其国,全戾乎所以事君父之道。余读《明史》,每叹《诗》教之亡,莫此为甚。夫圣人以一言蔽三百曰"思无邪",圣人以《诗》设教,其去邪归正奚待言。所教在"思","思"者,容也。"思"则情得,情得其两相感而不疑,故示之于民则民从,施之于僚友则僚友协,诵之于君父则君父怡

---

74 凌廷堪:《书汪荇文书中星解后》,《校礼堂文集》,第274页。
75 凌廷堪:《戴东原先生事略状》,《校礼堂文集》,第317页。

然释。不以理胜,不以气矜,而上下相安于正,无邪以思致,思以嗟叹永歌手舞足蹈而致。管子曰:"止怒莫如《诗》。"刘向曰:"夫《诗》,思然后积,积然后流,流然后发。"《诗》发于思,思以胜怒,以思相感,则情深而气平矣,此《诗》之所以为教欤?[76]

焦循对《诗经》、诗教的观察,落在"思"上,"思者,容也",此正与张尔岐之言"和容"、程瑶田之强调"和"一样。据此以观,以焦循为代表的清儒颇重君臣一伦,以为明世宗时的群臣哭谏左顺门是害身祸国的行为。也正是因此,他在对《诗经》毛传和郑注的比较中,认为西汉的《毛传》更好,因为"郑生东汉,是时士大夫重气节,而'温柔敦厚'之教疏,故其《笺》多迂拙,不如毛氏,则《传》《笺》之异,不可不分也"。[77] 其言外之意是郑玄沾染汉末党锢习气,此说正与程瑶田《让室卮言》语及"党祸酷烈"、凌廷堪《读宋史》同声相应。这一论调,体现出乾嘉儒者对理想社会秩序的追求,但同样也凸显出了他们对君臣上下之分的重视,包含了推尊君主之意。这一点在焦循这里体现得最为明显,他批评宋儒的道统说,认为"道无所为统";[78] 他也不满宋明儒的天理论,认为自孔子便主张"以礼让为国""治天下即以礼,不以理也",但"后世不言礼而言理",他认为二者的区别是:

> 礼论辞让,理辨是非。知有礼者,虽仇隙之地,不难以揖让

---

76 焦循:《毛诗郑氏笺》,《焦循诗文集》,第 305 页。
77 同上书,第 305 页。
78 焦循:《孟子正义》,北京:中华书局,1987 年,第 1039 页。参看拙文:《孟子末章诠释与理学道统论》,载北大《哲学门》2014 年第 2 期。

处之，若曰虽伸于理，不可屈于礼也。……理足以启争，而礼足以止争也。明人吕坤有《语录》一书，论理云："天地间惟理与势最尊，理又尊之尊也。庙堂之上言理，则天子不得以势相夺，即相夺，而理则常伸于天下万世。"此真邪说也。孔子自言"事君尽礼"，未闻持理以要君者，吕氏此言，乱臣贼子之萌也。[79]

显然，焦循对宋儒"天理"的认识有着严重的误解。我们知道，吕坤之言，实为宋明理学天理论题中应有之义，后亦为王夫之所发挥。这显示了理学对于现实政治的批判思考。而若据焦循之言，则孟子亦是乱臣贼子了。这或许从一个方面反映出了：儒者精神在清代的衰落。理学家以道自任的师道担当意识至此几乎剥落殆尽，以形上之理批判现实权力的超越精神也黯然凋落。[80] 从焦循的这一论述中可以看到，一方面他批评道统说，有着开放的学术胸襟，但另一方面却谨守君臣上下之分，又显示出过分保守的政治取向，这与其《易》学强调"通变"的精神无疑是有距离的。

四、结语

乾嘉儒者摆落宋明理学之天理而不言，在去掉本体论的帷幕之后，现实的社会、政治生活也就从幕后移置前台。天道黜落之后，人道方能凸显。以让言礼，而非以礼释理，正是要强调人道本

79《理说》，第 182-183 页。
80 日本学者伊东贵之称此为"内在超越的失效"。见氏著：《中国近世的思想典范》，台北：台湾大学出版中心，2015 年，117 页。

身的价值和意义，人类生活的价值和意义并不依附于某个形而上的天理。人道之礼本身就有价值，本身就是规范人伦生活的最高原则。就礼理之辨而言，焦循等人之认为"礼论辞让，理辨是非"无疑有所偏颇。《曲礼》即言："夫礼者，所以定亲疏、决嫌疑、别同异、明是非也。"礼便含辨是非之功用。在此意义上言，乾嘉儒者的这一命题过分夸大了礼、理的分别，忽视了二者本有的关联。但是，乾嘉儒者对"理辨是非"、理启争夺的强调，正显示出他们清醒地意识到了天理论隐含的对于现实生活秩序的颠覆性。对普遍性天理之权威的过分张扬，很可能会适宜于一时一地的礼无法建立。对天理的黜落，实际上也意味着理学家的学以至圣观念也不是乾嘉儒者的主要追求。日常生活秩序的建立和维持并不必然需要人人皆体认天理、成为圣人，而是在于人和人之间的互相礼让与约定。圣人不在，则现实存在的君主就自然成了秩序安立的权威保证。焦循显得有些极端的观点正是由此而来。强调人与人之间的礼让关系、絜矩关系，却让他们忽视了个体内在的道德精神维度。而即使是强调"让"，也并非可对一切人一视同仁，毕竟人还有着身份的差别。士农工商四民内部的相让，还好理解。但是谁又能保证君臣之间、君和民之间的互让可以实现呢？谁去约束那个拥有绝对权力的君主呢？钱穆《论语新解》解释"能以礼让为国乎"说："本章言礼治义。孔子常以仁礼兼言，此章独举'让'字。在上者若误认礼为下尊上，即不免有争心，不知礼有互让义，故特举为说。所举愈切实，所诫愈显明。"[81] 这无疑是对清儒礼让说的重要补充。

---

81 钱穆：《论语新解》，北京：生活·读书·新知三联书店，2002年，第88页。

东亚家礼学

从《仪礼》士丧礼看《书仪》和《家礼》对宋代士庶丧礼的损益和革新

徐 渊（同济大学）

北宋至南宋时期，儒家学者对于东汉以来佛教传入华夏地区对中国传统文化产生全面冲击，并渗透到伦常日用方方面面的局面，感到极度不满。伴随着大城市的兴起、科举制度的成熟、士庶社会的形成、手工产业的发展以及自由贸易的发达等新变化，两宋社会文化呈现出全新的面貌，在思想层面产生了宋代理学，在政治层面摆脱了依靠佛教教化风俗的中古治理传统，在礼制层面重塑了家礼常仪，儒学学者试图对传统文化进行全面重建和革新。这样一个庞大的文化运动被刘子健总结为"中国转向内在"，他认为在北宋与南宋之间，中国文化发生了一次重大的转型，即从外向的汉唐文化转向内向的宋明文化[1]。此一总结很有见地，只不过所谓的"转向内在"，其实是在新的政治和社会的条件下，重新向传统回归，包括两周经典所规定的价值取向和礼仪规范。该文化运动要求摒弃外来的佛教信仰和四夷边裔带来的礼俗，使得士大夫崇尚的传统儒家文

---

[1] 刘子健：《中国转向内在》，江苏人民出版社，2002年，第2页。

化观念和市民百姓的社会行动可以重新归于一致，而非作为两套互不干涉的独立系统分别运行。在此大背景下，司马光《书仪》与朱熹《家礼》应运而生，本文试图通过对《书仪》和《家礼》丧礼部分的分析，说明《书仪》和《家礼》就是在新的社会条件下，对《仪礼·士丧礼》的直接继承，其所克服的困难在于当时社会上的佛教丧仪以及秦汉以降庙祭传统的丧失。

一、司马光《书仪》、朱熹《家礼》对《士丧礼》的继承与损益

司马光《书仪》共十卷，卷五至卷九皆为丧仪〔卷一为奏表，卷二为冠仪，卷三为婚仪上，卷四为婚仪下，卷十为（吉）祭（丧祭六）〕。《书仪》将丧服并入丧仪（卷六，大殓仪后），《丧服》不再独立成篇。《书仪》所存者仅仅是冠、婚、丧、祭四种礼典[2]。朱熹《家礼》共五卷，第四卷为丧礼（卷一为通礼，卷二为冠礼，卷三为婚礼，卷五为祭礼），所存者同样是冠、婚、丧、祭四种礼典。《家礼》将丧服并入"大殓"后"成服"仪节，《丧服》亦不独立成篇。[3] 司马光《书仪》与朱熹《家礼》在礼典上的取舍完全一致。

《仪礼》十七篇，除了冠（第一）、婚（第二）、丧（第十一、十二、十三、十四，第十一是《丧服》篇）、祭（第十五、十六、

---

[2] 本文所用《书仪》，以同治七年（1868）汪郊校江苏书局本《司马氏书仪》，及《丛书集成初编》本《司马氏书仪》（中华书局，1985年翻印）为主。后引《书仪》为避繁琐，不另出注。

[3] 本文所用《家礼》，以《朱子全书》本《家礼》（上海古籍出版社、安徽教育出版社，2002年）为主，后引《家礼》为避繁琐，不另出注。

十七），还有相见礼（第三，士礼）、乡饮酒礼（第四，乡礼）、乡射礼（第五，乡礼）、燕礼（第六，诸侯大夫礼）、大射礼（第七，天子诸侯礼）、聘礼（第八，诸侯大夫礼）、公食大夫礼（第九，诸侯大夫礼）、觐礼（第十，天子诸侯礼）。除了士相见礼之外，其他均为比士一级更高的贵族礼典，因此不为《书仪》及《家礼》所取。

丧礼部分的礼典和仪节，在《书仪》十卷中占有五卷，在《家礼》中占一卷，从整理本《家礼》来看，《家礼》正文全篇共七十四页（第八七三页至第九四六页），第四卷《丧礼》独占三十四页（第九〇二页至九三五页）。可见相校于其他四种礼典，无论《书仪》还是《家礼》，丧礼部分均占最大的比重。

《仪礼》丧礼相关的篇章一共三篇：《士丧礼》《既夕礼》《士虞礼》，构成完整的丧礼礼典，是先秦士一级丧礼的规范文本。无论《家礼》还是《书仪》的丧礼，都是依据《仪礼》士丧礼重新拟构的宋代丧仪，从《仪礼》士丧礼的礼典来观察《书仪》和《家礼》对先秦礼制的继承和因革，无疑可以作为一个很好的视角。

比较《仪礼》士丧礼三篇与《书仪》《家礼》的丧礼部分，其中可资发明异同之处不下数十处，下面选取十项具有代表性的相异之处加以说明。

（一）《仪礼》士丧礼有司本以职官为之，甸人、管人、外御、商祝、夏祝等皆为参与丧礼的职人。《书仪》护丧"以家长或子孙能干知礼者一人为之"，司书"以子弟或吏人能书札者为之"，司货"以子弟或吏仆可委信者为之"，《家礼》则皆以"子弟知礼者能干者为之"。《书仪》和《家礼》都保留祝（《仪礼》中周祝）的职务。先秦士的级别比较高，宋代士庶的级别相对较低，因此以子弟代替甸人、管人等专人之职,既保障了礼典有足够的人力来运行,又适应了宋代的士庶社会的现实。

(二)《书仪》《家礼》取消君视丧、赐丧、抚尸之礼。《书仪》《家礼》所行用的范围为宋代士庶的一般阶层,而《仪礼》士丧礼所适用范围为士一级的高级贵族阶层。中古之后,"士"这一名称所指的阶层逐渐下移,以至于后世想象先秦的士为较为低级的贵族。实际上,从《仪礼》士一级礼典的繁缛程度、礼仪的规范性以及用度的规模来看,都可以推断出士在先秦属于人数比例极少的高级贵族,因此一定条件下可以得到国君的视丧、赐丧、抚尸之礼,这绝非宋代《书仪》或《家礼》所适用的阶层,因此《书仪》和《家礼》均将此一仪节移除。

(三)《书仪》《家礼》将沐浴置于室内,将始死之袭、奠、饭含、哭泣等仪节置于堂上,与《士丧礼》的规定有所差异。

> 《书仪》:今人既死乃卧尸于地,讹矣。古者沐浴以及饭含皆在牖下,今室、堂与古异制,故于所卧床前置之,以从宜也。

《书仪》认为当世的礼俗将刚刚去世的死者放置在地面上是不对的,应当在刚刚去世的死者生前所卧的床之前再纵向放置一张沐浴所用的尸床,在上面设有簀席箪枕,但不放置被褥,以从今日之宜。将始死之奠、饭含、哭泣仪节置于堂上的原因,是因为"今室、堂与古异制"。

(四)《书仪》《家礼》有设魂帛、灵座之仪,《仪礼》士丧礼则没有设魂帛、灵座之仪。

《书仪》：魂帛，结白绢为之。设椸于尸南，覆以帕。置倚卓其前，置魂帛于倚上。设香炉、杯注、酒果于卓子上。是为灵座。

《家礼》：设椸[4]于尸南，覆以帕。置倚卓其前，结白绢为魂帛，置倚上。

司马光在《书仪》中解释说："古者凿木为重，以主其神，今令式亦有之，然士民之家，未尝识也。故用束帛依神谓之魂帛，亦古礼之遗意也。"也就是说《书仪》《家礼》丧礼中设魂帛、灵座之仪所替代的是《仪礼》丧礼中设"重"的仪节。

司马光认为《仪礼》立"重"是为了主其神，今日比较讲究的丧礼仍然在袭用，但是一般普通的士庶之家，并不了解立"重"的意义和仪式，因此用"束帛"代替"重"，从而继承古礼的遗意。也就是说，《书仪》《家礼》虽然不立"重"，但肯定了魂帛和灵座就是重的替身，继承了重在丧礼中的重要作用，从而在士庶丧礼中恢复了"重"的存在，为死者的鬼魂可以重新附着在魂帛和灵座上开辟了道路，这是儒家灵魂观念与佛教转世学说在丧礼仪节上的重大分歧，因而为司马光所重而加以提倡。

《书仪》附带批评了世俗丧礼中为死者画像的风俗：

> 世俗皆画影，置于魂帛之后，男子生时有画像，用之，犹无所谓；至于妇人，生时深居闺门，出则乘辎軿，拥蔽其面，既

---

4 按，椸是床榻前的小几。

死,岂可使画工直入深室,揭掩面之帛,执画睾相,画其容貌,此殊为非礼。又世俗或用冠帽衣履装饰如人状,此尤鄙俚不可从也。

虽然《书仪》以女子画像不合时宜为由,否定画像在丧礼中的地位。其实质在于既已设魂帛,则不当有第二物作为死者魂帛所附之物,立画像会让人误认为画像即"重",因而在仪节上产生不必要纠纷。司马光申述丧仪中不当立画像,其目标是确立魂帛和灵座在丧礼中"重"的地位,可谓用心良苦。

(五)《书仪》《家礼》以铭旌长度标识官阶高低,《仪礼》士丧礼无此仪节。

《家礼》:三品以上,九尺;五品以下,八尺;六品以下,七尺。书曰:"某官某公之柩。"无官,即随其生时所称。以竹为杠,如其长,倚于灵座之右。

士丧礼中书死者之名于旌,称为铭或者铭旌。由于死者同是士一级的贵族,所以士丧礼的铭旌并无尺寸大小上的差别。秦汉以降,官阶品秩制度逐步成熟,到宋代已经相当完备,因此要对于不同官阶的士人和庶民要加以区分,以彰显身份的尊卑,故用铭旌的长度来表示死者身份的不同。

(六)《书仪》《家礼》小敛迁尸于袭床,小敛时犹能看见逝者之面容,与《士丧礼》不同。《书仪》《家礼》饭含、覆衾皆在堂上。

《家礼》:遂小敛。侍者盥手举尸,男女共扶助之,迁于小敛床上。先去枕而舒绢迭衣以籍其首,仍卷两端以补两肩空处。又卷衣夹其两胫,取其正方,然后以余衣掩尸,左衽不纽,裹之以衾,而未结以绞,未掩其面,盖孝子犹俟其复生欲时见其面故也。敛毕,则覆以衾。

《士丧礼》为尸掩、瑱,设瞑目、屦、袭等皆在房中,因此小敛迁尸于堂上时,已经无法看到死者的面容,死者的身体也已经用冒囊之,并且幠之以衾了。《书仪》《家礼》根据宋代的实际情况,将这些仪节移到小敛仪节之中,既充分考虑了人情,也兼顾了古今物理空间的变化。

(七)《书仪》《家礼》奠用香、茶、烛、酒、果,赙用钱、帛。

《书仪》:丧家于灵座前炷香、浇茶、斟酒。……乃焚香再拜,跪酹茶酒……

《仪礼》士丧礼对亡者的祭祀用特豚、鱼、腊等,器物则用鼎、敦、俎、豆等,此古今器物用度之不同。《书仪》《家礼》以宋人常用的祭品,替代了先秦士一级贵族所用的特牲。

(八)墓前立坟碑、石兽的制度在宋代之前已经颇为风行,一般认为墓碑由南北朝时代的墓志演化而来,墓前石兽目前所知最早的当为西晋的石狮,有人认为其来源是受到伊朗及中亚地区的影响。无论如何此种制度确与古制相违。然而,由于墓前立碑的风俗风靡于当时,墓祭的传统也早已承续多时,因此《书仪》首先对葬后置志立碑的仪节及碑志的形制作出规定:

> 志石刻文云：某官姓名，某州某县人。考讳某，某官某氏某封。某年某月生。叙历官次。某年某月终，某年某日葬。子男某，某官。女适某，官某人。若直下穿圹，则寘之便房。若旁穿为圹，则寘之圹门。

以上是《书仪》所规定的墓志规格，《书仪》又规定了墓碑的规格。

> 墓前更立小碑，可高二三尺许，大书曰：某姓名某，更不书官。

《书仪》认为目前可以立小的墓碑，高为二三尺左右，仅仅记录墓主人的姓名，而不书所任之官衔。《书仪》还认为墓前不当立大碑，不应用石虎石羊：

> 世人好为高墓大碑，前列石羊石虎，自夸崇贵。殊不知葬者当为无穷之规，后世见此等物，安知其中不多藏金玉邪？是皆无益于亡者。如能俱不用，尤善也。

《家礼》基本接受《书仪》的主张，对墓碑的形制做了更加具体的规定。

> 《家礼》：坟高四尺，立小石碑于其前，亦高四尺，趺高尺许。
> 《家礼》：今按孔子防墓之封，其崇四尺，故取以为法，用司马公说，别立小碑。但石须阔尺以上，其厚居三之二，圭首而刻

其面，如志之盖。乃略述其世系各字行实，而刻于其左，转及后右而周焉。妇人则俟夫葬乃立，面如夫之志盖之刻云。

《家礼》做出坟及碑皆高四尺的规定，其是文献根据《礼记·檀弓上》：

> 孔子既得合葬于防，曰："吾闻之，古也墓而不坟。今丘也东西南北之人也，不可以弗识也。"于是封之，崇四尺。孔子先反，门人后，雨甚至。孔子问焉，曰："尔来何迟也？"曰："防墓崩。"孔子不应，三，孔子泫然流涕曰："吾闻之，古不修墓。"郑玄注："言所以迟者，修之而来。"

朱熹根据孔子将其父母合葬于防时，墓的封土崇四尺，从而规定宋代士庶墓及碑的高度皆高四尺，以经典作为依据修改司马光碑高二三尺的设计，体现了朱熹于古有征的礼制设计思路。[5] 实际上，由于孔子时代并无墓碑，孔子父母合葬墓的高度也有一定的偶然性，朱熹《家礼》的此种墓、碑的规制是一种物质文化的再创造。

（九）《家礼》将神主置于灵座之上，虞、卒哭、祔，有祝，无尸。

> 《家礼》："祝出神主于座，主人以下皆入哭，主人及兄弟倚

---

[5] 本文曾于2019年12月复旦大学"东亚礼学与经学会议"上首次发表，发表后吾妻重二先生向作者展示了日本所见依据朱子《家礼》制作的墓碑一枚，墓碑高约三四尺（图片不大，无法具体估计高度），顶部为玉圭尖顶形状，这为《家礼》所规定的墓碑在传世文献外增添了一项实物证据。

杖于室外,及与祭者皆入,哭于灵座前。"

《仪礼·士虞礼》在陈述"虞祭"时,有迎尸送尸的仪节,尸在虞祭中扮演最为重要的被祭者(即亡者)的角色。尸在祝的赞助下,与主人交接。《书仪》《家礼》则以灵座上的神主代替了尸,整个丧礼减省了尸这一关键角色,而由祝降神之后,以神主为祭祀对象,这是对丧祭的直接简化。

(十)礼主于敬,丧祭礼的敬义主要表现在祭祀者的虔敬洁净和祭品的清洁精致,因此《家礼》非常重视祭前的沐浴,《家礼》规定虞祭前当沐浴:"或已晚不暇,即略自澡洁可也。"小祥前当沐浴:"期而小祥。前期一日,主人以下沐浴,陈器,具馔。"大祥前当沐浴:"再期而大祥。前期一日,沐浴,陈器,具馔。"这是朱熹根据《仪礼》的礼义,结合宋代已经大为改善的卫生条件和清洁观念增益而得的。而先秦的《仪礼》士丧礼并未对虞祭、小祥、大祥前主人是否沐浴作出详细规定(文本并无具体描述)。

从以上所举十例看来,《书仪》和《家礼》虽然根据宋代的现实条件,对《士丧礼》做了诸多仪节上的简化、器物上的省略,但其全部礼典程序是严格依据《仪礼》士丧礼再造的,是对《仪礼》士丧礼的直接继承。

二、《书仪》《家礼》对三年之丧丧制及五服制度的肯定

《朱子全书·家礼》的整理者认为司马光《书仪》和朱熹《家礼》的撰作目标是:

儒者要想改变这种状况，就不得不放弃《礼记·曲礼》"礼不下庶人"的古制，将原属上层社会的儒家礼仪世俗化和平民化，推广至民间。……前此，司马光即撰有《书仪》一书，为家礼的世俗化开了先河。然而司马氏之书对古礼的**删削却颇为有限**，故难以通行至闾里。……可以说，经过此次笔削而成之《家礼》，**已彻底改变了原来儒家礼经文义古奥、仪节繁缛的贵族面孔，成为当时最为简明适用的一部"庶民之礼"。**

整理者从删繁就简、约化礼俗的角度肯定《书仪》《家礼》，是十分正确的。然而将《仪礼》所规定的繁复古礼进行简化，其最根本的动机是要重新恢复先秦三年丧制的人文理想，从而否定佛教所崇尚的转世之说，二者在礼仪上的区别直接导向了信仰上的不同，祖先崇拜作为先秦时代最重要的信仰在佛教伦理的蚕食之下濒于瓦解，如何重新树立以"三年丧"为标志的儒家丧礼内涵，是《书仪》和《家礼》重建丧礼的核心关注。

儒家在礼制方面最重要的主张之一即是"三年之丧"，《礼记·三年问》篇详细论述了三年之丧的礼义及人文内涵。《三年问》开宗明义说：

> 三年之丧何也？曰称情而立文，因以饰群，别亲疏贵贱之节，而弗可损益也。故曰：无易之道。

历史上由于政治与文化的变动，减损"三年之丧"丧期的时代很多，但是从坚持礼原初本义的学者看来，"三年之丧"是不可随时代而变易的制度。因此"三年之丧"对于司马光、朱熹来说，正是要大力倡导并加以恢复的。

《书仪》和《家礼》对"三年之丧"的服期安排与《仪礼·士丧礼》的安排完全相同。《礼记·三年问》说：

> 三年之丧，二十五月而毕；哀痛未尽，思慕未忘，然而服以是断之者，岂不送死者有已，复生有节哉？

"三年之丧"就是要将丧期定为"二十五月而毕"，因此《家礼》规定"期而小祥"，小祥为十三月；"再期而大祥"，大祥为二十五月。

禫祭是大祥祭之后的改服从吉之祭。《礼记·丧大记》："禫而内无哭者，乐作矣故也。禫而从御，吉祭而复寝。"又《仪礼·士虞礼》："中月而禫。"郑玄注："中，犹间也。禫，祭名也，与大祥间一月。自丧至此，凡二十七月。"郑玄主二十七月禫祭的说法，王肃则主二十五月大祥，其月禫，二十六月作月的说法。其根据是《礼记·间传》："三年之丧，二十五月而毕。"又《檀弓上》有："孔子既祥，五日弹琴而不成声，十日而成笙歌。"而《家礼》"大祥之后，中月而禫"，朱熹认为"间一月也。自丧至此，不计闰，凡二十七月"，则用郑玄之说。

《家礼》《书仪》既然主张恢复三年丧的丧制，则在此基础上的五服制度，也要加以恢复。

《书仪》将丧服相关的内容置于卷之六，即《丧仪二》中"五服年月略"章，《书仪》将五服制度分为斩衰三年、齐衰三年、齐衰杖期、齐衰不杖期、齐衰五月、齐衰三月、大功九月、小功五月、缌麻三月等服等，与《仪礼·丧服》的服期和服等全同。不同亲属所服的服等也与《丧服》述及的服等相同。《家礼》则在"成服"仪节之后，记述五服制度，《家礼》所规定的五服制度为：

其服之制，一曰斩衰三年，二曰齐衰三年，杖期、不杖期、五月、三月，三月大功九月，四月小功五月，五曰缌麻三月。

在每项服等之下规定该服等所属的亲属、形制和服期，都与《仪礼·丧服》篇所规定的完全相同。

至此，《书仪》与《家礼》非但在"三年之丧"的主张上与《礼记·三年问》篇完全相同，在不同亲疏的亲属所服的丧服规定上与《丧服》也几乎完全相同，说《书仪》与《家礼》完全继承了先秦《仪礼·丧服》对服制的规定，是毫不夸张的。

三、关于《家礼》删削《书仪》丧仪卅七节至廿一节的检讨

在说明了《书仪》与《家礼》对《丧服》所述五服制度的全盘接受之后，再来看《书仪》与《家礼》对《仪礼》士丧礼仪节的损益情况。《朱子全书·家礼》整理者在《序言》中说：

朱熹有感于此，便以其书为底本，复加删削，成《家礼》一书。《家礼》较之《书仪》，文字更趋简洁，节次也更为分明。如冠礼仅存告于祠堂、戒宾、陈冠服、三加、醮、字冠者、见尊

长、礼宾等大节目;昏礼,则将六礼削去其三,仅存纳采、纳币和亲迎三项;丧礼,**则将《书仪》的卅七节削至廿一节**。

整理者的这种认识得到不少学者的支持,认为朱子《家礼》中的丧礼程序比《仪礼》简略得多[6]。是否如整理者所说,《家礼》将《书仪》的丧礼三十七节简化为了二十一节,以及《书仪》在丧礼仪节上是不是简化了《仪礼》士丧礼的仪节,以下拟通过表格的方式加以对比说明。(《仪礼》士丧礼的仪节借用钱玄《三礼通论》的分节作为依据[7],减省二级序号为一级序号。)

《仪礼》《礼记》	《家礼》	《书仪》
以下始死		
1. 初终	1. 初终	1. 初终(病甚附)
复	不复(立丧主、主妇、护丧等)	2. 复(立丧主、主妇、护丧等附)
2. 迁尸 3. 楔齿、缀足 4. 设奠、帷堂	乃易服不食	3. 易服
5. 讣告 6. 众亲入哭位哭泣	讣告于亲戚朋友	4. 讣告
9. 沐浴 10. 饭含 11. 袭	2. 沐浴、袭、徙尸床 设奠、为位、哭、饭含	5. 沐浴、饭含、袭(始死之奠、哭泣附)
12. 设重、设燎	3. 灵座、魂帛	6. 铭旌
8. 设铭	3. 铭旌	7. 魂帛、灵座(影斋僧附)
7. 君及宾客吊、襚	8. 吊、奠、赙	8. 吊酹、赙襚

---

6 和溪:《朱子〈家礼〉的终极关怀》,《哲学动态》2020 年第 7 期,第 43 页。
7 钱玄:《三礼通论》,南京:南京师范大学出版社,2017 年,第 597–605 页。

续表

《仪礼》《礼记》	《家礼》	《书仪》
以下小敛		
13. 陈小敛衣 14. 陈小敛奠 15. 小敛 16. 凭尸、变麻 17. 设小敛奠 18. 送宾、代哭 19. 致襚 20. 设燎	4. 小敛诸节（未分节）	9. 小敛诸节（未分节）
		10. 棺椁（原本全文俱阙。）
21. 陈大敛衣 22. 陈大敛奠具 23. 为殡具 24. 陈鼎 25. 大敛 26. 入殡 27. 设大敛奠 28. 送宾、就次	5. 大敛诸节（未分节）	11. 大敛殡诸节（未分节）
以下丧服及奔丧等		
《礼记·奔丧》	9. 闻丧、奔丧	12. 闻丧、奔丧
		13. 饮食
		14. 丧次
《仪礼·丧服》	附在 6. 成服	15. 五服制度
《仪礼·丧服》	附在 6. 成服	16. 五服年月略
29. 成服 30. 拜君命及众宾客	6. 成服	17. 成服
31. 朝夕哭 32. 朝夕奠	7. 朝夕奠哭、上食	18. 朝夕奠
以下入葬		
33. 视宅 35. 卜葬日	10. 治葬	19. 卜宅兆葬日

从《仪礼》士丧礼看《书仪》和《家礼》对宋代士庶丧礼的损益和革新

续表

《仪礼》《礼记》	《家礼》	《书仪》
		20. 穿圹
		21. 碑志
34. 视椁及明器		22. 明器、下帐、苞筲、祠版
36. 启殡	11. 迁柩告¹（启殡前一日）	23. 启殡
37. 朝祖	11. 迁柩、朝祖	24. 朝祖
38. 君及宾客赗赠	11. 奠、赗	25. 亲宾奠、赗赠
37. 陈器	11. 陈器	26. 陈器
37. 祖奠	11. 祖奠	27. 祖奠
38. 设大遣奠	12. 遣奠	28. 遣奠
39. 发引	13. 发引	29. 在涂
40. 及墓	14. 及墓	30、及墓
40. 入圹	15. 下棺	31. 下棺
	16. 祠后土	32. 祭后土
	16. 题木主、成坟	33. 题虞主
以下虞祭卒哭		
41. 反哭	17. 反哭	34. 反哭
42. 虞祭	18. 虞祭	35. 虞祭
43. 卒哭之祭	19. 卒哭	36. 卒哭
44. 班祔	20、祔	37. 祔
以下小祥、大祥、禫		
45. 小祥	21. 小祥	38. 小祥
45. 大祥	22. 大祥	39. 大祥
45. 禫	23. 禫	40. 禫

注：1.《家礼》没有启殡的仪节，而是在启殡之前一日，做"迁柩告"，《家礼》"迁柩告"注文说："设馔如朝奠。……盖古者有启殡之奠，今既不涂殡，则其礼无所施，然又不可全无节文，故为此礼。"

根据上表对比可知，《书仪》的丧礼卅七仪节与钱玄在《三礼通论》中总结的士丧礼四十五仪节，几乎可以——对应。《仪礼》士丧礼在棺柩入圹之后，没有述及祭祀后土以及题木主、成坟的仪节，是由于《仪礼》士丧礼并不主张起坟并加以封树，也并不在此时立木主，后续的虞祭环节有尸居于神位受祭。在《书仪》及《家礼》中不立尸（上节已经说明），因此要在棺椁入圹之后就要建立神主。

整理者认为朱熹将《书仪》的卅七仪节简化为《家礼》廿一仪节的说法不能成立，《家礼》与《书仪》在仪节方面实际上仅少始死"复"（即招魂）这一个仪节，其他方面无论《书仪》还是《家礼》都是严格尊照《仪礼》士丧礼重建的，《家礼》因袭《书仪》各项仪节的痕迹尤为明显。由此可以得出结论，《家礼》与《书仪》在丧礼的分节方面虽然有所异同，但是其本质与《仪礼》士丧礼完全一致，所损益者无非是根据先秦与宋代现实社会条件的差异，在同一仪节中，器用的古今繁简和仪式的繁缛多寡有所不同而已。[8]

四、《书仪》《家礼》改宗庙为祠堂的礼义

《书仪》与《家礼》对《仪礼》丧祭礼的另一项重大变革是改士丧礼的家庙为影堂、祠堂。《仪礼》规定士有一庙即祖庙，经过五代乱世的涤荡，家庙荒废，宋初没有完备的家庙制度[9]，处于"群

---

8 具体异同可以参看本文第一节的分析。
9 吾妻重二：《朱熹〈家礼〉实证研究》，华东师范大学出版社，2012年，第104页。

臣贵极公相，而祖祢食于寝，同侪于庶人"[10]的状态，因而重建士庶阶层的宗庙成为迫切的制礼要求。《礼记·王制》有：

> 天子七庙，三昭三穆，与太祖之庙而七。诸侯五庙，二昭二穆，与太祖之庙而五。大夫三庙，一昭一穆，与太祖之庙而三。士一庙，庶人祭于寝。

这是先秦立庙制度的大概。到了宋代，由于西周建立的封建制度早已崩溃，唐代重建的家庙制度也不复存在，宋初只有高官才被允许设置家庙。即使如此，祭祖的场所还在墓祠和家庙间仍摇摆不定。

不过，现实中的摇摆不定，并不代表儒家学者对祭祀应当采取墓祭还是庙祭的形式有所犹疑，稍晚于司马光的程颐认为：

> 葬只是藏体魄，则神则必归于庙，既葬则设木主，既除几筵则木主安于庙。故古人惟专精于庙。[11]

这样的主张显然与司马光的《书仪》完全一致。要重建《仪礼》士丧礼的礼典，就必须针对丧祭礼举行场合进行重造。以影堂、祠堂代替祖庙，为宋代重构后世士庶丧祭礼，形成礼制空间的核心要素。影堂、祠堂是《书仪》及《家礼》再造的丧祭礼场所。《书仪》《家礼》的朝祖、祔等仪节均在影堂或祠堂举行。《书仪》

---

[10] 司马光：《潞国公文公先庙碑》，嘉祐二年作．文渊阁四库全书，第1094册，集部第三十三，别集类，上海古籍出版社，1987-1989年影印本．
[11] 程颐、程颢：《二程集》，中华书局，2008年．

引《檀弓》云：

> 丧之朝也，顺死者之孝心也，其哀离其室也，故至于祖考之庙而后行。殷朝而殡于祖，周朝而遂葬。

《书仪》的朝祖仪节：

> 役者入，妇人退避，主人立视，如启殡。役者举柩，诣影堂前，祝以箱举奉魂帛在前，执事者奉奠及倚卓次之，铭旌次之，柩次之。

《书仪》的祔祭仪节：

> 卒哭之来日祔于曾祖考，内外夙兴，掌事者具馔三分，如时祭。设曾祖妣坐于影堂，南向。设死者坐于其东南，西向。

所谓"影堂"，是宅内设有悬挂祖先遗影的堂室。吾妻重二认为"设置影堂无非是当时考虑庙制的一种结果"，"影堂是作为家庙的替代设施而建造的"。[12] 重新建立影堂正是为了建立《仪礼》所规范的士丧礼礼典中继祖的场所，如果没有影堂的设置，则朝祖、祔祭等仪节便无法落实。《家礼》对迁柩（朝祖）、祔祭两个仪节的规定与《书仪》基本一致，所不同者，行礼的场所从"影堂"改为

---

12 吾妻重二：《朱熹〈家礼〉实证研究》，第106页。

了"祠堂"。

《家礼·通礼》对"祠堂"的形制做了规定：

> 君子将营宫室，先立祠堂于正寝之东。祠堂之制，三间，外为中门，中门外为两阶，皆三级，东曰阼阶，西曰西阶。阶下随地广狭以屋覆之，令可容家众叙立。

《家礼》的迁柩（朝祖）仪节：

> 将迁柩，役者入，妇人避退。主人及众主人辑杖立视。祝以箱奉魂帛前行，诣**祠堂**前，执事者奉奠及倚卓次之，铭旌次之，役者举柩次之。遂迁柩于厅事，执事者设帷于厅事。

《家礼》的祔祭仪节：

> 卒哭明日而祔。卒哭之祭既彻，即陈器，具馔。器如卒哭。唯陈之于**祠堂**，堂狭，即于听事随便设亡者祖考妣位于中，南向西上，设亡者位于其东南，西向。

朱熹《家礼》与司马光《书仪》的不同是以"祠堂"代替了"影堂"，这应当是南宋士人普遍在家中设立祠堂的结果，南宋的祠堂是士人家中的独立祭祀建筑，比起北宋司马光时代士人在已有的居室中指定一间房室作为祖先画像的悬挂场所，用以进行丧祭吉祭，有了明显进步。

五、重建士丧礼的意图在于辟佛用儒

《书仪》站在儒家的立场上，对北宋丧礼多用佛教礼仪表示极度不满，《书仪》描述佛教丧仪对时俗的浸染：

> 世俗信浮屠诞诱，于始死及七七日、百日、期年、再期、除丧饭僧，设道场，或作水陆大会，写经造像，修建塔庙，云为此者灭弥天罪恶，必生天堂，受种种快乐，不为者必入地狱，剉烧舂磨，受无边波咤之苦。

按照司马光《书仪》的这段描述，以佛教丧仪在北宋时代可谓盛极一时，信奉者众多。面对这样的局面，司马光只能从义理上入手，痛陈佛教丧仪的悖谬。《书仪》先从人死后神形分离，肉体难免腐朽消灭，从而不能知痛痒，驳斥天堂地狱之说：

> 殊不知人生含气血，知痛痒，或剪爪剃发从而烧斫之，已不知苦，况于死者，形神相离，形则入于黄壤，朽腐消灭，与石木等，神则飘若风火，不知何之，借使剉烧舂磨，岂复知之？且浮屠所谓天堂地狱者，计亦以劝善而惩恶也，苟不以至公行之，虽鬼何得而治乎？

《书仪》又从亲人去世祈祷于佛屠，待亲人如积恶有罪的小人，是不以其亲为君子，来说明尊奉天堂地狱说的虚妄：

> 是以唐庐州刺史李丹与妹书曰:"天堂无则已,有则君子登。地狱无则已,有则小人入。"世人亲死而祷浮屠,是不以其亲为君子,而为积恶有罪之小人也。何待其亲之不厚哉,就使其亲实积恶有罪,岂赂浮屠所能免乎?此则中智所共知,而举世滔滔信奉之,何其易惑而难晓也。

《书仪》再论证佛教传入中国时已是东汉,之前的古人未有入地狱者,反证佛教的天堂地狱说是为无稽之谈:

> 甚者至有倾家破产然后已,与其如此,曷若早卖田营墓而葬之乎?彼天堂地狱,若果有之,当与天地俱生,自佛法未入中国之前,人死而复生者,亦有之矣,何故无一人误入地狱,见阎罗等十王者耶?不学者固不足言,读书知古者亦可以少悟矣。

很明显,司马光完全是站在儒家的立场上,希望社会能重新回归儒家所倡导的丧礼礼典规范,并恢复这些仪节背后所蕴藏的礼义。其实,用儒学的义理去质疑佛教的丧仪,从本质上说并不能否定佛教教义的内在自洽性,只是《书仪》何以采取这样一种与时俗向悖的激进姿态,是非常值得重视的。

《家礼》对佛教丧仪的抨击不如《书仪》那样激烈和直接,但是其对于佛教丧仪同样持有完全否定的态度,并贯穿于《家礼》始终。《家礼》在"置灵座,设魂帛,立铭旌"一节,特别指出"不作佛事"。又在"朝祖"一节,说明用道教仪式:

> 方相在前，狂夫为之，冠服如道士，执戈扬盾。四品以上，四目为方相；以下，两目为魌头。次明器、下帐子……

所谓方相氏，《周礼·夏官·方相氏》有：

> 方相氏掌：蒙熊皮，黄金四目，玄衣朱裳，执戈扬盾，帅百隶隶而时傩，以索室驱疫。

郑玄注云：

> 蒙，冒也。冒熊皮者，以惊驱疫疠之鬼，如今魌头也。时傩，四时作方相氏以难却凶恶也。

方相氏是《周礼》夏官系统下的一种职官，专主傩祭和驱疫。到了东汉，郑玄认为《周礼》的方相氏与当时魌头这种身份的驱鬼人相类似。时至南宋，社会上可能又分化出了四目的方相氏和两目的魌头两种驱鬼人的形象，二者的功能大同小异，朱熹则将他们对应于不同官阶丧家的丧礼。朱熹之所以不排斥方相氏和魌头在丧仪中任事，可能是由于二者的道教色彩并不有害于《家礼》重建士丧礼的仪节。

如何重建庙祭传统从《书仪》《家礼》二者的实践来看，难度甚至要大过对佛教丧仪的摒除。《家礼·通礼》在重建祠堂形制的过程中，同时规定了大宗、小宗的祭祀规则：

> ……为四龛，以奉先世神主。祠堂之内，以近北一架为四龛，每龛内置一卓。大宗及继高祖之小宗，则高祖居西，曾祖次之，祖次之，父次之。继曾祖之小宗，则不敢祭高祖而虚其西龛一。祭祖之小宗，则不敢祭曾祖而虚其西龛二。继祢之小宗，则不敢祭祖而虚其西龛三。……易世则改题主而递迁之。

《通礼》在宋代庶民社会的基础上，依照西周贵族的宗法制度重建了"大宗""小宗"的制度，使得后世在民间乡野普遍实行着一种庶民社会化了的宗法制度，这开启了中国近世乡里聚族而居、祠堂祭祀、宗族自治的全新社会形态，这种新的形态正是建立在《家礼》祠堂祭祀和庶民大小宗新祭法的基础上的。

《书仪》和《家礼》在重塑《仪礼》士丧礼方面的努力，从宋代同时代的学人看来影响似乎非常微弱，但是从今天回望过去，司马光和朱熹的努力无疑是极为成功的。宋代丧礼的重建，带动了冠礼、婚礼、祭礼的复归传统，不但开辟了中国近世礼制再造的道路，还深刻影响了东亚受到儒家文化影响的朝鲜、日本、琉球、越南诸国的礼仪和制度，可以说通过对比《书仪》和《家礼》对《仪礼》士丧礼的损益和革新，可以洞察到两宋儒文化变革的内在核心驱动因素，以及当时儒家立场学者的真实文化心态。

《茗洲吴氏家典》：明清徽州《家礼》实态探析[*]

徐道彬（安徽大学）

中国传统礼学的发展，在唐宋以后呈现出由公礼转向到家礼的态势，主要在于国家层面的典章制度之礼如《唐开元礼》、宋《政和五礼新仪》等，逐渐融入士庶家礼的仪节之中，出现了司马光《书仪》、朱熹《家礼》等注重冠、婚、丧、祭等私家仪节的礼书，改变了"礼不下庶人"的古训，甚至出现了经礼式微而家礼兴盛的局面。特别是明代《性理大全》的编纂，将朱子《家礼》纳入其中，使得《家礼》原本为士人之间私相传授的家族礼书，一变而为"官修"的政治经典礼仪，成为影响明清以后家礼传播的权威文本，同时也使得明清礼学的通用性和世俗化。明代休宁人程敏政曰："文公朱子制《家礼》，易庙为祠堂，使事力可通乎上下而礼易行。然当时仅讲授于师生闾里之间，其说未广也。我文庙颁《性理》诸书，嘉惠后人，然后《家礼》行天下。三二十年来，卿大夫家稍垂意于礼，而士庶间亦有闻焉。"[1] 于是，乡人孺子得以开卷见绪；荒村贫穷，亦可依仪展诚，不必更求诸注详参，然后得其意也。朱子

---

[*] 本文为国家社科基金重大项目"《江永全书》整理与研究"（21&ZD052）的阶段成果。
[1] 程敏政：《赵氏祠堂记》，参见《篁墩文集》卷十四，文渊阁四库全书第1252册。

《家礼》通过官方的认同和刊布，逐步嵌入到士庶民众的社会生活之中，因而也极大地推动了明代以后宗法礼制下的礼学的庶民化运动。

朱熹是继孔子之后对传统中国社会后期影响至为深远的圣贤人物，位列孔庙十二哲之次，成为中国学统和道统系列中的重要代表，其《四书集注》《朱子语类》和《仪礼经传通解》"致广大，尽精微，综罗百代"，开启了中国学术史上的理学新时代。同时在民间社会层面上，朱子通过《朱子小学》和《文公家礼》等著述和讲学乃至门生弟子的代代传承，渐次形成一个能够延续思想学说的重要流派，躬行践履于族规民约和世道人心之中，对基层社会尤其是明清徽州地区的民情礼俗和社会发展影响深远。正如李应乾《茗洲吴氏家典序》所言"我新安为朱子桑梓之邦，则宜读朱子之书，服朱子之教，秉朱子之礼，以邹鲁之风自待，而以邹鲁之风传之子若孙也。乃今之行礼者，莫不崇尚朱子"[2]。关于朱熹的礼学研究，阮元曾言："朱子中年讲理，固已精实；晚年讲礼，尤耐繁难，诚有见乎理必出于礼也。古今所以治天下者，礼也。"[3]此后皮锡瑞亦加详释曰：汉儒多言礼，宋儒多言理。礼者，理之不可易者也。礼与理，本一贯。然礼必证诸实，合于礼者是，不合于礼者非，是非有定，人人共信者也。理常凭于虚，彼亦一是非，此亦一是非，是非无定，不能人人共信者也。礼为人伦之至，而以推致言礼，为一定之法，必惜逸经之不具而疑推致为无凭，非知礼者也。后儒空言理而不讲礼，谓礼，吾知敬而已；丧，吾知哀而已。一遇国家有大疑

---

2 参见《茗洲吴氏家典》卷首李应乾序，黄山书社，2006年。
3 阮元：《书东莞陈氏学蔀通辨后》，《研经室续集》卷三。

议，则幽冥而莫知其原。宋濮议，明大礼议，举朝争论，皆无一是，激成朋党，贻误国家，尤非知礼者也。[4] 现实社会的礼无所不包，大而典章制度、宗教礼仪、人伦教化，小而民间习俗、个人言行、生活规范等，无不与之密切相关。若就学理层面而言，礼学作为儒家内圣修养与外王追求的契合点，则更具有明显的以礼经世的功能，可见讲究礼仪的重要性及礼学补偏救弊的实际意义。

随着时代的发展，朱子《家礼》在清代又有着新的时代特色。皖南的徽州为江南大郡，自古儒风独茂，人文荟萃，世称"东南邹鲁"。从宋代的朱熹、程大昌，到明代的朱升、程敏政，清代的江永、戴震，乃至民国的胡适和陶行知，清晰地显现着儒家主流思想发展的一脉相承。作为典范的宗法家族制基层社会，徽州其地"比屋诗书，衣冠鼎盛"，其民则"人习诗书，家崇礼让"，"动容周旋中礼"。乡先贤的《文公家礼》与村落的乡规民约，使徽州一地蔚然形成一种"村无稗俗，里存俭让"的普遍礼仪生态，处处显露着彬彬诗礼家风。如《茗洲吴氏家典》即是徽州吴翟（？-1736，字青羽，号介石，休宁虞芮乡茗洲村人）等一批乡间老儒，"秉朱子之礼"且"传之子若孙"的实践记录和风俗反映。对此，有学者研究曾认为它反映了清代广泛的宗族建设与宗族礼制改革运动。其中的士大夫通过大力提倡修建祠堂、编修族谱规、设立族田等一系列相关活动来"敬宗收族"。在建立祠堂、制定祭礼、决定宗族领导的问题上，学者们提出很多不同的意见，引起热烈的争论。学者的礼学研究往往受到儒家净教思想的诱导，力求符合儒家古礼，但同

---

4 皮锡瑞：《经学通论》，吴仰湘点校，中华书局，2018年，第279-281页。

时受到拥王阳明与拥朱熹的学派意识的鼓动,加上涉及现实中的权力、学者个人在宗族内所处的地位等问题,导致对于各种有关宗族的礼制进行激烈的辩论,而学者往往征引经书中的古礼以支持自己的论点,因而产生了对于古礼解释的种种争议,例如宗法制度、祠堂制度、墓葬制氏、丧服制度、婚礼和各种与宗法制度分不开的祭礼和继承法等。[5] 可以说,从《文公家礼》到《吴氏家典》是自南宋以后"礼下庶人"思想在明清社会的具体实践,也是民间礼书编撰在参酌古礼、纠正谬俗过程中的经典之作,反映了从朱熹到吴翟两代徽州人在数百年间对于经典《三礼》和传统礼仪的尊崇与传承。

一、尊崇乡贤著述　传承礼仪家规

朱熹《仪礼经传通解》乃以《仪礼》为经,取《礼记》及诸经史杂书所载有及于礼者,皆以附于本经之下,具列注疏诸儒之说而略有端绪是也。自王安石废黜《仪礼》而独存《礼记》,朱子纠其弃经任传,遗本宗末,因撰是书以存先圣之遗制,分章表目,开卷了然,亦考礼者所不废也。该书凡五卷,朱子自撰《家礼》《乡礼》《学礼》《邦国礼》《王朝礼》,其未竟丧、祭二卷成于朱子门人黄榦和杨复,"盖朱子以创稿属之,尚不失原意",虽编纂不出一手,也不免割裂古经,但端绪相因,规模不异。古礼之梗概节目,亦略备于是矣。[6] 自郑玄注《三礼》之后,此书可谓继绝存亡之作,更是保存古礼之宝库与大观也。其所诠释说解,取精用弘,详尽周备,

---

[5] 参见周启荣:《清代儒家礼教主义的兴起》之"中文版自序",天津人民出版社,2017年。
[6] 参见《四库全书总目》卷二十二,经部礼类四,中华书局,1965年。

堪称宋儒研究礼学的最重要著述,并与《文公家礼》及陈祥道《礼书》、司马光《书仪》互为表里,成为制度礼学与实践礼学的典范代表,足备考索有宋一代礼学研究之全貌。

朱熹一方面从事着古代礼制礼仪的经典研究,同时不忘躬行践履方面的具体实践,其《家礼》一书更将古礼加以改编和普及,使之世俗化和平民化。作为士庶社会层面的通用礼仪,《家礼》具有鲜明的庶民化特征,它既是汉魏以来礼制发展的必然结果,也是宋代社会在新时代变革中的必然产物,一经面世立即引发士庶社会各个层面的深切关注,成为经典性的日用类书的民间仪注而散入千家万户,开启了"庶民之礼"的新时代。随着这一民间通礼的规范使用,也更有益和有助于国家层面礼制礼仪的推行和掌控,使之获得朝廷的认可和推崇,甚至确定为社会通用家礼范本。朱子自序曰:"究观古今之籍,因其大体之不可变者而少加损益于其间,以为一家之书。大抵谨名分,崇爱敬,以为之本。至其施行之际,则又略浮文,务本实,以窃自附于孔子从先进之遗意。诚愿得与同志之士熟讲而勉行之,庶几古人所以修身齐家之道、谨终追远之心犹可以复见,而于国家所以崇化导民之意,亦或有小补云。"[7] 朱子的如此做法,乃缘于世道人心的衰败和家国情怀的执着,希望通过建立"名分之守、爱敬之实"的礼仪规范,以增强家族凝聚力,稳定社会秩序。它是遵循《大学》"三纲八目"的理论程序,先由个人"修身齐家"而渐至于"谨终追远",通过冠昏丧祭之仪而达到仁义礼智之实,切实体现出儒家讲究礼义廉耻的普世价值和人生追求。

---

7 朱熹:《家礼自序》,参见《朱子全书》第七册,上海古籍出版社、安徽教育出版社2002年。

曰："凡礼有本有文。自其施于家者言之。则名分之守、爱敬之实者，其本也；冠婚丧祭、仪章度数者，其文也。其本者，有家日用之常礼，固不可以一日而不修，其文又皆所以纪纲人道之始终。虽其行之有时，施之有所，然非讲之素明，习之素熟，则其临事之际，亦无以合宜而应节，是亦不可以一日而不讲且习焉者也。三代之际，礼经备矣。然其存于今者，宫庐器服之制、出入起居之节，皆已不宜于世。世之君子，虽或酌以古今之变，更为一时之法，然亦或详或略，无所折衷。至或遗其本而务其末，缓于实而急于文，自有志好礼之士，犹或不能举其要。而困于贫窭者，尤患其终不能有以及于礼也。"[8] 朱子《家礼》之作，时在"黄钟毁弃，瓦釜雷鸣"的时代，故其用意是为"纪纲人道之始终"，"表"在"冠婚丧祭、仪章度数"，而"实"在世道人心之存灭，其实则尽归于"崇化导民"之终极关怀。宋代的士大夫如司马光、吕大防、程颐、张载、范祖禹等，虽皆极力倡导"礼不可以一日而不修"，但世俗风化并非如其所愿，公卿婚嫁"一出于委巷鄙俚之习"，乃至丧祭"率取于浮图老子之法"，所谓"礼之不行，无甚于此"。时代及至明清，则更礼崩乐坏，每况愈下。时人有言："科举行时，士以剽窃为学者，至不识《仪礼》为何书。其父师授读《戴记》，以《问丧》诸篇为不祥，废其读，望其毫分缕析，心潜身践，求所以自致自尽，难矣。波流风靡，士大夫或以百日为卒哭，因之饮酒食肉不为异，即有独行之士，反诟病之。嗟乎！礼有学有教，将上之人之责，反化于俗，不少愧

---

[8] 朱熹：《家礼自序》，参见《朱子全书》第七册，上海古籍出版社、安徽教育出版社2002年。

也哉?"[9] 明清换代,种族对立,其间除了战乱频仍,种族异化过程的痛苦与纠结,更是激化了社会矛盾,毁弃了儒家礼俗,导致国家乃至基层结构的变化和宗族观念的淡薄,家族浇漓,人心不古,"父母在而子析财别居,亲未尽而已形同陌路"之事已屡见不鲜;礼义廉耻,敬宗收族的传统也渐行渐远,而冠昏丧祭,多以习俗淆于古礼之中,是以讲礼愈繁,而去礼愈甚。于是,清初的一批士大夫竭力维护纲常,传承礼仪,建立家族秩序规范,以增强血缘凝聚力,维护社会秩序和基层组织的稳定性。清代徽州人吴翟编撰的《茗洲吴氏家典》,就是此时应运而生的一部仪注性质的礼学实践之作。它参照《仪礼》古经和司马光《书仪》,对古礼再加斟酌损益,便于乡里风俗之认知与施行,成为后世士庶之家普遍遵循的礼仪规范。

吴翟出生于清初休宁世家大族,雍正二年府学岁贡生,"少颖悟,及长力学,于经义无不洞彻,尝主紫阳讲席。学宪孙奖之曰彤廷硕彦"[10]。茗洲吴氏自元明以来,出类拔萃的人物并不多见,但乡间理学老儒多有著述,《茗洲吴氏家典》即是其中之一。其先,明代万历年间就有吴氏先祖修撰族谱《休宁茗洲吴氏家记》,卷七中有《家典记》及相关礼仪规范多种,聊可视作《茗洲吴氏家典》的雏形。其后,"吾族自抑庵先生后,约庐先生留心典礼,曩尝以四礼瞩蔚园、介石等,作议就正,率无成书";"己卯复偕三从父介石先生参考《三礼》,以求成一家之典。且不惮走四方,就有道,务衷诸至当而后惬";"癸巳冬,率诸子侄,原本《家礼》,

---

9 曹弘斋:《文公丧礼考异序》,《新安文献志》第一册,黄山书社,2004年,第444页。
10 (清)《(道光)休宁县志》,《中国地方志集成·安徽府县志辑》第52册,江苏古籍出版社,1998年。

参互考订，使宜于俗而无悖其意。分八卷缮写成帙，名曰《茗洲吴氏家典》"[11]，正如徽州知府窦容恂为之作序所言："茗洲僻处海阳，吴氏聚族居之，循循礼教，家自焉师，过兹里者，叹有邹鲁风。询其由，厥亦抑庵先辈讲学行礼，式化于乡，阅数传，而约庐修明其教，偕诸昆弟增订礼书，而介石大集其成。爰推本紫阳《家礼》，而新其名曰《家典》。"[12] 该书乃吴氏家族数代人的共同成果，而"介石（吴翟）大集其成"，"诸昆弟"中包括吴翟的三从兄吴章（号蔚园），以及李应乾（字御六）、李菁（字仍朴）、施璜（字诚斋）等吴氏的兄弟和友人，他们或参与撰述，或搜集资料，或评品文字。据书中《参阅校正姓氏》竟达百余人，也可知其为集体之作。可以说茗洲吴氏代表了明清徽州宗法家族的共同理念和人生观。他们前赴后继，"修明其教"，诵法程朱，讲学行礼，融义理于仪节，先践行而后辞章，粹然惟古是尚，非座谈玄虚之徒可比。由此可见《家典》的成书经历了徽州数代士绅群体的共同努力，体现了吴氏家族尊承闽洛之学，以及他们躬行践履于程朱理学之途，终至于茗洲一村"循循礼教，叹有邹鲁风"，正如吴氏好友李应乾所言："今夏至其地，见其父老秉礼而服义；其子弟循矩而蹈规，一族如一家，而且以讲学为菽粟布帛，朔望有塾讲，四季有族讲，雍容于一堂之上。休哉，何风之古而俗之醇欤！"[13]

《茗洲吴氏家典》是徽州乡绅几代人努力践履儒家礼学，重整社会秩序的思想成果，它根本古经《仪礼》，效法乡贤朱子《家

---

11 参见《茗洲吴氏家典》卷首自序，黄山书社，2006年。
12 参见《茗洲吴氏家典》卷首窦容恂序，同上。
13 参见《茗洲吴氏家典》卷首李应乾序，同上。

礼》,参以义门郑氏《规范》,以冠昏丧祭为核心,每卷由议、仪节、图、考证四部分组成,除了《家礼》的本质内容外,还附有"图",录有"议",比较充实而完备地传承了古代礼制礼仪礼图。该书《凡例》解释意图曰:"每卷后必有图者何?习其文,讲其义,尚恐不达。一展图,如登其堂,观其礼器,了如指掌也。图后复有考证者何?古人读书穷理以行礼,故动合天则。今与族人行礼,而不知礼意之所在,恐终身由之而不知其道者多也。恨识见粗浅,不能遍观群书,姑就所尝行者,考之经传,证之先儒,亦管测蠡窥之意耳。"[14]又:"每卷前必有议者何?《家礼》久废,骤而行之,不以为创,且以为迂。先疏其说,务令明白,便与族人更始也。文之固陋,自知不免,若论之不醇,则将就正有道,期归于一是焉。"吴翟等家族士绅一依《文公家礼》为准则,结合朱子学的传承和徽州地方风俗,"考之经传,证之先儒",在冠昏丧祭的具体仪节上又辅之以"图"和"议",以图"读书行礼,动合天则"。故又称道"文公著为《家礼》,炳如日星矣。遵行《家礼》,率以为常,故曰典。惧一行之不久而辍,非敢于《家礼》有所损益也,合于人情,宜于土俗,俾知《家礼》一书若衣服饮食,不可一日离焉耳"。该书沿袭徽州家谱的一般范式而于卷首另增"家规八十条",置为一卷,借以统率族人行为规范。曰:先之以家规者何?既有典常,无以规之,将久而自废也。予见名门右族,莫不有规,然往往捃摭名言,组织成文,俾族人朝夕观省,着力奉行,庶几于四礼有所裨益。若其罅漏疏失,则在后之人实心任实事,随时随事,斟酌增损

---

14 参见《茗洲吴氏家典》卷首"凡例",同上。

焉。此外，再增"外神"一卷，严乱礼之防；最终归本于"讲学"之卷，以明其"祖孔宗朱"，如其《凡例》所言："《家礼》载冠昏丧祭，兹益以外神者何？諂渎鬼神者昧于民义，著外神所当祀，严其防也。复益以讲学者何？礼之不明，由于学之不讲。祖孔宗朱，讲习讨论，浚其源以达其流，培其根以茂其枝，则礼之行也不难矣。"吴氏在礼俗实践中著书，并在成书后依文而躬行践履，考古以立法，导民以化俗，孜孜矻矻于传承理学，维系宗族的发展，正如徽州知府窦容恂所言："《家典》发明《家礼》，参义门郑氏规条，以无失紫阳本旨。且阐其议，醇而不杂；列其图，显而易从；考其文，述而非创。至屏淫祀，斥僧道，尤严乱礼之防，而总培其根于讲学。"[15]吴氏继先人之志，传承朱子之学，以一家之礼，化世之陋俗，"致君尧舜上，再使风俗淳"，"由一族以推之一乡，由一乡以推之一邑一郡，由是而遍及四方焉"，风俗由此而醇厚，人心因之而崇古，子孙世世守之不殆，可与星斗云汉相争辉矣。

二、整肃宗族规范　维系世道人心

宗族是封建社会的最基层组织，是链接国家与个人之间的重要"中介"。宗族管理个人的主要手段，就是通过乡规民约和族规家法的实施，达到对民众的教化与劝善功能，借以维护地方社会的稳定与繁荣。而朱子《家礼》便是乡规民约和族规家法的原生态的理论依据。徽州大族多为中原衣冠避难而来，故多聚族而居，儒风

---

15 参见《茗洲吴氏家典》卷首窦容恂序，同上。

独茂和宗祠林立是其显著特色。南宋以后，族规家法皆以朱子《家礼》为根本而随时增延，徽州的许多家谱之中就有诸如《茗洲吴氏家典》的礼仪规范，如曹氏族谱曰："节俭，德之共也；奢侈，恶之大也。惟凉作法，犹惧其弊，岂其肆欲以逞而泰然安之？极丝缟之纤华，以饰服御，而无衣随之矣；毕水陆之珍，错以盛盘餐，而无食随之矣。骄溢之家，必多饿莩，非但人力难给，抑亦天道亏盈，理之自然，无足异也！且夫节俭可以寡欲，君子寡欲，则胸无私嗜，浩气可以直行；小人寡欲，则谨慎节用，淡薄可以明志。君子多欲，则枉道以速祸；小人多欲，则败家而丧身，此奢侈之为害大也。"[16] 黄氏宗谱曰："子弟毋使学习吏胥，以坏心术；不得惑于邪说，溺于淫祀，以邀福于鬼神；不得私造饮馔及入肆打醵平伙，以徇口腹之欲；尤不得引进娼优，讴词献伎，以娱宾客；并不得好勇斗狠及与打降、闯将、匪类等来往；不得沉迷酒色，妄肆费用，以致亏折赀本。至若不务生理，或搬斗是非，或酗酒赌博，或诓骗奸盗，或恶党匿名，一应违于礼法之事，当集众诫之。如屡诫不悛，呈公究治，不可姑容。"[17] 歙县泽富王氏宗谱之《宗规》有"子弟当冠，延有德之宾，庶可责成人之道，其仪式并遵文公《家礼》"。黟县环山余氏宗族《家规》有"婚姻人道之本，亲迎、醮啐、奠雁、授绥之礼，人多违之，今一祛时俗之，恪遵《家礼》以行"。歙县金山洪氏族谱之《家训》载"丧祭之仪，文公《家礼》具在，遵而行之足矣"[18]。徽州拥有传世量巨大的家谱，可以从中窥

---

16 民国《曹氏宗谱》卷一《家训·旺川家训后十则》，旺川敦睦堂木活字本。
17 《（雍正）潭渡孝里黄氏族谱》卷四《家训》，雍正九年校补刻本。
18 引自赵华富《徽州宗族研究》，安徽大学出版社，2004年，第377页。

见徽州人制定的家规、家训、家礼、家典等，对朱子《家礼》始终如一的遵从与发扬。吴氏《家典》更是秉承朱子《家礼》，建祠堂，立宗子，置祭田，设家规。《茗洲吴氏家典》卷一开篇，就罗列了八十条《家规》，如"族中子弟有器宇不凡、资禀聪慧而无力从师者，当收而教之，或附之家塾，或助以膏火。培植得一个两个好人，作将来模楷，此是族党之望，实祖宗之光，其关系匪小。族中子弟不能读书，又无田可耕，势不得不从事商贾。族众或提携之，或从他亲友处推荐之，令有恒业，可以糊口，勿使游手好闲，致生祸患"；"举业发圣贤之理奥，为进身之阶梯。须多读经书，师友讲究，储为有用，不得冒名鲜实，不得纷心诗词及务杂技，令本业荒芜。子孙有发达登仕途籍者，须体祖宗培植之意，效力朝廷，为良臣，为忠臣，身后配享先祖之祭。有以贪墨闻者，于谱上削除其名"。《家典》所定此类家规，即承袭了《家礼》中所存司马氏《居家杂仪》的内容，也是吴氏融会贯通宋明儒家思想，并化为徽州家谱家规中的"明正典刑"。

  传统儒学的核心在礼乐，故朱子晚年之学的重心也落实在"礼"的施行上。《昏义》有言"夫礼，始于冠，本于昏，重于丧祭，尊于朝聘，和于射乡，此礼之大体也"。故《家礼》即以"冠昏丧祭"为士庶阶层的礼仪纲目。吴氏《茗洲吴氏家典》步武其后，考其礼，体其意，亦以此为纲领，载先人之志于方册，直承朱子礼学之宗旨。虽为新著私家礼仪，但其原本朱子，处处谨遵文公旨意，常云："文公著为《家礼》，炳如日星矣；兹复有《家典》者何？遵行《家礼》，率以为常，故曰典也；笔之书者何？惧一行之不久而辍，非敢于《家礼》有所损益也，合于人情，宜于土俗，俾知《家礼》一书，若衣服饮食，不可一日离焉耳。"[19] 故《家典》以《家礼》为蓝本，将冠昏丧祭布施于世人。首先，冠礼又称"成丁礼"，作为古礼之首，其重要性不言自明。《冠义》云："冠者，礼之始也，嘉事之重者也，是故古者重冠，重冠，故行之于庙；行之于庙者，所以尊重事；尊重事，而不敢擅重事；不敢擅重事，所以自卑而尊先祖也。"宋司马温公有言："冠者，成人之道也。成人者，将责为人子、为人弟、为人臣、为人少者之行也。将责四者之行于人，其礼可不重欤？"[20] 古人重视成人之礼，认为礼仪之始在于容体，如《冠义》言"冠而后服备，服备而后容体正，颜色齐，辞令顺。故曰冠者礼之始也，是故古者圣王重冠"。故朱子编撰《家礼》，认为"冠礼废而天下无成人"，特意将冠礼置于昏丧祭之先。吴翟以一介布衣，担当起承接古礼的重任，效法朱子，于《家典》中也将冠礼置于前，一切程序仪式皆以朱子为准则。其《冠礼议》云："原其礼意，详其节文，严嫡子众子之位，重请宾告庙之仪，皆所以责成人也。而且以此礼弁诸昏姻丧祭之首，谓此礼行，而后诸礼可次第举也。冠礼顾不重哉？"冠礼的施行，既可宣明成人之礼，更以此明确宗子的尊贵地位，如《士冠礼》所言"嫡子冠于阼，以著代也"，这也是传统宗法制度能够延续的思想基础。冠礼确立后，其他一切礼仪才能随之举行。兹将《家礼》与《家典》中冠礼部分的礼仪程序作一简单比较，以窥吴氏尊从古礼、效法朱子的步武轨迹。

---

19 参见吴翟《茗洲吴氏家典凡例》。
20 吴翟：《茗洲吴氏家典》，黄山书社，2006年，第63页。

《家礼》规定冠礼为："男子年十五至二十，皆可冠。必父母无期以上丧，始可行之。前期三日，主人告于祠堂，戒宾。前一日，宿宾，陈设。厥明宿兴，陈冠服，主人以下序立。宾至，主人迎入，升堂。宾揖，将冠者就席，为加冠巾。冠者适房，服深衣，纳履，出。再加帽子，服皂衫，革带，系鞋。三加幞头，公服，革带，纳靴执笏；若襕衫，纳靴，乃醮。宾字冠者，出就次。主人以冠者见于祠堂，冠者见于尊长，乃礼宾，冠者遂出，见于乡先生及父之执友。"此乃朱子依据《仪礼·士冠礼》和《礼记·冠义》所作的、适合士庶阶层使用的综合简略版"冠礼"。至清初，休宁吴翟即以《家礼》为本，参照《仪礼》、司马光、二程及同时人的诸多说法，撰述《家典》以为宗族之法典：冠，男子年十五至二十皆可冠。必父母无期以上丧，始可行之。前期三日，主人告于祠堂。前期三日戒宾，前一日宿宾。夙兴，陈设。厥明，夙兴，陈冠服。主人以下序立。迎宾仪节：始加冠仪节，再加冠仪节，三加冠仪节。行醮礼，宾字冠者。请宾就次，主人以冠者见于祠堂。冠者见父母尊长。礼宾：宾主各就位。主人两拜谢宾，宾答拜。主人又谢赞者，两拜。主人陈酒馔享宾，酬以束帛，并及赞者。燕毕，主人揖送而出。冠者出见于乡先生及父之执友。行两拜礼，皆答拜。有教言，则再拜以谢。先生执友不答拜。

由此可见《家礼》与《家典》中关于"冠礼"的主要程序仪节基本一致，包括男子加冠的年龄、请宾仪节、三次加冠、醮礼、宾字冠者、冠者见于祠堂、冠者见父母尊长、礼宾、冠者出见于乡先生及父之执友。只是在礼仪细节的展开，诸多"书式""复书式""祝文式"和长子、众子、孤子冠礼方位图等内容充斥其中，使得文字数量和语言表述都较为繁复，这也正是后继者诠释先贤著述的基本形式。要之，如此一脉相传的礼制仪节，蕴含着对冠礼的重视始终如一，缁布冠、皮弁冠、爵弁冠三次加冠的步骤，一次比一次尊贵，"三加弥尊，加有成也"，表示每加愈尊，隐喻冠者的德行与日俱增，逐渐具备成家立业乃至治国平天下的资格，即孔子所言"正其衣冠，尊其瞻视，俨然人望而畏之，斯不亦威而不猛乎"。吴氏《家典》中的冠礼是在宗族祠堂里进行的，也是传统家族最为神圣的地方，在此举行冠礼仪式，既是对冠礼仪式的重视，也寄寓加冠者光宗耀祖的殷切厚望。由此可见吴翟倾心于维护儒家道统，希望家族光大门楣，成就圣贤之德。

如果说冠礼为礼之始，那么昏礼则是礼之本。《昏义》有"昏礼者，将合二姓之好，上以事宗庙，而下以继后世也，故君子重之。是以昏礼纳采、问名、纳吉、纳征、请期，皆主人筵几于庙，而拜迎于门外，入，揖让而升，听命于庙，所以敬慎重、正昏礼也"。《仪礼》所载古时昏礼有六礼，即纳采、问名、纳吉、纳征、请期、亲迎。如此长时段的繁复仪节，绝非一般士庶民众之家所能承受，有鉴于此，朱子《家礼》将其加以删减，只存纳采、纳币及亲迎三个仪节。对于朱子《家礼》的做法，吴翟《家典》尊崇古意，力图保留六礼仪节，却又效法朱子的三礼程序，而将问名附于纳采，纳吉、请期附于纳币，亲迎独自为一节，如此变通做法既不失古礼之意，又适合民间实用。曰："《家礼》从简，故只存纳采、纳币、亲迎。然问名、请期，似不可阙者。故今以问名附纳采,而纳吉、纳币、请期合为一事,亲迎各为一节,既不悖乎《仪礼》,而实亦《家礼》之遗意也。"[21] 现以纳采、纳币、亲迎三礼为纲,列出下表,以见《茗洲吴氏家典》确实依乎《家礼》之遗意。

《家礼》与《家典》中"昏礼"仪节比较表
(加粗字体为《茗洲吴氏家典》与《家礼》相同的部分)

	朱子《家礼》	吴翟《茗洲吴氏家典》
议昏	男子年十五至三十,女子年十四至二十,身及主昏者,无期以上丧,乃可成昏。必先使媒氏往来通言,俟女氏许之,然后纳采。	与《家礼》同
纳采	主人具书,夙兴,奉以告于祠堂。乃使子弟为使者如女氏,女氏主人出见使者,遂奉书以告于祠堂。出以复书授使者,遂礼之。使者复命婿氏,主人复以告于祠堂。	(问名附) **主人具书。奉书以告于祠堂。乃使子弟为使者,如女氏。女氏主人出见使者。遂奉书以告于祠堂。**具复书。**出以复书授使者,遂礼之。使者复命婿氏**。告复书于祠堂。
纳币	具书,遣使如女氏,女氏受书,复书,礼宾,使者复命,并同纳采之仪。	(纳吉请期附) **具书**。奉书以告于祠堂。**遣使者如女氏**。女氏主人迎使者受书。遂奉书以告于祠堂。具复书。以复书授使者,遂礼之。**使者复命婿氏**。婿氏主人告复书于祠堂。 (后附请期书式及告文式)

21《茗洲吴氏家典》,第83页,同上。

续表

	朱子《家礼》	吴翟《茗洲吴氏家典》
亲迎	前期一日,女氏使人张陈其婿之室。 厥明,婿家设位于室中,女家设次于外。初昏,婿盛服,主人告于祠堂,遂醮其子,而命之迎。婿出乘马至女家,俟于次。女家主人告于祠堂,遂醮其女而命之。主人出迎,婿入奠雁。姆奉女出登车,婿乘马先妇车。至其家,导妇以入,婿妇交拜,就坐饮食。毕,婿出复入,脱服,烛出,主人礼宾。	前期一日,女氏使人张陈其婿之室。女家设次于外。初昏,婿盛服。主人告于祠堂。 遂醮其子,而命之迎。 婿出乘马。至女家,俟于次。 女家主人告于祠堂。 遂醮其女而命之。 主人出迎。婿入奠雁。 姆奉女出,登车。 婿乘马,先妇车。至其家,导妇以入。 合卺。
妇见舅姑	明日夙兴,妇见于舅姑,舅姑礼之。妇见于诸尊长,若冢妇,则馈于舅姑。舅姑飨之。	明日夙兴,妇见于舅姑。 舅姑飨妇。 妇见于诸尊长。
庙见	三日,主人以妇见于祠堂。	与《家礼》同
婿见妇之父母	明日,婿往见妇之父母,次见妇党诸亲,妇家礼婿如常仪。	明日,婿往见妇之父母。 妇父引婿庙见。 次见妇党诸亲,妇家礼婿如常仪。

由此可见《家礼》与《家典》中关于"昏礼"的主要程序仪节也大致相同,只是在礼仪细节的展开方面,《家典》多出"书式""告文式"和醮婿图、迎亲图、醮女图、礼妇图、合卺图充实其中,使文字数量剧增,语言表述上也颇为繁复。《家典》所附"昏礼考证",选取《仪礼》、《礼记》、匡衡、王吉、李涪、袁氏、司马温公、朱子等论述,借先贤著述以证明礼乐教化从上古以至于今的程序变化及其思想依据,并间以自己的观点于其中。如匡衡称昏礼曰:妃匹之际,生民之始,万福之原。昏姻之礼正,然后品物

遂而天命全。王吉亦曰：夫妇人伦大纲，夭寿之萌也。世俗嫁娶太早，未知为人父母之道而有子，是以教化不明，而民多夭。对于先贤之论如"昏礼不用乐乃阴幽之义"之说，吴翟也间以表述曰："合而观之，以理言，则幽阴之礼不可举乐；以情言，则代亲之感不忍举乐。今概世用之，若非两家皆好礼，不能遽革。拟于迎亲时从俗用之。至妇入门后，遂撤去……今世俗不知昏之为义，往往拘忌阴阳家书，选择时辰。虽昕旦昼夜，亦皆成礼，殊为纰缪。"可见吴氏所持礼学观点，是在继承经典，绍述朱子，传承先贤的基础之上，力图移风易俗，使乡间风土民情"胥化于正"，为儒家礼学传统在新时期的延续与扩展做出了重要贡献，吴氏可谓"在朝则美政，在乡则美俗"的典型儒绅形象。

《朱子家礼》对礼之仪文缺少说明，甚至不及司马《书仪》之详尽，故清初时颇为学界所诟病。如毛奇龄就抨击《家礼》之作并非据本《仪礼》，而是采用当时流行的司马《书仪》，又参酌程颐之说，再加朱子自我斟酌而编纂成篇，认为朱熹改动"三月庙见"为"三日庙见"，乃是"宋人谈经，必自执一理，实则小人之腹与圣心大别。自宋司马光好言礼，而程氏以杜撰出之，至徽宗作《政和礼》，堂堂以庙见一礼杂入其中，而元明至今遂不能正"，故《家礼》乃"无父、无祖、无子妇，无《易》、《礼》、《春秋》，人伦绝，六经亡矣"。[22] 针对此类攻击，吴翟和胡培翚等徽州礼学家们起而维护朱子之说，既遵循朱子礼意而将昏礼节目具体化，又将可以图示的仪节尽力展示，诸如《茗洲吴氏家典》中的诸多祝式文和礼图

---

22 毛奇龄：《曾子问讲录》卷四，《毛奇龄先生全集》第二十一册，康熙三十八年刊本。

便是朱子礼教落实的文字表征,而胡培翚《仪礼正义》又将昏礼细化为十六个节次:纳采、问名、醴使者、纳吉、纳征、请期、将亲迎预陈馈、亲迎、妇至成礼、妇见舅姑、赞者醴妇、妇馈舅姑、舅姑飨妇、飨送者、舅姑没妇庙见及飨妇飨送者之礼,如此就将《家礼》的诸多不足之处补充完备,便于民用。

古人最重丧礼,崇尚"慎终追远,民德归厚矣",但其仪节亦最为繁复。《曲礼》有"居丧未葬,读丧礼;既葬,读祭礼;丧复常,读乐章",故司马氏《书仪》载有丧礼竟达三十六条之多,另有饮食、丧次、五服制度、五服年月等相关规定,这在经济条件优渥的官僚士大夫层面上差可施行,但一般贫民家庭则难乎为继。朱子《家礼》为了便于庶民层面日常家居生活,顺应世情民俗而主动节略之为二十一条,即(1)初终;(2)沐浴,袭,奠,为位,饭含;(3)灵座,魂帛,铭旌;(4)小敛;(5)大敛;(6)成服;(7)朝夕哭奠,上食;(8)吊,奠,赙;(9)闻丧,奔丧;(10)治葬;(11)迁柩,朝祖,奠,赙,陈器,祖奠;(12)遣奠;(13)发引;(14)及墓,下棺,祠后土,题木主,成坟;(15)反哭;(16)虞祭;(17)卒哭;(18)祔;(19)小祥;(20)大祥;(21)禫。尽管朱熹"采前说之可行,酌今俗而断以人情",但对清代乡间民众而言,仍有"贫家不能办,务从简易"的境况。于是《茗洲吴氏家典》又在《家礼》的基础上,"从俗从便",稍作简略为十八条,即(1)初终;(2)沐浴,袭含,小敛,灵座,魂帛,铭旌;(3)大敛;(4)成服;(5)朝夕哭奠,上食;(6)吊,奠,赙;(7)治葬;(8)迁柩,朝祖,陈器,祖奠;(9)遣奠;(10)发引;(11)及墓下棺,祠后土,题木主,成坟;(12)反哭;(13)虞祭;(14)卒哭;(15)祔祭;(16)小祥;(17)大祥;(18)禫。可见《家典》中的丧礼仪节较之《家礼》少了三条,但事实上两部书的仪节内容相同,只是根据服丧者的具体情况而采择较为合适的节目,或者根据经济条件合并施行,做到礼时为大、因人制宜而已。如《家典》第2条"沐浴,袭含,小敛,灵座,魂帛,铭旌",则相当于《家礼》第2、3、4条的内容整合;《家礼》"治丧"前有"闻丧、奔丧"条,而《家典》将此节置于"丧变礼仪节"章,位置改动而内容基本未变;《家礼》"成服"条详细记录了五服之制,《家典》则将"丧服制度"单独列为一章,只是在形式上为"因事制宜"而采取"轻重缓急"的临时对策而已。《家典》有关丧礼的诸多细节,也基本是沿袭和改换了《家礼》的节目,例如"初终"条有"诸子三日不食",以三日不食表达孝子哀恸至极,即《礼记》所谓"悲哀在中,故形变于外也;痛疾在心,故口不甘味,身不安美也";"大敛"条均为三日大敛,以三日为限亦是遵循古礼之意,孝子等待亲人复生,若三日不能复生,则不再等待;另外丧礼准备需要三天时间,远处亲戚三天也能赶来吊丧,故以三日为大敛期限。

  古人有"左图右史"之说,加之古礼涉及名物繁多、礼仪曲折,仅赖文字则远未能及,必依礼图礼书相结合,方能一目了然。宋人郑樵认为图,经也;书,纬也,一经一纬,相错而成文。古之学者为学,置图于左,置书于右;索象于图,索理于书,故人易为学,学亦易为功,欲成天下之事业,未有无图谱而可行于世者。《茗洲吴氏家典》即借用《家礼》和聂崇义《三礼图》、杨复《仪礼图》等典籍,浓缩礼书内容,以直观感性的手段超越文字障碍，努力呈现经典要义和朱子礼学的真实面相。如《家典》的丧礼内容最多，占全书篇幅之半，并且所存丧礼图计有三十二幅，最为珍贵。如"袭含哭位图""丧次灵座灵床全图""幎目巾图""握手帛图""魂帛图""小敛布绞图""裁辟领图""裁衽图""两衽相迭图""裳制""衰衣图""冠制图""经带图""本宗五服之图""女子子适人为本宗服图""妻为夫党服图""妾为家长族服之图""外族母党妻党服图""三父八母服制之图""方相图""食案图""香案图""铭旌图""高灯图""提炉图""灵车图""黼翣图""黻翣图""云翣图""功布图""竹格图""大轝图"等，对比于《仪礼》和《文公家礼》的有文无图，《家典》确乎宝贵异常；相较于宋代聂崇义《三礼图集注》、明代刘绩《三礼图》及其后来张惠言的《仪礼图》也有其图示量大、布局合理、描画清晰等特别之处，具有重要的参考价值与实用意义。《家典》所绘图象及其所附解说，虽然未必尽如古昔，但援据经典，考释器象，都极为真实可信，现存礼图之近于古者，莫若是书。

朱子《家礼》中有关丧礼的二十一条内容，在吴氏《家典》中被析为"丧礼仪节""丧服制""丧服制度""丧变礼仪节"四个部分，内容清晰明了，便于吴翟所处时代及其徽州地域的礼仪实践，也更深得朱子礼学的持论本旨。除了遵循《家礼》议程之外，《家典》卷前还有"丧主议""报讣议""不作佛事议""不用纸钱议""素馔待客议""题主议""反哭议""祔议""殇与无后丧祭丧服议""祔后不撤几筵议""侍奉几筵议"等议论性的文字，充分表现了吴氏的礼学思想和编撰意图，同时也展现了徽州地区礼尚风俗之一斑。

《家典》所列"丧礼"习俗与传统礼书对比

	徽州风俗	礼书记文
丧主议	今人凡丧皆无主,有之,或偏废其事,或混淆其人,不知孝子哀戚,不可以见宾;主者分尊,不当来奉奠。	今诚于亲终之际,立家长为之主,大小事无不禀命而行。今据《礼》详考,胪列如左:父母丧,长子奉馈奠,如朝夕朔望。虞、卒哭、祔、练、祥,皆自主之。非宗子,则祔祭宗子主之。同居之亲且尊者,为之礼宾客。嫡孙承重亦如之。妻之丧,夫主之。……子之丧,父主之。……兄弟之丧,长兄主之。……妾之丧,妾之子主之。……
报讣议	近世有用侄讣者,有用主丧讣者。	孝子自讣,无侄讣之理,亦并不必假主丧者之名。
不作佛事议	凡有丧事,无不供佛饭僧,念经礼忏。有不为者,则恐致乡人非议。今天下皆知三年之丧矣,而浮图之说入人之深,鲜有觉而悟者。	吾族抑庵公在日,闲辟不遗余力。闻其教者咸思屏除,然犹未能遽去也。今体抑庵公之遗教,革去浮图几二十年,化之者几遍一族,此最是风俗好处。但恐事久弊生,或有不肖之徒,为邪说所动,复起而行之者,则阖族罢其吊奠,弗与为礼。仍于其丧毕之日,鸣鼓而呵责之,削去祭胙,以深愧之。
不用纸钱议	今人重佛,谓纸钱资于冥途,益诬罔不经。	明洪武十一年六月,论礼部:"祭用纸钱,出于近代,殊为不经。"命去之。则纸钱不当用,明矣。
素馔待客议	今丧家设盛馔,稍啬,即以慢客为己病。彼吊奠者,公然啖之,全不为意,甚至习而不察。偶遇秉礼之家,肴酒不设,骇以为奇,犹复责其不恭。呜呼!其亦昧礼甚矣!	故凡吊人,宜茹素以致哀戚之诚;人之赐吊者,亦宜款素馔,以示居丧之变。庶几以礼自处,以礼处人,不致陷人于恶云耳。

	徽州风俗	礼书记文
题主议	世俗不察，一概就主馈奠之人奉祀，以为俾其子得伸一日之情耳。不知从其子书，非惟于心有所不安，即揆诸丧主之制，固已大相刺谬矣。	今宜照丧主例，如夫主妻丧，则书亡室；父主子丧，则书亡男；舅主妇丧，则书亡媳；祖主孙丧，则书亡孙某神主。其旁注当依朱子"施于所尊，以下不必书"之义阙之，俟其子主祀之日，另行改题。于礼才贯通，于义始无悖哉。
反哭议	既葬，有反哭之礼，世俗不行久矣。有行之者，则男东女西，哭于一堂，亦非也。	《礼》："反哭升堂，反诸其所作也；主妇入于室，反诸其所养也。"按此，则主人以下当及门哭入，升自西阶，哭于厅事。妇人当先入哭于室，而后诣灵座前哭，庶几得《礼》之意云。
祔后不撤几筵议	丧礼，未祔以前，悉遵文公《家礼》，行之已久。独于既祔之后，便迁主入庙，撤去几筵。……	凡主入庙，有四时之祭。今新主既迁，不与于祭，则三年旷享。既与于祭，又吉凶异宜。此瞿义有所未考，情有所不安，而尝思遵《礼》以正之也。 伏读朱子《答陆子寿书》，有曰："郑氏说，凡祔，主反于寝，练而后迁庙。左氏《春秋》传亦有特祀于主之文。则是古人之祔，固非遂撤几筵。又曰：据《礼》：'小敛有席，至虞而后有几筵。'自虞至祔，曾不旬日，不应方设而遽撤之，如此其速。"

徽州的丧葬礼仪在基本恪守《文公家礼》祭祀仪礼的同时，明显夹杂着鲜明的时代风气与地域特色，即"丧祭遵《文公家礼》，浮屠亦间用之"，徽州丧礼中存在大量滥用佛事及其他奢靡之风。如"不作佛事议"一节曰："浮图之说，先儒辩之甚详，辟之甚严。后世之士，宜其尊守礼法，不致陷亲于不义矣。乃邪说惑人，牢不可破，凡有丧事，无不供佛饭僧，念经礼忏。有不为者，则恐致乡

人非议。此在流俗溺于僧佛，听其蛊惑，或不足责。若读圣贤之书，讲明生死之理，而犹悖礼从俗，为邪说所诱，其亦庸劣鄙陋之甚矣。"由此可见徽州乡绅坚守儒家信念的志趣，拒绝和反对佛教和道教以"邪说惑人"和对乡间礼俗的侵染，表明家族有声望者应该努力倡导"读圣贤之书，讲明生死之理"，驱逐"邪说所诱"，使"典礼素明""最是风俗好处"，曰："吾族抑庵公在日，闲辟不遗余力。闻其教者咸思屏除，然犹未能遽去也。今体抑庵公之遗教，革去浮图几二十年，化之者几遍一族，此最是风俗好处。但恐事久弊生，或有不肖之徒，为邪说所动，复起而行之者，则阖族罢其吊奠，弗与为礼。仍于其丧毕之日，鸣鼓而呵责之，削去祭胙，以深愧之。"吴氏表彰父祖辈尊崇儒学和笃行礼法的楷模作用，对同道好友如李应乾之辈的言行也多加采择，曰："欲行正礼，当首辟邪说。余与朋友商订，亦有一二人家行之。然毁言日至，谤议丛生。茗（洲）上不作佛事，几遍一族，则典礼素明，不以为怪也。"在坚守朱子礼学的前提下，吴翟对古今礼制礼仪随着时代变迁的使用也颇有主见，认为"丧服制度，《家礼》备矣。但所定尺寸，古尺式也。虽注云度用指尺，裁制之际，又当量其人长短肥瘠以为度。而以此试之，犹有未尽合式者。因考古礼，而参以鄙见"[23]。对于如此问题，有学者认为是清初兴起了一股改革礼制的强大思潮，其中包括批判和革除佛教的火葬和习俗中的非正宗儒家的丧、葬与祭礼。如何改革这些礼制，使之合乎纯正儒家标准的关怀，促使学者对礼书和儒家经籍中有关古礼的文字进行了大量研究。但是此时期

---

23 参见《茗洲吴氏家典》，第169页。

的礼学研究和争论主要围绕《朱子家礼》和朱熹的《仪礼经传通解》，同时，宋元儒者有关礼的研究重新受到关注和研究。从康熙朝后期开始，有关古礼的重视与争论直接引领经学研究的方向。乾隆元年（1736）三礼馆的成立就是儒家礼教主义在康熙后期以至乾隆初年主导经学研究的最重要和最具体的证据。[24]吴翟及其《家典》作为徽州家族中指导人伦日用的规章法则，其突出特色便是儒家礼仪与生活实践的紧密结合，虽貌似有复古之嫌，实则处处针对现实，确有挽救世道人心的强烈意向。

三、四时以祭 化民成俗

《左传》有言：古之大事，在祀与戎。祀有执膰，戎有受脤，神之大节也。《祭统》亦言：凡治人之道，莫急于礼；礼有五经，莫急于祭。由此可知古代隆重的祭祀，承载着古人对天地神明的敬畏和崇拜。一国如此，一家也如是。徽州巨族遵从儒家祭祀礼仪，尊祖、敬宗、收族乃是每个家族和个人的本分之事，故对慎终追远之事尤加勤谨，不敢丝毫怠慢。吴翟引用程伊川之言曰："冠昏丧祭，礼之大者，今人都不理会。豺獭皆知报本，今士大夫家多忽此，厚于奉养而薄于先祖，甚不可也。某尝修《六礼大略》，家必有庙，庙必有主。月朔必荐新，时祭用仲月，冬至祭始祖，立春祭先祖，季秋祭祢，忌日迁主祭于正寝。凡事死之礼，当厚于奉生者。人家能存得此等事数件，虽幼者可使渐知礼义。"[25]古代祭礼有

---

24 参见周启荣：《清代儒家礼教主义的兴起》之"中文版自序"，天津人民出版社，2017年。
25 参见《茗洲吴氏家典》，第274页。

十伦之说,分别为:事奉鬼神之道,君臣之义,父子之伦,贵贱之等,亲疏之杀,爵赏之施,夫妇之别,政事之均,长幼之序,上下之祭。朱子《家礼》极其重视祠堂祭祀之礼,以"通礼"形式置于卷首,曰:

> 祠堂此章本合在祭礼篇,今以报本反始之心,尊祖敬宗之意,实有家名分之守,所以开业传世之本也,故特著此冠于篇端,使览者知所以先立乎其大者。而凡后篇所以周旋升降、出入向背之曲折,亦有所据以考焉。然古之庙制不见于经,且今士庶人之贱亦有所不得为者,故特以祠堂名之,而其制度亦多用俗礼云。君子将营宫室,先立祠堂。于正寝之东为四龛,以奉先世神主。旁亲之无后者,以其班祔。置祭田,具祭器。主人晨谒于大门之内,出入必告,正至朔望则参。俗节则献以时食,有事则告。[26]

吴氏《家典》衣钵朱子《家礼》,也将祠堂祭祀的"通礼"部分置于卷端,并引用朱子之说曰:

> 今之俗节,古所无有,故古人虽不祭,情亦自安。今人既以为重,至于是日不能不思其祖考,而复以其物享之。虽非礼,然亦人情之不能已者。且古人不祭,则不敢以燕。况今于此俗节,既已据经而废祭,而生者则饮食燕乐,随俗自如,非事死如事生、事亡如事存之意也。愚意时祭之外,各因乡俗之旧,以其所

---

[26] 朱熹:《家礼》,参见《朱子全书》第七册,上海古籍出版社、安徽教育出版社,2002年。

尚之时，所用之物，奉以大盘陈于庙，而以告朔之礼奠焉，则庶几合乎隆杀之节，而尽乎委曲之情，可行于久远而无疑矣。[27]

吴翟为了细化朱子礼学思想，在《家典》中极力扩充礼仪内容，包括每卷开篇的"议"和结尾的"考证"，该书《凡例》曰："每卷前必有议者何？《家礼》久废，骤而行之，不以为创，且以为迂。先疏其说，务令明白，便与族人更始也。文之固陋，自知不免，若论之不醇，则将就正有道，期归于一是焉。"如《通礼》有"宗子议""祧议""藏议""殇与无后祧议""庶母另列一龛议""祭田议""学田议""义田议"，诸如此类的"先疏其说"及诸多"祝文式"卷末"考证"，使《仪礼》到《家礼》再到《家典》的礼仪脉络清晰可辨，加之正文之后的附图，更为图文并茂，了然可辨。故其《凡例》曰："每卷后必有图者何？习其文，讲其义，尚恐不达，一展图，如登其堂、观其礼器，了如指掌也。图后复有考证者何？古人读书穷理以行礼，故动合天则，今与族人行礼，而不知礼意之所在，恐终身由之而不知其道者多也。恨识见粗浅，不能遍观群书，姑就所尝行者，考之经传，证之先儒，亦管测蠡窥之意耳。"如"通礼"文中所附"大宗小宗图""祠楼安奉神主图""正寝门廊图""祠堂总图""神主""尺式""神主全图""神主分图""神主座图""神主椟图""吉祭割牲图""凶祭割牲图"，今人一展《家典》其图，如登其堂，了如指掌，参以文末"考证"之文，"考之经传，证之先儒"，以达"管测蠡窥"之效。每卷的考证部分，主要参考

---

[27] 参见《茗洲吴氏家典》，第61页。

《三礼》及程朱言论和前贤时彦的解说。吴氏遵从古祭之礼，记载了四时祭、初祖祭、先祖祭、祢祭、忌日祭、墓祭六条礼仪，与《家礼》稍异处在于将"墓祭"中"扫墓祀后土"单独成祭，于大意无碍。相较于《书仪》和《家礼》，《家典》因篇幅巨大而能充分搜罗各家优点，使得仪节详备，制图精良。全书凡五十余幅图表，大至祠堂构造，小至神主尺式，皆以图画兼及文字解说的形式呈诸目前，颇有身临其境、一目了然之效。丧祭仪节最为繁复，诉诸文字尤嫌烦杂，譬如，《家典》"丧礼"中有各种衣裳制度图和仪节器具图，诸多的图示使人得以依图作衣制器，使得数百年后的今人得以窥见古礼之大略。"祭礼"一节有"四时之祭图""冬至祭始祖图""立春祭先祖图""季秋祭祢图"，皆一一绘出牌位在何处，香案在何方，歌诗生、司鼓、司钟等在何处，主祭、陪祭该在何位，观其图如闻钟鼓之声，如见行礼规矩，使人感同身受，通过图示的直观视角展示了古礼的神圣和庄严。又如，朱子《家礼》中常常提及各种"书式"及其规范，惜其文字简略，不及备列表格和图示，在时空悬隔的今天，让人不明就里。吴氏《家典》将朱子未曾展示出来的内容逐一罗列，仅各种"书式"就有"祝文式""告文式""书式""复书式""父/母丧讣式""题主式"等等。每一式文，低主体四格，且依格式书写姓名和年月信息。如此数量的图绘与"书式"，格式规范，图文并茂，易于观览，便于实用，也是乡里村舍里案头的必备之书。要之，吴氏尊崇古礼，效法朱子，形诸文字，付诸实践，堪称最为醇正的朱子《家礼》的传承者。吴翟一生处于深山荒谷中，又当阳明心学盛行之际，而不为功名富贵所动，不为新奇之说所摇，以笃信朱子学为己任，而法古而详明，致使家敦礼义，士知向学，推于一乡，行于郡邑，流风余韵，久而弥芳。

吴氏《家典》对于朱子《家礼》的支持和维护、传承与发展，相比于同时学者的表现是显而易见的。譬如，清初颜元精读朱子《家礼》后而作《礼文手抄》，曾质疑《家礼》混淆礼俗，杂俗入礼，认为"朱子著《家礼》一书，家中亦行礼，至斩衰墨衰出入，则半礼半俗，既废正祭，乃又于俗节墨衰行事，此皆失周公本意"[28]。事实上，《家礼》本意在于民间实用，久而久之，便可化民成俗，而礼与俗又非水火不容之对立。如上古丧葬不起坟，至孔子而始封之；古礼冠用缁布，后世为节俭改用丝，孔子亦从俗而用，意为风俗不违碍古礼意则可从之，如有悖礼则需以礼化之。即如清人王复礼所言：窃闻民间不幸有丧，富者则侈靡而伤于财，贫者则火化而害于恩。至如佛家追荐之说，茫昧难明，其为无益，灼然可见。又闻亲宾送葬，刲宰羊豕，酣口杯觞，当哀而乐，尤为非礼。[29]自佛教传入中国，丧葬沿用佛事，崇尚奢靡，在民间渐成风俗，乃至于昏礼、祭礼，无不染此异俗。故历代士大夫一直充当着移风易俗、教化乡里的责任。朱子所撰《家礼》，其意亦为"愿得与同志之士熟讲而勉行之，庶几古人所以修身齐家之道、谨终追远之心犹可以复见，而于国家所以崇化导民之意，亦或有小补云"。吴氏《家典》本诸《家礼》，努力以传统的礼仪规范革除陋习恶俗，赋予醇正风俗以礼的名义。其《自序》曰："家在万山中，风土犹为近古。冠昏丧祭诸大典，往往革其旧俗，庶几于礼；祸福之说中人，

---

28 颜元：《四存编》，凤凰出版社，2016年，第110页。
29 王复礼：《家礼辨定》，《四库全书存目丛书》经部第115册。

淫祀禁焉。又知其本在学，时时纠族人讲明约束，以培其根而达其枝，骎骎乎盛矣。"吴翟就徽州乡间所行，"厘为典礼，立家规以统率之"，以求考之于古，行之于乡，四时以祭，化民成俗，颇具历久弥新的思想光芒。

吴氏《家典》意在传承朱子，而重在日常实用。譬如，徽州昏礼陋习已久，《家典》指出："自昏礼不明，有阴阳拘忌，选命合昏，男女失时者；有自幼许字，指腹为昏，致疾病贫窭，背信爽约者；有门第非偶，妄自缔昏者；有过听媒妁之言，不以性行家法为务，而惟依财附势是急者；有弃亲丧之礼而讲合卺之仪，置括发之戚而修结发之好者；有张鼓吹演戏剧，以娱宾亲者；有男女混杂，行类禽兽，如世俗所谓闹房者；有往来礼节不周，更相责望，遂致乖争者。"昏礼之事关系到人伦秩序、宗族联谊和世道人心，自古尤为重视。天地万物男女者，夫妇之所由；父子君臣上下者，夫妇之所致，故《家典》欲"读书好礼之君子，痛革时俗之非，而后考古昏礼之意，行媒受币，日月告君，斋戒告鬼神，为酒食以召乡党僚友，俾男正位乎外，女正位乎内，将天地之大义、人伦之大经，王化从此始，礼乐从此兴。家之盛衰，国之治乱，皆于是乎在也。但其要旨，在为夫者以敬持身而帅其妻，为妻者以敬守身而顺其夫，盖制为礼法，以教天下"[30]。《家典》认为幽阴之礼不可举乐，而代亲之感亦不忍举乐，但世俗行昏礼用乐，不仅不符合理义，亦违背人情。吴氏于是折中规定迎亲时从俗用乐，新妇入门后随即撤去，以此使得礼与俗之间达到中和之态，符合人情世理。此外，对

---

30 吴翟：《昏礼议》，参见《茗洲吴氏家典》，第81–82页。

于正统祭祀之外的"厉祭",以及义塾拜师之"释菜"礼,《家典》独创新篇,以卷七列为"外神祀",卷八为讲学释菜。其"外神"卷列出士庶之家祭祀外神有灶、社稷、乡厉等,而对于其他鬼神应当敬而远之,卷首"外神祀议"认为:《家典》既本文公《家礼》,厘为祭典矣,对外神亦略加祭祀,依据孔子"见义不为无勇"之意而行之。社,土神;稷,谷神,自天子至于庶人,皆得祀之。厉之祭,所以祀无依之鬼也,京都有泰厉之祭,各县有邑厉之祭,其为人心风俗裨益者,更为不浅,但也要区别厉祭与淫祀的不同。若淫祀横行,则于学为异端,于人为陋士,于行为乡愿,以事亲则为不纯,以事君则为鄙夫为乱贼。[31]《家典》并布列"祀社仪节""祀灶仪节""厉祭仪节"及其标本的"祝文式",以供士庶民众施行,"读此,则仁孝之心未有不油然动者。祭告时本此宣读,幽可以格孤魂,明可以兴起良善,于人心风俗裨益不浅"。其次,《家典》在议程格式上对"释菜"讲学一节尤为重视,吴翟引用李仍朴之言曰:人心风俗之本在于学,此一语便是千古理学功臣,可以兴起天下后世。若其人皆知礼成性,而俗皆深厚朴茂,骎骎乎驾西京而上之,行与三代齐辉也,是讲学之明效大验也。若人徒知正人心厚风俗,而不知人心风俗之本,在于学也。学之道明,则人知吾性之本善,凡修己待人、应事接物之间,莫不各有天则,而不容陨越。人心日以正,风俗日以醇,学之不讲,则既已违其性矣。故曰人心风俗之本,在于学也。[32]《家典》将讲学与释菜一节殿于书末,详加

---

31 吴翟:《外神祀议》,参见《茗洲吴氏家典》,第281-282页。
32 吴翟:《讲学议》,参见《茗洲吴氏家典》,第295-298页。

议论，布列"释菜仪节"和"童子入塾释菜拜师仪节"，出示"告文式"和"释菜图"，重点阐述了讲学对于古礼施行的重要意义，也是发明朱子《家礼》遗意之杰作也。职是之故，相比于《书仪》《家礼》之类的实用礼书而言，吴氏及其《家典》体现出既重实践之用，又通义理之方，以乡绅自居而主动担当起文化传承者的责任，致力于修身齐家之道。

吴翟《家典》本诸朱子《家礼》的"谨名分而崇敬爱"，意在"正人心而厚风俗"，"窃自附于孔子从先进之遗意"。虽然古礼不能行之于唐宋，唐宋之礼不能行之于明清，明清之礼亦不能行之于今世，但从《仪礼》到《家礼》，再至《茗洲吴氏家典》，皆以"冠昏丧祭"为纲，"近取时宜"，"礼时为大"，推之于庶民之家，百姓则不可一日离矣，故有"礼之本，不可遗"，其间未曾有一丝的断裂，且与《茗洲吴氏家典》同时或前后的家用礼书亦不在少数。如康熙时期甘京的《四礼撮要》、李伦的《家礼酌宜》、张文嘉的《齐家宝要》、吴时谦的《昏礼节要》；雍正时期蔡世远的《家礼辑要》、李应乾的《四礼合参》等。而明清徽州大量的族规家法，也基本上都是参照了朱子《家礼》，吴氏《家典》即是其一。可以说，休宁茗洲吴氏以一族之力，耗时近百年，讲学以问礼，最终由吴翟撰成体系完备且实践性很强的传世之作。依据儒家智仁勇的高度标准，吴翟及其族人考古立法，探求礼意，不可谓不知；希求以一家之法，化行于一郡乃至国家天下，正人心，厚风俗，又不可谓不仁；屏除世俗非议，不与陋习恶俗相苟且，也不可谓不勇。正如时任徽州知府窦容恂所赞：茗洲僻处海阳，吴氏聚族居之，循循礼教，家自为师。《家典》发明《家礼》，参义门郑氏规条，以无失紫阳本旨。且阐其议，醇而不杂；列其图，显而易从；考其文，述而非创。至屏淫祀，斥僧道，尤严乱礼之防，而总培其根于讲学。今典礼成编，寿之梨枣，颁之生徒，俾淑于而身，训于而家，骎骎乎礼让成风，无让美于茗洲，则吴氏一家之言，实通都之木铎也。[33] 吴翟及其《家典》探讨礼学之源，推原从俗，布施当时之用，为乡野礼仪续绝存亡，并开辟新径。在一定意义上说，也是"礼失而求诸野"的一次实证，《茗洲吴氏家典》也因此而在中国礼学研究史上占有一席之地。

---

[33] 窦容恂:《茗洲吴氏家典序》，参见《茗洲吴氏家典》卷首。

重寻"吾礼之柄":丘濬《文公家礼仪节》的文本生成理路

姚永辉(杭州师范大学)

南宋时期《仪礼》经学与实践礼仪分别向更纵深处发展,《仪礼》复振主要沿两条线索展开:一是《仪礼》经学文本地位的提升,影响至元明。朱熹在《乞修三礼札子》中提出"《周官》一书,固为礼之纲领,至其仪法度数,则《仪礼》乃其本经"[1],至晚年时着手编撰《仪礼经传通解》,以《仪礼》为经,取《礼记》及诸经史杂书所载有及于礼者,附于本经之下,具列注疏、诸儒之说,以经传合编、纳百家之言的形式,"由朱子极尊《仪礼》,故宋元诸儒尤知留意此经"[2]。二是实践礼学的发展对《仪礼》的利用。宋徽宗时期首次在国家礼典中纳入庶民礼仪,比这更早,还存在着一股潜流,士人力图编纂既能使士庶有则可依,又能体现礼义精神、不同于汉唐的"仪注",他们聚焦于《仪礼》并发掘经义,如胡瑗《吉凶书仪》《司马氏书仪》等,至南宋朱熹本《书仪》编写《家礼》,

---

[1] 朱熹:《晦庵先生朱文公文集》卷三八《乞修三礼札子》,朱杰人、严佐之等主编《朱子全书》第20册,上海、合肥:上海古籍出版社、安徽教育出版社,2002年,第687–688页。
[2] 皮锡瑞:《经学通论》,北京:中华书局,1954年,第29页。

简省礼义阐释而突出礼文,更增强其实践价值。元明以后,《家礼》被逐步纳入国家礼典,与此同时产生了大量以《家礼》为蓝本,以实践为旨归所编写的士庶礼书。然而,从经典文本至实践文本,编制礼书者往往面临如下挑战:如何合情合理地增损礼文,使之繁简适当,如何确立切合时代需要、贵本而亲用的礼文;秉承依时制礼,在古礼与今俗之间究竟应如何折衷取舍等。明大儒丘濬所编《文公家礼仪节》被誉为"酌时宜、体物志,甚要约"[3],在明代刻印多、传播广[4],在日本、韩国具有强劲的影响力[5]。四库馆臣评价说,虽本之《家礼》,然"损益以当时之制,每章之末又附以余注及考证,已非原本之旧"[6],那么丘濬《文公家礼仪节》新文本生成方面究竟有怎样的特色,如何自成一体?文本生成的过程和结果反映了编撰者怎样的观点与立场?

一、有所本而易行切用:《文公家礼仪节》结构与体例的创新

元明以降,程朱理学逐步成为国家尊崇的儒学正统,上升为国家意识形态。明永乐年间,采辑宋、元理学诸儒之说的《四书大

---

[3] 杨廷筠:《家礼仪节序》,《文公家礼仪节》,万历三十六年(1608)常州府推官钱时刻本。
[4] 吕振宇、彭卫民对《文公家礼仪节》的版本源流有考证。参见吕振宇《〈家礼〉源流编年辑考》,上海:华东师范大学博士学位论文,2013年;彭卫民:《朱熹〈家礼〉刊本考》,《济南大学学报(社会科学版)》2017年第4期。本文所用《文公家礼仪节》为正德十三年常州府刻本,所用《家礼》为《朱子全书》本,为使脚注简明,出处标注于内文。
[5] 16世纪20年代金安国上书中宗,称《文公家礼仪节》为《家礼》之羽翼。在元明两朝传述《家礼》的各类著作中,《家礼仪节》在朝鲜流传最广,影响最大。见张品端《〈朱子家礼〉与朝鲜礼学的发展》,《中国社会科学院研究生院学报》2011年第1期,第142页。
[6]《四库全书总目》卷二五《家礼仪节》提要。

全》《五经大全》《性理大全》颁行全国，朱熹所注释四书与宋儒所注五经，被指定为科举取士的范本，这促使程朱理学的知识成为获取政治权力的资本，在取得政治话语的同时也面临日趋僵化的危机。加之，社会生活变化极大，道德伦理的同一性难以构建，至明中期，日益滋生的焦虑，使知识阶层在力图寻找新的突破时，形成了两种路径：一是以陈献章、王阳明为代表的士人开始寻求朱学以外的新思想以治人心；二是程朱理学的拥护者如丘濬，试图立足于经世致用使朱学重获活力。

服膺于朱学的丘濬，天顺七年（1463）就曾采朱熹言论编成《朱子学的》以凸显其全体大用、下学上达之意。不过，丘濬对于现实的关怀更多体现于他更为宏大的著作——《大学衍义补》之中，他对于宋儒"一道德以同俗"论题作了针对现世的发挥，"风俗之所不同者，以道德之不一也。道德之所不一者，以异端道其所道，德其所德"，"秦汉以来，异端之大者在佛老"，宋儒辟佛老然而终莫如之何，正在于"彼窥吾之所有者而盗之，吾失之而彼得之"，吾所失而彼所得者正是礼。在丘濬看来，礼是实现思想与秩序同一性的根本，"礼行则道德一矣，道德一则风俗同矣"。[7] 这种思想显然左右了《文公家礼仪节》的编撰，丘濬《家礼仪节序》对此有更生动的表达，"礼之在人家，如菽粟布帛，然不可斯须无之。读书以为儒而不知行礼，犹农而无耒耜，工而无绳尺也，尚得为农

---

[7] 丘濬：《大学衍义补》卷七八《崇教化·一道德以同俗》，《丘濬集》第 3 册，海南：海南出版社，2006 年，第 1217-1218 页。

工哉","夫儒教所以不振者,异端乱之也;异端所以能肆行者,以儒者失礼之柄也。世之儒学者,徒知读书,而不能执礼,而吾礼之柄,遂为异教所窃弄而不自觉。吾之士大夫,名能文章通经术者,亦且甘心随其步趋,遵其约束,而不以为非"(《文公家礼仪节》序)。既不愿随其步趋,就要有所行动,丘濬建议"定为家乡之礼,颁布天下","积数十年,人皆知吾礼之简径,而觉彼法之劳攘,有损于财,无益于世,自然废置而不振"[8],且"天下者,家之积者也,积亿万人家以成天下,必家齐,然后天下之治成"[9]。这些对现世的关怀,使《文公家礼仪节》超越了一般意义上的"行动指南"而具有介入社会治乱兴衰的政治意义。

被后世奉为朱学典范之作的《家礼》经历了逐步被经典化的过程,明洪武三年(1370)颁布的《明集礼》多有采《家礼》者,如士庶冠昏、品官庙制等。至明成祖永乐年间,又将《家礼》作为国家礼典颁行天下。在丘濬看来,虽然唐宋以后知识阶层中不乏好礼之人,然而直至朱熹所编成的《家礼》才真正是"万世人家通行之典"。与其徒费口舌工夫批驳"异端",不如寻回儒者正世之柄,推广《家礼》以正人心之本,"使天下之人人诵此书,家行此礼,慎终有道,追远有仪,则彼自息矣。儒道岂有不振也哉"(《家礼仪节序》)。尽管"谨名分,崇爱敬以为之本。至其施行之际,则又略浮文,趋本实"(《家礼序》)的《家礼》曾经在两宋同类型的

---

[8] 丘濬:《大学衍义补》卷七八《崇教化·一道德以同俗》,《丘濬集》第3册,第1217-1218页。
[9] 丘濬:《大学衍义补充》卷四九《明礼乐·家乡之礼》,《丘濬集》第2册,第798页。

私家礼书中独树一帜,为儒学进入民众的生活世界开辟了康庄大道,然而随着它在元明逐步被经典化并广泛倡行,人们发现使用起来并不十分便利。一则,《家礼》是失而复得的朱子未修订稿,元明以降颇多考异、考述,众说纷纭,难以有所决断,据宣德年间冯善的观察,"溺于流俗者,甘心忘本,见其书曾不一寓目,往往辄诬其难行于今;间欲行者,猛观于临事急遽之际,骤览于初丧昏愦之时,因本文诸注之异同、老板昏字之难辨,不加参酌寻绎,又复掩卷捐弃"[10];二则《家礼》仪文不合用处颇多,元代至正十二年(1352),郑泳编写的《义门郑氏家仪》就是损益《家礼》、录其家日用常式而成。官方与士大夫推崇的仪式范本《家礼》,在明中期丘濬生活的时代,实践意义上的传播似乎仍相当有限,"濬生遐方,自少有志于礼学,意谓海内文献所在,其于是礼必能家行而人习之也。及出而北仕于中朝,然后知世之行是礼者盖亦鲜焉",质之缘由,则云"礼文深奥,而其事未易以行"(《家礼仪节序》)。

有鉴于此,丘濬摒弃了注解会通的方法,革新结构与体例。成化六年(1470)至成化十年(1474)丘濬在返乡丁母忧期间,"取文公《家礼》本注,约为仪节而易以浅近之言,使人易晓而可行"(《家礼仪节序》),至54岁编成《文公家礼仪节》,初刻于广州,再刻于太学,后又经福建书坊刻印。

---

[10] 冯善:《家礼集说序》,明成化十五年(1479)重刻本,台湾图书馆藏。

表1 《家礼》与《文公家礼仪节》的卷目与内容

	家　礼	文公家礼仪节
卷一	通礼、深衣制度、司马氏居家杂仪	通礼、通礼余注、通礼考证、妇人拜考证、深衣制度、深衣考证、温公居家杂仪、通礼图
卷二	冠礼（冠、笄）	冠礼（冠、笄）、冠礼考证、图式
卷三	昏礼	昏礼、昏礼余注、昏礼考证、图式
卷四	丧礼、居丧杂仪、致赙奠状	初丧至大敛、丧礼余注、丧礼考证、图式；成服、丧服制度、丧服考证、图式
卷五	祭礼（四时祭、冬至初祖、先祖、忌日、墓祭）	朝夕哭奠至奔丧、丧礼考证；治葬至反哭、丧礼余注、丧礼考证、图式
卷六		虞祭至禫祭、家礼余注、丧礼考证；改葬、改葬考证；返葬仪
卷七		祭礼、祭礼考证附图
卷八		家礼杂仪（司马氏居家杂仪、冠礼杂仪、昏礼杂仪、居丧杂仪、祭祀杂仪、居乡杂仪）、家礼附录（通礼：家书、字说。昏礼：聘定格、回启。丧礼：疏书、墓志、祭文。）

丘濬《文公家礼仪节》袭《家礼》，分通礼、冠、昏、丧、祭，其中丧礼分三卷，末卷为"家礼杂仪与附录"，共八卷，将《温公居家杂仪》原书的二十条，"橾栝其内二条节序、家宴上寿为仪节附'通礼'后，其余俱移置卷末，与冠、昏、丧、祭、乡诸仪通载"（《家礼仪节》卷一"凡有水火盗贼"条注）。前七卷每卷包括仪节、余注、考证、图式四大版块，各司其职。为阅览晓畅，丘濬从《家礼》本注中掇礼文之大要，并在仪文后单独列举于细节处都颇为详细的"仪节"（有些部分以"礼生"唱赞引导仪式），条分缕析，一目了然，极大增强了实用性。"《家礼》逐章本注系于礼节者，既已约为仪节矣，其有用之不尽而可以为行礼之防范辅翼者"，

再总录于"余注","使行礼者有考焉"(《文公家礼仪节》卷一)。再次,逐章考证,将关涉本章的礼经、仪典、先贤语录等按专题内容归纳,或明确仪文拟定的经典出处,或考证前人论述有抵牾处,或以礼正彼时之习俗等。"考证"部分回应围绕《家礼》的争议,且为丘濬改编经典文本的《家礼》提供理据。

《家礼》在流行的过程中,逐步形成了有卷首附图的刊本。[11] 通过图文对读,丘濬发现"卷首图注多不合于本书",加之尺式图上反映的时间偏晚等,判定此刻本卷首之图非文公所作,是后人赘入。《文公家礼仪节》附图式共59幅(见表2),图下或有注解考证。不同于《性理大全》本《家礼》图,丘濬《文公家礼仪节》调整了图式的位置,将旧载于卷首的《家礼》诸图分列调整到各卷之末,以便对读阅览。同时,根据实际需要增加了图式。此外,对"通礼图"作了较大调整。"今首宗法者,家礼大义所系也",因此将"大宗小宗图""尺式""栊式""神主式"等提前;"尺式主图,旧载丧礼祭,移之于前者,盖今人家未必皆有祠堂,自高曾以来神主未必皆如式";"就今人家言之","不用古诸侯别子之说而易以始祖","使始创祠立主者有所考焉";"以通礼止有祠堂而无家庙,况朱子明言古之庙制不见于经,且今士庶人之家,亦有不得立者",故删除"家庙之图";"祠堂图下,旧本就附亲属序立之位,今别出者,欲人易晓"等。总之,《家礼》图的调整一以尊礼实用为旨归。

---

[11] 吾妻重二著、吴震编:《朱熹〈家礼〉实证研究》,华东师范大学出版社,2012年,第75-100页。

表2 《文公家礼仪节》（正德十三年常州府刻本）所载礼图[12]

卷数/数量	礼 图 名 称
卷一（21）	大宗小宗图、祠堂三间之图、祠堂一间之图、祠堂时节陈设之图、家众叙立之图、义门郑氏祠堂位次图、五世并列之图、祭四世之图、神主尺式、神主全式、神主分式、趺式、深衣前图、深衣后图、深衣掩袷图、新拟深衣图、大带缁冠、幅巾图、履图、屈指量寸法图、伸指量寸法图
卷二（2）	长子冠图、众子冠图
卷三（4）	醮婿图、亲迎图、醮女图、礼妇图
卷四（19）	袭含哭位之图、灵座灵床之图、幎目巾、魂帛图、握手帛、小敛图、大敛图、裁辟领图、裁袵图、两袵相叠图、裳制、衰衣图、本宗五服之图、出嫁女为本宗降服之图、妾为家长族服之图、三父八母服制之图（冠制、经带图、外族母党妻党服图、妻为夫党服图）
卷五（9）	大轝旧图、大轝新图、新制远行轝图、竹格式、功布与黼翣、黻翣与云翣、方相图、发引图
卷七（3）	正寝时祭之图、每位设馔旧图、两位并设馔图

二、檃栝以为仪节：《家礼仪节》的改编四法

檃栝，亦作檃括、隐括，原意为矫制邪曲之器，如《荀子·性恶》"故枸木必将待檃栝、烝、矫然后直"[13]，《荀子·大略》"乘舆之

---

12 四库馆臣认为"图散于各章之中，庞杂错落，殊无伦叙。其香案图，前以二丫髻童子执旛前导，如释家之状，决非旧图所有，亦决非濬之所为，盖又坊刻所窜乱者矣"（《四库全书总目》卷二五《家礼仪节》提要）。不过，依据丘濬《文公家礼仪节》卷一"通礼图"的按语，"《家礼》诸图，旧载于卷首，今分列各卷之末者，便考阅"，加之所附部分礼图有丘濬的按语，可知丘濬编写时有附图，但疑此后刻印有窜乱的情况，待考。

13 王先谦：《荀子集解》卷十七，沈啸寰、王星贤点校，北京：中华书局，1988年，第514页。

轮,太山之木也,示诸檃栝"[14],《淮南子·修务训》"木直中绳,揉以为轮,其曲中规,檃栝之力"[15],后引申出规矩人伦,校正比勘、概括之意。宋时文学创作领域还发展出独特的"檃栝体",即将诗文原作裁剪改写为入音律的词,这实际上已是对文体的再创造。[16]在《文公家礼仪节》的四大版块中,"仪节"诚为全书主体,丘濬自言"檃栝以为仪节,颇简易可行"[17],檃栝之法是《家礼》新文本生成的手段,除了补写《家礼》缺失的仪注之外(如摘录《书仪》"贺冬至正旦"与"凡节序及非时家宴上寿"后,补写仪节;"凡吊皆素服"后补写成服之后的吊仪等),主要通过改写、补充、移动、增详这四种方式完成,凸显编者的意志与创造力。

第一,改写。

《家礼》礼文之后以小字注简要描述仪节,或与仪文考证等内容混杂,丘濬将仪节独立出来并详细描述操作过程,这是丘濬檃栝《家礼》最常用的方法。如通礼"有事则告"之"生子见庙":

> 主人立于香卓之前,告曰:"某之妇某氏,以某月某日生子,名某,敢见。"告毕,立于香卓东南,西向。主妇抱子进,立于两阶之间,再拜。主人乃降复位。(《家礼》卷一)

> 序立,盥洗,启椟,出主,复位。降神:主人诣香案前,跪,焚香,酹酒,俯伏,兴。拜,兴。拜,兴,平身,复位。参

---

[14] 王先谦:《荀子集解》卷十九,第599页。
[15] 刘文典:《淮南鸿烈集解》,冯逸、乔华点校,北京:中华书局,1988年版,第788页。
[16] 吴承学:《宋代的檃栝词》,《文学遗产》2000年第4期。
[17] 丘濬:《大学衍义补》卷四九《明礼乐·家乡之礼》,《丘濬集》第2册,第797页。

神：（众拜）鞠躬，拜，兴。拜，兴。拜，兴，平身。主人酹酒（毕，少退立），主妇点茶（毕，二人并拜）。鞠躬，拜，兴。拜，兴。拜，兴，平身。主妇复位（主人不动），跪（主人跪），告辞曰："某之妇某氏（子则云"某之子某妇某氏"），以某年某月某日某时生第几子，名某，敢见。"俯伏，兴（立于香案东南，西向），主妇抱孙见（主妇抱子立两阶间。若子弟妇或侄孙妇则立其后），拜，兴。拜，兴。拜，兴，复位（主人、主妇俱复位，以子授乳母）。辞神：（众拜）鞠躬，拜，兴。拜，兴。拜，兴，平身。奉主入椟。礼毕。（《文公家礼仪节》卷一）

此外，丘濬改写了《家礼》中不适合今人的辞令、书式等，使之通俗易懂。如，冠礼之"戒宾"。丘濬认为"《家礼》戒宾辞乃《仪礼》本文，语意简奥，非今世所宜"，"前期三日，主人自诣其家，随意致辞请之"即可（《文公家礼仪节》卷二），如果遇到宾之所在地路途遥远，则派遣子弟致书，书信内容比照《家礼》戒宾辞，但是须"檃栝其辞"，作改写。

《家礼》"戒宾辞"为：

戒者起言曰："某有子某，若某之某亲有子某，将加冠于其首，愿吾子之教之也。"对曰："某不敏，恐不能供事，以病吾子。敢辞。"戒者曰："愿吾子之终教之也。"对曰："吾子重有命，某敢不从。"地远则书初请之辞为书，遣子弟致之。所戒者辞，使者固请，乃许而复书曰："吾子有命，某敢不从。"（《家礼》卷二）

《文公家礼仪节》骈栝后的戒宾书式包括主人的"请书"与宾的"复书",为:

> 某郡姓某再拜奉启
> 　某官执事(随宜称呼):某有子某(若某亲之子某)年及成人,将以某月某日加布于其首,求所以教之者。佥曰以德以齿,咸莫
> 　　吾子宜。至日不弃,
> 　宠临以惠教之,则某之父子感荷无极矣。未及躬诣
> 　门下,尚祈
> 　炤亮不宣。
> 　　　　具位姓某再拜

> 某郡姓某再拜奉复
> 　某官执事(随宜称呼):某无似伏承
> 　吾子不弃,召为冠宾,深恐不克共事,以病盛礼。然
> 　严命有加,敢不勉从。至日谨当躬造,治报弗虔。余需
> 　面既,不宣。
> 　　　　具位姓某再拜奉复(《文公家礼仪节》卷二)

丘濬以"今人家请宾,须是先使人通知,然后发书,不必过为虚文",将再三邀请,更改为一次往返通书。

　　第二,补充。

　　丘濬的《文公家礼仪节》以"补"字标注补充《家礼》仪文凡26处。增补的文献来源包括《仪礼》、《书仪》、《文公大全集》、

《明集礼》等;增补的原因,或因文势,或因情理,或针对特殊情况补充相应的仪节。细目列表如下:

表3 《文公家礼仪节》以"补"字标注增补的仪文

卷 目	增 补 的 内 容
卷二《冠礼》	"乃醮"下补"赞者荐脯醢"
	"宾字冠者"下补"再拜宾"
	补"主人以笄者见于祠堂"、"笄者见于尊长"等
卷三《昏礼》	"使者复命媒氏"下补"主人再拜"
	"纳币"下补"夙兴,主人以书告于祠堂"
	"纳币"下补"女氏出见使者","遂奉书以告于祠堂"
	"遂醮其女而命之"之"请升座"仪节下小字补诸亲属的座次
	"妇家礼婿如常仪"下补婿庙见仪节
卷四《丧礼》	"初终"下"既绝乃哭",补充"书遗言"
	"乃易服不食"下补"男女哭擗无数"
	"护丧"下补"立主宾""立相礼"
	"具括发麻免布髽麻"下小字补"具环绖腰绖绞带"等
	"还迁尸床于堂中"下补"谢宾"
	"五服之人,各服其服,入就位,然后朝哭,相吊如仪"下补"哭吊仪"
	"斩衰"之"妇人服制"后补"腰绖"
卷五《丧礼》	"治葬"补"告启期"
	"治葬"下补"功布"
卷六《虞祭》	"奉迁主埋于墓侧"补祝文 "告迁于祠堂"补特殊情况的告迁礼
	"丧礼考证"补"改葬"
	"改葬考证"补"返葬仪"

卷　目	增　补　的　内　容
卷七《祭礼》	"立春祭先祖"补"省牲"
	补"焚黄告祭仪"
	补"祀土地"
	补"祀灶"
卷八《家礼杂仪》	补"冠礼杂仪""昏礼杂仪""祭祀杂仪"

第三，移动。

仪文的先后次序应有其内在逻辑，当发生前后抵牾，或仪文前后次序不明，都会给执礼者带来困扰。显然，丘濬在改编《家礼》的时候曾反复细致推想仪文次序，他发现《家礼》丧礼部分存在着两条不合理的地方。一则是"初丧"中的仪文，"复。立丧主、主妇、护丧、司书、司货。乃易服不食"，丘濬将"乃易服不食"提前，移至"复"后，并在"易服不食"的仪文后补充"男女哭擗无数"并小字注"哭少间即议以下数事"，下接"立丧主、主妇、护丧、司书、司货"(《文公家礼仪节》卷四)经过上述调整，又借助"补"承上启下，使仪文的实际操作流程更明确。一则是"虞祭"中的"始饮酒食肉而复寝"，原本在大祥之后，丘濬依据《礼记》"中月而禫，禫而饮醴酒。始饮酒者，先饮醴酒，始食肉者，先食干肉"，又"大祥，居复寝"，"禫而床"，认为"禫犹未可以食肉饮酒。惟饮醴食脯而已，而况大祥"，于是将这条从大祥后移到禫祭后，"拟禫后始饮淡酒……庶几得礼之意"。(《文公家礼仪节》卷六)

第四，增详。

《家礼》描述仪节往往较为简略，在实际操作时难免觉"模糊不清"，丘濬则尽可能完整呈现仪式过程，避免存在"盲点"。如，举行冠礼的当天,《家礼》为"宾至,主人迎入,升堂",宾风尘仆仆而来,立即举行仪式,未免仓促,又或此时礼仪尚未备,宾应如何安置?《家礼》中对此没有说明。丘濬补充细节,"宾既至,宜暂于便处少憩,以待主人之出。主人将出时,宾于门外东面立,赞者在右,少退",更为合理。又,加冠结束后"礼宾",《家礼》未提及来观礼者,丘濬补充说明"亲朋有来观礼者,亦并待之"。(《文公家礼仪节》卷二)再,《礼记》中有《奔丧》,《家礼》本《书仪》,《书仪》本《礼记》,略举其要,其间次第仪节约,《家礼》虽有详载但仍细节稍显不明,丘濬考虑到"今世士夫,游宦于外,一闻凶讣,心绪聩乱,平时不素讲明,仓卒之际岂能细考。纵一阅之,亦焉能因其略而遽得其详哉"(《文公家礼仪节》卷五),遂在《文公家礼仪节》中拟定了闻讣、为位、变服、设奠、成服、受吊、至家等详细仪注,以备不时之需。

采用檃栝之法,丘濬完成了改造《家礼》的主体任务,单列仪注,改变了文本的呈现方式,使之变得更清晰,而改写、补充、移动、增详仪文,则确保仪式施行逻辑清楚、合情合理、细节明确、通俗晓畅,从而使《家礼》蜕变为符合丘濬经世致用标准的新文本。[18]

---

[18] 丘濬非常重视利用檃栝之法来改造旧文本。洪武二十年冬,太祖朱元璋命礼部尚书李原名等编成《礼仪定式》,其中朝参之礼有八,然而"颁行既久,而奉行者偶因一时之便,遂袭以为故事。旁观者虽知其非,而不敢以为言。后来者因以为当然者,亦或有之"。丘濬"乞敕大臣及翰林院鸿胪寺官将累朝实录及《礼仪定式》等书并稽洪武、永乐年间以来事例详加讲究,檃栝节润,画为图式,悬于两长安门,用以表正百官、观示列辟,俾人人知所趋避,世得以遵守,永为定制"。《大学衍义补》卷四五《明礼乐·王朝之礼》,《丘濬集》第2册,第742页。又,鉴于阵法对于作战的重要性,丘濬曾"请命知兵事大臣将古人陈法,详加审定,檃栝以为图,条陈以为说,使人人易晓,然后诏武臣俾其按图布陈,使六军之士皆习熟于耳目见闻之间,晓了于心口意虑之际。一旦有事,大将有所谋为处置,上得所依循,下知所指示,而行之不难矣"。《大学衍义补》卷一三四《严武备·战陈之法》,《丘濬集》第5册,第2092页。

三、考于文势,求之义理:增补或考证仪文的准则

如前所述,丘濬在《文公家礼仪节》以"补"字标注补充《家礼》仪文凡 26 处,相对于对仪注的改写、移动、增详,可谓"大动干戈"了,那么这背后的原因是什么呢?细考他所秉承的理据,有助于我们探明编者的改造策略,以及理解《文公家礼仪节》文本生成的内在逻辑。丘濬服膺朱子之学,编撰《朱子学的》以建构理解朱学的知识体系时特注重进学致知的路径,屡屡引述朱子论读书校勘中对文势、义理的把握问题,"读书先且虚心,考其文词指意所归,然后可以要其义理之所在","须看他文势语脉。观书但当虚心平气,以徐观义理之所在,如其可取,虽世俗庸人之言,有所不废。如其可疑,虽或传以为圣贤之言,亦须更加审择。看文字,不可先怀权断于胸中。看文字,只要虚心"[19]。事实上,考文势语脉,求义理所在,使朱熹在读书校勘实践中亦颇有成就,他在《韩文考异》中曾熟练运用此法,"故今辄因其书更为校定。悉考众本之同异,而一以文势、义理,及它书之可证验者决之"[20],这给了丘濬很大的启发,使他细读审视《家礼》文本时能有所怀疑与决断。

文势,近似于我们今天所说的"语境",即文章语意脉络发展的逻辑。《礼记》中记载了"完且弗废,善衣之次"的深衣制度,但语词过简,东汉以降关于深衣形制等问题聚讼纷纭、难以决断。其中,《深衣》篇中所云"十有二幅"之说究竟是就通衣还是裳而言,存在争议。丘濬考于文势,细读上下文,尤其是陈述衣服各部

---

[19] 丘濬:《朱子学的》卷上《穷理》,《丘濬集》第 7 册,第 3317 页。
[20] 朱熹:《昌黎先生集考异》,《朱子全书》第 19 册,第 367 页。

位的先后次序等,"疑其裳制于《礼·深衣篇》文势不伦","以深衣此章文势观之,则所谓'制十有二幅以应十有二月'一句,似通一衣而言也。若专以为裳,不应列于袂、袪之上,盖上衣下裳效法天地,不应颠倒易置如此。况其下文袂次袪次负绳而后及于齐,亦自有次第可见"。后得元儒敖继公"衣六幅通十二幅",良以为是,"盖衣裳各六幅,象一岁十二月之六阴六阳",再参以明人朱右(伯贤)之说拟定深衣剪裁之制,"上衣下裳通为十二幅,则于深衣本章文势顺矣"。(《文公家礼仪节》卷一)除考证之外,丘濬还将此"考于文势"之法运用到仪注的整理中。

如《冠礼》三加冠后"乃醮":

> 乃醮。长子,则傧者改席于堂中间,少西南向。众子,则仍故席。赞者酌酒于房中,出房立于冠者之左。宾揖,冠者就席右,南向。乃取酒诣席前,北向,祝之曰:**"旨酒既清,嘉荐令芳。拜受祭之,以定尔祥。承天之休,寿考不忘。"** 冠者再拜,升席南向,受盏,宾复位,东向答拜。冠者进席前,跪,祭酒,兴。(《家礼》卷二)

> 乃醮。(仪节)礼生唱:行醮礼。赞者酌酒(赞者酌酒于房中,出房立于冠者之左),宾揖冠者即席(宾举手揖冠者立席右,南向),宾受酒(赞者捧酒授宾,宾受之)。诣醮席(北向),祝辞(宾祝曰):"旨酒既清,嘉荐令芳。拜受祭之,以定尔祥。承天之休,寿考不忘。"冠者鞠躬,拜,兴,平身。(宾不答)冠者升席(南向),受酒(受而立),宾复位(东向立,答冠者向时所拜),鞠躬,拜,兴。拜,兴,平身。(宾拜毕。冠者不答)【补】

重寻"吾礼之柄":丘濬《文公家礼仪节》的文本生成理路

赞者荐脯醢。（赞者以楪盛脯，自房中出）冠者进席前，跪，祭脯醢，（冠者，左手执盏，右手执脯醢楪，置于席前空地上），祭酒（倾酒少许于地），兴。（《文公家礼仪节》卷二）

对比这两段文字，《文公家礼仪节》比之《家礼》更为详细，并且增补了一段"赞者荐脯醢"的仪节，文献来源是《仪礼》。《家礼》此段本之《书仪》，删除了《仪礼》中"荐脯醢"一节。司马光因虑及人家无醴，将《仪礼》中宾的祝辞"甘醴惟厚，嘉荐令芳"，改为"旨酒既清，嘉荐令芳"，然而"嘉荐令芳"，郑注"脯醢，芳香也"，前若略去"荐脯醢"后面的祝辞则成虚文。考于此文势，丘濬改写仪节时据《仪礼》增补了"荐脯醢"一节。又，《家礼》纳币不告庙，然而《仪礼》纳征辞"吾子有嘉命，贶室某也。某有先人之礼，俪皮束帛，使某也，请纳征"，既然礼之行，必称先人，恐怕还是要以告庙为宜。丘濬在考察了纳征礼上下文语境之后，于"纳币"下补"夙兴，主人以书告于祠堂"环节（《文公家礼仪节》卷三）。

考于文势强调依据语意脉络的逻辑考证文意或整理仪文，而求之义理则就内容而言。《礼记·礼器》云："先王之立礼也，有本，有文。忠信，礼之本也；义理，礼之文也。无本不立，无文不行。"郑注此言谓礼"必外内具"，孔疏以忠信为其根本，以义理为文饰，"得理合宜是其文也。无忠信则礼不立，行礼若不合宜得理则礼不行"。不过，黄震并不同意孔颖达解义理为文饰，他说"礼者本为忠信，必取其义理分别。故言文者，辨别之文也，若黑白之闲色，俾尊卑升降亲疏去就各辨别于义理，则为礼之文也，岂为文饰之礼哉"[21]。丘濬似乎综合了孔颖达与黄震的说法,"义者,合宜之谓;理者,有条理之谓。苟仪文度数之间,登降上下之际,不合于宜而无条理焉,则亦不文"[22],合宜得理直接关涉到礼仪是否能顺利施行,"上焉而通达天道,下焉而和顺人情,此其大窾穴"[23]。因此,丘濬在改造《家礼》文本的时候,先考文势,确保仪文逻辑次序上下语境没有疑问的情况下,再求之义理,推考礼文是否合宜得理,如果遇到有障滞,就要作出相应的调整。

如冠礼"宾字冠者"仪节:

> 宾降阶,东向。主人降阶,西向。冠者降自西阶,少东,南向。宾字之曰:"礼仪既备,令月吉日,昭告尔字。爰字孔嘉,髦士攸宜。宜之于嘏,永受保之,曰伯某父。"仲、叔、季,唯所当。冠者对曰:"某虽不敏,敢不夙夜祗奉。"宾或别作辞命以字之之意亦可。(《家礼》卷二)

> 宾主皆降阶(宾降阶,东向。主人降阶,西向),冠者降阶(冠者降自西阶,少东,南向)。祝辞(宾祝)曰:"礼仪既备,令月吉日,昭告尔字。爰字孔嘉,髦士攸宜。宜之于嘏(叶音古),永受保之,伯某甫。"(或仲、叔、季,唯所当)冠者对辞曰:"某虽不敏,敢不夙夜祗奉。"【补】鞠躬,拜,兴。拜,兴,平身。(冠者拜,宾不答)(《文公家礼仪节》卷二)

---

21 《大学衍义补》卷三九《明礼乐·礼仪之节》,《丘濬集》第2册,第653页。
22 同上书,第653页。
23 同上书,第652页。

在同一项礼仪之内，分段列举的仪文也应遵守共同的逻辑。正是出于对仪文整体的理解与把握，丘濬注意到冠者在之后见于乡先生，乡先生若有教诲，冠者要拜谢，乡先生不用答拜。然而，宾为冠者命字并祝之于辞，如此重要的恩情，却没有冠者拜谢的仪节，显然不合情理。所以，丘濬改写《家礼》"宾字冠者"的仪节后，又补充了冠者再拜宾。

再如昏礼，新娘即将出嫁离家，《家礼》仅有"醮女"一节，而无女辞别父母、亲属之仪，"女子生长闺门，与诸亲属共聚处，一旦出以适人，略无辞别之礼，似非人情"，因此丘濬在"遂醮其女而命之"下补女辞别父母、亲属的仪节。成昏后，《仪礼》与《家礼》都只有婿见妇党诸亲之礼，而无庙见之仪，那么遇到父母早逝的孤女怎么办呢？"女适人，生者既有谒见之礼，而于死者漠然不相干，况又有已孤而嫁者乎"，因此丘濬依据《明集礼》，在"妇家礼婿如常仪"下补婿庙见仪节。"妇见于诸尊长"仪节，《书仪》云"长属虽多，共为一列受拜，以从简便"，然而"然妇新入门未必知孰为长幼，须姑一一命之，或无姑则亲属之长者代之"，如此新妇见诸尊长才不至于失了方寸。（《文公家礼仪节》卷三）又如丧礼，《家礼》"护丧"仅言"以子弟知礼能干者为之，凡丧事皆禀之"，丘濬先考于古，"司徒敬子之丧，孔子为之相。杜桥母丧，宫中无相，时人讥其粗略，则丧必有相也久矣"，再考虑现实情况，"礼废之后，人家子弟，未必皆知礼，宜议亲友或乡中之素习礼者一人为相礼。凡丧事皆听之处分而以护丧助焉"，因此在"护丧"下补"立主宾""立相礼"。（《文公家礼仪节》卷四）

丘濬在"昏礼考证"中还求之义理解释礼文以帮助读者理解

礼义,如《礼记·曾子问》:"孔子曰:嫁女之家三夜不熄烛,取妇之家,三日不举乐。"然而彼时社会昏俗尚乐,丘濬引《郊特牲》"昏礼不乐,幽阴之义也",云:"以理言,则幽阴之礼,不可用乐;以情言,则代亲之感,不忍用乐。今举世用之,不以为怪,何也?昔裴嘉昏会用乐,犹有一薛方士非之,今则举世安之矣,知礼君子不可用也。"(《文公家礼仪节》卷三)在《丧礼考证》中,借助"求之义理"来决定仪文顺序。《丧大记》"疾病内外皆扫","寝东首于北墉下。废床",废床寝地在属纩之前,高闶《送终礼》则属纩在废床之前,丘濬考虑到在还没有判断死者是否断气的情况下就废床寝地,"恐有妨于将死者",因此选择从高氏之说。(《文公家礼仪节》卷四)在25条"补充"仪文中,除针对特殊情况补充相应仪节(如"告迁于祠堂"补"父在母先死"情况下的告迁礼)之外,丘濬或考于文势,或求之义理,理顺文本,务必使施行无碍。

四、礼俗相得:丘濬《文公家礼仪节》的权衡之道

依时而制礼,是经典礼仪文本通向实践运用的手段,易行切用的前提是对旧的礼仪文本有所损益。然而,订立切合时代需要、贵本而亲用的礼文并不容易,凡改造者都面对两大难题:一是如何把握礼义,掇其纲正、略去琐细,进而保留或减杀礼文;二是如何择俗入礼,或以礼正俗,选择哪些,不选哪些。如何平衡严守礼义与因时制范,需要礼仪改造者提供合乎"义理"的论证依据。前述丘濬欲推行《家礼》而不得不改造文本,除了在结构、体例、仪文次序逻辑等方面作出调整之外,还有一项贯穿整个文本的重要工作

需要完成，即对礼俗的抉择，丘濬将"礼俗相得"作为这项工作的最高目标，可以说，这是新文本能否合宜得理、顺利推行的决定性因素。

第一，准确把握礼义，掇取礼之大本大原而有所坚守。

丘濬认为"古礼之不能行于今世，亦犹今礼之不可行于古也。虽然，万古此天地，万古此人心。礼出于人心，圣人缘人情而制为礼，何有古今之异哉。盖同而不异者，程氏所谓义也，张氏所谓理也，朱氏所谓大本大原也。若夫衣服器用之类，则有不能以尽同，而不得以不异焉者"[24]。制礼者要避免"溺于器数"，就要区别礼之小与礼之大，"圣人有作，古礼未必尽用。须别有个措置，视许多琐细制度，皆若具文，且是要理会大本大原"[25]。涉及"大本大原"者需要有所坚守，于大本大原无害者，则可从俗。

例如《冠礼》"始加冠"必加缁布冠，孟懿子问其原因，孔子答为"示不忘古"，所以《家礼》中用缁冠幅巾以存古意。然而，彼时有些人认为"非世所常服，而别以他巾代之"，丘濬认为这是不考礼之过，不知"缁布冠"背后的"存古之意"。对于程子所说"今行冠礼，若制古服而冠，冠了又不常服，却是伪也，必须用时之服"观点，丘濬并不认同，"古礼始加缁布冠"，"亦是当时不用之服，岂是伪哉"，"古之时冠而弊之"如果担心不合时宜，可以纯粹将它作为礼服，冠礼结束后收藏起来则可。对于再加冠，就不用如此恪守，《家礼》"再加冠"仪文是"再加帽子，服皂衫、革带、

24　丘濬：《大学衍义补》卷四十《明礼乐·礼仪之节》，《丘濬集》第 2 册，第 674-675 页。
25　黎靖德编：《朱子语类》卷八四《论考礼纲领》，北京：中华书局，1986 年，第 2179 页。

系鞋",丘濬"拟以时样帽子、直领衣、丝条、布鞋或皮鞋"。丘濬认为原本朱熹、司马光的设计就非古制,且即便在宋代,也随着时间的推移逐步不再使用,因此代以时制。又考彼时有大帽、小帽,大帽乃是笠子,用以蔽雨日之具,决不可用。"惟所谓小帽者,以纻纱或罗或缎为之。此虽似亵服,然今世之人,通贵贱以为燕居常服,环卫及边方官舍以事来朝见者亦往往戴之",在没有别的选择的情况下,用此纱帽。(《文公家礼仪节》卷二)始加冠存古意而沿袭《家礼》"缁冠幅巾",再加冠无妨,所以折衷从俗。

明代世俗丧礼,亲宾来吊奠,丧家往往"设席以待之,裂帛以散之","如待以常宾,舍其哀而为衣服、饮食以承之",在送葬的时候,还有"为生人设宴于墓所,醉饱歌唱,甚者孝子亦预饮啜"者。丘濬认为:"亲宾之来路远者,令无服之人,设素馔以待之,似亦无害。但不可饮酒耳。至于裂帛分散,习俗已久,一旦骤革,恐亦未能。有力之家,随俗亦可。若贫无力者,勉强举债鬻产为之,则不可耳。"丧期饮酒是害礼之大忌,绝不可从俗,而裂帛以散之,也应称其财、量力而行方能得礼。又,《家礼》本《书仪》,合两敛以为一,"小敛虽布绞而未结,至将入棺乃结之,似是以入棺即为大敛",丘濬推测司马光不可能不知道古人大小敛之制,必定是为了从简,以便于无力者施行,但是他并不同意这种做法,因为"君子不以天下俭其亲,有力者自当如礼",他认为:"大敛绞数,用纵一横五,而敛之于床,敛讫,举以入棺,别用衣塞其空处。而以衾之有绵者裹之,斯得礼意矣。若夫无力者不得已如《家礼》只一小敛,亦可。"(《文公家礼仪节》卷四)

礼之大者不可害,然而有时现实条件不允许,那么应采取怎样的做法呢？例如，丧礼的举办中需要几次变换地点，对于屋宇狭窄的丧家而言就面临难以按照礼法操持的难题，如此就需要提供折衷方案，以奉柩朝祖为例，象征其人平生"出必辞"尊者，固不可废，"今人家多狭隘难于迁转，今拟奉魂帛以代柩，虽非古礼，但主于必行，犹愈于不行者尔。若其屋宇宽大者，自宜如礼"。(《文公家礼仪节》卷五)

掇取礼之大本大原而有所坚守，但却一定要警惕"骇俗"，因其对于推行礼仪并无裨益，甚至会起相反的作用。张载对此早有议论，"大凡礼不可大段骇俗，不知者以为怪，且难之，甚者至于怒之疾之"[26]。以深衣为例，虽然文献上记载说，三代时深衣运用最广，从天子到庶人皆可服，然而毕竟已不再流行，"后世苟有服之者，非以诡异贻讥，则以儒缓取哂。虽康节大贤，亦有今人不敢服古衣之说。司马温公必居独乐园而后服之，吕荥阳、朱文公必休致而后服之，然则三君子当居官莅职见用于世之时，亦不敢服此以取骇于俗观也，盖例以物外高人之野服视之"，丘濬以此推之，宋人服深衣者已属鲜见，况几百年后的明代。然而他又提醒说，时移世易，"文公之道大明于今世，《家礼》为人家日用不可无之书，居官莅职者固当遵时制，若夫隐居不仕及致改家居者，人宜依古制为一袭。生以为祭、燕之服，死以为袭、敛之具，岂非复古之一端也哉"。(《文公家礼仪节》卷一) 又如闻丧、奔丧而易服，《家礼》本《书仪》"裂布为四脚白布衫，绳带麻履"，丘濬认为裂布为脚，"恐是当时的有此制，今世人不用，忽然以行远路，恐骇俗观"，最终

---

26 张载：《张载集》之《张子语录》(上)，北京：中华书局，1978年，第312页。

改变为"有子粗麻布为衫,戴白帽,束以麻绳,着麻鞋"。(《文公家礼仪节》卷五)

第二,无害于礼之大本又为人情之所安则从俗,如辞令、器用、仪式等。

将古奥的语言易以俗语,以便实际操作无碍。如昏礼,女子出嫁时长辈叮嘱教育,《家礼》沿袭古训戒辞,非今世女子所晓,丘濬以俗语代之。"遂醮其女而命之"下父命辞"戒之敬之,夙夜毋违尔舅姑之命",易以"戒谨小心,早晚听你公婆言语";母命辞"勉之敬之,夙夜毋违尔闺门之礼",易以"勉力敬谨,早晚守你闺门礼数";诸母命辞:"谨听尔父母之言",易以"谨听你爷娘的言语"。(《文公家礼仪节》卷三)礼仪中的主宾辞令可"随宜致辞",不用恪守原礼书中的辞令。

再看器用。虞祭具馔,"若夫仓卒之际,即用世俗所设卓面,似亦简便,况乃死者平生所用,似亦得到事死如事生之意"(《文公家礼仪节》卷六);丧礼袭具"幅巾","其制如今之暖帽,以代古之掩也"。(《文公家礼仪节》卷四)冠礼"厥明,夙兴,陈冠服",《书仪》陈"栉、篦、总、幞头"合紒四物;《家礼》本注"栉、须、掠皆以卓子陈于房中",去《书仪》之篦;丘濬都没有采纳,而是以"时制网巾代之"。(《文公家礼仪节》卷二)丧礼"柩行","今世俗送葬有食案、香案,从俗用之亦可"。(《文公家礼仪节》卷五)无损于礼之大本的仪节可从俗,如礼宾的环节。昏礼"主人礼宾",丘濬注"男宾于外厅,女宾于中堂,随乡俗礼"。又"妇见于舅姑,舅姑礼之",舅姑的位次,《家礼》中原为"舅姑并坐堂中,东西相向,各置卓子其前",《明集礼》为"舅姑并南面坐堂中",

丘濬认为"今人家多如此，或从俗亦可"；婚后，妇家礼婿预设酒席如时俗仪。(《文公家礼仪节》卷三)

唐宋以后，风水相墓术盛行，司马光曾在《书仪》中用极大的篇幅批评，丘濬的意见有所不同，"古者葬地、葬日皆决于卜筮，今人不晓古法者，且从俗择之可也"，他认为："风水一节，其希觊求富贵之说，虽不可信，若夫乘生气以安祖考之遗体，盖有合于伊川本根枝叶之论，先儒往往取之。文公先生与蔡季通预卜藏穴，门人裹糇行拂，六日始至，盖亦慎择也。谓必先论其主势之强弱，风气之聚散，水土之浅深，穴道之偏正，力量之全否，然后可以较其地之美恶。后之择葬地者，诚本朱子是说，而参以伊川光润、茂盛之验，及五患之防，庶得之矣。"(《文公家礼仪节》卷五)

从俗的选择，多出于无害于大本而可以安人情，但也有习以为常、约定俗成而难以更改者。《丧礼》"讣告于亲戚僚友"之"书式"：哀子某泣血某亲某人。丘濬称不知《书仪》称呼何据，如"父亡则称孤子，母亡则称哀子，父母俱亡则称孤哀子"，"凡礼中所言孤子如当室及不纯采之类，皆谓已孤之子，非谓所自称也，而郑氏礼注亦云三十以下无父称孤，明乎三十以上不得为孤也，今既行古礼，父母丧俱宜称哀子，然世俗相承已久，恐卒难变，或欲随俗亦可"。(《文公家礼仪节》卷四)

第三，若礼仪文本与当世礼制相抵牾，选择从今。

世易时移，习俗与礼制都会发生变化，当礼仪文本与礼制发生冲突的时候，还需有另一套方案应对，服饰礼仪化就是一例。如《家礼》冠礼之三加为"幞头、公服、革带、纳靴、执笏"。幞头在宋时为上下通服，但是及明，只有做官者得用幞头，襕衫也发展为生员之服，丘濬以时制代之，"拟为生员者，儒巾、襕衫、皂丝绦、皂靴；余人，平定巾、盘领袍、丝绦、皂靴"。不过，在这样的情况下，《仪礼》中说的"三加弥尊"就很难做到了，"今冠礼三加之冠未必弥尊者，拘于时服，非若古人服制，可以上下通服也"。（《文公家礼仪节》卷二）又，《家礼》丧礼"凡吊皆素服"，本注"幞头、衫带，皆以白生绢为之"，然而依照明制，"惟国恤用布裹纱帽，其余则不许，有官者，衣可变，而冠不可变，若无官者，用素巾可也"。因此，丘濬定为"各随其人所当服之衣而用缟素者"。（《文公家礼仪节》卷四）

第四，考古礼以正俗，或调节习俗。

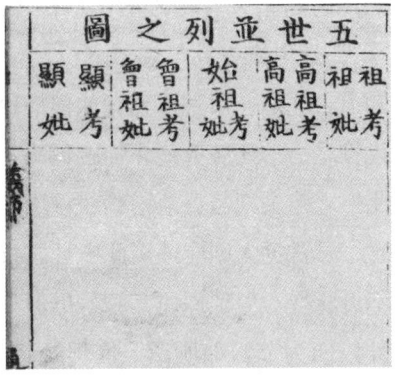

图1　　　　　　　　　图2

关于祠堂位次的放置法。元代郑泳本司马氏《书仪》、朱子《家礼》而损益撰《郑氏家仪》，其中首列祠堂位次图，丘濬指出其抵牾之处，"分列考妣以四世考俱居始祖之右，而妣居其左，则固以西为上也。及其并列四世之考，则曾居高之右，考又居祖之右，则又似以东为上"，而且"郑氏祭及始祖，犹有可诿者，在他人家则犯分甚矣"。(见图1)考察"近世人家又有为五龛者,其于时俗似若相宜,但以高祖之考邻于祖妣,列祀之时,翁妇相并,不无可嫌。其祀始祖之失,又有甚于郑氏者矣"。(见图2)那么应如何做呢?"国初用行唐县知县胡秉中言,许庶人祭三代,以曾祖居中,而祖左祢右。今拟士大夫家祭四代者,亦合如时制列龛祠堂,板以限隔,则无翁妇相近之嫌。若夫出主以祭于寝,则依《家礼》以右为上之制,庶几礼俗相得"。(《文公家礼仪节》卷一)

《家礼》通礼"出入必告"条注"凡拜男子再拜,则妇人四拜,谓之侠拜"。丘濬考察明代的情况,发现南北方在女拜方面有异,"今世俗南方妇女皆立拜而叉手屈膝以拜,北方妇女见客辄俯伏地上,谓之磕头,以为重礼,礼之轻者,亦立而拜,但比南方略浅耳",遂考之古礼与儒冠之说,妇人当为肃拜为正。虽然不能明确知道古礼之"肃拜"究竟如何操作,但综合郑注、贾疏,及朱子之说推之为"两膝齐跪,伸腰低头,俯引其手以为礼,而头不至地"。北俗之磕头则额扱地稽颡,可用于昏礼见舅姑与丧礼为夫与子主之时,寻常见人则应该用此肃拜之仪。对于南方人而言,"立拜已久,不可骤变。但须深屈其膝,毋但如北俗之沽裙。叉手以右为尚,每拜以四为节,如所谓'侠拜'者。若夫见舅姑,则当扱地,为丧主,则稽颡,不为丧主,则手拜。庶几得古礼之意"。(《文公家礼仪节》卷一)丘濬在考察古礼肃拜之后,根据南北方的情况给出了相应的正俗建议。

调节世俗,使之守中道,如《昏礼》"妇家礼婿如常仪",丘濬按"今详于礼婿仪者,以乡俗有尊婿太过者,又有卑婿太甚者。谨按《集礼》等书,酌中道以为此仪"。(《文公家礼仪节》卷三)除此,通过考古礼以驳俗、正俗在《文公家礼仪节》中极为常见,如批驳世俗昏礼拘忌阴阳而不懂昏时之意;如世俗婚姻有结发之礼,不知古诗说"结发为夫妇",是说自少年束发即为的夫妇,犹李广言"结发与匈奴战"(《文公家礼仪节》卷三);如"丧冠条属以别吉凶",吉冠则缨武异材,凶冠则缨武同材,"今世人为齐衰以下冠,往往以纸糊为武,而用布裹之,而又别用布为缨,盖不知条属之义"(《文公家礼仪节》卷四);如"返葬仪":"世俗出丧,多不由门往路,别拆墙壁以出有旅殡者多拘于忌讳,虽宗子尊属,亦不许由中门以入,安于堂中。吁!生时所出入居处之处,其死也,乃不容其居,孝子之心安乎?"(《文公家礼仪节》卷六)如此种种,不一而论。

合乎中道,礼俗相得,又能广泛用于士庶,是丘濬制礼的原则,"富贵者不可过于是,贫贱者必求至于是",人之生也,或刚或柔,因之行事则宽猛失度,"无礼以为之裁制","用礼以裁制天下之事,如布帛之刀尺,如梓匠之斧斤,相体以为之衣,随材以制其用,不使其有余,亦不使其不足,既无太过,亦无不及"。当习礼为常,就能做到心中有定见而不为外物所动,因此丘濬视之为"吾心大中至正之界限"。[27]

五、结语

明成化二十三年(1487),孝宗朱祐樘登帝位不久,67岁的丘

---

[27] 丘濬:《大学衍义补》卷三九《明礼乐·礼仪之节》,《丘濬集》第2册,第646、660页。

濬撰成《大学衍义补》进上,在这部推衍"治国平天下"之义以补真德秀《大学衍义》的帝学之作中,他多次引述《文公家礼仪节》的内容,表达了期望借助政治权力进一步解决《家礼》推行难的主张,建议"府州县教官每旬一次帅师生演习其仪,并令乡村社学教读者专习其事,遇民间有吉凶等事按仪而行"[28],并乞将《文公家礼仪节》发下天下郡县,以为补充。在丘濬看来,"礼之在天下,非徒有是仪章度数以为观美而已","风俗之隆污,世道之理乱,人家之成败,皆系于是礼焉。礼无乎而不在,要必人人行是礼,家家行是礼,积家以为郡国,积郡国以为天下,无一处而无是礼,无一事而不由是礼,是则所谓三代比屋可封之俗"[29]。由是,丘濬所编《文公家礼仪节》绝不仅仅只是一本"行动指南",或者只如他在序言中谦称的那样"以均诸穷乡浅学之士",而是在"治国平天下"的框架之下所编撰、为实现政治文化理想所采取的现实策略。

正是这种急迫的现实关怀左右着丘濬面对《家礼》的态度以及改编的思路与走向。不同于其他多辨证注解《家礼》的作品,丘濬必须直面《家礼》在世俗传播中不被青睐的种种问题,寻求激活《家礼》的方法而非因循或囿于纯粹的学术讨论,重寻"吾礼之柄"的关键在于编写"有所本而易行切用"的《家礼》新文本,切于用才能激活并推行实施。因此,丘濬几乎是大刀阔斧地对《家礼》结构与体例进行了创新性的调整,檃栝仪节,格式与内容上条分缕析,考于文势、求之义理,将顺仪文,平衡礼俗,使礼俗相得等。

---

[28] 丘濬:《大学衍义补》卷四九《明礼乐・家乡之礼》,《丘濬集》第2册,第797页。
[29] 同上书,第796–797页。

为了增强该书的实用性，甚至不厌琐细，指明礼仪用具如何置办，如丧礼"以上物事皆相礼者与护丧者计议，或因其旧而用之，或一器而数处用之，或借诸其亲邻，或买之市肆，或命工修造，皆次第预为借办，免致临期仓卒失误，则礼不难行"（《文公家礼仪节》卷四）。也正因为丘濬改编《家礼》的意图明确，所以当他面对制礼者难以把握的礼俗繁简等问题时也有着比较清晰的方向。"夫昔之礼繁，繁宜易厌，而卒以循守。弗今之礼简，简宜易从，而昌恣者犹忌"，在对比了丘濬《文公家礼仪节》与其他同类型著述之后，杨廷筠给予了"酌时宜、体物志、甚要约"的评价。

《文公家礼仪节》在明清时期刻印甚广，地方官中不乏推行者，被视为推广朱子《家礼》的功臣。嘉靖四十年（1561），四川提学姜宝重刻丘濬《家礼仪节》，于学宫推广，他在《刻家礼仪节序》中提到"礼而谓之'家礼'者，言乎其可行于家者也，而其本则始诸身。'家礼'而又谓之'仪节'者，言乎其仪文与末节之谓也，而精微之理实在焉"[30]。姜宝强调虽是仪文细节，但也蕴含着治躬之道，身之所自治者即家之所常行者。礼以正家，亦以治躬，家之所取法，正在于是，姜宝在此已将其提升为修身必读之书。不过，围绕着丘濬《文公家礼仪节》中的仪节讨论也时有质疑，万斯同就曾批评，因丘濬书影响太大，当时刻书者甚至有多删去朱子之文但详存丘氏之仪者，"于是《家礼》一书非复朱子之书，而止为丘氏之书矣。欲复朱子之旧者可不重为正乎"？[31]

---

30 转引自吕振宇：《〈家礼〉源流编年辑考》，第133页。
31 万斯同：《群书疑辨》卷四《书〈家礼仪节·祔祭〉后》。

汪绂《六礼或问》与清代朱子《家礼》学 *

王献松（安徽大学）

徽州一府六县，自朱熹从祀文庙、成为乡邦大贤之后，人文风俗愈益彬彬，尤以婺源、歙县为最。婺源士人王友亮曾言："婺源居万山中，地僻田硗，远逊他邑。然为宋朱文公故里，流风遗泽，沾溉无穷。士生其间，类能潜心于理域，肆力于经畬，乐道安贫，不求仕进，近时江慎斋永、汪双池绂两先生最著。"[1] 江永、汪绂是清代中期徽州地区不求仕进、肆力著述的代表学者，本文即以汪绂《六礼或问》为研究对象，论述其学术成就以及在朱子《家礼》学术史上的地位。

一、汪绂及其《六礼或问》

汪绂（1692-1759），本名烜，字灿人，号双池，徽州府婺源县北乡段莘里（今属江西省上饶市）人。汪绂自幼即因家庭贫困，未

---

* 本文为安徽高校人文社会科学研究重点项目（SK2018A0028）阶段性成果，并得到安徽大学博士科研启动经费项目资助。本文在修订过程中得到徐道彬教授指导，深表谢意！
1（清）王友亮：《双佩斋文集》，《清代诗文集汇编》，上海古籍出版社，2010年，第629页。

能从师学习，而由母亲江太孺人亲自教授，汪绂天生聪慧异常，十岁以前《四书》《五经》即已习熟，至二十岁时，江太孺人因得疯疾而卧床数年，汪绂日夜侍奉于前，家境愈益贫困，经常食不果腹。其父汪士极未有功名，曾游历湘、楚、闽、越等地，后做幕客于南京，但基本上已与家人断绝音讯。江太孺人去世后，汪绂往南京寻找父亲，但汪士极却因家贫不愿归乡，并将汪绂赶回家去。汪绂因在家乡无以自活，遂往江西谋生，漂泊于景德镇、乐平、万年、弋阳、上饶、永丰等地，甚至于露宿野庙，乞食为生。康熙五十六年（1717），汪绂自江西入福建，至浦城，馆郑氏；后又至长汀，寓曾可鸣家。次年，汪绂出闽入浙，止于枫溪（今浙江省江山市廿八都镇），馆沈氏、姜氏。自此以后的数十年间，汪绂基本上过着"每岁暮归里，春赴馆"的生活，著述授徒，学问大进。

康熙五十九年，汪士极去世，汪绂随即往南京奔丧，但因无力奉归改葬，仅迎精而返，以衣冠与江太孺人合葬。次年春，汪绂返回枫溪，将此前所作"未轨于道"的"时文数百篇、杂诗百余首、杂文数十百首"[2]焚毁，立志从事经学、朱子学研究，"研经则参考众说，而一衷于朱子"。[3]乾隆七年（1742），汪绂在族人苦劝之下，应试徽州府学，补县学生员，即秀才身份，时年已五十一岁。汪绂随后于乾隆九年、十二年、十八年，三次往南京参加乡试，但皆未考中。乾隆二十年，汪绂又在门人余元遴（字秀书，徽州婺源县沱川人）的推荐下，坐馆于休宁蓝渡朱氏，直至乾隆二十四年去世。

2（清）汪绂：《双池文集》，《汪双池先生丛书》第41册，扬州：广陵书社，2016年，第92页。

3（清）余龙光：《双池先生年谱》，载《汪双池先生丛书》第48册，第270页。

汪绂一生勤于著述，在《六经》《四书》《孝经》以及理学等方面皆有成书，并旁涉天文、地舆、乐律、术数、兵法等。汪绂著述虽丰，但生前均未刊刻，死后由其弟子余元遴收藏，并请同邑董昌玙出资请人誊抄副本，以防散失，辑为《双池先生遗书》，有《易经诠义》《书经诠义》《诗经诠义》《春秋集传》《礼记章句》《礼记或问》《六礼或问》《乐经律吕通解》《乐经或问》《四书诠义》《孝经章句》《孝经或问》《理学逢源》《山海经存》《戊笈谈兵》《读〈近思录〉》《读〈读书录〉》《读〈困知记〉》《读〈问学录〉》《参〈读礼志疑〉》《读〈阴符经〉》《读〈参同契〉》《策略》《诗韵析》《物诠》《双池文集》《大风集》《儒先晤语》《立雪斋琴谱》《医林纂要探源》等三十余种。综观汪氏学术，可谓发纤秾于简古，寄至味于淡泊，当涂夏炘《汪双池先生年谱序》赞之曰："昭代真能为朱子之学者，大儒三人焉：一为桐乡杨园张先生，一为平湖陆清献公，其一则婺源双池汪先生也。……若双池，则僻处山邑，人或不能道其姓氏，其隐晦视张先生殆尤过之，然著述之继往开来，品谊之升堂入室，与张、陆两先生盖鼎立焉，无或逊也。"[4]

作为一代经学家，礼学研究必占其学术之重要成分，在汪绂的等身著述中，其礼学专书就有《六礼或问》《礼记章句》《礼记或问》《参〈读礼志疑〉》四部，其他著述中涉及礼学研究的内容也不在少数。其中《六礼或问》是汪绂礼学研究的第一部著作，也是汪绂在朱子学研究方面的第一部著作。

《礼记·王制》曰："六礼：冠、昏、丧、祭、乡、相见。"汪

---

[4] 见余龙光：《双池先生年谱》，载《汪双池先生丛书》第48册，第7页。

绂《礼记章句》注曰:"礼经有五,曰吉、凶、军、嘉、宾。冠、昏、乡、相见,皆嘉礼;丧,凶礼;祭,吉礼。独言此六者,以其切于民用也。"[5]《王制》又曰:"司徒修六礼以节民性。"孔颖达《正义》曰:"六礼谓冠一、昏二、丧三、祭四、乡五、相见六。"[6]《六礼或问》之所谓"六礼",即"切于民用"的冠、昏、丧、祭、乡射(包括乡饮酒)、士相见六礼,它是汪绂在朱子《家礼》冠、昏、丧、祭四礼基础上,增加乡射、士相见二"乡礼"[7],并设为问答,以发明礼意之作。汪绂《六礼或问序》曰:

> 绂窃以为:礼之为学,宰制群动,涵毓性情,既当执持其文,犹当深察其意。陈其仪而不知其意,一祝史之事耳,周旋度数,胥何当哉!用敢取朱子之书,参之《仪礼》,合宋明诸儒所论异同之不一者,设为问答,以明礼意,期于揖让周旋之末,而得先王立教之心,庶阅此者得以知礼教之本,而晓然于礼之所以不可不循。[8]

《六礼或问》成书于雍正五年(1727),余元遴《汪先生行状》载"《六礼或问》六卷",至光绪二十一年(1895)刊刻《六礼或问》时,则改为十二卷,其中卷一为冠礼,卷二为昏礼,卷三至卷六为丧礼,卷七至卷九为祭礼,卷十、卷十一为乡射礼,卷十二为士相

---

5 (清)汪绂:《礼记章句》,《汪双池先生丛书》第15册,第283页。
6 (唐)孔颖达:《礼记正义》,北京:北京大学出版社,2000年,第473页。
7 朱子《仪礼经传通解》列乡射(含乡饮酒)、士相见于"乡礼",汪绂于"家礼"之外增"乡礼"为六礼。
8 (清)汪绂:《六礼或问》,《汪双池先生丛书》第18册,第26-27页。

见礼,末尾又附《余论》一卷,补论未尽之意。

《六礼或问》于每一礼之中,大致分为四个部分:(1)首列《礼记》中可以阐发该礼礼意之文(士相见礼无),即书前《发凡》首条所言:"《礼记·冠义》《昏义》《丧制》诸篇,实皆汉儒所以推明礼意,而为《仪礼》之传者也。虽其纯驳不一,而其要者实可见先王制作之精。盖去周未远,故老犹有师传,非尽汉儒臆说也。绂故特录其全文于篇首焉。"[9](2)次录朱子《家礼》所载仪节,并据《仪礼》有所增补(乡射、士相见二礼无《家礼》可录,则本《仪礼》而参以聂豹《礼教仪节》),即《发凡》所言:"朱子《家礼》,远祖《仪礼》,而近本《书仪》,乃酌古今之宜,而成一代之制者。故有《家礼》,则不复更录《仪礼》,以其宜于今也。惟《仪礼》所有而《家礼》或从省便者,则每酌时势而增入之。"[10](3)再次设为问答,以发明礼意,即《序》所谓"合宋明诸儒所论异同之不一者,设为问答,以明礼意,期于揖让周旋之末,而得先王立教之心"。(4)末尾则附与此礼相关之礼图(士相见礼无),以便省览。

二、汪绂《六礼或问》对朱子《家礼》的发展

汪绂《六礼或问》是在朱子《家礼》基础上撰写的,它对《家礼》的继承非常明显。在形式上,《六礼或问》卷首录朱子《家礼序》和丘濬《文公家礼仪节序》二文于其自叙和《发凡》之前,体现的就是二者之间的继承关系。在内容上,《六礼或问》主体内容

9(清)汪绂:《六礼或问》,《汪双池先生丛书》第18册,第35页。
10 同上。

中的冠、昏、丧、祭四礼,就是根据《家礼》而来,并在具体仪节方面录《家礼》之文,各礼仪节名目也与《家礼》大同小异。

作为朱子学的传承者,汪绂《六礼或问》对朱子《家礼》的发展也是显而易见的。笔者主要从以下几个方面展开,借以具体阐释《六礼或问》的礼学成就。

(一)于冠、昏、丧、祭外增乡射、士相见二礼

汪绂于冠、昏、丧、祭四礼外,据《仪礼》及聂豹《礼教仪节》,增乡射、士相见二礼而成"六礼"。乡射礼内又包含乡饮酒礼,汪绂曰:"全行之为乡射礼,去射事为乡饮酒礼。"[11]又曰:"射必行乡饮酒礼,乡饮酒或不行射礼。"[12]可见二者之关系。在汪绂看来,乡射、士相见二礼与冠、昏、丧、祭四礼关系密切,《发凡》曰:"窃谓六礼之有乡、相见,犹五伦之有朋友。虽后世久废而不行,而揖让进退之文,究不妨时为讲贯,以由此而窥先王之意。且冠、昏、祭、享中皆有宾客之礼,与乡、相见相为经纬,而安可不考也?"[13]卷尾《余论》亦曰:"冠礼,成人之始也;昏礼,似续之始也;丧礼,人道之终也;祭礼,报本反始也。冠,春也;昏,夏也;丧,秋也;祭,冬也。乡、相见以经纬于其间,犹土之寄旺以成信也。举六礼,而天地之序可见矣。"[14]可见,汪绂以五伦、五行来比拟六礼,就是意在说明乡、相见二"乡礼"与冠、昏、丧、祭四"家礼"之间紧密的联系,从而阐明人伦道德与自然天性之间的

---

11 (清)汪绂:《六礼或问》,《汪双池先生丛书》第18册,第540页。
12 同上书,第540-541页。
13 同上书,第37页。
14 同上书,第615页。

此外，汪绂又于乡射礼后附录投壶礼，认为："射礼烦，而投壶礼简。"[15] 丘濬《家礼仪节》改朱子《家礼·通礼》中《司马氏居家杂仪》为《家礼杂仪》，列全书之末，并于此后据朱子所增损《吕氏乡约》，增列《居乡杂仪》一篇。今《六礼或问》于士相见礼后亦录《居乡杂仪》，并在丘濬基础上有所斟酌改定，汪绂曰："以上《居乡杂仪》，朱子本于《吕氏乡约》。《吕氏乡约》有四，其一月'礼俗相交'，朱子分为四目，曰'尊卑辈行'，曰'造请拜揖'，曰'请召送迎'，曰'庆吊赠遗'。而丘氏有分为四条，为十四节，酌以俗仪，以便于行。但于中犹有牵俗而悖古者，兹复更为酌改，以附于六礼之末云。"[16] 汪绂由《司马氏居家杂仪》《吕氏乡约》到《家礼》的礼仪文献梳理，究以朱子礼学为依归，故其《六礼或问》寄寓着深刻的思想与理论根源，深知"礼"的根本在于明人伦，彰道德，维护世道人心，希望通过恢复圣贤礼学来维护传统理念与价值，进而展示自己"以礼经世"的经世取向。

（二）使《家礼·通礼》内容各从其类

司马光《书仪·冠仪》末附《深衣制度》，《婚仪》末附《居家杂仪》，《丧仪》中祭礼内有关于"影堂"之论述。朱子《家礼》改编"影堂"内容为《祠堂》，合《深衣制度》《司马氏居家杂仪》二篇，编为《通礼》一卷，置冠、昏、丧、祭四礼之前，认为《祠堂》《深衣制度》《司马氏居家杂仪》"皆所谓有家日用之常礼，不可

15（清）汪绂：《六礼或问》，《汪双池先生丛书》第18册，第557页。
16 同上书，第613页。

一日而不修者"[17]，所以单独列出，以作为士庶居家常礼；至丘濬《家礼仪节·通礼》，则将《居家杂仪》主要内容改为《家礼杂仪》，列于全书末尾。汪绂承续历代礼仪改革之大略，既以"六礼"名书，故于冠、昏、丧、祭、乡射、士相见六礼外不便仍列"通礼"一目，故汪绂虽承用朱子改"影堂"为"祠堂"之名，但却将《通礼》三篇重新改置于祭礼、冠礼、昏礼之中。《发凡》曰："丘氏分祠堂、深衣二章，列于卷首，谓之通礼。兹复以《深衣》入冠礼之后，以《祠堂》合于祭礼，使之各从其类也。"[18] 此外，朱子《家礼·通礼》所载为士庶居家常礼，而汪绂《六礼或问》内容已不仅限于此，所以也不便再列专载士庶居家常礼的"通礼"。

（三）增订《家礼》之仪节

汪绂《六礼或问》在录《家礼》所载仪节时，改变《家礼》原有的纲目体例，并对其内容有所增订。《发凡》曰："《仪礼》所有而《家礼》或从省便者，则每酌时势而增入之。……朱子《家礼》，有纲有目，约《仪礼》于本注，以成行礼之节，而邱琼山复衍本注以为《仪节》。今是书只作一片写去，不分章注、不用《仪节》者，意欲使人便于口诵也。"[19]《自叙》亦曰：

> 惟我文公朱子特起于宋，哀礼教之式微，病繁文之寡当，独任世教，斟酌群书，祖述《仪礼》，参以司马《书仪》，折衷古今之权，以成《家礼》一书。虽未能得君行政，以跻天下于三代之

17（宋）朱熹：《家礼》，《朱子全书》第7册，第875页。
18（清）汪绂：《六礼或问》，《汪双池先生丛书》第18册，第36页。
19 同上书，第35—36页。

隆，而使后世之人，犹知有古礼之大闲，俾武、周微言，不致泯湮高阁。是则朱子之功，盖不在周公、孔子之下也。绂是以不避僭逾，于凡《家礼》之所省、而《仪礼》所存者，辄为斟酌而增益之，非敢谓朱子之书尚未为尽善尽美，要亦微窥朱子之志，而欲探乎礼教之全。[20]

如婚礼本有纳采、问名、纳吉、纳徵、请期、亲迎六礼之仪，《家礼》则仅有纳采、纳币（即纳徵）、亲迎三礼，其"纳币"下注曰："古礼有问名、纳吉，今不能尽用，止用纳采、纳币，以从简便。"[21] 明丘濬《家礼仪节》有所增改，曰："《家礼》略去问名、纳吉、请期，止用纳采、纳币、亲迎，以从简省。今拟以问名并入纳采，而以纳吉、请期并入纳币，以备六礼之目。然惟于书辞之间略及其名而已，其实无所增益也。"[22] 汪绂《六礼或问》则更进一步将纳采、问名、纳吉、纳徵、请期、亲迎六礼增补完整，并于"或问"中进行说明，其文曰：

> 问："问名合于纳采，古欤？"曰："《仪礼》纳采、问名，同使则合之，古也。"曰："合之则何为六礼？"曰："纳采自我，名问之彼，事自异也。"[23]
>
> 问："《家礼》无纳吉、请期，其为径省欤？"曰："圣王不

20（清）汪绂：《六礼或问》，《汪双池先生丛书》第18册，第27-28页。
21（宋）朱熹：《家礼》，《朱子全书》第7册，第897页。
22（明）丘濬：《家礼仪节》，《四库全书存目丛书》经部第114册，第143页。
23（清）汪绂：《六礼或问》，《汪双池先生丛书》第18册，第127页。

作,礼乐崩坏,皆昏姻之废礼也,匪朝伊夕矣。小民之家,幼而字妇,谓之童养;男子久鳏,反附女家,则曰赘婿。或野合而奔,或因丧而取,决闲踰礼,莫之夭阏,百行隳坏,男女凶终,圣人虽作,而不得位,莫能挽也。有能纳采、纳币而附远厚别者乎?是亦可谓曰'知而砥夫狂澜者矣'。朱子承《书仪》之节以为《家礼》,盖不欲以责备者阻人为礼之念也。《家礼》其径省欤?而今之为《家礼》者复几人哉?噫!此君子之所以痛心于末俗也。"曰:"然则纳吉、请期其可已乎!可已而子补之,抑又何也?"曰:"其为昧礼之士欤?引之以易行焉,能如是,是亦足矣,此君子之苦衷也。其或好礼之儒欤?由是而益进焉,必三代之隆以为至也,犹君子之深愿也。合六礼而备之,宁谓非君子之志哉!鲁人有朝祥而暮歌者,子路笑之。孔子曰:'由,尔责于人,终无已乎?'子路出,孔子曰:'又多乎哉,逾月则其善也。'"[24]

朱子《家礼》乃撮取《仪礼》仪节而成,较古礼为简便,意在劝人能通行此礼,达于和谐社会。但是,《家礼》在民众层面上的实行并不理想,因经济的贫困、文化的疏落,社会上还是存在童养媳、赘婿等不合乎婚礼的现象。可见,士庶能否实行婚礼并不只在仪节上的简省便宜与否,而是他们已经逐渐忘记礼之仪节设置的深意。好礼之儒,纵六礼不为多;蔑礼之人,虽三礼亦难行。汪绂在婚礼一章重新完善六礼,就在于借助对婚礼仪节的介绍,来展示各个仪节背后所蕴含的礼意。

---

[24]（清）汪绂:《六礼或问》,《汪双池先生丛书》第18册,第134—135页。

又如祭礼之中，汪绂也依据《仪礼》增订《家礼》仪节，其内容相比《家礼》更加复杂，在实行方面难度更大，与朱子编纂《家礼》之意相违背。对于这一疑问，汪绂也作了回应，其文曰：

> 或问："祭主于爱敬之诚而已，则《家礼》旧注及丘氏之《仪节》实简易而可行也。今必依附于《仪礼》礼文之繁如此，得毋遗其本而务其末、缓于实而急于文乎？"曰："不然。夫礼者，先王之至教也，因人情而制之，监二代而修之，夫岂徒以繁文强人之从事哉？要亦动容折旋无不有其深义也。行之而不著焉，习矣而不察焉，则繁文而无当耳。行其礼而察其情，习其文而思其义，则其于报本追远、修身齐家之道，吾知其必于祭礼而得之也。子曰：'明乎郊社之礼、禘尝之义，治国其如示诸掌乎？'"曰："然则朱子非乎？"曰："吾固曰'朱子为诱人之易行也'，著焉察焉，存乎其人，非文之过也。丘氏不察而一于简便焉，则失之矣。"[25]

由此可见，汪绂治学素以程朱理学为宗，属于新安理学的正统传承者，主张以"义理"阐发经义，同时也注重由经义考论以延伸儒学的化民成俗的功能。他认为先王并非仅仅以繁文缛节来强人所难，而是希望通过对仪节的实行，来体察礼意，缘情制礼，本末兼该，而不只是重视节文而忽略礼意。

25（清）汪绂：《六礼或问》，《汪双池先生丛书》第18册，第426–427页。

（四）评价朱子《家礼》对古礼之删改

在"或问"部分，汪绂时常评价朱子《家礼》对古礼之删改。如汪绂于"冠礼"中论《家礼》无筮日、筮宾之由曰：

> 问："古者筮日、筮宾，而《家礼》无其文，何也？"曰："《家礼》当礼乐废弃之余，故多从简便以诱人之能行，又以能筮者少故也。好古而有能筮者，从《仪礼》筮之可也。筮日之仪，于庙门之内，主人端服以临，日三而枚筮之，得吉则止。筮宾亦如之。"[26]

汪绂认为朱子《家礼》于冠礼中无筮日、筮宾的仪节，是因为当时擅长占筮的人少，为使人方便实行冠礼，才从简行事。如果能有好古之人，根据《仪礼》的记载来实行冠礼，那是更好的。

汪绂又于"丧礼"中论《家礼》与《仪礼》掩面、结绞之时不同，曰：

> 问："《家礼》小敛不掩面、结绞，俟入棺而后结之；温公以为俟其复生。然《仪礼》有'卒敛彻帏'之文，子亦只从《仪礼》，温公之说其无据乎？"曰："《问丧篇》曰：'孝子匍匐而哭之，若将复生然，安可得夺而敛之也？三日而不生，故不生矣，孝子之心亦益衰矣，家室之计、衣服之具亦可以成矣，亲戚之远者亦可以至矣，故决断以三日为之礼制也。'此亦汉儒说礼，揣揆孝子之心而云然者，温公不掩面、结绞以俟其复生之说所由来

26（清）汪绂：《六礼或问》，《汪双池先生丛书》第18册，第55页。

也。然《仪礼》有质有杀,则自夫袭之时,固已掩面而什藏之矣,又安俟大敛而后掩面也?夫亲死而亟死之,孝子不若是忍也;亲死而必求生之,君子又不若是愚也。使肌肤未冷,而一日之内遽为袭之、敛之、殡而埋之,是岂不可为者?而孝子不忍若是其亟矣。是故始而袭之,翌日而小敛之,又翌日而后殡之,三月而后葬之,送亲之渐也,抑亦俟室家之备、衣服之成、亲戚之至,而不欲苟然以备事也。复生之愿,窃恐非先王之本意矣。《家礼》从省,袭无质杀,后又无小敛之文,故遂因《书仪》而未之改。然恐亲卒于暄热之日,而不深为什袭,将有溃烂腥秽而反以取恶于人者,不若掩之、结之之为愈也。绂固僭踰,从《仪礼》矣。"[27]

《仪礼》的掩面、结绞在小敛时,而朱子《家礼》在小敛时不掩面、结绞,到大敛时才掩面、结绞,这体现的是孝子希望亲人能够死而复生的心情。汪绂考察这一说法来源于《礼记·问丧篇》,并提出:孝子对于亲人之死,虽然不忍心在其死后立即下葬,但也不会愚蠢到在亲人已无复生的可能之后仍旧存有死而复生之愿。这种死而复生的愿望,并非先王制礼之意,而是后人附会而来。朱子《家礼》以简便易行为主,因袭司马光《书仪》之说而未改,不合礼意,所以,汪绂遵从《仪礼》,改掩面、结绞于小敛之时。

(五)完善丘濬之礼图

礼图之作,始于后汉阮谌,宋代聂崇义撰有《新定三礼图》,明代刘绩绘制《三礼图》,对宫室制度、舆轮名物等加以图解,是

---

[27](清)汪绂:《六礼或问》,《汪双池先生丛书》第18册,第234–236页。

礼学的重要内容。朱子《家礼》原无礼图，丘濬《家礼仪节》在对《家礼》的仪节进行增补之外，同时也补充了相关的礼图，汪绂《六礼或问》也于冠、昏、丧、祭、乡射五礼之末附录礼图，是对丘濬《家礼仪节》礼图的完善。其中有沿袭丘氏旧图而稍作改动者，如冠礼中《庙中长子冠图》《庙制众子冠图》就是根据《家礼仪节》冠礼之《长子冠礼图》《众子冠礼图》而来，但相较丘氏旧图更为细致精确。有改正丘氏旧图之误者，如丧礼中《大敛殡吊庐次之图》，汪绂有注文曰："大敛于阼，殡于客位，《家礼》亦在堂中少西，而旧图柩于正中，误也。又殡后乃设灵床，旧图袭后遂设灵床于座东，今皆正之。"[28]又如祭礼中《旧时祭陈设序立图》，汪绂又曰："旧丘氏所定，颇有舛误，今正之。"[29]此外，《六礼或问》中还有补充新图者，如冠礼中补充《今祠堂制冠图》，祭礼中补充《新酌祠堂制图》《新酌陈设序立之图》《拟室中馈食行礼图》《补立社祭社之图》等，皆料简群书，释词通义，形制章明，具象可睹，以为学者梯引，亦沉潜笃实之作也。

三、汪绂《六礼或问》的思想宗旨

汪绂编纂《六礼或问》的思想宗旨，与朱熹编纂《家礼》的意旨颇有不同。朱子《家礼》以简便易行为主，旨在施行于民众生活之中，具有较强的普及型和民众实践意义；而汪绂《六礼或问》则是以"明礼意"为宗旨，《六礼或问·发凡》开篇即曰："是书设

28（清）汪绂：《六礼或问》，《汪双池先生丛书》第18册，第336页。
29 同上书，第478页。

为问答，以明礼意。"[30] 汪绂所作自叙亦曰："礼之为学，宰制群动，涵毓性情，既当执持其文，犹当深察其意。"[31] 又曰："绂之为是书，究未敢冀天下之必行，亦不过剖析先王及朱子深意，欲与二三子时为讲贯，且师其意焉，以修之于家而传之后人，俾日用知所持循，而得免为闾巷之子。"[32] 可见，汪绂是希望通过编纂此书来"剖析先王及朱子深意，欲与二三子时为讲贯"，希望能够在自己家族内部得以传习，使其日常行为有规可循，而不至于沦为闾巷庸人，并借此使仪节与礼意能够得到传承而不至湮没无闻，由此可见《六礼或问》一书的自我期许。

"明礼意"就是要阐发先王制礼之意，也就是蕴含在礼之节文、度数之中的文化内涵。对于礼意与节文之间的关系，汪绂在《六礼或问》末尾所附《余论》中通过答问的形式有所论述，其文曰：

> 问："子言礼如此其重也。夫礼之大体，三代相因，舍是固无以定治。若夫节文之繁、度数之末，则三王已不相袭，安在今之必效于古？如子之所重者，宁非节文之末欤？夫谓节文之末也，而顾为治民之本乎？"曰："不然哉！礼不徒在节文，而舍节文何以见礼？三代以前，礼制未备，是以三王迭为损益。孔子曰：'郁郁乎文哉，我从周。'则言礼而至于周，虽欲更为损益，其已无庸撰也。周末礼失，而后有文胜之弊。夫文胜岂武、周之过哉！孔子曰：'立于礼。'又曰：'不学礼，无以立。'夫所谓礼

---

[30]（清）汪绂：《六礼或问》，《汪双池先生丛书》第18册，第35页。
[31] 同上书，第26页。
[32] 同上书，第28页。

者，固本于恭敬辞让之诚，而所以固人筋骸、作其庄敬，则尤在节文、度数之详也。程子曰：'只整齐严肃，则心便一，一则自无非僻之干。'夫欲以整齐于外以一其心，则舍度数、节文，其曷由也哉？故朱子曰：'不知礼，则耳目无所加，手足无所措也。'况先王制礼，毫末皆有精义，习而安之，则真意出焉。真意洋溢，节文、度数莫非自然，此之谓和。如以节文为繁而谓得礼意于节文之外焉，则所谓知和而和者，又乌在其为先王之道乎？即如乡射一礼，揖让进退，文最为繁，而细味焉，实安且顺。是犹木之枝叶，或多或少，似无关系，而折其一枝，则木以伤；犹草木之有华，或六出、五出、四出、层出，而缺其一瓣，则花以不全。节文之末，乌可忽哉！然则安上治民，正节文之尽善者为之耳。绂非敢重言节文，重言节文，正所以重言礼也。"[33]

汪绂《六礼或问》一书重视具体的节文、度数，其仪节相较《家礼》更加复杂，不便于用，使人有舍本逐末之疑。但在汪绂看来，礼意与节文的关系是：礼不徒在节文，舍节文无以见礼。也就是说，先王制礼之意，包含甚广，不仅见于节文、度数之中；但先王所制之节文、度数，不论精粗，皆含礼之精意，抛开对节文、度数的研习，是无法明白先王制礼之意的。如果要化民成俗、安上治民，就需要从研习节文、度数之详的基础上展开，惟有如此，才能"固人筋骸、作其庄敬"，进而达到"节文、度数莫非自然"的境界。而那些厌烦节文、度数之纷繁复杂，以为可以在节文、度数之

33（清）汪绂：《六礼或问》，《汪双池先生丛书》第18册，第618—620页。

外求得礼意的想法，是不合于先王制礼之道的。所以，汪绂在此重申，他在《六礼或问》中对节文、度数的重视，并非是单纯的对节文、度数的重视，而只是他重视礼意的一种表现形式，因为只有在对节文、度数熟悉的基础上，才能明白先王制礼之意。民众士庶在具体实践中，不仅要能依据礼之仪节而行，而且还要明白礼之仪节背后蕴含的先王制礼之意，后世之人行礼一味求简，就与其对先王制礼之意的疏离有关。可以说，在汪绂的心中，礼意与节文并非简单的本末、体用的关系，而是一种寓本于末、藏体于用的关系，礼意就在节文之中，舍去节文无法求得礼意，而明白了礼意，对于行礼也有促进作用。

在礼制的落实过程中，如果过分注重对节文、度数的讲求，同样也会陷入"文胜"之弊。即如《论语·雍也》中孔子所言："质胜文则野，文胜质则史。文质彬彬，然后君子。"汪绂《六礼或问》对节文、度数的重视，也有陷入"文胜"之弊的嫌疑。对于这一问题，汪绂在《余论》中也做了回应，其文曰：

> 问："诚如子言，则文胜者其何以讥焉？"曰："文胜者，非文之过，专事乎文者之过也。林放问礼之本，子曰：'礼，与其奢也宁俭；丧，与其易也宁戚。'世之为礼者，务为专门，真意不存。一燕礼也，而肴馔必丰；一嫁娶也，而装资必盛；一馈遗也，而货物必厚；一事不如人，则以为耻，而不顾家之有无。究之，则外争门面之观，而内深费财之惜。故宴享宾客、男女昏娶、赠答馈遗，皆以为不得已之事，而诚敬之意荡然无复存者。其实彼所为文者，皆非先王之礼，而徒费财用。是故文胜之失，

皆奢易者之为本害也。礼贵仪而不重货贿，文有定度而有无不以强贫。若以文胜之失而欲废先王之节文，是犹惩噎而废食，吾又恐废食之害将不止于噎也。噫！何见之泥也。"[34]

"文胜"之弊主要是因为行礼者只专注于对具体节文、度数的讲求，甚至不顾自我的经济基础和具体情况，在行礼方面无法做到适度，而多有靡费之举，而对行礼讲求的诚敬之意则毫不在意，这是不符合先王制礼之意的。这种只重视礼仪之节文、度数的行为是不可取的，但造成这一现象并非节文、度数之错，而是行礼者之过。所以，不能因社会上存在只重视节文、度数而无视礼意的行为，就进而否定可以通过对节文、度数的讲求达到对礼意的追求。否则，也有因噎废食之失。

最后，汪绂在总结礼意与节文关系时，又进一步说："夫知礼者必详于节文，而详于节文者不必知礼。由节文以求礼而礼在，即节文以为礼而礼亡也。"[35] 知礼之士是必然熟悉具体的节文、度数的，因为具体的节文、度数之中是蕴含着先王制礼之意的，通过对它们的探求是可以明白先王制礼之意。但熟悉节文、度数之人并非必然能通晓先王制礼之意，因为这些纷繁复杂的节文、度数并非礼意本身。如果仅仅专注于对节文、度数的讲究，而忽略对礼意的讲求，则于礼仍有缺失。合礼与非礼之间的差别，只在于是否明白节文、度数背后的礼意，这也正是汪绂把"明礼意"作为《六礼或

34（清）汪绂：《六礼或问》，《汪双池先生丛书》第18册，第620—621页。
35 同上书，第621页。

问》思想总旨的原因所在。

如于丧礼之虞祭一节，其中有曰：

> 或问："虞者何也？"曰："虞之为言度也，忧也，忧父母之未有所依而揆度以安之也。"《记》曰：'以虞易奠。'何也？"曰："至是而是祭之矣。"曰："既虞而犹朝夕奠，何也？"曰："奠，丧道也；祭，神道也。然未祔于祖，则未全乎神，故犹奠也。"[36]

汪绂通过解释"虞"字字义，阐发了虞祭的礼意所在，认为虞祭是在既葬之后孝子寄托忧思之情的一种形式；并进一步分析了祭与奠的区别，认为虞祭虽是对既葬父母的祭祀，但此时父母尚未进入祖庙，并非完全意义上的祭祀，所以在举行虞祭的同时还需要举行朝夕奠。

又如士相见礼中有曰：

> 或问："相见之礼，何也？"曰："敌者，凡始相见，皆率是礼也。相见必以礼，而辞让之俗成矣。"曰："相见必以贽乎？"曰："始见必以贽，不敢虚以见也。"曰："已见而还其贽，不已虚乎？"曰："礼尚往来，还其贽者，轻财而重礼之义也。"[37]

士相见之礼，是士大夫之间相互拜谒之礼，也是培养士人温良

36（清）汪绂：《六礼或问》，《汪双池先生丛书》第 18 册，第 293 页。
37 同上书，第 593 页。

恭俭让的一种仪节。在士相见礼中，首次相见必须要有见面礼，而在见面之后又要将见面礼退还，这一仪节不免让人有多此一举之感。但在汪绂看来，这体现的正是先王制礼的深意。士相见需要见面礼，是因为士人之间相见需要有礼物作为媒介，以表示重视之意；而在相见之后返还礼物，则是一种"礼尚往来"的行为，体现的是士人重视礼仪而轻视财货之意。汪氏之见虽稍嫌"复古"，却也有其道理在。

而在《昏礼总论》中，汪绂更是详细阐述了与婚礼相关仪节所蕴含的礼意。如其中有曰：

> 夫昏礼，阴道也。礼成于六者，阳始于一而阴六成之。六阴，成之始也，故冠者三加而昏六礼，阴阳之义也。纳采、问名、纳吉、纳徵、请期皆以旦，而亲迎以昏。旦由阳往也，昏则阳往而阴来之义也。纳采、请期，迨冰未泮，而亲迎以冰泮，顺阴阳之动、天地之和以成生育之本也。阴阳合而后万物育，夫妇和而后家道成。[38]

汪绂在这里就解释了婚礼为何要有纳采、问名、纳吉、纳徵、请期、亲迎六礼，这是要符合阴阳之义。而且前五礼的举行时间是在早晨，而亲迎则在黄昏，这也与早晨、黄昏所蕴含的阴阳之义有关：前五礼是男方往女方家中所行之礼，所以选择早晨这个"阳往"之时；亲迎是男方往女方家将女方娶回男方家，所以选择黄昏

38（清）汪绂：《六礼或问》，《汪双池先生丛书》第18册，第158-159页。

这个"阳往而阴来"之时。可见,先王对婚礼六礼仪节的制定,是符合阴阳之数的,体现了"夫妇和而后家道成"的伦理法则和"阴阳合而后万物育"的阴阳和合之意。

总之,在汪绂看来,先王所制之礼,其背后都是蕴含着礼意的,纷繁复杂的节文、度数并非毫无意义的虚文。汪绂在朱子《家礼》的基础上编纂《六礼或问》,就是要在完善古礼系统和具体仪节的基础上,更好地阐发先王"制礼作乐"的精深礼意。

四、结语

汪绂以"明礼意"作为《六礼或问》的思想宗旨,与朱子《家礼》重视实践略有不同。朱子《家礼》为了诱人易于施行,过于简便;朱子临终前,已以《家礼》为太简,故《家礼》并非礼之郅隆者。但即便如此,清代社会中实践《家礼》者仍不多见。所以,汪绂一反朱子《家礼》之意,撰著《六礼或问》,以"明礼意"为诉求,希望通过系统阐明具体仪节背后蕴含的礼意,使人真正明白为何要如此行礼。也就是说,汪绂《六礼或问》追求的是让人于《家礼》既知其然,又知其所以然,如此才能将《家礼》真切地落实到现实的生活中去。但就实际情况而言,汪绂也认识到实现这一目标是非常困难的,所以他在《六礼或问》中以阐发礼意为主,并不过分追求礼仪在现实生活中的实践,只希望它能在家族内部传承下去即可。可见,汪绂《六礼或问》不同于《家礼》极强的实践化倾向,而有一种学术化倾向,即汪绂视《六礼或问》为一部阐述礼意的精英式的学术著作,而并非只是大众化的礼仪指导手册,所以后世学者对此书少有问津者。

另外，朱子《家礼》的思想体系及其用意，在于以冠、昏、丧、祭四礼行之于家族内部，属"家礼"范畴；其《仪礼经传通解》将乡射、士相见二礼作为行之于乡邦社会的礼仪，属于"乡礼"范畴。而汪绂将朱子《家礼》的"四礼"发展为涵盖家礼、乡礼的"六礼"，是希望将礼的实践范围由家族内部扩展到乡村社会，其作用也由和亲睦族发展为治民化俗，因为正如《礼记·王制》所言，冠、昏、丧、祭、乡射、士相见六礼皆是执政者治民化俗、安上治民的手段。当然，汪绂也只是从理论上进行论述，无意于仕途的他是无法将其理想实践于现实生活之中的。汪绂编纂《六礼或问》，只是希望可以通过全面系统地整理与民生日用相关的"六礼"，既能阐述六礼的礼意，通过在门人弟子中间的讲授，使儒家礼学精义传承下去；又能规范六礼的仪节，通过在自己家族内部的实践，使儒家礼仪节文延续下去。

总之，汪绂《六礼或问》是一部在继承朱子《家礼》基础上，以"明礼意"为思想宗旨，系统阐发《家礼》礼意，并进一步扩展到社会治理方面的一部礼学著作，是清代朱子《家礼》学研究的新动向，在清代礼学史上具有重要的学术地位。

佐藤一斋的《哀敬编》初探
——日本阳明学与朱子学的交融
[日]吾妻重二(关西大学)

前 言

朱熹的学问思想即"朱子学"不仅影响了中国,还对东亚世界产生了巨大的影响。这一博大精邃的学问思想,不仅在儒教史的展开过程中在质与量上都有突出的内容,还在成为近世中国以及东亚世界各种思想的母体这一层面上,具有十分重要的意义。就日本而言,批判朱子学、产生新的日本儒教展开的伊藤仁斋"古学派"、荻生徂徕"古文辞学派"等,其思考的出发点原本都在于朱子学;如果撇开朱子学的影响,恐怕也不能充分理解他们的思想。这在中国的明清时代、朝鲜王朝以及越南的黎朝、阮朝时期都是如此,那么"作为近世东亚思想母体的朱子学"这一观点,并不是夸张之言,而是在历史上有十分明确的证据。朱子学确实具有这样巨大的冲击力量。

关于朱子学的接受情况,只要确认一下朱熹的著作在东亚世界里是如何被广泛阅读,特别是包括《论语集注》在内的《四书集注》的普及程度,就会立即明白。众所周知,在近世日本,《四书集注》的"和刻本"不仅被多次翻印,而且还有很多用日文编写的通俗易懂的解说,如溪百年的《经典余师》等。《经典余师》是自学用的教材,为了让不能上学、不会读汉文的初学者也能很好地理解,作者下了很大的功夫。此书为只懂"和文"(日语书写的文章)的平民阶层敞开了朱子学的大门。

如果考虑到朱子学这样的普及方式,我们就很容易明白朱熹的《家礼》被广泛阅读是理所当然的事情。虽然学界早已确认《家礼》不仅对中国,而且对朝鲜、韩国和越南也都产生了广泛的影响,但是在日本产生的巨大反响很大程度上是通过近年的研究才得以明确的。这种结果表明,儒教礼仪的一面与其哲学的一面都对东亚诸国发挥了重要作用。

如果仔细观察这种反响在日本是如何产生的,就会发现不仅朱子学派,就连古学系、古文辞学系、阳明学系、考证学系甚至洋学系等不同学派的思想家都非常关注《家礼》。[1]《家礼》中展现的儒教礼仪受到各学派的极大注意。其中,冠婚丧祭中的丧礼和祭礼两类尤为引人关注。丧礼和祭礼,是以父母为中心的家族的葬仪和祭祀。在日本近世时期,随着对父母尽孝这一"孝"思想的渗透,引起了学者们很大的关注,产生了各种各样的研究和论述。

这里介绍的佐藤一斋(1772-1859)的《哀敬编》,便是追溯《家礼》在日本的"接受"与"变化"之时不可或缺的重要文献。到目前为止,对《哀敬编》的研究寥寥无几,今后还有待进一步研

---

[1] 详见吾妻重二编:《家礼文献集成·日本篇》1-9,大阪:关西大学出版部,2010-2021年。

究。本文在介绍这本书的同时,也对它的特色进行了初步考察。

一、佐藤一斋其人

佐藤一斋,名坦,字大道,通称几久藏、舍藏,号一斋、爱日楼等,是代表江户后期的儒者。一斋作为岩村藩(首府在岐阜县惠那市)家老的儿子出生在江户,曾经成为岩村藩的藩士,但不久致仕,来到大阪向中井竹山学习,后来回到江户,投林信敬门下。不久林信敬去世,一斋成为继任者林述斋(1768-1841)的门生。林述斋从少年时代就和一斋共同读书,是一斋的师兄,一斋发奋读书,在文化二年(1805)34岁时成为林家塾的校长,且声名远播。天保十二年(1841)林述斋去世,一斋成为昌平坂学问所的儒官。他的学术思想被称为立足朱子学,同时尝试融会王学,重视独立自主的精神。

一斋学问德性兼优,据说有弟子三千,在他门下出了渡边华山、安积艮斋、佐久间象山、横井小楠、松崎慊堂、山田方谷、大桥讷庵、东泽泻、池田草庵、吉村秋阳等幕府末期、维新时期的诸多英才。还有虽然非亲炙弟子,却因他的著作而受到深刻影响的,如吉田松阴、西乡隆盛等人。

一斋著作等身,已经出版的有《言志四录》四卷、《传习录栏外书》三卷、《小学栏外书》一卷、《古本大学旁释补》一卷、《爱日楼文诗》四卷,此外还有缩写版《爱日楼全集》五十六卷(收录于《近世儒家文集集成》第十六卷,东京:鹈鹕社,1999),其中的《言志四录》是他在四十余年间不断缀写的随想录,受到读者欢迎。此外，他对中国古典文献的点校被称为"一斋点"，在四书、五经和刻本中广泛应用。他的著作现在都收录在《佐藤一斋全集》（东京：明德社，1990-2010）中。

二、《哀敬编》及其立场

《哀敬编》为三册写本，藏于国立公文书馆的内阁文库（索书号190-528），开首两册名《哀编》，第三册题为《敬编》，正文是日文，汉字与片假名混用。这部书虽然在《佐藤一斋全集》中有收录，但出版方考虑阅读感受，在《全集》中把片假名都改成平假名，而且加了浊音符号和句读等，这样就和原文有了些许出入，另外，标题被统一编号，这在原文中也是没有的。

此书完成时间被推定为文化十三年（1816），一斋母亲亡故的时候。[2] 当时一斋45岁，正是作为学者的鼎盛时期，这部书也恰如其分地表现出一斋壮年对细节的追求以及对考据方面的投入，十分可贵。只是，正如在卷名下面"佐藤坦稿"几字所传达的那样，此书作为手稿，没有在他生前刊行。

《哀敬编》的目录如下：

第一册

 哀敬编一

  总论　五则

  哀编上

---

[2] 参考高濑代次郎：《佐藤一斋及其门人》，南阳堂本店，1922年，第477页；田中佩刀：《佐藤一斋年谱》，《佐藤一斋全集》第九卷，第813页。

疾病行祷于五祀

戒内外

死于适室

加新衣

举哀

立相礼者

迁尸　帷堂

始死奠　上食

易服　不食

治棺椁

刻志名

具辨

讣告　告启期

择葬地

拜宾

沐浴

袭　敛

灵坐　奠

成服

穿圹

第二册

　哀敬编二

　　哀编下

　　　启柩　奠　朝祖

  窆
  反哭
  虞祭
  作主
  立碑
  暇满
  祔
  除服
第三册
 哀敬编三
  敬编
   家庙
   神主位次
   晨谒 出入
   朔望 节祠
   时祭
   祭器
   立春祭
   忌祭
   墓祭

  关于《哀敬编》这一书名，见卷首《总论》第一条后面所做的说明（图1）。

  丧祭之主意在于哀敬二字，传曰："丧礼，与其哀不足而礼

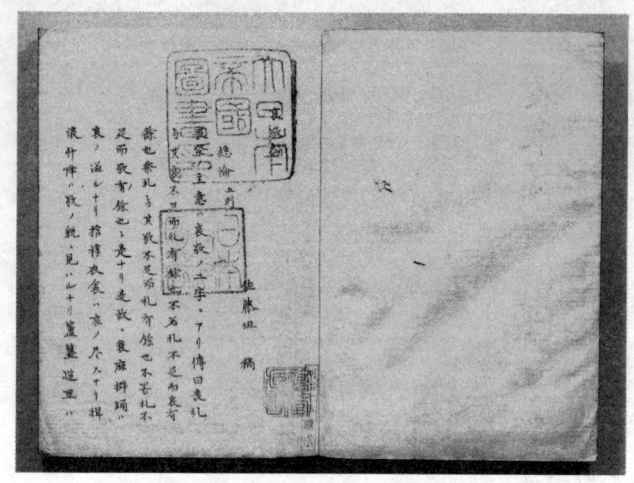

图1 佐藤一斋《哀敬编》一书的卷首部分

有余也,不若礼不足而哀有余也;祭礼,与其敬不足而礼有余也,不若礼不足而敬有余也。"是也。……今编述丧祭之说,以哀敬为名,为令读者不失其本耳。(原文是日文)

这里的"传曰:'丧礼,与其哀不足而礼有余也,不若礼不足而哀有余也;祭礼,与其敬不足而礼有余也,不若礼不足而敬有余也'"系引自《礼记·檀弓》上篇,意思是比起丧祭的形式,更应该重视其实质,即"哀""敬"之心。对丧祭仪式书起"哀敬"这个名称似乎很特别,但也可以说是与一斋所服膺的阳明学的出发点相一致,即相较于形式、更重视内在。第二条中"哀敬之心为我之真情所不得已"所表达出来的也是阳明学式的对于不可遏止的真情的重视。

当然,一斋并不轻视外在仪式,如同第一条所说的"如有哀敬之实,则必有哀敬之文",有"哀敬"这个实质,当然就会有"哀敬之文",也就是哀敬之心必然具备眼睛能看到的形式——"仪文"。他并非要在仪式和精神之中二选一,而是乐观地认为仪式和精神可以并行不悖。

此外,一斋对于随"时宜"而改变礼仪是持肯定态度的。他说:"仪文之起本于人心,不必泥于古制。"即认为仪式是根据人心制定的,不必拘泥古代的制度。而且他说这种思想可以从"礼从宜"(《礼记·曲礼》上)、"礼,时为大"(《礼记·礼器》)等古语中得到印证。这样一来,斟酌古礼,制作符合日本的儒家丧祭礼仪就成为此书的方针。关于这一点,同一条中说:

> 今斟酌古礼之可行者,去繁缛,就简易,或从宜以义起,要之使人能达哀敬之心。(原文是日文)

同样的言论还见于他的《言志后录》第156条:

> 邦俗丧祭都用浮屠,冠婚依遵势笠两家;在吾辈则自当用儒礼,而汉地古礼今不可行,须斟酌时宜,别创一家仪注。丧祭余尝著《哀敬编》,冠礼亦有小著,务要简切明白,使人易行耳。独婚礼则事涉两家,势不得如意,当以渐与别为要。[3]

---

[3]《佐藤一斋全集》第十一卷,第219页。相良亨等校注《佐藤一斋·大盐中斋》,《日本思想大系》第四十六册,东京:岩波书店,1980年,第85页。

这里的"汉地古礼今不可行,须斟酌时宜,别创一家仪注"清楚地表达了一斋的立场。

总之,这里表明的是他作为昌平坂学问所的林述斋的门人,以及该学问所后来的儒官的立场。他对于幕府的规定和日本的风俗习惯常常做出妥协,三年丧、追谥法号等办法都出于这种考虑。《朱子家礼》摈斥佛教礼仪,但一斋鉴于日本国情,对一部分佛教礼仪采取了默许的态度。

三、佐藤一斋与《四库全书总目》(四库提要)的关系

在当时,根据日本的国情和习俗,对中国的礼仪进行取舍的态度并不限于一斋,所有想要在日本奉行儒家礼仪的儒者都有同样的方针。不过,这里要强调的是,一斋并不认为《朱子家礼》是朱子的作品,而认为是伪托之作,这一点则是其他日本儒者未曾言及的特点。他在《言志晚录·别存》第28条里说:

> 林家丧祭旧式沿《文公家礼》,公尝疑《家礼》出于假托,不欲用之。晚年自述《丧式》,余亦有《哀敬编》,经公订览。[4]

这里的"公"指的是林述斋,可见《家礼》为伪托之作也是林述斋的意见,而一斋的《哀敬编》曾经过述斋的订正。

关于《家礼》的假托之说,一斋在《哀敬编》第3条中说:

---

[4]《佐藤一斋全集》第十二卷,第176页。相良亨等校注《佐藤一斋·大盐中斋》,第160页。

> 世所传《家礼》之书……恐非文公所作,若为文公之作,亦是其早年之稿本,而必非本意也。明王懋竑《白田杂著》曾细论之,清乾隆官修《四库全书总目》亦从其说。然文公之礼说,除散见于《文集》《语类》以外,另无有成书可考,则今大抵依《仪礼》次序,又斟酌《礼记》诸书而成此编,而至于《家礼》之说,则不可从者多矣……〔《四库全书总目》曰:《家礼》五卷附录一卷,旧本题宋朱熹撰。案王懋竑《白田杂著》有《家礼考》,曰《家礼》非朱子之书也……〕(原文是日文)

一斋认可清王懋竑以及《四库全书总目》的看法,认为《家礼》要么是伪作,要么是早年未定之论,并非朱子本意。[5] 述斋和一斋恐怕都没有亲自看过王懋竑的《白田杂著》,所以把他误为"明人"。这一条的结尾,从"四库全书总目曰"到"礼从宜使从俗也"为止的汉文长句的双行注,是照搬抄录《四库全书总目》的"家礼"条原文。[6] 因为《四库全书总目》是根据王懋竑的《白田杂著》所说做出说明,所以一斋说他参考了王懋竑的说法。不论如何,日本的文化、文政时代,清朝学者的考据成果已有很多流传到了日本,一斋把这些作为新知识采纳进来。

《四库全书总目》全二百卷,由纪昀等人奉诏撰修,于清乾隆四十七年(1782)完成,乾隆六十年(1795)由浙江布政使以及武

---

5 然而,王懋竑以及《四库提要》的家礼伪托说,已被近年来的研究所否定。
6 笔者参考的《四库提要》,在下一条注释中所说的北京中华书局版的《四库全书总目》第二十二卷经部礼类四"家礼五卷附录一卷"条。定本被称为"浙本"。

英殿刊行。即所谓"浙本"及"殿本"。"浙本"流传最广。[7]该书何时传到日本不明，但可肯定它刊行之后不久就传至日本，文化二年（1805）昌平坂学问所已刊行《乾隆钦定四库全书总目》四卷本。[8]主导此次官方刻本的应是林述斋以及佐藤一斋，以他们两人当时的地位来判断，是毋庸置疑的。这部官刻本《乾隆钦定四库全书总目》，鉴于原书《四库全书总目》的体量过大，故把解题部分全都删除，只保留了目录部分。[9]其中，关于《家礼》的记录是：

> 家礼五卷　附录一卷〔旧本题宋朱子撰，盖依托也。〕

在这里，明确记录《四库全书总目》的《家礼》假托说（方括号内的是双行注）。顺便一提的是，由于《四库全书总目》卷帙浩繁，所以又编了缩略版的《四库全书简明目录》二十卷。缩略版目录于乾隆四十七年（1782）编成，并于两年后的乾隆四十九年（1784）先于《四库全书总目》刊刻。[10]这部《四库全书简明目录》在中国刊刻九年之后就流传到日本，在宽政五年（1793）的《商舶

7　参见《四库全书总目》"出版说明"，北京：中华书局，1981年。

8　此外，根据大庭修编著《江户时代的唐船持渡书的研究》（关西大学东西学术研究所研究丛刊一，关西大学出版部，1967），《四库全书总目》的最早入关记录是弘化元年（1844）的书籍总账（同书第478页C）然而该书实际上在此之前已经来到日本，只是没有留下记录。根据大庭的考证，弘化元年以后，该书被频繁地带到日本。

9　如同杉山精一官刻本解题《官版书籍解题目录》（出云寺万次郎，弘化四年1847）上"四库全书总目　无卷数　五册"条中所说："凡卷二百，卷帙繁重，为便检寻，故删去解题，以从简便。"

10　参见《四库全书简明目录》，上海：上海古籍出版社，1985年。

载来书目》中已经有书名记载。[11] 不仅如此，在前述官刻本《乾隆钦定四库全书总目》刊刻之前的享和二年（1802），此《四库全书简明目录》已经有了附训点的和刻本四卷刊本，只是内容到"经部"为止。[12] 这部书的发行也有赖于一斋的推进，一斋在书序《刻四库全书简明目录序》中详细记载了刊刻的过程。[13] 此和刻本《钦定四库全书简明目录》卷二的"家礼"条，引用如下：

> 家礼八卷
> 　　旧本题朱熹撰，据王懋竑《白田杂著》所考，盖据依托也。自明以来坊刻窜乱，殆不可读。此本为邓钟岳所刻，犹宋人原帙也。

关于该书的作者问题，和官刻版的《乾隆钦定四库全书总目》一样，明确记载为伪托（参考图2）。这里《家礼》的卷数变成了八卷，恐怕是其所依据的《简明目录》的版本问题。[14]

上面考据很多，简单地说，一斋在讨论儒教丧祭仪礼的时候，对于《四库全书总目》提要上关于《家礼》的伪托说非常重视。日本近

---

11 注8前述大庭修编著《江户时代的唐船持渡书的研究》"商舶载来书目"记载，宽政五癸丑年中"钦定四库全书简明目录一部二套"（第718页D）。
12 田原藩有朋馆镌藏，鹰见爽鸠、星皋点。爽鸠和星皋是田原藩的儒者。同书第一卷以外，第一卷到第四卷的"经部"被刊刻，"经部"以下的"史部""子部""集部"没有刊刻。参见长泽规矩也《刻本汉籍分类目录　增补补正版》，东京：汲古书院，2006年，第92页。
13 和刻本《钦定四库全书简明目录》卷首。另见《爱日楼文诗》卷一，收录于《佐藤一斋全集》第二卷，第37页。
14 另外，上海古籍出版社《四库全书简明目录》是根据广东官刻本印刷，为"家礼五卷　附录一卷"；民国二十一年（1932）的扫叶山房版《四库全书简明目录》则写的是"家礼八卷"，与和刻本相同。

代的儒家丧祭仪礼研究，几乎都受到《家礼》绝大的影响，《哀敬编》则采纳清代考据学的观点，对《家礼》采取存疑的态度，从而构思了新的儒家丧祭仪礼，这作为日本独自发展儒教的尝试意义重大。

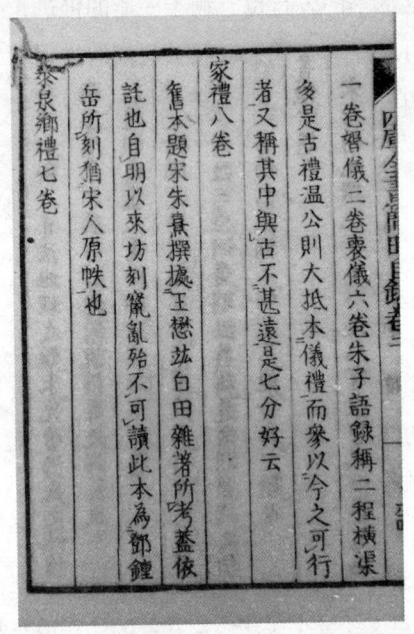

图2　和刻本《钦定四库全书简明目录》家礼条（关西大学综合图书馆·长泽文库藏）

由于上述理由，《哀敬编》根据古礼以及日本的习俗，对《家礼》提出种种批判。但也不能不以朱熹的说法为根据，所以会进一步援引朱熹的《语类》和《文集》中的语句进行解释。另外，作者在引用朱熹原文的时候，并不单纯采信，而是会追踪其思想的变化，这一点让人惊讶。比如关于外亲之神主的祭祀、时祭的日期等等就是如此。这些都意味着一斋曾经就这些话题对朱熹的著述作过深入的研读。

四、其他版本以及小结

这里顺便介绍一下，在关西大学综合图书馆内藤文库中藏有《哀敬编》的一个写本（图3）。此写本不是三册而是一册，卷首的目录有"总目"二字，上部栏外有几句关于文字校勘的按语。卷尾有"天保十三年岁次壬寅七月二十一日校字毕/伊藤辅世"的字样，说明校订者是伊藤辅世。伊藤辅世（1791-1860）是幕府末期的朱子学者，字孟德，又字子长，号樵溪，冈藩（现在的大分县竹田市）儒者，原来学习徂徕学。伊藤辅世成年后向田能村竹田学诗，后来又从游角田九华，成为以朱子学为主的冈藩藩校"由学馆"的助教。[15] 九华曾从学于中井竹山以及林述斋，后来成为由学馆的教授。

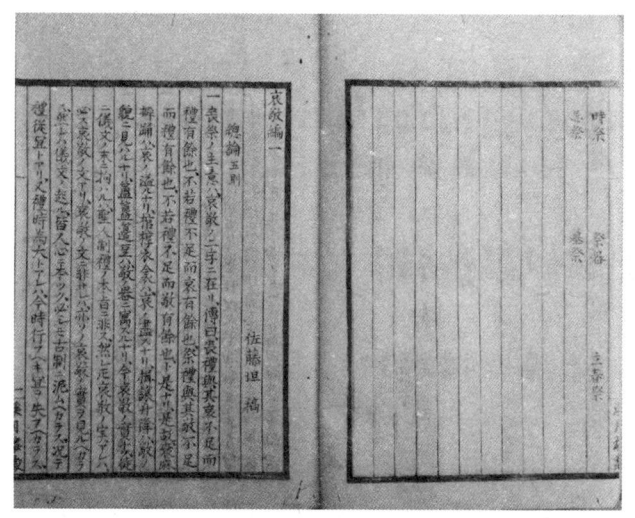

图3 关西大学综合图书馆内藤文库藏《哀敬编》

---

15 笠井助治：《近代藩校的学统学派研究》（下），东京：吉川弘文馆，1970年，第1862页。

考察此内藤文库本，可以发现在栏外备注的位置记载文字校勘，很多与内阁文库本相一致。从这里可以推测，内藤文库本是抄写内阁文库系统之一本，并在抄写后统一加以校勘而成立的。另外，由于正文和栏外按语的笔迹一致，可以推测伊藤辅世不但是校勘者，也是抄写者。

《哀敬编》虽然没有刊刻发行，但该书的写本，除了上述地点之外，还在国会图书馆和东北大学附属图书馆狩野文库、财团法人无穷会、静嘉堂文库等处有收藏，可见其是广受欢迎的。另外，在明治初期写作完成、堪称日本《家礼》相关文献殿军之作的池田草庵《丧祭略仪》也摘抄了《哀敬编》的一部分。[16]

总之，佐藤一斋的著作《哀敬编》是一部很有特色的文献，其特色总结如下：

（1）一斋重视诚实的心情，重视丧礼中"哀"的感情和祭礼中"敬"的感情。作为尊信阳明学的学者，有这样的态度应该是理所当然的。《哀敬编》的书名也是由此而来。

（2）但是这不意味着一斋忽视仪式。他站在仪式和心情并不冲突这一基本观点上，兼顾两者，撰写了儒教丧祭礼仪手册《哀敬编》。

（3）一斋在对中国古代的礼仪选择取舍后，还根据日本的国情和习惯进行了必要的修改。特别是他站在率领昌平坂学问所的林述斋的门人以及后来的昌平坂学问所儒官的立场上，往往需要妥协于幕府的规定和日本固有的风俗习惯。他的"吾辈则自当用儒礼，而

---

[16] 池田草庵《丧祭略仪》见吾妻重二编《家礼文献集成·日本篇（八）》（大阪：关西大学出版部，2019年）有影印本。

汉地古礼今不可行，须斟酌时宜，别创一家仪注"这句话，很好地概括了一斋的立场。《哀敬编》中围绕三年丧与服期、追号（法名）等的讨论，便是很好的例子。

（4）与此同时，很有特色的是一斋很早就关注了当时传入日本的《四库全书总目》（《四库提要》）以及《四库全书简明目录》，并根据这些文献，采用了其中所载的王懋竑的《家礼》假托说。这似乎是受到了林述斋的启发，对同时代中国的最新学术动态采取相对应的措施，这一点很值得注意。

（5）因此，《哀敬编》以清朝考证学的论点为基础，与《家礼》保持一定的距离，提出了相当独特的丧祭礼仪构思。

（6）但另一方面，一斋在《哀敬编》中还对朱熹的其他著作进行了较为仔细的研究。这些研究可以说是从《家礼》出发，探求了儒教丧祭礼仪中的新发展。

（7）《哀敬编》虽然不曾出版，但其手抄本除了收藏在国立公文书馆·内阁文库、关西大学·内藤文库以外，还收藏在国会图书馆、东北大学附属图书馆·狩野文库、财团法人无穷会、静嘉堂文库等地。此外，还有幕末阳明学者池田草庵的抄本。因此可以得知它获得广泛的读者，并发生浓厚的反应。

（李洁　译　吾妻重二　校）

近世日本丧葬礼仪的实践与转化

田世民（台湾大学）

一、前言

朱子《家礼》（冠昏丧祭礼仪典范）是一部影响东亚世界既深且远的经典文本。朝鲜、日本、琉球、或越南的知识人在接受和实践源自中国的《家礼》或传统儒礼时，势必须脱离原本的脉络（"去脉络化"）以后，才能落实（"再脉络化"）在自身的社会之中。[1] 尤其，朱子在编纂《家礼》时已意识到部分古礼不合时宜，必须对礼文、礼器有所变革，并采纳部分俗礼以合于现实社会。例如，朱子创设古代所无的"祠堂"之制，而且其中的制度颇多是采用俗礼。朱子说："然古之庙制不见于经，且今士庶人之贱亦有所不得为者，故特以祠堂名之，而其制度亦多用俗礼云。"（《家礼·通礼》）不过，其终极目标还是为了保存、实践儒家传统礼仪的礼意。

---

[1] 有关"去脉络化"与"再脉络化"的概念及方法论，请参照黄俊杰《东亚文化交流史中的"去脉络化"与"再脉络化"现象及其研究方法论问题》，《东亚观念史集刊》第 2 期，2012 年。

中国以外之其他接受《家礼》等礼仪的东亚知识人在保存、实践儒家礼仪的礼意方面，基本上是一致的。近世日本朱子学者浅见䌹斋（1652-1711）即赞同朱子采用俗礼以建立制度的做法，并且说："以此方（指日本）言，尊祖先、奉于祠堂是天地自然之理，唐（指中国）与日本莫有相异。但其立之制，此方应有不同。朱子若生于日本，亦为此方之家礼。"（《家礼师说·通礼》）䌹斋认为，如果朱子生在日本的话，一定会考虑日本的风俗，制作符合日本现实的家礼。然而，日本儒者将儒礼再脉络化于自身的土地时，在礼文、礼器的诠释和变通上，较朱子或明清士人所意识之时间的隔阂，更多了空间上的差异性。

本文举出日本丧葬礼制的几个事例，并从脉络性转换的视角来探讨江户期的知识人如何兼顾日本的制度与习俗，并对礼文制度加以转化及诠释以实践儒家礼仪。

二、心丧与服忌

中江藤树（1608-1648）是日本近世初期的儒学者，他不但重视孝的思想，亦重视朱子所著的《家礼》。藤树本人虽无《家礼》方面的专著，但现存于藤树书院里迄今仍奉祀不辍的藤树神主即是按照《家礼》的神主式所制，粉面文字作"显考惟命府君神主"，其右侧的夫人神主也采用同样的形式。[2] 藤树在正保元年（甲申［1644年］夏）回答冈村伯忠（按：不详，当为藤树门人）的

---

2 相关的介绍参见吾妻重二《藤樹書院と藤樹祭——『家礼』の実践》，关西大学亚洲文化交流研究中心通讯《环流》第6号，2008年，第14页。

书简《答冈村子》里提到身为人子如何为至亲守丧的心法，藤树写道："身为养子者为本生父母服周年之丧，（按：他本有"为养亲三年"）心丧亦以此为期。"[3] 来信的冈村子盖为养子并以服丧之期为问，故藤树有此回答。他指出，养子为本生父母守丧周年，为养亲则三年，如果无法长期守丧而代以"心丧"的话亦以此为期。

朱子《家礼》服制规定为父斩衰三年、为母齐衰三年等，依照亲疏关系而有明确的丧服及丧期。在近世日本，幕府于1684（贞享元）年制定颁布了"服忌令"[4]，以规范服忌的期间。根据该服忌令，为父母忌五十日、服十三月；为养父母忌三十日、服百五十日。藤树之时尚未颁布正式的服忌令，他所说的为本生父母守丧周年大致符合服忌令"服十三月"的规定，而为养亲三年的说法则远远重于服忌令的"服百五十日"。可见藤树重视养亲与养子间的伦理价值，认为养亲之恩更甚己亲，须服比本生父母更重的丧期。

接着看藤树所说的"心丧"。如前所述，一般而言三年是为父母服的丧期，而三年心丧则是弟子为亡师守丧，犹如对亡亲所尽之礼一般，三年期间内心哀悼、谨慎行事以尽礼。《礼记·檀弓》曰："事师无犯无隐，左右就养无方。服勤至死，心丧三年。"可见藤树将原本为师守丧的心丧转化成为至亲服丧的方法。其实，在日本一般人在忌五十日之后即恢复正常生活，只是不前往神社参拜而已。如此一来，服十三月仅存形式上的意义。为了尽到人子守丧三年之礼，于是藤树采用了心丧之法。之后，中井竹山等近世日本儒者为

---

[3]《藤树先生全集》第二册，第385页。
[4] 有关近世日本的服忌令，参见林由纪子著：《近世服忌令の研究—幕藩制国家の喪と穢一》（大阪：清文堂，1998年）。

了遂行三年丧服之礼，普遍均有强调与实践"心丧三年"的情形。例如，竹山在回答门人有关服丧的疑问时曾提到中江藤树的心丧说，他写道："凡孝子慈孙忠厚之人似拘于时制而全然不得尽其本意，然调停此二者，既不背时制亦得表其寸心，情文皆可得宜者则心丧者也。心丧无定制，轻重在各自揣其分从宜而行之。心丧之事见于藤树书简，此书定有贵藏，可就其考之。"[5] 竹山认为，为了调停时制与服丧本意，最得宜者莫过于心丧，并且提到心丧之事见于藤树书简，要求弟子参阅考究。

因此，藤树不仅实践《家礼》并且率先提出心丧之法，对近世日本的儒礼实践来说实具有指标性的意义。尤其，近世日本施行寺请制度并颁布服忌令之后，心丧更成为市井的儒者们缘情以遂行服丧之礼的重要依据。

三、点主仪

水户藩自第二代藩主德川光圀（1628-1700）以降即举藩上下实行儒礼不坠。光圀曾命儒士根据朱子《家礼》编撰藩士实践儒礼的礼仪书《丧祭仪略》，该书以抄本行并历经多次的改订。

在改订过的《丧祭仪略》里，在有关题神主的段落中写道："于墓地匆忙题写，有笔误之虞。故初书陷中粉面，只留主字上一点。此时，于初书陷中主字题点，次题粉面，以行礼。"意思是说在墓地临时题主难免有误，先将神主之陷中粉面题妥，仅留"神

---

[5] 中井竹山：《答加藤子常》，大阪大学附属图书馆怀德堂文库藏抄本《竹山先生国字牍》（抄写年不明），无页码。

主"之主字上一点（即仅题写"神王"），到了墓地后再题上陷中、粉面"主"字之点，以完成题主之礼。

这样的"题点"仪式在水户藩并不是一开始就有的。例如，第一代藩主德川赖房的葬仪时，是由书法家真幸正心直接于墓地题主。[6]但是，光圀葬仪时题主之节，如纪录所示："（梅村）源七先题陷中之点，次题粉面之点"，于墓地仅题神主之点。还有，恭伯世子葬仪时，"题主"之礼于江户举行，陷中、粉面分别由医师法桥今井元昌和田中石云题写，之后由丧主纲条题上"御神主之主之字之点"。[7]

换言之，从以上例子可以得知"题主"之仪在水户藩里渐渐转变为"题主之点"，或者说"题点"已逐渐成为葬仪惯例。

值得一提的是，大坂的书院、怀德堂诸儒的儒礼实践，亦有与水户藩相同的题主仪式。怀德堂第二代学主中井甃庵（1693-1758）著有《丧祭私说》一书。该书初稿成于1721年，甃庵辞世后，1760年由长男竹山、次男履轩共同补订增补而成。值得注意的是，该书中也有叙述"题点"的文字，曰："主人盥手出主，卧置于卓子上，其陷中主面皆豫题之，但留主面主字一画不书。至此填之，既毕，奉置于卓子上。"[8]《丧祭私说》的补订者中井竹山表示，之所

---

[6] 水户史学会：《史料翻刻『慎终日录』（威公）》《水户史学》57，2002年），第120页。

[7] 水户史学会：《史料翻刻『慎终日录』——义公、恭伯世子》《水户史学》56号，2002年），第93、96页。

[8] 引自大阪大学附属图书馆怀德堂文库藏抄本《丧祭私说附幽人先生服忌图》（抄写年不明）"送葬"题主条，原汉文，无页码。另参见高桥文博：《『丧祭私说』における"家礼"受容—德川儒教における佛教批判の一方向—》，《怀德》61（1993年），后收入氏著《近世の死生观》（东京：ぺりかん社，2006年），第120-138页。

以这么做是因为题主之仪在天色昏暗的墓地难以为之，且书法家难得之故。

其实，"题点"之仪并不见于《家礼》，而是明清以降民间的俗礼，一般称为"点主"。[9]而且，点主仪不单单只是为了"昏黑"之中不方便题写、没有善书者、或是避免笔误。其中更具有另一层涵义，亦即：藉由点主之仪，使灵魂凭依至木主，而让"神主"正式成立。在台湾丧礼中的"点主"仪式，甚至有"反凶为吉"的象征意义，例如吕理政即指出："目前台湾丧礼中，凡家中奉祀小龛式公妈牌者，在出葬点主时是以魂帛点朱，题'王'为'主'，即象征反凶为吉，迎魂帛'返主'，俟除灵时烧却魂帛，而将祖先名讳填入公妈牌中。"[10]

由此可见，不管是水户藩或是怀德堂儒者的题主仪都采用了明代以降的点主仪，并且视之为在墓地无法妥善题主的权宜措施，而不考虑（或是淡化）该仪式所具有之"神灵入主"的象征意义。

---

9 有关点主之仪，参见王尔敏著：《明清时代庶民文化生活》(台北：中研院近代史研究所，1996年)第5章"日常礼仪规矩"，第63–91页；李秀娥：《台湾传统生命礼仪》(台中：晨星出版社，2003年)第153–155页；石奕龙：《中国民俗通志【丧葬志】》(山东：山东教育出版社，2005年)第369页等。另外，台湾民间的葬礼至今仍用点主之仪。以家礼书为例，清初龙溪吕子振的《家礼大成》至今仍广为印行，书中载点主之仪，曰："请点主官吉到山。孝男在道旁跪接。孝子转跪中央面朝上。两手在背后负主。点主者将朱笔指日。再与其子孙呵转。向主点毕。执事者扶主安座上。点主者再鞠躬。主人拜谢。宾答拜。跪送点主者就寓。"引自龙溪吕子振羽仲辑，鹭江杨鉴晓潭重校《家礼大成》(台北：武陵出版有限公司，2005年)，第270–271页。

10 吕理政：《传统信仰与现代社会》(台北：稻乡出版社，1992年)第五章《汉文化的传统丧礼》，第130页。

四、龟趺

龟趺是龟形的石碑台石,一般用于墓前碑(神道碑)或是名人事迹及神佛的显彰碑。

根据平势隆郎指出,墓前碑在东汉的豪族墓葬中已经出现,其中有以龟趺为台石的。初期在碑身或台石上表现为青龙、朱雀、白虎、玄武等四神,之后玄武的造型分离为台石的龟趺与碑身上部的螭首,并且成为固定的形式。在唐代,五品以上的人可以建造龟趺碑。[11] 到了明代,《明会典》洪武29年规定"三品以上"可使用龟趺;同时,明礼令也有龟趺的相关文字,规定:"五品以上许用碑龟趺螭首,六品以下许用碣方趺圆首。"[12] 原本这两个规定并存,后来仅残存五品以上的规定。而且,"一般而言,唐朝皇帝不建造龟趺碑,皇帝以下地位的人们才建造龟趺碑,在新罗等国则是于王者的墓前立碑"。[13]

在朝鲜半岛,高丽时代佛教界有禅宗及教宗两大势力,并且各有僧阶的规定,从下位依序而言,禅宗有大选、大德、大师、重大师、三重大师、禅师、大禅师;教宗则有大选、大德、大师、重大师、三重大师、三重大师、首座、僧统等位阶。而得以建立龟趺塔碑的都是具有第五位大师以上地位的高僧。由此可见,高丽援用了唐朝允许五品以上者建立龟趺碑的规定,并将其转化为僧阶在第五

---

11 平势隆郎:《东亚册封体制与龟趺碑》(高明士编《东亚文化圈的形成与发展:政治法制篇》,台北:台湾大学出版中心,2005年),第22–23页。
12 平势隆郎:《日本近世の龟趺碑——中国および朝鲜半岛の歴代龟趺碑との比較を通して》(《东洋文化研究所纪要》121,1993年),第9页。
13 平势隆郎:《东亚册封体制与龟趺碑》,第23页。

位以上者得以建立龟趺塔碑的规定。[14] 到了李朝，儒教取代了佛教的地位，在立碑的规定方面，二品的高官可建立龟趺碑，而这个规定很明显是援引明朝允许三品以上者可立碑的规定并略做调整。但是，平势隆郎指出，这个许可三品以上建立龟趺碑的规定，是当时明朝早已放弃不用的。他说："虽然明朝制定了允许三品以上高官立碑的规定，但是当时复古运动隆盛，时人似乎相当热烈地讨论唐朝许可五品以上立碑的规定。结果，五品以上的规定留存下来，三品以上的规定却不再被考虑了。"[15] 因此，这表示李朝遵行明朝业已废弃的法令，并规定二品以上的高官才能建立龟趺碑。

在日本，公元三世纪至六世纪之间是统治阶层兴筑古坟的主要时期，但在七世纪颁布《大化薄葬令》之后，随着古坟的消失，作为古坟地目标石碑也跟着消失了。到了中世，虽然有营造五轮塔、宝箧印塔等较为大型的墓塔，但是却未建立石碑。到了江户时代，各地的大名领主开始营造大型墓葬，初期是制造大型的五轮塔或宝箧印塔。"不久，在各个大名的封建领地上，开始营造大型的墓石。这可以说是古坟时代的复活。"[16] 而且，这些大名在墓葬时，有建立龟趺碑的情形。例如，水户德川家、会津松平家、山口毛利家、冈山池田家、以及鸟取池田家等大名的墓所里都建有龟趺碑。

除了大名墓葬的龟趺碑，还有一些表彰名人或高僧事迹的显彰碑，也有设置龟趺的情形。例如，较为早期的例子有永井直胜（1563-1625）的颂德碑。永井直胜是江户前期的大名，曾侍奉德川

---

14 平势隆郎：《东亚册封体制与龟趺碑》，第35页。
15 同上书，第24页。
16 同上书，第27页。

家康及信康父子,并且在天正八年(1584)的长久手合战中大胜敌方大将池田恒兴,战功彪炳,其后成为下总国古河(现茨城县古河市)七万二千石的大名。该颂德碑的碑文成于永井氏逝后第十三年的宽永十四年(1637),为大儒林罗山所撰文。其文最后有铭,曰:"永井家谱,大江之后。(……)龟趺载名,百世传远。"[17] 实际的碑石建立较晚,目前永井直胜颂德碑现存有三座[18],其中位于京都市悲田院(永井家的菩提寺)里的颂德碑建立于正保四年(1647);兴圣寺(京都府宇治市)及永井寺(茨城县古河市)的颂德碑则建立于庆安二年(1649)。其中,只有悲田院里的颂德碑是龟趺碑。

由于龟趺碑所牵涉的问题很广,这里仅扣紧武家官位与龟趺之间的关系来看近世日本墓葬礼制的脉络性转换。简言之,这些在墓葬建立龟趺神道碑或龟趺墓石的大名,大部分都具有三位以上的武家官位。例如,水户德川家第一代藩主赖房是正三位,第二代光圀以降都是从三位。有"姬路宰相"之称的池田辉政是正三位,会津藩的保科正之虽是正四位,但曾受天皇赐予从三位中将,却只接受中将而辞退从三位。山口毛利家历代藩主均取得四位的武家官位,但是从建立龟趺碑的毛利吉就以来,却将祖先之姓"大江"刻在墓石上,原因是其先祖大江言人在古代是取得三位律令官位之人。另外,鸟取池田光仲的祖父就是上述正三位的池田辉政。[19] 由此可见,江户时代的大名们在墓所建立龟趺碑,是以《明会典》洪武29年

---

[17] 国文学研究数据馆数字数据:肥前岛原松平文库(长崎县)藏《右近大夫永井月丹居士碑铭》,写本,无页码。
[18] 豆田誠路:《永井直勝の事績形成と林羅山》,《碧南市藤井達吉現代美術館研究紀要》2號,2013年。
[19] 平势隆郎:《东亚册封体制与龟趺碑》,第31—32页。

定"三品以上"的规定作为准据,并将其转化为武家官位的"三位"。平势氏亦分析指出:"各个大名建立龟趺碑,三品是一个标准,离开这个标准时,人们会议论它是因为什么理由而建立的。"[20]

五、结语

以上以心丧与服忌、点主仪、以及龟趺碑为例,来探讨丧葬礼仪在江户时代经过脉络性转换具体落实在日本社会的情形。除此之外,在其他丧葬祭祀相关的礼器上面,例如神主(以"纸牌"代替神主、魂帛)、棺木(以"坐棺"取代"卧棺")、铭旌(以"墓标"代替铭旌)等,都能看到日本知识人试图缘礼从俗,对礼器的制作进行脉络性的转换,以达到实际行礼的目的。从这个角度来观察日本的儒礼受容,更能清楚地理解社会史脉络下礼仪实践的意义。

---

20 平势隆郎:《东亚册封体制与龟趺碑》,第33页。

崎门派"家礼"实践与近世日本社会

［日］松川雅信（日本学术振兴会）

一、绪论

本文将沿着继承山崎暗斋（1618-1682）思想流派的崎门派儒学者之思路，对近世后期的日本儒学者怎样定位《家礼》一书的殡葬仪式这一问题进行讨论。具体来说本文将以在近世后期各自开创了尾张崎门派和上总道学的两位儒学者中村习斋（1719-1799）和稻叶默斋（1732-1799）为研究对象进行分析。至于为何要将此二人作为研究对象，其一缘于现存研究较少[1]，另则因此二人均针对近世日本社会问题（后文详述）阐述了极具深意的观点。

毋庸赘言，伴随着史上朱子学在东亚地区的传播扩散，相传同为朱熹所著的《家礼》一书亦是影响深远[2]。但人们一般认为，近世

---

[1] 近年关于稻叶默斋的研究有高岛元洋编《近世日本の儒教思想》（御茶水女子大学附属图书馆，2012年），三浦国雄《与〈朱子家礼〉的距离》（《東アジア文化交涉研究》东亚文化研究科开设纪念号，2012年），细谷惠志《我が国における『朱子家礼』の受容について》（《东洋文化》347号，2016年）等诸多优秀研究问世，但管见之下，从与《家礼》相关的角度探讨中村习斋的研究几乎是没有的。
[2] 吾妻重二、朴元在编：《朱子家禮と東アジアの文化交涉》，汲古书院，2012年。

日本虽与其他东亚诸国一样沐浴着朱子学的春风化雨，却在最初就不具备以《家礼》为代表的儒礼（儒教礼仪）普及的土壤。譬如引领日本思想史研究的著名学者们就曾极具象征性地这样论断："缺乏独自丧祭礼仪的儒学即是日本的儒学。……（也是一种）缺乏宗教经验的儒教"[3]、"日本近世的儒教是一种'缺乏祭祀和信仰的学问、处世、治世之道'"[4]。也即是说，在日本思想史研究领域的普遍认知中，近世日本儒教被理解为一种明显缺乏礼仪层面价值的"学问"或者"道德"体系。

但是随着近年研究的推进，我们可以说，这种理解在很大程度上是违背事实的。例如据近来吾妻重二、田世民等学者的研究成果，曾有许多近世的日本儒者对《家礼》一书表示出极大的关心，同时，依据同书内容亦有多数的儒礼实践也被证实了[5]。通过不断积累日本儒者对《家礼》一书的关心和实践的事例，我们或可期待重新认知近世的日本儒教。但是，在进行事例积累的同时有一个需要慎重考虑的问题——即与同时代的中国、朝鲜等地相比较而言较为特殊的日本近世社会状况问题。下面举两个其中比较有代表性的特点。

第一，在近世日本的幕藩体制下，儒教（特别是朱子学）并未发挥正统学问的功能，因此儒教的全面社会制度化也未达成。科举制度的缺位可看作其代表例。因而在近世日本，信奉儒教的儒者基

---

[3] 渡边浩：《近世日本社会と宋学》，东京大学出版会，1985年，第170页。
[4] 黒住真：《近世日本社会と儒教》，Perikan社，2003年，第156页。
[5] 吾妻重二编：《家礼文献集成》1-8（关西大学出版部，2010-2019年），田世民《近世日本における儒礼受容の研究》（Perikan社，2012年）等。

本都是自称，其中大多数不得不被看作是一些毫无体制性背景的特殊技能者。以本文将探讨的近世后期为例，譬如当时深切同情儒者所处状况的中井竹山（1730-1804）在同老中松平定信（1759-1829）的时务对谈中的一段言论非常有名："希望有一种可在户籍上登录儒者的身份、并根据其要求允许其享有姓氏和佩刀权的制度。"[6] 竹山向当时的最高掌权者直接提出了建立承认儒者身份的制度性要求。但是众所周知，竹山的提案并未被采纳。可以说在幕藩体制下，除去藩儒的录用等形式以外，多数儒者未能获得合法地位[7]。

第二，相较儒教而言，在幕藩体制下被社会制度化的宗教是佛教。以基督教禁教为远因的寺檀制度在17世纪中叶确立其地位以后，佛教寺院对丧葬和祭祀的主导权就被官方制度化了[8]。无论怎样强调自身的儒者身份，这些人在根本上是很难脱离寺檀制度的。也就是说，本应对佛教持批判态度的日本近世的儒者们，却是以从属于特定寺院的某个檀家的形式生活在当时的社会中的。

那么在佛教被官方制度化的近世日本社会中，没有任何制度保障的儒者们又是怎样去实践倡导"不作佛事"的《家礼》式丧仪的呢？换句话说，在近世日本的社会状况下，他们在强行实践儒教葬礼的过程中发现了何种意义呢？本文将以前述的两位崎门派儒者为例，在积累事例的同时，对上述提出的问题进行考察。

---

6 《草茅危言》《日本经济大典》二三卷，明治文献，1969年）412页。
7 但是藩儒也是作为大名家的家臣团成员被录用，其真正身份是武士，并非儒者。而且他们的主要公务为教育、编纂家谱以及管理文库等，对于藩政的主体性参与是很罕见的。详细内容参见宇野田尚哉《儒者》(横田冬彦编《知識と学問をになう人びと》吉田弘文馆，2007年)，浅井雅《藩儒の修学過程と公務》(《教育史フォーラム》8号，2013年)。
8 圭室文雄：《葬式と檀家》，吉川弘文馆，1999年。

二、尾张崎门派的中村习斋

儒者中村习斋曾在现今的名古屋附近传授崎门派朱子学,并为一直沿袭到明治时代的尾张崎门派奠定了学问基础。最初他曾于半官半民的尾张藩学校——巾下学问所跟随三宅尚斋(1662-1741)的门下蟹养斋(1705-1778)学习,同时积极投身于学问所的运营工作。但随着藩校明伦堂的正式开设,巾下学问所无疾而终,养斋也离开了尾张。自此中村习斋再也没有以儒者身份与藩国有任何瓜葛,余生均在私塾以教育门人为业[9]。也就是说,与大多数日本儒者一样,没有体制保障的习斋也以市井儒者的身份度过了一生。

私塾时代的习斋为了向门人传习《家礼》中的丧葬礼仪,著有简明的《丧礼俗仪》一书。在同书序文中,他认为"丰饶大户人家或可逸脱世间风俗之礼,特立独行而不至被周围之人见怪","贫乏小户"则不可同日而语。此外同书亦特地记载,"专为贫乏小户人家而写,使其不违反现今习俗,不损害礼之原则"[10]。此处提及的"丰饶大户人家"具体是指何人不得而知,联想到此书成书时代已有水户藩德川家及冈山藩池田家等大名家开始举行儒式葬礼[11],或可

---

9 据高木靖文研究,在习斋长达47年的私塾经营过程中,入门弟子多达600人以上(《中村習斎"講会諸友姓名記録"にみる私塾像》《名古屋大学医疗技术短期大学部纪要》6号,1994年)。
10 中村得斋编《道学资讲》卷八十,名古屋市蓬左文库所藏,1丁裏-2丁表。
11 吾妻重二:《水戸徳川家と儒教儀礼:葬礼をめぐって》(《東洋の思想と宗教》25号,2008年),同《水戸徳川家と儒教儀礼:祭礼を中心に》(《アジア文化交流研究》3号,2008年),同《池田光政と儒教喪祭儀礼》(《東アジア文化交涉研究》1号,2008年),近藤萌美:《江戸前期岡山藩主の先祖祭祀とその思想背景》(《岡山県立記録資料館紀要》9号,2014年)等。

推测竹山的此番言论是念及上述大名之家的儒礼实践状况而专门提及的。由此我们可以认为，习斋念及门下的市井之人不同于坐拥权力宝座的大名之家，专为此类市井小民正确实践儒式丧葬、又不至于过度逾越既存之风俗习惯而著述了《丧礼俗仪》一书。

在此种意图下成书的《丧礼俗仪》中，近世日本的社会状况被描述如下：

> 现今之人，一旦撒手人寰则必接受佛教葬仪。……基督教禁教以后，凡生活于此国度之人必然成为某处佛教寺院之檀家，借以证明自身并非邪教之徒，此举已成天下之大法。……无论如何崇奉儒教的儒者均不得违背此之大法[12]。

由此处可以看到，只要寺檀制度存在一天，就算是儒学者也不能抗拒由寺院主导的现行佛教丧葬礼仪。这也同样说明了习斋为何要思考应在不否定既存佛教葬仪的前提下来实践《家礼》葬仪这一问题。

本来，很难全面否定已体制化的佛教这一观点也并非习斋独创，我们可以在活跃在近世中期以后的多位儒者那里看到同样的主张。比如就崎门派内部的儒者而言，浅见䌹斋（1652-1711）门下的若林强斋（1679-1732）就是其中一位。他曾经著述《家礼训蒙疏》推动《家礼》一书的普及，还曾针对弟子提出的各种佛教礼仪是否应该执行的问题这样回答："应该按照一般习俗执行。被周围

12《道学资讲》卷八二，48丁裏-49丁表。

人质疑的行为反而不好。"[13] 同样，习斋的老师蟹养斋也曾经说过，"从属于某个檀那寺是现今之大法……无法拒绝家中设置佛坛的行为"[14]。另外，佐藤直方（1650-1719）门下、亦是次章言及的稻叶默斋的父亲稻叶迂斋（1684-1760）则更加明确的留下了如下发言。

> 自基督邪法流行、感化者结为徒党之事件（此处指岛原天草之乱，引用者注）以降，基督教成为禁教，为将其取缔，国法遂成。天下之人即使未有皈依佛教之心，依此国法则必守佛教之宗旨，亦必成禅宗、一向宗或法华宗等寺院之檀家，即便精通古时之礼，亦难违抗此间风俗[15]。

对于生于17世纪中叶前后寺檀制度建立以后的诸儒来说，佛教寺院主导的葬仪乃是不可颠覆的认知前提之一[16]。由此而言习斋也未能免俗。

只是在习斋的观点之中较为值得瞩目的一点是，他认为遵循体制化的佛教葬仪与朱熹所著《家礼》的思路并不相悖。譬如在《丧礼俗仪》一书中，他曾就墓碑上必须篆刻寺院所赐之戒名一事作出如下富含深意之说明。

> 多数人死后会得到一个由所属寺院僧侣决定的戒名。即使此人

---

13 《雑話筆記》(《神道大系　垂加神道》下卷，神道大系编纂会，1978年)，23页。
14 《居家大事記》九州大学附属图书馆所藏，45丁裏。
15 《火葬論》(《迂斋先生和書集》卷一，千叶县文书馆所藏) 10丁表。
16 除上述崎门派儒学者以外，近世后期的佐藤一斋（1772-1859）、会泽正志斋（1782-1863）、佐久间象山（1811-1864）等儒者也表达过同样的观点。

并非僧侣,若有戒名则刻在墓碑上亦无可厚非。原本在《家礼》一书中,于墓碑上篆刻官爵职位乃是常识,这也是朱熹根据当世习俗("通俗")所制定的方式。现今之日本的习俗乃是所有人都会被赐予一个戒名,我们遵从这种习俗,也同样符合朱熹自身的考虑[17]。

习斋认为,《家礼》一书的意图在于遵循同时代社会的"习俗"("通俗"),因此在近世日本,遵守在墓碑上雕刻戒名的"习俗"也是没有任何问题的。也就是说,执行佛教礼仪和实践《家礼》之间并不存在矛盾关系。笔者亦认为,习斋的说明并非毫无根据。因为《家礼序》中也承认,只要遵守构成"礼"之本质的"本(名分、爱敬)",那么作为具体礼仪、作法等的"文"则可以根据时代或情况的不同而随之改变,而且序文中也记载道,朱熹自身亦是根据这一思想而制定了同书的各种礼仪[18]。先行研究中指出的"原则主义"[19]可以理解为朱熹礼学的基本立场,但实际上习斋对于门人,进行的是一种应在理解《家礼》原则的基础上,根据实际状况进行礼仪实践的指导。

> 读此(此处指《家礼》一书,引用者注)之方法,乃是先听

---

17 《道学资讲》卷八一,50丁表-50丁裏。
18 《家礼序》:"凡礼有本有文。自其施于家者言之则名分之守爱敬之实其本也。冠婚丧祭。仪章度数者其文也。……是以尝独究古今之籍。因其大体之不可变者而少加损益于其间。以为一家之书。大抵谨名分崇爱敬以为之本。至其施行之际。则又略浮文务本实以窃自附于孔子从先进之遗意"。
19 吾妻重二:《近世儒教の祭祀儀礼と木主・位牌》(吾妻重二、黃俊杰编:《東アジア世界と儒教》東方书店,2005年)。

一两回师友对同书的文意、大要之讲解，理解以后再亲自涉猎各类书籍，将之推广。如此这般渐次推之广之，朱熹先生之斟酌权衡则渐入己心，方可对应万般变化。……此非我（此处指中村习斋，引用者注）个人见解，而是朱熹先生思考并讲解的礼之要义[20]。

综上所述，近世后期阶段，缺乏体制保障的市井儒者无法全面否定建立在寺檀制度上的佛教葬仪，而习斋则通过将其看作世间"习俗"，实现了对佛教葬仪的某种容许。而且重要的是，在习斋个人的主观之中，容许佛教葬仪与朱熹或《家礼》的思想并不矛盾。

那么在容许佛教葬仪的前提下执行儒式葬礼的话，具体应该怎么做呢？举例来说，《丧礼俗仪》一书中曾记载，对于《家礼》中记载的"朝祖"仪式，应该如下举行：

> 朝祖是一种面对祖先的死者告别仪式。将棺木抬到先祖灵位所在之处，棺木正对灵位方向，子孙跟随其后，酝酿悲伤心情。此礼仪不仅适用于灵位，亦适用于佛教牌位[21]。

"朝祖"原本是对置于祠堂中的祖先灵位进行的一种礼仪[22]，在

20《一軌図資講書目講説》卷一，大仓精神文化研究所所藏，9丁裹-10丁表。
21《道学資講》卷八一，13丁表-13丁裹。
22 奉柩朝于祖。(將遷柩。役者入妇人退避。主人及众主人辑杖立视。祝以箱奉魂帛前行。诣祠堂前。执事者奉奠及倚卓。次之。铭旌次之。役者举柩次之。主人以下从哭。男子由右。妇人由左。重服在前。轻服在后。服各为叙。侍者在末。无服之亲。男居男右。女居女左。皆次主人主妇之后。妇人皆盖头。至祠堂前。执事者先布席。役者致柩于其上。北首而出。妇人去盖头。祝帅执事者。设灵座及奠于柩西东向。主人以下就位。立哭尽哀止。此礼盖象平生将出必辞尊者也。)(《家礼·丧礼》)

上述引文中可以看到，习斋认为此礼仪同样适用于佛教牌位。《丧礼俗仪》一书中明确记载了以此种佛教葬仪为前提的《家礼》丧礼实施方法。

即便如此，习斋也没有完全按照遵循"习俗"的理论，采纳所有既存风俗习惯。如前所述，《丧礼俗仪》一书的意图在于"不违反现今习俗，不损害礼之原则"。因此，损害"礼之原则"的习俗是无论如何都无法采纳的。例如，习斋认为下列三种习俗是绝对不能容许的：

> 火葬、简棺、速葬，此三项绝不可行。关于禁止理由，先儒已有明文规戒。特别是火葬，应严令禁止。即便有长者命令，亦应据理力争，禁止实行[23]。

此处可以看到，习斋认为，即使和周围人的意见相悖，也决不应该实行火葬，或使用简易棺木，抑或死后直接埋藏。尤其是火葬应该被严格禁止[24]。也就是说，即使是既成风俗之中，也有绝不可采纳之习。而且对于此类习俗不可被容许的原因，习斋自身并未明确说明，只是记述了"先儒已有明文规戒"。但是可以指出，这几种习俗（特别是火葬极为典型）都有损毁死者遗体的风险。

此外习斋还写到，关于《家礼》中记载过的"祠后土""志石"

---

[23]《道学资讲》卷八二，58丁表-58丁裏。

[24] 常有人说在近世社会中，土葬形式占绝大多数，近代化以前的火葬形式是极少的，这种观点是不正确的。其实，不论在近世社会的城市还是乡村，火葬的比例一直都保持在一个较为稳定的水平上。详情参考木下光生《近世の葬送と墓制》(胜田至编《日本葬制史》吉川弘文馆，2012年)。

等，虽然不是近世日本的"习俗"，但也必须实行。在《丧礼俗仪》一书中，有关二者的段落分别如下：

> 祠后土是指对埋葬地点的神明进行祭祀。崇尚儒礼者则必须执行此礼仪。……既埋棺椁，为得长久庇佑，则需向埋葬地的神灵进行祈祷。在现今的习俗之中，此项礼仪并不存在[25]。

> 志石在现今习俗中较不为人所知。志在圣学之人当行之。若现今儒者频繁使用志石，则有朝一日可望成为习俗。……即便家境贫寒无法树立墓碑，只有志石也是必要的[26]。

对于为何要实施"祠后土"的礼仪，或是为何必须掩埋"志石"一事，习斋还是没有解释具体的理由。只是可以看到共通的是，二者均为长久保存死者遗骸所不可或缺的重要环节。具体来看，如上述引文中习斋自身也曾提到的、前者是一种祈求棺椁埋葬地神明保佑的仪式。后者则是起到了一种防止墓地被随意挖掘的作用[27]。

总的来说，习斋一方面通过对"习俗"进行遵循的逻辑实现了对佛教葬仪的容许，另一方面从保护死者遗骸的一贯立场出发，主张在破除一部分既成习俗的同时，应积极实施、采用当时近世日本社会并未普遍认同的《家礼》式礼仪做法。从结论出发而言，上述

25《道学资讲》卷八一，23丁表-24丁裏。
26 同上书，39丁表-40丁裏。
27 "盖虑异时陵谷变迁。或误为人所动。而此石先见。则人有知其姓名者。庶能为掩之也。"（《家礼·丧礼》）

习斋的观点同次章讨论的稻叶默斋的主张基本一致。

三、上总道学的稻叶默斋

晚年（1781年以后）的稻叶默斋定居于上总国清名幸谷村，当时，上总道学已在此地落地生根。默斋到来以后，决定性的推动了上总道学的发展，他最终也因此而青史留名[28]。上总道学是指，上总国成东村的和田仪丹（1694-1744）与姬岛村的铃木养察（1695-1779）拜入稻叶迂斋门下后，将其教义普及于乡里而发扬光大的崎门派朱子学的分支流派，其中心据点位于上总地方（现在的千叶县南部）的乡村地区并因此得名。曾奉职于新发田藩的默斋选择了与其父因缘深厚的此地作为晚年的隐居之所，并在余生致力于乡野教育活动。在直到近世后期也未设置藩校的上总乡村地区，儒者们也当然不可能有任何制度上的保障。

默斋对上总地方的门人们讲解了《家礼》。通过阅读当时他的讲义可以看到，默斋对于《家礼》中的"不作佛事"一文做出了极为大胆的重新解释，其内容如下：

> 阅读《家礼》之人应对"不作佛事"进行深入理解。现今之世，崇佛等同于崇敬幕府。所有人都从属于特定檀那寺，对佛教

---

[28] 关于默斋以及上总道学的概要，本文参考了梅泽芳男编《稻葉默斋先生と南総の道学》（Perikan社，1985年），塚本庸《要说　上総道学の研究》（城东町，2002年），三浦国雄《上総道学と新発田藩学の交流》（《大東文化大学漢学会誌》50号，2011年），同前《近世日本の儒教思想》等研究。

不得违背。朱熹说的"皮毛外"一语指的就是这样的情况[29]。

朱熹也说"皮毛外事可从世间之习俗也无妨"。……所以在日本,《家礼》所记"不作佛事"解释为"为佛事"比较好[30]。

令人惊讶的是,此处默斋将"不做佛事"解释为"为佛事",他认为在近世日本的寺檀体制下,遵守寺院主导的葬礼仪式才是实践《家礼》的正确方式。也就是说默斋也跟其他近世中期以后的儒者相同,对已然体制化的佛式丧仪采取了一种默认其为自明前提的态度。在我们看来,上述默斋对于"不作佛事"的解释或许有些突兀,但至少他是参照了一种明确的论据来对其进行解释的。这种论据就是上述引文中默斋所依照的,朱熹的"皮毛外"一语。此语出现在《朱子语类》卷八九中的下列语境中。

或问:"设如母卒,父在,父要循俗制丧服,用僧道火化,则如何?"曰:"公如何?"曰:"只得不从。"曰:"其他都是皮毛外事,若决如此做,从之也无妨,若火化则不可。"泳曰:"火化,则是残父母之遗骸。"曰:"此话若将与丧服浮屠一道说,便是未识轻重在。"

这段话主要针对的主题是假设母亲比父亲先去世,若父亲在举

---

29 《家礼抄略講義》卷二,123丁表-123丁裏。
30 同上书,15丁表-16丁裏。

行母亲葬礼的时候遵循普遍习俗，穿着佛教丧服并进行火葬的话，其子应该如何对应的问题。朱熹认为，火葬是大事，因此绝不可实行。而佛教丧服之类则是不足轻重的"皮毛外"事，所以无可无不可。也就是说，朱熹在《家礼》一书之外，通过对"皮毛外"一语的使用，实现了对除火葬以外的部分佛教丧仪的容许。那么以此类推，可以说默斋也通过对朱熹"皮毛外"一语的全面参照，进而实现了对"不作佛事"的大胆换读。虽然对于我们来说，这样的解释或许难以接受，但重要的是默斋自身通过这种看似勉强的解释，实现了对体制化佛教仪式的兼容，这也正是难以撼动的历史事实。

再举个例子，默斋曾就丧礼首日死者供品的问题，认为应该考虑到檀那寺的参与而对应如下：

> 乃设奠。……死者是儒者的话本来应该上供肉类，但考虑到僧侣要来家里所以需要改成点心类。不应该在没有利益冲突的情况下惹恼檀那寺。……在这里没有必要和僧侣们发生争论，亦非该拿出《排释录》（佐藤直方的著述，引用者注）的场合。所以供品应使用点心，或者根据情况也可使用葡萄或梨子[31]。

《家礼》一书中曾明确记载，在丧事首日应该上供"脯""醢"等肉制品[32]。但是默斋考虑到檀那寺的僧人会到家中来访问，认为

---

31 《家礼抄略講義》卷二，13丁表-14丁裏。
32 乃设奠。（执事者以卓子置脯醢。升自阼阶。祝盥手洗盏斟酒。奠于尸东当肩。巾之。）（《家礼·丧礼》）

不应该使用肉类供品,更不应该和僧侣发生不必要的争执,完全将排佛论放在了次要的位置上。在这里,默斋以一种不与寺檀制度发生正面冲突的形式展示了实践《家礼》式丧仪的方法。

但需要注意的是,如上述《朱子语类》卷八十九引文中所提示的,朱熹虽然部分同意了佛式丧仪,但同时他也表示了对火葬实行的强烈反对。因此默斋也同样主张:"采纳佛式(丧仪),丧尽一生之孝。……尤其是佛教式火葬,火烧父母身体,可说是最大之不孝,"[33]认为火葬源自佛教,坚决不可施行[34]。火葬是与"孝"对立的,因此必须严格禁止。那么具体在哪些方面火葬是与"孝"背道而驰的呢?默斋曾引用《孟子》滕文公上篇,以"孝"为出发点对火葬展开了以下的批判:

> 父母遗骸自然朽腐之前,亲自将之烧却一事实在过分。烧却遗骸的念头本不应存于孝子之心。《孟子》亦言"人有不忍父母遗骸损毁之心"。具体参照滕文公上篇《墨者夷之》[35]。

众所周知,孟子曾对信奉墨家并倡导薄葬的夷之进行反驳,孟子回顾了埋葬仪式的起源,"孝子"之心不忍父母遗骸被遗弃野外,并被"狐狸""蝇蚋"等损毁,为了防止此种情况的发生所以当然

---

[33]《家礼抄略講義》卷一,2丁表。
[34] 此外,认为寺檀制度无法抗拒的蟹养斋则立于火葬并非源于佛教的前提下,采取了一种批判火葬而非直接批判佛教的立论方式。详情参见拙稿《蟹養斎における儒礼論》(《日本思想史学》47号,2015年)。
[35]《家礼抄略講義》卷二,59丁表。

选择埋葬遗体[36]。默斋的思路与此一脉相承,在上述引文中他批判道,若秉承孟子所说的"孝子"之心,则任谁都应该想要长久保存父母遗体,与此相反,亲自将父母遗体烧毁的就正是火葬。也即是说,默斋认为长久保存去世双亲的遗体才是"孝",而与此背道而驰的行为,他认为正是火葬。

为此默斋认为,为了长时间保护父母遗体并实现"孝道",在丧仪中最重要的就是隆重制作棺椁的环节:

> 《家礼》丧礼的记述中最为重要的是"治棺"。棺木是父母死后的隐居之地,因而通过棺木制作的好坏可以直接判断儿女的孝或不孝。……父母生前所居之处若发生损坏,可以马上修复,而棺木不可如此,因此绝对不能出现丝毫差错。《孟子》之中也曾记载,丧礼之中最重要的环节正是对于棺木的细致制作[37]。

上述引文认为,通过是否细致的制作棺木就可以马上判断人的"孝/不孝"。由此默斋认为需要仿照《家礼》记载,制作一种灌注沥青(松脂)的牢固棺木,并且在《丧埋之书》《葬之心得》等其他实践手册中详细的指示了棺木的制作方法以及下葬的顺序。另著别册来专门介绍制作棺木和下葬的顺序正说明了默斋对于遗骸的保存是多么的重视。

---

[36] "盖上世。尝有不葬其亲者。其亲死。则举而委之于壑。他日过之。狐狸食之。蝇蚋姑嘬之。其颡有泚。睨而不视。夫泚也。非为人泚。中心达于面目。盖归反虆梩而掩之。掩之诚是也。则孝子仁人之掩其亲。亦必有道矣。"(《孟子·滕文公上》)

[37]《家礼抄略講義》卷二,7丁裏。

此外，在默斋的观点之中富含深意的一点是，当时的他已经认定，可以既采纳旧有的佛教丧仪，又能实现对埋葬遗骸的坟墓的长久保存。换言之，对于默斋来说对基于寺檀制度的佛教丧仪的容许，并不意味着某种妥协或让步。又比如，在《丧埋之书》中默斋主张，应积极采纳寺院赐予的戒名并将其雕刻在墓碑上[38]。

> 对于坟墓来说最重要的是被永久保存。因此应在墓碑正面刻上"某左卫门之墓"，在其右侧和后面则应该注明名讳・出生地・生卒年・戒名等。特别需要刻上戒名，因为戒名对应着寺院保存的"过去帐"，不会出现时间一长就无法判别是何人之墓的情况。这种方式正是永久保存墓穴的方法。儒者多以刻戒名为耻，其实是一种不知如何长久保存坟墓的浅薄想法[39]。

修墓时间一长，墓主为何人常难以追溯。这样一来，坟墓难免遭人毒手。而默斋认为，若在墓碑上刻上戒名或可在某种程度上降低这种风险。原因是墓碑上所刻的戒名对应着寺院保存的"过去帐"，修墓时间再长，只要坟墓仍处于寺院管理之下，那么墓主自可查询。而不知此事，只把戒名当耻辱的儒者，因为未能看清问题本质而沦落为默斋的批判对象。由此，当时寺院主导的丧仪已经成为体制的一部分，而默斋认为面对此种现状，反而应该积极去

38《丧埋之书》成书于默斋移居上总前的1751年。但在上总地区该书也作为抄本被流传一时。特别是1847年的抄本附记中，写有"自此书由城东村武兵卫传来以后，城东村的下葬方式采用古礼的事例渐多。武兵卫继承了默斋先生的志向，可以说是一位重礼之人"。（15丁裏）从此处记载可以看出，在上总道学的门人之间有不少基于该书的丧仪实践。

39《丧埋之书》，千叶县文书馆所藏，9丁裏-10丁表。

利用。

参照上述默斋的论述，前一章中村习斋在论及遵循"习俗"必要性的同时，却主张在遗骸保存方面的礼仪做法上脱离习俗的理由也算是真相大白了。即习斋也认为"孝"才是葬礼的本质，其愿望在于长久保存双亲遗骸。反过来也可以说，习斋、默斋均认为，只要通过保存遗骸实现"孝"道，那么丧礼的其余部分掺入佛教要素也没有太大关系。

那么，"孝"为何如此重要呢。当然，若把"孝"看作儒教伦理基础的话，则自称儒者的二人重视"孝"倒也无可厚非。但是如前所述，他们如此重视"孝"的背景里，却有着近世日本社会的特殊状况。默斋曾就《家礼》"大敛"一处作出以下评论：

> 死后三日之内，过世的父母或有苏生可能。若为孝子，当然盼望父母复活。正如《礼记》所言"犹俟其复生"一文。听闻如此言论，世人都会抱怨说："看看这帮儒者说的话。"……父母过世以后世人总想尽快掩埋其遗骸，因为他们并无"孝"心。父母过世之际都没有孝心的话，那何时才会有呢。……对于儒者的此番言论，世人也许会指指戳戳，说"儒者都是些不着调的人"吧。但只有被认为是"不着调"的，那才是真正的儒者。……和世人举行不一样的丧礼，正是实践朱熹《家礼》的意义[40]。

众所周知，《家礼》中明文记载了须在死后三日才能将死者入

---

40 同前《家礼抄略講義》卷二，21丁裏-22丁裏。

殓[41]。在上述引文中默斋以"孝"为出发点解释了为何要停尸三日的理由。他认为想尽快将父母下葬的世人缺乏"孝"心，但同时默斋也承认世人不会那么快就采纳《家礼》中的丧葬方式。"看看这帮儒者说的话""儒者都是些不着调的人"等世人的嘲笑是无法回避的。尽管如此，默斋在停尸三日的必要性上也没有做出任何让步。不仅如此，他反而认为"只有被认为是'不着调'的，那才是真正的儒者"，"和世人举行不一样的丧礼，正是实践朱熹《家礼》的意义"。他在此强调，即使是偏离俗世常识，也要遵循《家礼》实现"孝"道，这才是儒者应有的姿态。

在此可以看到，对于默斋来说，"孝"的实现成为了支撑其"儒者意识"的重要因素。换句话说，为了表明自己是一个真正的儒者，其手段就是去实践"孝"道。笔者在文章一开始就讨论过，在近世日本社会中，儒者没有任何制度上的保障。那么就需要在制度以外的地方寻找儒者的身份或存在证明。正确的实践丧礼并实现"孝"道，也起到了这样一种证明身份的作用吧。

四、结论

中村习斋、稻叶默斋面对近世后期基于寺檀制度的且已经内化的佛教丧仪，展示了一种可与其兼容的儒教丧仪的实践方式。重要的是，他们在展开各种讨论的过程中，强调了对佛教的容许也符合朱熹思想的这一点。在已有的对于近世日本儒学者的佛教观的研究

---

41 "大敛……小敛之明日。死之第三日也。〇司马温公曰。礼曰。三日而敛者俟其复生也。三日而不生则亦不生矣。故以三日为之礼也。"（《家礼·丧礼》）

中,排佛论或儒佛争论等对于佛教的批判论侧面出现的较多。但是若仅限儒礼实践问题而言,并不可一概而论。

但是,他们并非对包括佛教在内的一切习俗都采取包容的态度。从"孝"的观点出发认为需要长久保存父母遗骸的二者均认为,火葬等损毁遗体的习俗是需要被严格禁止的。同时,通过正确实践丧仪来实现"孝"道,也在缺乏制度保障的近世日本社会状况下,起到了某种支撑儒者们的"儒者意识"的作用。以上内容可以概括为本文的主要论点。

那么,在制度化的佛教丧仪成为主流的近世,他们所提倡的在下葬地点施行"祠后土"仪式,掩埋"志石"或制作浇灌沥青(松脂)的牢固棺木等,是否真的实现了呢?换言之,习斋、默斋倡导的以"孝"为出发点的遗体保存方法,在当时的寺檀体制之下是否有真实的可操作性呢?从结论而言,笔者认为在一定程度上,这些是可能实现的[42]。因为根据近年的民俗学墓制研究来看,虽说在近世日本佛教丧仪较为普遍,但寺院也并非管辖一切,尤其是与下葬相关的礼仪作法方面,其具体实施基本都委托民间自行进行[43]。也就是说,寺院并没有过多参与遗骸的处理和下葬环节。更有趣的是,在近世后期真正举行了儒葬的人们留下的史料当中可以发现一

---

[42] 另外,尾张崎门派上总道学的门人们确实依据习斋默斋的所论举行了葬礼一事可以在史料上确认。上述结论与本文主题相隔较远因此割爱,详细内容在以下的拙稿中已有论述,可同本文一道参考。《寺壇制下の儒礼》(《立命館史学》37号,2016年)、《近世後期における闇斎学派の思想史的位置》(《日本思想史研究会会報》34号,2018年)、《稲葉黙斎の喪礼実践論》(《日本思想史学》50号,2018年)。

[43] 岩田重則《墓の民俗学》(吉川弘文館,2003年)、同《"お墓"の誕生》(岩波書店,2006年)。

部分支撑上述观点的言论。比如山科道安（1677-1746）和上原立斋（？-1854）就曾分别论述如下：

> 现今世道，不做"佛事"绝无可能。地面上的事均须依从一般风俗，地面下的事却无强制法令，虽有习俗僧侣们也不会插手[44]。

> 丧仪相关事项均被委托给僧侣，这也是现在的规定，所以很难排除僧侣举行丧仪。在寺院举行的各种佛教礼仪都交给僧侣，而下葬等需要在家庭举行的礼仪，在提前同寺院商量的基础上，不委托给僧侣办理比较好[45]。

在寺檀制度已近完备的近世后期日本社会中，没有体制背景的儒者们即使对佛教持批判立场，也很难忠实再现《家礼》中的丧仪形式。但是仅就遗体下葬这一点而言，或可通过主观努力来实现某种形式的儒葬。上述史料也可成为旁证。那么或许在披着佛教形式外表的近世墓穴中，有很多采用了《家礼》埋葬方式的遗骸也说不定呢[46]。

（张琳　译）

---

[44] 山科道安《丁憂箚録》（神居文彰《『丁憂箚録』にみる死生観》《佛教大学総合研究所紀要》8号，2001年所引）50页。
[45] 上原立斋《川島栗斎宛書簡》（川島栗斎《喪葬私考》，小浜市立图书馆所藏）87丁ウ。
[46] 松原典明依据考古学调研，证实了有较多地上构造为佛教式，地下构造为儒式的近世坟墓的存在（《近世大名葬制の考古学的研究》雄山阁，2012年）。

佐久间象山和《家礼》

韩淑婷（日本九州大学）

一、引言

佐久间象山（1811-1864）是日本江户末期思想家，信州松代藩藩士，通称修理，名启、大星，字子明，号象山。佐久间象山信奉朱子学，后接受洋学，提出"东洋道德、西洋艺术"的思想，主张学习西方先进的军事技术和科学知识，同时强化幕藩秩序体制，为日本的近代化发展提供了一种范式，吉田松阴、坂本龙马等幕末志士均是他的门生。

佐久间象山著有《丧礼私说》一书，该书是象山于文久元年（1861）母荒井氏死后，以朱熹《家礼》为基础，参考历朝各代仪礼书和史书中的丧葬事项，并结合日本传统丧葬习俗著述而成的。由于《丧礼私说》不是反映象山所谓"先进"思想一面的著作，所以之前未曾得到关注。在日本学界，近年来"《家礼》在江户时代的接受"这一课题逐渐兴起并有所发展，但研究成果大多集中在对江户时代初期和中期的考察上，江户末期即幕末时期的《家礼》接受问题还有待更多具体事例研究的填充。从这一点来说，佐久间象山的《丧礼私说》对于考察日本幕末期的《家礼》接受问题提供了很好的素材。

本稿将聚焦于象山的《丧礼私说》，着重考察《丧礼私说》对朱熹《家礼》的接受及其不同于《家礼》的特点，最后略考《丧礼私说》的政治意义。通过这些考察，试着分析《家礼》对于日本幕末期的社会思想有着怎样的意义。

二、适应日本习俗的《丧礼私说》

将《丧礼私说》和《家礼》的目录做比较（比较结果见文末"《丧礼私说》与《家礼》的目录对照表"）可以看出，《丧礼私说》整体上承袭了《家礼》的丧式仪礼做法。但明显的不同是，象山在《初终》项之前加入了与死者生前看护等相关的《养疾》《行祷》项，在《祔》之后加入了《家礼》中未有的《假满》项，在最后加入了《影像》项。《养疾》《行祷》项是参考了《礼记》的做法，《假满》是来源于幕府服忌令由来的规定，《影像》则是象山对于洋学知识的运用。由此可见，象山以《家礼》为基础作《丧礼私说》而不局限于《家礼》，同时参照了许多其他的仪礼做法和法令条文。

《家礼》之外象山参考的中国仪礼文献中，有《仪礼》、详细记载了唐礼的《通典》、宋代的《温公书仪》、明代的《大明集礼》《大明会典》等，此外，还有《左传》《汉书》《宋书》等史书。以《作主》一项为例，关于木主的尺寸，象山记述如下：

> 今通考诸家之说，何休《公羊传》注中可见："主状正方，

穿中央,达四方。天子长尺二寸,诸侯长一尺。"《通典》可见:
"大唐之制,长尺二寸,趺方一尺,厚三寸。"由此可确知,天子
神主长尺二寸。但《江都集礼·晋安昌公荀氏祠制》记载:"神
板皆正,长一尺二寸,广四寸五分,厚五分。"神板即庙主,与
天子神主同长,可云僭越。杨士勋《穀梁传疏》中,糜信引卫次
仲言云:"宗庙主,皆用栗。右主八寸,左主八寸,(毛奇龄云,
一作左主七寸,误也)广厚三寸。右主谓父也,左主谓母也。"
此说为何休所言诸侯长一尺上减二寸,恐为大夫之制。今与荀氏
之神板长一尺二寸,广四寸五分相比例,则云长八寸、广厚三寸
无零数最为适合。此必可有为所受。因更与通典唐制之趺方一
尺、厚三寸相比例,可得方六寸六分七厘、厚二寸,以此为士大
夫神主之定式,可优于杜撰无考据之物。神气所凭,必不系于穿
孔之有无,可不穿孔窍。虽此时作主,然桑主不文,故不题字。
儒葬为许之外,假贴寺僧记赠追号之片纸,可安置于灵座。

题主可在七七之前日,前面题书"先祖考姓名府君神主""先
考姓名府君神主""先祖妣某氏孺人神主""先妣某氏孺人神主",
后面题记"讳氏生卒释号",旁面可题记"孝孙某奉祀""孝子某
奉祀"。[1]

通过此段记述可知,象山在确定木主尺寸时不是照搬《家礼》
的做法,而是详考了"诸家之说",通过对仪礼书和史书的考据,

---

[1] 引自《丧礼私说·作主》,第54–55页。《丧礼私说》收于《增订象山全集》卷二,信浓教育会编,信浓每日新闻出版,1934年,原文日文,笔者译,以下同。

认为高一尺二寸为天子神主之尺寸，而诸侯士大夫以下不应僭越天子。故与《家礼》所规定神主尺寸为高一尺二寸、宽三寸、厚一寸二分不同，象山最终确定神主尺寸为高八寸、宽厚均三寸。与之相应，趺也与《家礼》所规定的长宽四寸、厚一寸二分不同，定为长宽六寸六分七厘、厚二寸。对于穿孔的有无，象山也提出了自己的见解，认为孔窍的有无与神气的依凭并无直接关系。从此木主尺寸一例，可以看出象山作为考证学者的一面。

此外，题主之前将神主安置于灵座，其上可贴寺僧所赠写有追号的纸片，题主于"七七"之前日进行，题主时于后面（《家礼》所言陷中处）明记释号等记述中，可见象山对于佛式做法的认可。关于这一点，笔者将于下节做详细探讨。在此，想着重关注象山为适应日本传统风俗习惯而对《家礼》做法做出的一些改变和调整，主要表现在以下几个方面。

《初终》项中，气绝之后，象山以"今世之习俗，多用坐棺"为由，主张将死者大致调整为"半坐半卧"的姿势，对于《家礼》的"南首"，象山认为"本朝屋作与异朝不同，今古亦有异，不必拘泥"，因此对于"始死奠"的方位，象山认为"奠于尸东"仅仅是针对尸体的"南首"言明其右旁为"东"，不是不可改变的固定方位，因此主张"奠于尸右"，且指出"奠于尸右，便于其饮食。事死如事生如此"，以符合死者生前的生活习惯为"事死如事生"之"孝"的体现。

对于《家礼》中"易服不食"的做法，象山提出了针对日本人日常服装的方案，即与《家礼》"妻子、妇妾皆去冠及上服，被发；

男子扱上衽，徒跣"[2]不同，以"男子去肩衣羽织，解佩，脱袜，不浴，不剃月代；妇女卸栉笄，洗去红粉"为替代做法，其中"不剃月代"来源于幕府服忌令[3]。关于"被发"，象山以"本朝无被发之制"为由提出"以麻绪结之"，并顺带指出此举是模仿"汉土成服时"的做法。

对于《家礼》中"不食"这一基于"孝"的礼仪，象山一方面指出"本朝礼中未见此制"，一方面说"孝子哀痛之余，甚至不思饮食，彼我古今同心也"，从人情的角度对此礼表现出极大的理解。又说"有志于圣人之教者，应考合此礼制，自行斟酌笃志实行"，对于有志之人贯彻圣人之教给予期待的同时，赞同《家礼》所引《温公书仪》"量力而行"的原则。这一原则同样左右了象山对于《家礼·大敛》中"寝苫枕块"的看法，象山认为"不自量力而行，致父母遗体受疾，反而罪深也"，即忽视自己身体的极限过度实行仪礼，导致父母之遗体即自己的身体受损受疾，反而违背了"孝"的意味。在此也可以看出象山承袭了朱熹的祭祀观念，如同他在天保十年（1839）与闇斋学派的山口菅山论鬼神时说的一样，"吾之此身，即祖考之遗体""子孙求之，而祖考来格，是理之当然

---

2 《家礼·初终》，第902页。本稿参照《朱子全书》修订本7所收《家礼》，上海古籍出版社、安徽教育出版社，2010年，以下同。

3 江户时代，服丧期间由幕府服忌令规定，将一定范围的亲族分为五等，根据亲疏不同规定"服"和"忌"的日数。其中，"服"的规定起源于中国的五服制度，"忌"的规定起源于日本古代律令制中的"假宁令凡职事官遭父母丧并解官"条，是一种为尽哀思的休假制度。江户幕府服忌令于贞享元年（1684）制定，经数回修订于元文元年（1736）确立。具体请参照林由纪子《近世服忌令の研究——幕藩制國家の喪と穢》，清文堂出版，1998年。

矣"[4]，即认为我们的身体与祖先由同一"气"组成，通过祭祀可以得到感应。作为"寝苫枕块"的替代之礼，象山主张"男子居宿于表居间，无故不入内；妇人不轻易入表居间。以坐不用褥、卧用布衾换倚庐寝苫之礼"。

以上几例，均可看出象山不拘泥于《家礼》的做法而重视日本传统风俗的态度。这一点，从他大幅简化了《家礼》的诸多仪礼也可以看出。例如象山省略了"哭""沐浴""饭含""魂帛""铭旌"，省去了"大敛"，只做"小敛"，对于各种"奠"的记述也颇为简单。这是他本着"本朝殊尚简易之俗"的原则，为了儒式丧礼在日本更好地得到实施而做出的改变。另外，在袭敛的道具中，象山特意提到了"太刀""腰刀""刀架"等，这无疑是针对武士这一日本特殊的阶级而提出的对应方法，可以说这一点尤为反映了象山突出日本特征的姿态，不仅如此，从中也可以读出象山对于作为支配阶层的武士身份者参与到儒式丧礼中的期待。当然，这一点不仅象山一人，江户中期的儒者荻生徂徕早在《葬礼考》中就有所提及了。

值得注意的是，与江户时代初期和中期的多数儒者不同，象山似乎没有对不能忠实还原《家礼》的做法而感到苦恼，反而是以一种积极的心态，将日本的传统习俗融入了《家礼》的仪礼做法中来。这一点在他对于佛教做法的认可上尤为明显，下节将就此做详细探讨。

4《再与山口菅山》，《增订象山全集》卷一净稿，第114页。

三、以"孝"为出发点的佛儒折中主张及《家礼》批判

虽然《家礼》明言"不作佛事",但在日本江户时代,随着寺檀制度[5]的渗透,上至武士阶级下至平民百姓,丧葬均以佛式做法为基准。在这样的背景下,主张儒式丧葬的大多数儒者,都不得不采取了儒式与佛式折中的办法,以便儒式丧葬仪礼更好地得到实践。

在这一点上,象山一扫前人不得已而为之的态度,在《丧礼私说》中以一种较为明快的态度,将佛式丧葬做法融合到了儒式仪礼中。除上节所述关于作主与题主的见解以外,例如在《及墓》项中,象山迎合世俗做法,主张将灵柩抬入寺院,待寺僧的诵念结束之后再移送于墓地;对于《祠后土》的仪礼,象山主张若墓地狭窄不便操作之时,可于寺院中进行。十分有趣的是,象山认可佛式做法的依据,恰恰是认为这样做是对"孝"这一概念的体现。例如对于唱诵佛名的做法,象山说道:

> 唱诵佛名,虽儒者认其不可为之事予以戒禁,但难以一言概之。佛教于本邦流传甚久,既已深入骨髓。且至于当代,更是不分贵贱贫富,明令死后必委托于佛寺,父母平时亦日日皈依于佛道。若如此,则临大事之时禁止唱诵佛名,必令其心不安。不止唱名,打磬亦不可禁。[6]

---

[5] 也称为檀家制度、寺请制度,特定寺院担当特定家系(檀家)的丧祭,并接受布施,以此建立寺檀关系,并通过宗旨人别账等的记载来证明檀家不是基督教徒。江户幕府宗教统治的一环,带有户籍制度的性格。参照《国史大辞典》。
[6]《丧礼私说·初终》,第6页。

此处，象山明确指出唱诵佛名虽然对于儒者是不可容忍之事，但在日本，寺檀制度不分贫富贵贱已经深入人心，父母平时也大多皈依于佛道，在这样的社会背景下，如果死后不能为父母唱诵佛名，必会令其心不安。因此，象山主张不仅唱诵佛名，打磬也不应该被禁止。需要注意的是，象山在此处对于寺檀制度这一客观限制条件的说明，是为了引出其对父母"令其心不安"的担心，即若父母生前皈依佛道，则死后也应顺从父母皈依之心，在丧祭这一"大事"上予以抚慰，这才是"孝"的体现。可以说，象山通过对"事死如事生"独特的理解，巧妙地克服了寺檀制度与儒式丧葬之间的矛盾，一扫前人不得已而为之的消极心态，用儒学"孝"的观念将佛式做法合理化了。

但象山对于佛式做法也不是全盘接受，对于火葬，他坚决抵制，与前人的想法如出一辙。不过，由于象山的社会身份为武士，所以他不单单对于民间实行火葬予以批判，同时深刻认识到武士阶级也参与火葬是一件亟待解决的政治课题。象山认为，火葬行为是对"礼"的废弃，而武士阶级身兼教化庶民的责任，因此在仪礼的实践上更应该律己，抵制火葬，为庶民之楷模。关于这一点本文不再做赘述，在此就象山以"事死如事生"为依据对《家礼》进行批判这一点通过两例加以说明。

一例是象山对于"沐浴"的态度。《家礼》中虽详细记载了"沐浴"，即清洁死者遗体的做法，但象山却认为：

> 沐浴者虽古礼今俗所皆为，但求之人情甚觉不快。生时无以

> 裸体见人之事,死后任人沐浴,若有知,岂有所快哉。[7]

即象山认为清洁死者遗体是一种不符合"人情"的行为,因为人在世时以裸体示人会产生不快,那么人死后若知自己的遗体以裸体示人,也定会产生同样的不快。象山此处所说的"人情",实指通过自身的心情来顾念死者的心情。如前所述,象山认为自己的身体即是祖先的遗体,通过自己的身体感觉来感知死者的心情,秉承"事死如事生"的原则才是符合"人情"的做法。因此,象山在此处通过"人情"实质想强调的是"事死如事生"的"孝"的理念。作为"沐浴"的替代,象山提出仿照荀子"不沐则濡栉三律而止,不浴则濡巾三式而止"的简单做法,认为也没有必要准备沐浴的道具了。

另一例是象山对于《家礼·小敛》中"左衽"的批判。象山认为:

> 异朝本朝皆言袭时之衣左衽……抑左衽者夷狄之俗也。孝子事死如事生者,亲逝其日未竟,忽为夷狄之俗,左衽其衣,是可忍,孰不可忍。果若如是,为死者知,岂无愧憾哉。圣人慎终之礼,不可有此不正之事矣。[8]

即"左衽"是起源于夷狄的风俗,所以圣人倍加重视的丧葬仪礼中,不应混入夷狄的风俗,应该予以抵制。"左衽其衣,是可忍,

---

[7]《丧礼私说·沐浴》,第23—24页。
[8]《丧礼私说·袭敛·入棺》,第25—26页。

執不可忍"一句,足可见象山态度的坚决。更值得注意的是"为死者知"一句,该句反映了象山一贯的姿态,即若死者可以有所感知,那么必会愧疚遗憾,通过顾念死者的心情再次强调"事死如事生"的"孝"的理念。

通过以上具体事例可以看出,无论是丧式仪礼的佛儒折中,还是对于《家礼》中某些做法的批判,象山都始终贯彻着自己对于"事死如事生"的理解,以"孝"为出发点,通过对"孝"这一观念的强调,巧妙地化解了佛式做法和儒式做法的矛盾,同时对《家礼》中的一些做法提出了自己独特的见解。

四、儒式丧礼中洋学知识的运用和"合理性"思考

如同"东洋道德、西洋艺术"这一主张所展现的那样,象山在信奉朱子学的基础上接受了西洋的科学技术知识,在《丧礼私说》中,象山将洋学的知识运用到了儒式丧礼的做法中,并针对《家礼》中的一些传统做法提出了自己"合理"的思考。这种将洋学知识与儒式丧葬仪礼结合的事例并不多见,本节将就此做详细考察。

《家礼》中,于死后第三日施行"大敛",源于《礼记》"三日而敛者,俟其复生也。三日而不生,亦不生矣。孝子之心亦益衰矣",是"孝"的一种体现。对此,象山认为,圣人之所以制定此种仪礼,是因为"昔者不至人身之穷理,医术未明,有认假死为真死之事",而当今"医术既精,人身之穷理详明",一开始便不会出现判断假死为真死之事,加之"暑月待三日之间,尸腐败,臭气满座,至于使人厌恶,难逃耻亲之罪",即暑热天气遗体不易保存,

腐败遗臭反致死者蒙羞，因此主张"知为真死，而忍哀痛，即命造棺"，在判断死者真正死亡之后即刻袭敛、入棺。关于后者，朱熹在《家礼》中也有"盛暑之际，至有汁出虫流，岂不悖哉"的类似言论，对大敛的期日问题表现出了宽容的态度。但从依据医学知识判断是否为真死的角度来讨论大敛的期日问题，除象山以外并不多见。

对于西洋的科学知识，象山认为"近来西洋所发明，许多学术，要皆实理"[9]，认为西洋在"穷理"一事上优于东洋，多有赞扬。他的这一想法，在《治棺》一项中多有体现。

自古以来，治棺时为了延缓尸体的腐坏，采取了各种防水、防虫的措施，《家礼》中主张"内外皆用灰漆"涂抹棺板，棺内部"仍用沥青溶泻，厚半寸以上"，即是为此。对此，象山指出，"漆触水土之气，不得不失其坚致之性"，认为若使用灰漆，即使是厚质木材最终也会化为土质，因此主张以松脂涂抹全棺。《家礼》所言"沥青"即松脂，《家礼》中引程子言"杂书有松脂入地千年为茯苓，万年为琥珀之说。盖物莫久于此，故以涂棺"，可知是因松脂可以长久保存故选来涂棺。象山一方面认为"程子之以松脂裹棺之说诚然"，对《家礼》中松脂的使用加以赞赏，另一方面认为"惟引杂书之松脂入地千年为茯苓，万年为琥珀之言，甚浅矣。茯苓岂能由松脂所变，琥珀岂能由茯苓所化哉"，指摘在物质的变化生成的问题上程子所持知识的不合理性。此外，对于一部分后世儒者用"银朱漆"来涂塞棺的缝隙一事，象山指出此为"暗理之论"，

---

[9]《赠小林炳文》，《增订象山全集》卷一净稿，第51页。

进一步说明因为朱漆"质有气眼，故吸收湿气。气眼内含湿气，则其质软化，遂不得不剥脱"。通过这些质疑，象山最终归结道"汉人多疏于穷理，其言多杜撰臆说，不可不择"，得出汉人不擅长穷理，所以言辞中不可信者居多，不能偏听偏信，应当有所选择的结论。

以上几例均为象山依据洋学知识对《家礼》的做法提出的"合理性"质疑，象山的质疑是否真的符合科学性姑且不论，不过至少可以说，象山自己认为依据最新的洋学知识，改善了《家礼》中的许多"不合理"做法。以下将通过几个例子，考察象山利用洋学知识对丧礼做法做出的一些创新。

首先是涂抹棺木的物质，象山赞同使用松脂的同时，说"参考西洋书中得一方，用以涂棺，妙不可言"。其做法是：将纯松脂五分、黄蜡二分、猪脂半分混合研细，放入铜铁锅中慢火融化，同时不停搅拌，至起泡沸腾后移入另一容器，涂棺时，一人执容器倾倒此液体，棺左右各站两人，同时用宽幅木笔刷涂棺木表面，以厚度一分为基准，均匀刷涂。刷涂完毕后，上撒石灰粉，可免粘粘其他物体之患，盖棺下钉后，钉处注入同样的液体，钉头深埋于松脂之下，可免生锈之患。[10]

其次是关于《家礼·治棺》中"底四隅各钉大铁环，动则以大索贯而举之"的做法，象山认为将铁环钉于棺上，由于铁易生锈，容易损坏棺木，因此提出了另做一举床的方案。举床与棺木的细节大致如图1（笔者绘）所示：

---

10 《丧礼私说·治棺》，第18-19页。

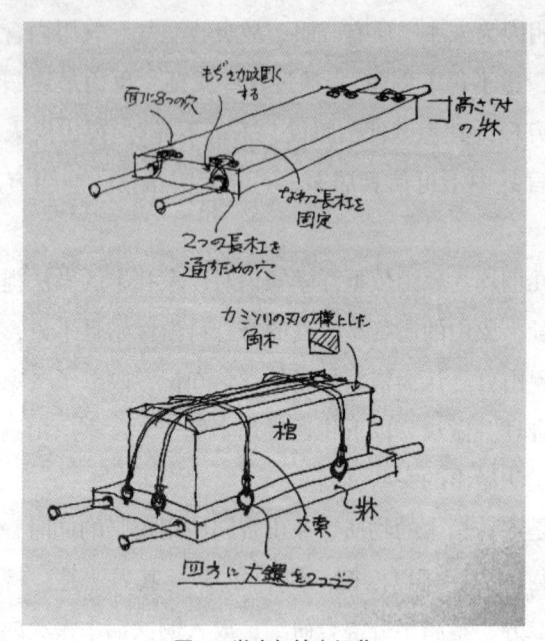

图 1　举床与棺木细节

举床高七寸许，前后各穿两孔，穿孔而过插入两根长杠，每根长杠处再各开两孔，便于后续麻绳穿过用于固定。床的四面各安放两个大镮，麻绳穿镮而过。出棺时，用大镮处麻绳将棺捆住固定于举床，再取粗一些的麻绳，从杠下交叉穿过床面上的孔固定长杠，最后用粗麻布条固定牢靠。为防止棺木表面的松脂剥落，在麻绳捆绑棺面处垫上木条，木条的长度与棺木平齐。

下棺时，解开捆住棺木的麻绳，用此麻绳将举床与棺木一起缓缓平稳地下到墓底，再抽去麻绳，在柩的四周及表面撒上炭屑，以土掩埋。

最后，象山主张将西洋的照相技术应用于丧式仪礼之中。象山在接受洋学时,不仅局限于书本上的知识,还亲自进行实验操作,例如制造玻璃、栽培马铃薯、探查矿石、实验种痘、制造照相机等等。象山曾经依据西洋百科全书中的记载,自制了照相机,并成功用它拍摄了照片[11]。根据这样的经验,象山认为,包括绘画在内的影像是可以记录人的容貌并可以长期保存的东西,看到影像可以加深对死者的追悼之意,在具体的丧葬仪礼做法中,可以将影像挂于神主之后。不过,象山同时认为,汉土的绘画技法"多缺形神,不似其人面貌",若面貌与死者本人相差甚远,如何凭借影像来尽祭祀之诚心?因此,象山想到用照片代替肖像绘画,他如下说道:

> 写真之具,既有闇室明室之两器,写其真,必用此两器。故其传处,骨骼之起伏,皱纹之隐现,尽现于用笔之间,其形神不远人,迥上汉人之所为。至近顷创制留影镜者,不烦人之一笔,可长留写影,一须一发并其神气,与生人无毫厘之所异。诚可言夺天地造化之巧。程马诸公于今世遭之,何不取此真影乎。[12]

此处象山简单介绍了照相机的原理之后,花了较大笔墨赞叹照相这项技术的优越性,指出其远超汉人的绘画技艺。由此可以看出,这项当时的"先进技术"给了象山很大的冲击力,否则他不会发出"夺天地造化之巧"的感叹。象山甚至想象,若主张儒式丧礼

---

11 象山自制的照相机今藏于日本长野县长野市的象山纪念馆中。除了照相机的机体,还有象山自制的镜片以及自制的照相机拍摄成功的照片。
12《丧礼私说·影像》,第82页。

的汉土儒者可以生于今世，定会将此项技术用在丧礼的实践之中，表达了他对于照相技术可以应用于儒式丧礼中的喜悦之情。

五、结语

江户时代，不仅儒者，一些武士甚至藩主大名也对《家礼》表现出了浓厚的兴趣。儒者常以《家礼》为基础，或添加注释，或著述新作，并亲自加以实践，而一部分大名甚至将儒式丧礼的实施作为藩政统治的一环[13]。《丧礼私说》成书以后，象山在文久二年（1862）的幕府上书中屡次提到以导入儒式丧葬仪礼来维持社会秩序的想法，并将《丧礼私说》的《成服》一项附于上书之后供幕府阅览，其对儒式丧葬仪礼的重视可见一斑。关于《丧礼私说·成服》一项的具体内容，在本稿中不作详考[14]。简而言之，象山提出了订正幕府现有服忌令的构想，参考《家礼》和中国的五服制度，拟定了《拟请订正服制图》，将现有的服忌亲族范围加以扩大，服忌期间延长，并导入了在中国已经废除的"受服"制度，期望通过这些举措明确贵贱亲疏的伦理关系，加强幕藩统治的社会秩序。

这种通过上书表达自己渴望在全国范围实施儒式丧礼见解的做法，是之前的《家礼》接受中不曾有过的举动。象山在上书中指出，日本的国力不及西方强国的主要原因之一，是日本国中游民太

---

13 关于江户时代《家礼》不限学派被广泛接受的问题，请参照吾妻重二《江戸時代における儒教儀禮研究——書誌を中心に》，《アジア文化交流研究》二，2007 年，第 255–270 页。
14 具体请参看拙稿《佐久間象山における幕藩制的秩序観の一考察——〈喪禮私說〉の〈成服〉項に著目して》，《九州中国学会报》第 56 卷，2018 年，第 61–75 页。

多，而游民之中又多是佛教徒，由于度僧之法不严，很多人浑水摸鱼出家，徒劳消耗国家财力。因此，象山提出应该以儒式丧礼代替佛式丧礼，严明度僧之法，以减少游民数量，同时强调"孔孟之道"的重要性，提倡以"忠孝仁义"教化庶民。可以说，理论上以孔孟之教加强对庶民的教化，现实中以儒式丧礼为实践的范本，通过这样的双重效用，达到强化"上下尊卑"社会秩序的目的，这是象山著述《丧礼私说》最大的动机和期望。

通过对日本幕末思想家佐久间象山《丧礼私说》的考察，可以看出，在幕末维新这一日本社会剧烈动荡的转型期，不仅是西洋传入的所谓的"先进"思想，《家礼》同样对当时的知识人产生了不可忽视的影响。如象山《丧礼私说》所表现的，《家礼》为他们思考如何维系或者建立新的社会秩序给出了一种参考和提示。关于这一点，笔者希望通过更多幕末维新期《家礼》接受的事例加以深入探讨。

《丧礼私说》和《家礼·丧礼》的目录对照表

《丧礼私说》目录	养疾、行祷、疾病	初终	治棺	志石	沐浴、袭敛、入棺	成服	朝夕奠	吊奠赙	闻丧、奔丧	治葬、穿圹	作主	迁柩、朝祖	载柩、发引
	及墓、下棺	反哭	虞祭	卒哭	祔	假满	小祥	禫	忌日	返葬	居丧杂仪	墓碑	影像

续表

《家礼·丧礼》目录		
	迁柩、朝祖、奠、赙、陈器、祖奠	（包含于《成坟》）
	治葬（含《穿圹》《作主》）	居丧杂仪
	闻丧、奔丧	（包含于《治葬》）
	吊奠赙	祭礼
	朝夕哭奠、上食	禫
	成服	小祥、大祥
	小敛、大敛	祔
	灵座、魂帛、铭旌	卒哭
	沐浴、袭、奠、为位、饭含	虞祭
	（包含于《治葬》）	反哭
	初终（含《治棺》）	及墓、下棺、祠后土、题木主、成坟
	（《疾病》包含于《初终》）	迁奠、发引

朝鲜初期反映于国家典礼书中的《家礼》

［韩］朴润美（延世大学）

一、绪言

朝鲜将性理学作为治国理念，追求建立实现礼治的儒教国家。而作为实现这一目标的具体手段，将《朱子家礼》作为朝鲜人的生活仪礼。《朱子家礼》(以下称《家礼》) 作为以冠、婚、丧、祭四礼，即以通关仪式为中心的私家礼，随着高丽末性理学传入，受到了士大夫的重视。在朝鲜建国以后，也在国家层面受到了重视。太祖在1392年（太祖1年）即位教书中强调了冠婚丧祭的重要性，并将其制度化；[1] 太宗在1403年（太宗3）在初入仕者和7品以下的官僚中实验了《家礼》，[2] 同时还将《家礼》分赐与各司，并印刷了150部颁赐于平壤府。[3] 可见，当时为了实现朝鲜初期《家礼》的普及与扩散进行了积极的努力，同时以《家礼》为根据，优先奖励家庙的建立、三年丧的施行等丧祭礼。

1《太祖实录》卷一，太祖1年（1392）7月丁未（28日）。
2《太宗实录》卷五，太宗3年（1403）6月乙卯（9日）。
3《太宗实录》卷六，太宗3年（1403）8月甲戌（29日）。

朝鲜试图实现礼治的意志也体现在了对国家典礼书的编纂上。太宗整备了国家祀典体制，在1415年（太宗15）制定了《诸祀仪》，[4] 明年又制定了〈诸祀序例〉。[5] 另外，1444年（世宗26）世宗命令在集贤殿详定"五礼仪注"，[6] 开始着手编纂具有吉、凶、军、宾、嘉五礼体制的国家典礼书，但这一工作随着世宗的薨去而中断。但至此所详定的仪典在《世宗实录》的编纂过程中被添附为《五礼》（以下称《世宗实录·五礼》）。之后的国家典礼书编纂工作在世祖时期再次展开，但并未完成；到了成宗时期，1474年（成宗5）刊行了《国朝五礼仪》。[7]

就朝鲜初期礼制的整备而言，是二元完成的，即私家礼由四礼（家礼）构成、国家仪礼由五礼构成。但两者又不是完全分化的。虽然只是《国朝五仪礼》的一部分，但士大夫和庶人的仪礼被包含在五礼的范畴，[8]《家礼》则频繁地作为依据资料而运用于朝廷的国家仪礼论丛中。另外，以《家礼》为根据决定的事项也放映在《世宗实录·五礼》和《国朝五礼仪》中，并发挥着制作王室丧服基准的作用。即《家礼》不仅是私家礼的根据，也是国家仪礼制定的根据。因此，本文将检讨反映于朝鲜初期国家仪礼整备中的《家礼》、反映于《世宗实录·五礼》及《国朝五礼仪》中的《家礼》的具体状况。

4《太宗实录》卷二九，太宗15年（1415）3月辛丑（3日）。
5《太宗实录》卷三一，太宗16年（1416）5月甲寅（23日）。
6《世宗实录》卷一〇六，世宗26年（1444）10月丙辰（11日）。
7《国朝五礼仪》序。
8《国朝五礼仪》吉礼中包含《大夫士庶人四仲月时享仪》，嘉礼中包含《文武官冠仪》和《宗亲文武官一品以下昏礼仪》，凶礼中包含《大夫士庶人丧》。对此，参照张东宇的《〈国朝五礼仪〉에 규정된 대부、사、서인의 사례에 관한 고찰》(《韩国学研究》31，仁荷大学韩国学研究所，2013）。

二、朝鲜初期国家仪礼的整备与《家礼》

在朝鲜建国初到《国朝五礼仪》完成的 1474 年（成宗 5）这一国家仪礼整备过程中，可将《家礼》所反映的事例整理如〈表1〉。

〈表1〉《家礼》在朝鲜初期国家仪礼整备中反映的事例

连番	时期（出处：《实录》）	内　容	备考
①	1408 年（太宗 8）5 月 24 日	依《家礼》治丧	太祖丧
②	1408 年（太宗 8）5 月 25 日	依《家礼》制定丧服制度	太祖丧
③	1408 年（太宗 8）5 月 26 日	太宗居庐，每日参看《家礼》	太祖丧
④	1408 年（太宗 8）9 月 24 日	卒哭后在宗庙祭祀	太祖丧
⑤	1410 年（太宗 10）5 月 23 日	免丧后依《家礼》衰绖和苴杖处理	太祖丧
⑥	1412 年（太宗 12）6 月 6 日	依《家礼》制定忌晨斋行香使的官服制度	祭
⑦	1415 年（太宗 15）1 月 16 日	宗庙酌献后，北向再拜	宗庙
⑧	1416 年（太宗 16）7 月 3 日	改定宗庙祝文规式	宗庙
⑨	1416 年（太宗 16）7 月 17 日	写祝文于纸上并贴于木板	宗庙
⑩	1419 年（世宗元）9 月 27 日	依《家礼》制定丧服制度	定宗丧
⑪	1419 年（世宗元）12 月 7 日	国葬的斩土、开土时，仅向后土神祭祀	定宗丧
⑫	1419 年（世宗元）12 月 20 日	规定国葬的方式	定宗丧
⑬	1419 年（世宗元）12 月 20 日	从虞祭开始行献币礼	定宗丧
⑭	1420 年（世宗 2）7 月 10 日	从薨到袭敛、殡皆依《家礼》	元敬王后丧
⑮	1420 年（世宗 2）7 月 10 日	依《家礼》制定丧服制度	元敬王后丧
⑯	1420 年（世宗 2）8 月 11 日	上王（太宗）规定只在 3 个月内进行葬事	元敬王后丧
⑰	1422 年（世宗 4）5 月 13 日	依《家礼》制定斩衰服制度	太宗丧

续表

连番	时期（出处：《实录》）	内容	备考
⑱	1424年（世宗6）5月25日	宗庙祭祀举行时挂帐幕	宗庙
⑲	1424年（世宗6）6月10日	依《家礼》神主座制度制造广孝殿的位板椟	塬庙
⑳	1424年（世宗6）8月11日	依《家礼》处理牺牲的去势	祭
㉑	1424年（世宗6）9月3日	依《家礼》制度制作大行皇帝的王斩衰服	皇帝丧
㉒	1427年（世宗9）4月26日	依《家礼》行王世子亲迎仪、醮礼	嘉礼
㉓	1429年（世宗11）2月10日	太宗与元敬王后的丧葬仪轨补充、奠的馔品、亲奠	奠
㉔	1432年（世宗14）1月18日	塬庙中不使用影帧，只有神主使用	塬庙
㉕	1433年（世宗15）3月15日	重新建立文昭殿，规定祭祀的节次	塬庙
㉖	1435年（世宗17）1月17日	冬季文昭殿别祭时使用酒	塬庙
㉗	1435年（世宗17）1月29日	依《家礼》规定大行皇帝成服仪和王的斩衰服	皇帝丧
㉘	1436年（世宗18）7月22日	制定王世子嫔父母丧的丧制	丧制
㉙	1445年（世宗27）2月24日	斋戒日禁酒事项以《家礼》为依据	祭
㉚	1446年（世宗28）3月27日	依《家礼》规定世子的齐衰服制度	昭宪王后丧
㉛	1446年（世宗28）3月29日	殡殿朔望祭和有名日祭不进行香祝	昭宪王后丧
㉜	1446年（世宗28）4月3日	国葬时，以肩担丧轝代替柳车，其制度以《家礼》为依据	昭宪王后丧
㉝	1446年（世宗28）4月16日	宣读谥册宝、哀册	昭宪王后丧

续表

连番	时期（出处：《实录》）	内　　容	备考
㉞	1446年（世宗28）6月11日	规定初虞—七虞的日期	昭宪王后丧
㉟	1447年（世宗29）3月15日	依《家礼》规定世子后宫的心丧三年服的服色	昭宪王后丧
㊱	1450年（文宗即位）11月17日	期年之后进行安平大君儿子李友直的婚礼	世宗丧
㊲	1452年（端宗即位）8月1日	在穿圹使用营造尺，并将深度挖至1丈以上	文宗丧
㊳	1452年（端宗即位）8月17日	玄宫后，若未完成工役，则将纸榜安置在假丁字阁	文宗丧
㊴	1457年（世祖3）9月3日	依《家礼》将王、妃、朝臣的服期定为30日、7日	懿敬世子丧

〈表1〉中，在国家仪礼整备中，《家礼》所反映的事例大致可以分为两个范畴。第一，关于国丧（国恤）的内容，在太宗时代有太宗丧，在世宗时期有定宗丧、元敬王后丧、太宗丧、昭宪王后丧，文宗时期有世宗丧，端宗代时期有文宗丧，世祖时期有懿敬世子丧等，在仪式的制定中都反映了《家礼》。第二，在规定宗庙、原庙之祭、奠的行礼原则时运用了《家礼》。在此，首先将从国丧的相关内容来确认一下〈表1〉的主要事例。

太祖的国丧是太上王之丧，是现王的父亲丧，太祖昇遐的1408年（太宗8）5月24日（壬申）当日规定治丧皆以《家礼》为依据的原则（〈表1〉①）；规定第二日丧服的制度依据《家礼》（②）。此时太宗的丧服为武屈冠、首绖、衣、裳、带、腰绖、竹杖、菅屦，这不同于宋代或者明代设定变除、采用略式不同，忠实地遵从了《家礼》。[9] 从第三日开始,太宗居住在庐幕并且每天参看《家礼》(③)。9月24日(己巳)在卒哭之后开始宗庙祭祀(④)。另外,1410年(太宗10)5月23日(己丑),太宗向领议政府事河仑免丧之后问及了衰绖与苴杖的处理,此时,河仑依据《家礼》将苴杖置于屏处,由于衰绖没有礼文,因而将其赐与了守护太祖原朝文昭殿的人(⑤)。

定宗的国丧是老上王之丧,是上王为丧主制丧,[10]1419年(世宗1)9月26日(戊辰)丁宗昇遐,次日27日(己巳)规定了丧制。虽然上王太宗着斩衰三年服,世宗着齐衰期年服,但皆采用以日易月制,仅在27日和13日脱去丧服,丧服制度按照《家礼》。(⑩)12月7日(丁丑),根据《周礼》和《家礼》进行国葬的斩土、开土时,排除其他神灵,仅向后土神祭祀。(⑪)12月20日(庚寅)采用侍臣和群官跟随国葬行列的方式(⑫),指正过去太祖国丧奠时行献币礼中的错误,将其改定为虞祭时所行的献币礼(⑬)。而改定的根据在《家礼》附注中提及,具体内容为:"朱子曰:'未葬时,奠而不祭,但酌酒陈馔再拜。虞始用祭礼。卒哭谓之吉祭。'"[11] 因此可以说,此时的改定是关于《家礼》之理解不断发展的产物。

---

9 郑景姬:《朝鲜前期礼制·礼学研究》,首尔大学校博士学位论文,2000年,第63页。她认为,太祖丧时嗣王太宗的成服服装如同宋制一样,初丧时设定3次变除程序或者如同明制一样,不设定27日变除,是名实相符的衰服,是以《家礼》为依据的。

10 定宗的国丧中,丧主并非是现王世宗而是上王太宗。即定宗的国丧仪礼虽然具有国丧的形式,但并非一般、通常的情况。(姜制勋:《朝鲜〈世宗實錄五禮〉의編纂經緯와性格》,《史学研究》107,2012年,第195页)

11 《家礼·丧礼·虞祭·附注》。

元敬王后的国丧是母后大妃之丧，1420年（世宗2）7月10日（丙子）昇遐当日设置了殡殿都监，直到袭敛和殡之时皆遵从了《家礼》(⑭)，丧服的制度也同样遵从了《家礼》(⑮)。此时世宗的丧服遵从了《仪礼》的"父在为母期"，以日易月，规定仅在13日脱去齐衰期年服。8月11日（丁未）将葬礼的日期定为9月19日(⑯)，这是上王太宗接受以《家礼》为根据进行三月葬的李原之建议的结果。

昭宪王后之国丧是王妃之丧，在王妃昇遐第四天，即1446年（世宗28）3月27日（甲午），世子的丧服定为齐衰期年服，丧服制度遵从《家礼》(㉚)。次日的决定是26日（癸巳）讨论的结果，所谓齐衰期年服并非是完全脱掉丧服，而是坚持心丧三年，是对过去元敬王后国丧时规定的改定。29日（丙申），礼曹根据元敬王后丧，请求在殡殿朔望祭和有名日祭时下香和祝，但却接受承政院的以《家礼》为依据的意见而未执行(㉛)。另外，在4月3日（庚子），由于朝鲜的道路险阻不适合使用柳车，所以大行王妃启行梓宫室制作了《家礼》的肩担丧举(㉜)。16日（癸丑）宣读了谥册宝和哀册(㉝)，6月11日（丁未）将大行王妃的虞祭定为七虞并确定了日期(㉞)。

如上，太宗、世宗时期关于国丧的礼制整备十分活跃，同时也确认了《家礼》所反映的各种规定，但之后的论议却并不多。世宗国丧中时，即1450年（文宗即位年）11月17日（丁巳），讨论了安平大军的儿子李友直（2品）的婚礼日期(㊱)，有意思的是在礼曹，以朱子在宋代朝廷上的发言内容为依据，主张2品以上在进行了禫祭之后才能结婚，但在议政府则根据《家礼》中的"身及主昏者,无期以上丧,乃可成昏"[12],主张只有在期年之才能后结婚。两者虽皆以朱子学说为根据,但最终决定按照《家礼》在期年之后结婚。之后,文宗国丧时,在穿圹使用营造尺,并将深度挖至1丈以上(㊲)。在下玄宫之后,如果未能完成工役,则依据《家礼》将纸榜的标记安置在假丁字阁,并实行朝夕上食和昼茶礼,且在役事结束后烧毁(㊳)。

接下来将考察关于宗庙和原庙中祭与奠的内容。首先,关于宗庙,1415年(太宗15)1月16日(乙卯)在许稠和河仑之间就《宗庙酌献仪注》展开了论争,最终采用了以《家礼》为依据的许稠的主张(⑦)。另外,在1416年(太宗16)7月3日(壬辰)改定了宗庙的祝文(⑧)。同年7月17日(丙午)决定将祝文写于纸上并贴于木板上(⑨)。这推翻了1年前(1415年7月26日)的决定。即,虽然按照1415年许稠以古礼为依据的主张,所有的祭祀祝板皆应用竹子,但到了此时,依据《家礼》和《洪武礼制》,应该将祝文写于纸上并贴在板子上,并且在结束后仅将纸烧毁。1424年(世宗6)5月25日(己亥)根据《家礼》本注的"开门轴帘,每龛设新果"[13],决定在举行宗庙祭祀时挂帐幕(⑱)。

关于原庙,《家礼》所反映的事例首先是1424年(世宗6)6月10日(癸丑)决定按照《家礼》的神主座制度制造广孝殿的位板椸(⑲),1432年(世宗14)1月18日(戊寅)决定在原庙中不使用影帧,只对神主使用(㉔)。这是详定所提调黄喜等的建

---

12 《家礼·昏礼·议昏》。
13 《家礼·通礼·祠堂·本注》。

议，并且他提出了两个根据。第一，朱子将司马公在《书仪》中所称的"影堂"改为"祠堂"是因为祭祀中并没有使用影帧；第二，引用了《家礼》设魂魄条的注释，对妇人外出时遮着脸孔，为何在死后要令画工给她们画上脸的疑问。对此，郑招虽提出反论认为在宗庙中侍奉神主、在原庙中侍奉晬容是正确的，但最终却接受了以《家礼》为依据的黄喜等人的意见。1433年（世宗15）3月15日（戊辰）重新建立文昭殿，依据《家礼》规定了祭祀的程序（㉕），1435年（世宗17）1月17日（己丑）也以《家礼》为依据，决定在文昭殿别祭时使用酒（㉖）。

在朝鲜初期国家仪礼整备的过程中，频繁将《家礼》作为依据材料使用。对于过去从未经历过的新的仪礼状况，既存在着以《家礼》为依据制定礼制的事例，也存在着依据《家礼》对之前制定的规定进行改定的事例。即，《家礼》在国家仪礼整备过程中被频繁运用，并随着时间的推移，关于其的理解也不断加深。

三、《世宗实录·五礼》《国朝五礼仪》与《家礼》

《世宗实录·五礼》、《国朝五礼仪》可谓是朝鲜初期国家仪礼整备的产物，它们由仪注和序例构成。仪注按照时间顺序记录了仪礼的进行顺序，序例则规定了实行仪注之内容时必要的诸般事项。在此章中将分别从仪式和序例考察前一章所探讨的内容在这两种国家典礼书中是如何受容的。

第一，反映于仪注中的《家礼》。

在此将同时探讨《世宗实录·五礼》、《国朝五礼仪》的仪注以及《世宗实录》编年记事中收录的仪注。《世宗实录》按照日期收录了礼曹所启的仪注内容,仪著个数多达 300 个。前章所列事项主要是关于行礼的原则,因此很难对特定的仪注进行确认。以下将以三个事例为中心考察以《家礼》为依据的规定在仪注中的反映。

（一）关于定宗国丧,规定仅在斩土和开土时向后土神祭祀（〈表一〉⑪）。1419 年（世宗元年）12 月 7 日（丁丑）,礼曹根据《周礼》冢人条和《家礼》的"择日,开茔域,祠后土"[14],在过去太祖国葬时不向后土神祭祀而向阡陌将军和幽堂穴神祭祀,这是因为阴阳杂书的不经之语,而此次定宗国葬则建议向后土神祭祀。且这一内容适用于礼曹在同一天上呈的《开土斩土祭仪》,即"书云观于所得地,堀兆四隅外其壤,堀中南其壤,各立一标,当南门立两标。执事者后土氏神位于中标之左南向"[15]。这样规定的仪式被运用于 12 月 15 日（乙酉）厚陵茔域的开土之时,[16] 并反映在《世宗实录·五礼》的《凶礼·治葬》中,[17] 也反映在《国朝五礼仪·凶礼·治葬》中。[18]

（二）1433 年（世宗 15）3 月 15 日（戊辰）在新建的文昭殿

14《家礼·丧礼·治葬》。
15《世宗实录》卷六,世宗 1 年（1419）12 月丁丑（7 日）,开土斩土祭仪。
16《世宗实录》卷六,世宗 1 年（1419）12 月乙酉（15 日）:"开茔域,祠后土于厚陵如仪。"
17《世宗实录》卷一三四,《五礼·凶礼·治葬》:"开营域,掘兆四隅外其壤,掘中南其壤,各立一标,当南门立两标。书云观官祠后土于中表之左。【前祭三日,应行事执事官,并散齐二日,致齐一日。其日,执事者设后土氏神位于中标之左南向,席以莞。……】"
18《国朝五礼仪》卷七,《凶礼·治葬》:"开茔域,掘兆四隅外其壤,掘中南其壤,各立一标,当南门立两标。观象监官祠后土于中表之左。【前祭三日,诸祭官,并散齐二日,致齐一日。其日,执事者设后土氏神位于中标之左南向,席以莞。……】"

规定了祭祀的程序（㉕）。此时"新建的文昭殿"是指将太祖、神懿王后的塬庙（文昭殿）和太宗、元敬王后的塬庙（广孝殿）合二为一而新建的塬庙。太祖与太宗的神位于1433年（世宗15）5月3日（乙卯）移至文昭殿，在此之前在新文昭殿中对祭祀程序的议论即是此记事。此时礼曹以《家礼》为依据建议在文昭殿后寝进行朔望祭，在正寝（前点）进行四时大享、俗节别祭和忌日祭。另外，当将神主从后寝移至正寝时，规定按照宋制使用腰舆。

这些建议皆被接受，皆都反映在之后5月4日（丙辰）、8日（庚申）、13日（乙丑）各礼曹呈上的《文昭殿四时及腊俗节摄行仪》《文昭殿忌晨祭仪》《文昭殿朔望仪》中。在这些仪注中，四时、腊日、俗节祭祀和忌祭祀时，将神位从后寝中取出，通过腰舆移至正寝进行祭祀；在朔望祭时则在后寝祭祀。《世宗实录·五礼》吉礼虽遗漏了关于文昭殿的仪注，[19]但《国朝五仪礼》中则将四时、俗节的祭祀编制为《四时及俗节享文昭殿仪》和《四时及俗节享文昭殿摄事仪》，将忌祭祀编制为《文昭殿忌晨仪》，将朔望祭编制为《朔望享文昭殿仪》，这些内容反映了1433年5月制定的仪注。[20]

（三）1446年（世宗28）3月29日（丙申），礼曹根据元敬王后的国丧，请求在殡殿的朔望祭和有名日祭下香和祝，但却接受承政院的意见决定不下香和祝（㉛）。此时，接受礼曹建议的世宗回想过去自己在元敬皇后殡殿中敬酒并阅读朝臣祝文之事，认同了之后许稠的话，即在母后殡殿中行此事是不对的。另外，由于在宫禁

---

19 世宗时进行的五礼整理工作中，只有凶、兵、宾、嘉四礼反映到了《世宗实录·五礼》中，吉礼是太宗时期对许稠所撰定的事项的受容。具体内容参照姜制勋，上文，2012年。
20《国朝五礼仪》卷一，《吉礼》。

等地让外人敬酒和读祝文是不妥当的,所以主张不应下香、祝并让宫人行此事。继而,承旨以《家礼》中卒哭和虞祭只有祝文,殡所没有祝文为据,请求不要下香、祝。

两天之后,4月1日(戊戌)在昭宪王后的殡殿进行了朔殿,次日的仪式程序被记录到《朔望及俗节别奠仪》中。在这一仪注中,仪式中只有再拜和哭的程序,上香和酒的程序由尚食进行,而没有阅读祝文的程序。即,完成反映了3月29日的讨论。另外,这一仪注在《世宗实录·五礼》凶礼中记录为《朔望奠》,并此处附注了"正至俗节别奠同。俗节,即寒食端午中秋"这一说明。在这一仪注中,代奠官道"诣香案前,北向跪,三上香,酌酒奠于灵座前",没有读祝文的程序。[21] 这原封不动地被移至了《世宗实录·五礼》的《凶礼·朔望奠》中。[22]

但《世宗实录·五礼》和《国朝五仪礼》的《朔望奠》在内容上不仅局限于内丧,也通用于国王的国丧。在此回想3月29日的议论,世宗与世宗所提及的许稠的发言是说由于是母后丧,所以敬酒和读祝文的程序是错误的。相反,承旨所建议的内容是以《家礼》为依据谈论奠和祭的差异点。即,两本典礼书的《朔望奠》中所反映的此日的决定并非是将傍点置于内上的世宗的见解,而是强调奠之原则的承政院的意见。换而言之,此一事例是以对《家礼》的理解为依据对过去规定的改定。

---

21 《世宗实录》卷一三四,《五礼·凶礼·朔望奠》:"代奠官盥手,升自东偏阶,诣香案前,北向跪,三上香,酌酒奠于灵座前【连奠三盏】,俯伏兴退。"
22 《国朝五仪仪》卷七,《凶礼·朔望奠》:"代奠官盥手,升自东偏阶,诣香案前,北向跪,三上香,酌酒奠于灵座前【连奠三盏】,俯伏兴退。"

一方面，前文〈表1〉中所整理的内容中，只有一个内容是反复重复的，即每当发生国丧时，其丧服制度皆以《家礼》为依据。(②、⑩、⑮、⑰、㉚、㉟) 当明代发生皇帝丧时也是一样的。(㉑、㉗) 此处所说的丧服制度是指制作斩衰服、齐衰服等丧服的基准，这在《世宗实录·五礼》和《国朝五仪礼》中被编制为《服制》。在《世宗实录·五礼》的《服制》的开头中附记道："《仪礼经典通解续》及《朱子家礼》，本朝已行礼典，参酌详定。"正文中说"自衣裳至杖，皆用《朱子家礼》之制"，[23] 强调将《家礼》作为丧服制作的基准。那么，我们便会好奇〈服制〉中制定的朝鲜王室的斩衰服和齐衰服与《家礼》的制度是否完全一致？接下来具体考察其具体情况。

〈表2〉 朝鲜初期王（世子）、王妃（世子嫔）斩衰服与《家礼》斩衰服比较

		太祖丧	世宗实录·五礼 服制	国朝五礼仪 服制	家礼 成服
男	衣裳	生麻	用极粗生布	用极粗生布	用极粗生布
	男冠	武屈冠	用稍细生布，以麻绳为武及缨	用稍细生布，以麻绳为武及缨	比衣裳用布稍细用麻绳一条……以为武武之余绳垂下为缨
	男首绖腰绖绞带	生麻	生麻	生麻	有子麻
	男杖	竹杖	竹杖	竹杖	苴杖，用竹
	男屦	菅屦【代白丝鞋】	菅屦【代用白绵布】	菅屦【代用白绵布】	屦，亦粗麻为之

23《世宗实录》卷一三四，《五礼·凶礼·服制》。

续表

		太祖丧	世宗实录·五礼服制	国朝五礼仪服制	家礼 成服
女	大袖长裙	大袖【长衫】长裙【裳】	用极粗生布大袖,本国长衫长裙,即裳	用极粗生布大袖,本国长衫长裙,即裳	用极粗生布不缉大袖长裙
	女盖头头𢂶	盖头【布帽罗火笠】布头𢂶【结介】	用稍细生布盖头,代以本国女笠帽头𢂶,代以本国首帕	用稍细生布盖头,代以本国女笠帽头𢂶,代以本国首帊	盖头用极粗生布不缉布头𢂶
	女钗	竹钗【簪】	竹钗【仪礼箭笄】	竹钗【箭笄】	竹钗
	女带	带	布带【用粗布】	布带【用粗布】	—
	女屦	麻屦【代白丝鞋】	布屦【造以白绵布】	布屦【造以白绵布】	麻屦

〈表3〉 朝鲜初期王（世子）、王妃（世子嫔）齐衰服与《家礼》齐衰服比较

		昭宪王后丧	世宗实录·五礼服制	国朝五礼仪服制	家礼 成服
男	衣裳	用次等生粗布缉其傍及下际	用次等粗布	用次等生粗布	用次等生粗布缉其旁及下际
	男冠	用生布为武及缨	以布为武及缨	以布为武及缨	以布为武及缨
	男首绖腰绖绞带	用生麻首绖,以布为缨带【用生布】	生麻绞带以布为之	并生麻绞带以布为之	首绖以无子麻为之绞带以布为之
	男杖	桐杖【上圆下方】	桐杖	桐杖	杖以桐为之,上圆下方
	男屦	疏屦【造以白绵布】	疏屦【代用白绵布】	疏屦【代用白绵布】	

续表

		昭宪王后丧	世宗实录·五礼服制	国朝五礼仪服制	家礼 成服
女	大袖长裙	背子【即本国蒙头衣,用次等生粗布】长裙【即裳,制用生布】	用次等生粗布	用次等粗生布	布用次等
	女盖头头帽	盖头【即本国女笠,覆以生布】布头帽【俗名结介制,用生布】	用稍细生布	用稍细生布	盖头,布用次等布头帽
	女钗	竹叙裹腮【用白纻布】	竹钗	竹钗	竹钗
	女带	带【用生布】	布带【用次等粗生布】	布带【用次等粗生布】	—
	女履	疏履【造以白绵布】	布履【造以白绵布】	布履【造以白绵布】	麻履

上表比较了朝鲜王室的斩衰服、齐衰服制度和《家礼》成服条的规定,〈表2〉比较了斩衰服,〈表3〉比较了齐衰服。〈表2〉中增加了太祖国丧时的斩衰服制度,〈表3〉增加并比较了昭宪王后国丧时的齐衰服制度。

首先是斩衰服,〈表2〉中太祖国丧时规定的制度被《世宗实录·五礼》和《国朝五仪礼》所继承,这是以《家礼》成服条为基准的。通常,男性的斩衰服是由衣、裳、冠、首绖、腰绖、绞带、杖、屦构成的,女性的斩衰服由大袖、长裙、盖头、头帽、钗、带、屦构成,与《家礼》制度是一致的。但太祖国丧时关于丧服之记录的末尾说明道:"制度并依《文公家礼》"、"中宫,参用本国女服"[24],在此说明中,女性斩衰服中的几项被换为其他。即,由于女性的服饰与中国不同,所以不能完全依据《家礼》,因此,以朝鲜的长衫、笠帽、首帕分别代替了大袖、盖头、头霜。

关于斩衰服和齐衰服的差异,《家礼》成服条中说道:"齐,缉也。其衣裳冠制,并如斩衰。但用次等粗生布,缉其旁及下际。冠以布为武及缨。"[25]就杖而言,以桐杖代替竹杖,就妇人服而言,除了布有差异以外,其余皆与斩衰相同。这种差异也很好地适用于〈表3〉的朝鲜王室的齐衰服中。即,齐衰服制度也遵从了《家礼》。

但〈表2〉和〈表3〉也存在着与《家礼·成服》条的不同之处。首先是以由白丝鞋或者白绵布所做的屦代替屦。即〈表2〉和〈表3〉中朝鲜王室的屦在斩衰服中被称为菅屦(男)和麻屦、布屦(女),在齐衰服中被称为疏屦(男)和疏屦、布屦(女),但太祖国丧时皆代替为白丝鞋,其余被代替为用白绵布做的屦。另外,与《家礼》中的不同名称,即菅屦、疏屦之名遵从了古礼。换而言之,朝鲜王室的即菅屦、疏屦在名称上遵从了古礼,是根据时俗的变形。

女性的斩衰服、齐衰服包含带,这与《家礼》也是不同的。《家礼》中并未单独规定女性丧服的带,但在〈表2〉和〈表3〉,朝鲜王室的斩衰服有粗生布、齐衰服有次等粗生布制成的布带。《家礼》附注中说道:"《仪礼》:'妇人有绖带。'绖,首绖也。带,腰带也。……《家礼》妇人并无绖带之文,当以礼经为正。"[26]由此

24《太宗实录》卷十五,太宗8年(1408)5月癸酉(25日)。
25《家礼·丧礼·成服·本注》。
26 同上。

可知，朝鲜王朝使用带，这与《家礼》的方式是不同的，并且关于带的规定是遵从古礼的。

可见，朝鲜王室的斩衰服、齐衰服制度以《家礼》为基准的，但同时也存在着差异。一方面是因为风俗的不同，但也因为在特定的部分试图遵从古礼。但可以明确的是，其基本指向是以《家礼》为基准的。接下来通过序例的图说，分节探讨丧服的具体条目。

第二，序例中反映的《家礼》。

关于服制之图可在《世宗实录·五礼》之《凶礼序例·丧服》和《国朝五仪礼·凶礼·丧服图说》中得以确认。但由此处的图说来看，"家礼"这一书名虽未明示，但可知其完全遵从了《家礼》。这是因为它与《家礼》中包含的〈家礼图〉[27]的"丧服之图"是一致的。另外，"图"和"说"等很明显是《家礼·成服》条中的内容。即，由于十分明显是以《家礼》为依据的，因而就没有必要再次明确提及书名。

〈表4〉《世宗实录·五礼》《国朝五礼序列》与《家礼》丧服图说的比较

《世宗实录·五礼》之《凶礼序例·丧服》	《国朝五礼序例·凶礼·丧服图说》	《家礼·家礼图》
1 裁辟领四寸图	1 裁辟领四寸	12-2 裁辟领四寸图
2 别用布横长一尺六寸广八寸塞阔中为领图	3 别用布横长一尺六寸广八寸塞阔中为领	12-3 别用布横长一尺六寸广八寸塞阔中为领图
3 反习辟领四寸左右适图	2 反折辟领四寸为左右适	12-4 反折辟领四寸为左右适之图

---

27 朝鲜通用的作为《性理大全》一部分的《家礼》在16世纪以后，从《性理大全》中分离出来，被独立刊行，17世纪以后出现的七卷本中，出现于序头中的图式被称为"家礼图"。（郑现贞：《朝鲜에서〈家礼图〉理解의흐름》，《韩国实学研究》30，第255-256页）

续表

《世宗实录·五礼》之《凶礼序例·丧服》	《国朝五礼序例·凶礼·丧服图说》	《家礼·家礼图》
4 反习向前图	4 反折向前	12-1 反折向前图
5 加领于衣前图	8 衣前	12-8 加领于衣前图
6 加领于衣后图	9 衣后	12-9 加领于衣后图
7 裁衽图	5 裁衽	12-5 裁衽之图
8 两衽相迭图	6 两衽相迭	12-6 两衽相迭之图
9 裳制	7 裳	12-7 裳制
10 斩衰冠	10 斩衰冠	13-1 斩衰冠
11 齐衰冠	11 齐衰冠	13-2 齐衰冠
12 斩衰首绖	12 斩衰首绖	13-3 斩衰首绖
13 齐衰首绖	13 齐衰首绖	13-4 齐衰首绖
14 斩衰腰绖	14 斩衰腰绖【齐衰腰绖同在围五寸】	13-5（斩衰之大功腰绖）
15 齐衰腰绖	—	13-6（小功以下腰绖）
16 斩衰绞带	15 斩衰绞带	13-7（斩衰绞带）
17 齐衰绞带	16 齐衰绞带	13-8（齐衰绞带）
18 苴杖	17 苴杖	14-1 苴杖
19 削杖	18 削杖	15-1 削杖
20 布屦	19 布屦	14-2 菅屦
—	20 布帽	—
—	21 衰服	—
—	22 麻带	—
		15-2 疏屦

反映在两本国家典礼书中的《家礼图》，具体而言，包括相当于配置于《家礼》卷首的28个图示中的第12到第15图，即《丧

服图式》《冠绖绞带图式》《斩衰杖屦图》《齐衰杖屦图》。另外，可推定当时使用的版本为《性理大全》本。〈表4〉比较、整理了《世宗实录·五礼》和《国朝五礼序列》的"丧服图说"和《家礼》的《家礼图》中4个图示中包含的图说的名字。表中的"番号"表示图说的顺序，以《世宗实录·五礼》为基准。通过〈表4〉可知，虽然存在顺序上的差异，但《家礼图》之图几乎原封不动地收录于国家典礼书中。只是菅屦和疏屦例外，因为如前文所考察，朝鲜王室丧服中的屦没有遵从《家礼》。另外，《国朝五礼序例》还包含了其他地方没有的布帽、衰服、麻带的图说，这也是不同所在。其他的图说可谓皆是以《家礼》为依据的。

《家礼图》中的腰绖之图分为"斩衰之大功腰绖"和"小功以下腰绖"两种。但《家礼》成服条中关于腰绖形态的说明只是关于斩衰腰绖的。

A. 腰绖，大七寸有余，两股相交，两头结之。各存麻本，散垂叁尺。其交结处，两旁各缀细绳系之。[28]

B. 小功以下结本，不散垂。[29]

A是关于《家礼》成服条腰绖的说明。另外根据齐衰、大功、小功、缌麻的规定，腰绖的大小分别缩小为5寸、4寸、3寸、3寸，但形态并未发生变。但B却对大功以上和小功以下的腰绖形态进行了不同的规定。B是附记于《家礼》"小功以下腰绖"的内容。即《家礼图》明示了《成服》条中没有的内容。

---

[28]《家礼·丧礼·成服·本注》。
[29]《家礼·冠绖绞带图式》。

〈表5〉《世宗实录·五礼》《国朝五礼序列》与《家礼》腰绖图说的比较

世宗实录·五礼 斩衰腰绖	国朝五礼序例 斩衰腰绖	家礼 斩衰之大功腰绖	家礼 小功以下腰绖

如〈表5〉所示，《世宗实录·五礼》的斩衰腰绖之图呈腰绖的麻本相缠之状，形象与《家礼》的"小功以下腰绖"相似。但图所附之说中记录了与A相同的内容，所以无法说没有理解《家礼》斩衰腰绖的规定，而只能说是图表的表达有错误。这种错误在《国朝五礼序例》中得到了订正。即，将其换为与《家礼》"斩衰之大功腰绖"之图一样，腰绖之麻本扩散的形态。并且将扩散的部分明确记为"散垂"。这种变化也可谓是对《家礼》理解深化的结果。

四、结论

以上考察了朝鲜初期国家仪礼整备过程中，《世宗实录·五礼》和《王朝五礼仪》中所反映的具体状况。朝鲜初期的礼制整备是二元完成的，即私家礼由四礼（家礼）构成、国家仪礼由五礼构成，但两者又不是完全分化的。《家礼》的影响力不仅局限于私家礼。在关于朝廷的国家仪礼讨论中，决定了以《家礼》为依据的行礼原则，并且这些决定被明确作为了《世宗实录·五礼》与《国朝五礼仪》的仪注。并且《家礼》还发挥了王室丧服制作之标准的作用,通过《世宗实录·五礼》与《国朝五礼仪》的服制可以确认。不仅如此,两本国家典礼书之序例中的《丧服图说》遵从了《家礼》的《家礼图》。虽在在此表现出若干的不同点,但很明确,皆指向于《家礼》。

可见,《家礼》在朝鲜初期国家仪礼整备中被用作提供礼之原则的主要根据,并以多样的样貌呈现于其产物《世宗实录·五礼》与《国朝五礼仪》中。且随着时间的推移,关于《家礼》的理解不断加深,朝鲜的国家仪礼也不断朝着符合礼之原则的方向发展。

朝鲜朝后期变礼书的发展：
以《礼疑类辑》为中心

[韩]张东宇（延世大学）

一、前言

《家礼》最晚在14世纪初传入朝鲜半岛，时隔一个半世纪后，在《高丽史·礼志》(1451)和《世宗实录·五礼》(1454)的基础上，《国朝五礼仪》(1474)得以完成。《国朝五礼仪》的成书意味着，从国家典礼到私家仪礼，通过对《家礼》高水平地再建构而形成的行礼标准指南由国家主导刊行。这是因为《国朝五礼仪》不仅囊括了国家典礼，还记载了《文武官冠仪》《宗亲文武官一品以下昏礼仪》及《大夫士庶人丧》《大夫士庶人四仲月时享仪》等品官和士庶人的冠礼、昏礼、丧礼、祭礼等仪礼的行礼规范。

从16世纪后期开始，在儒教知识分子的努力下，《家礼》的研究正式展开。一直致力于确立行礼规范的《家礼》研究，在17世纪初取得里程碑式成果，进入18世纪后期发展到顶峰。为使在"12世纪的中国"出现的《家礼》适应"16世纪之后的朝鲜"，儒教知识分子在明确《家礼》名物度数的含义，探寻名物度数的渊源，修改、新增《家礼》规定等方面做出了诸多努力。《家礼》研究的进展正是在此基础上取得的。

如果说确定名物度数的含义、探寻名物度数的渊源，属于将制礼精神通过训诂或文献考证的方法来加以确立的广义考证学，那么修改《家礼》的规定使之本土化，或对《家礼》中的规定进行补充以提高行礼的可行性，则属于在明确的制礼精神的指导下对礼加以变更，即变礼。由此取得的变礼成果又用于修改行礼的标准指南，或以附则的形式被活用。因此，考证为变礼服务，变礼以行礼为目标。基于此，朝鲜时代《家礼》研究的特征可概括为以行礼或施行为中心[1]。

之前，对行礼、考证及变礼的研究均独立展开，[2] 到18世纪末出现了将三个层面的研究总结在一部专著内的研究成果[3]。引领此种潮流，具有里程碑式意义的著述有金长生（1548-1631）的《丧礼备要》（成书：1583，初刊：1620）、《家礼辑览》（成书：1599，初刊：1685）、《疑礼问解》（成书：1620，初刊：1646）三部作品。《丧礼备要》与《家礼辑览》重点论述行礼与考证的问题，《疑礼问解》则主要论述变礼的问题。[4]

---

1 李俸珪：《通过与明清朝的比较考察朝鲜时代〈家礼〉研究的特色与研究方向》，《韩国思想史学》第44辑，韩国思想史学会，2013年，第234页。
2 张东宇：《朝鲜时代〈家礼〉研究的进展》，《泰东古典研究》第31辑，泰东古典研究会，2013年，参考新增"（现传）家礼研究书目录"。
3 指李宜朝（1727-1805）的《家礼增解》（14卷10册，1792）与柳长源（1724-1796）的《常变通考》（30卷16册，1783）。
4 以《丧礼备要》为代表的行礼书的发展过程部分参考张东宇的论文：《通过行礼书看朝鲜后期〈家礼〉研究的特性及含义》，《国学研究》第36辑，韩国国学振兴院，2018年。

金长生与其弟子通过书信方式探讨《家礼》相关的疑文与变礼，而《疑礼问解》正是将这些信件按《家礼》体裁进行分类编辑而成。"疑文"是"存在疑惑的礼文"，"变礼"则指"修改或重新制定的仪礼"。从这一层面来看，《疑礼问解》不是一部只讨论变礼问题的礼书。只有通过考证的方法，明确《家礼》中名物度数的具体含义，探索名物度数的渊源，疑文才能得以消除化解。不过，《疑礼问解》对于所讨论的主题，究竟属于疑文的范畴还是属于变礼的范畴，并未进行明确的分类。

在对变礼作出明确规定的著述中，朴圣源（1697-1767）的《礼疑类辑》是朝鲜时代最具代表性的作品。《礼疑类辑》打破学派的藩篱，广泛收录了16世纪至18世纪前半期探讨疑文和变礼的文章。《礼疑类辑》分为《冠礼》与《冠变礼》、《昏礼》与《昏变礼》、《丧礼》与《丧变礼》、《祭礼》与《祭变礼》，将变礼作为独立的部分展开论述。同时对李滉（1501-1570）、郑逑（1543-1620）、张显光（1544-1637）、金长生（1548-1631）、郑经世（1563-1633）、宋时烈（1607-1689）、朴世采（1631-1695）、权尚夏（1641-1721）、李縡（1680-1746）等人关于变礼的讨论，按所属范畴而非《家礼》体裁进行了收录。

本论文旨在以《礼疑类辑》为中心，探究朝鲜时代变礼书发展过程的特点及含意。本文首先考察了16世纪后半期至《礼疑类辑》成书期间的冠变礼、昏变礼、丧变礼、祭变礼"四变礼体裁"的确立情况，之后分析了《礼疑类辑》收录的与变礼相关的讨论，进而揭示朝鲜后期变礼研究的特点及含意。

二、变礼的范畴化

中国最早提出将变礼范畴化的著述是《仪礼经传通解续》。《仪礼经传通解续》卷3《丧变礼》中将丧变礼划为"奔丧""闻丧""并有丧""道有丧""因吉而凶""因凶而吉"六类，筛选并收录了经传中的相关内容。主要引用了《礼记》中的《曾子问》《杂记》《奔丧》等，同时也有《仪礼》与《周礼》的部分内容。《仪礼经传通解续》之后，以变礼为标题进行范畴化的著述，可以确定有徐乾学（1631-1694）的《读礼通考》及江永（1691-1762）的《礼书纲目》。

《读礼通考》101-107卷收录了变礼的相关内容。同时，此著述还继承并完善了《仪礼经传通解续》的问题意识，保留"并有丧"与"卒于道"，合并"闻丧"与"奔丧"为"奔丧"，删去"因吉而凶"与"因凶而吉"，具体列为10个条目[5]。《礼书纲目》第30卷中，《丧变礼》不仅沿用了《仪礼经传通解续》的六类分类法，所收录的内容也与其几乎一致。仅有的差别在于，此著述将"因吉而凶"与"因凶而吉"所引《曾子问9-10》和《杂记下54-55》以"冠变礼"为题重复收录，将《曾子问16-22》《杂记下55》重复收录在"昏变礼"的题目之下。此外，祭变礼内容未收录其中。

朝鲜时代将变礼范畴化的最早著述是宋翼弼（1534-1599）的《家礼注说》。《家礼注说》被称作"真正的《家礼》注释书"。此著述分别在冠礼、昏礼、祭礼的末尾以"冠变礼""昏变礼""祭变礼"为题对变礼进行了简要介绍，而丧变礼内容未作收录。

---

[5] 10条目："他国遭丧""嫁娶遭丧""时祭遭丧""遭丧不祭""丧不助祭""夫妇未昏服""丧中冠子嫁女取妇""王侯初丧袭爵""皇妃受册遭丧""丧中受册宝"。

《家礼注说》中的变礼规定具有三方面的特点。第一，将《仪礼经传通解续》中"因吉而凶"与"因凶而吉"引用的内容细分为冠变礼（《曾子问9、10》《杂记下54》）、昏变礼（《曾子问16、17、18、19、21、22》）、祭变礼（《曾子问39》）[6]三类进行收录。第二，从《礼记》与《朱子大全》《朱子语类》等文献中寻找朱熹关于变礼的论述，并加以完善。第三，彻底排除属于国家典礼的内容，只收录私家仪礼的内容。

关注与省察变礼的焦点在于对私家仪礼——《家礼》的施行，由此而形成了上述三个特征。在《家礼》的施行过程中，变礼不可回避。为应对变礼，经传中私家仪礼的相关记录，与被认定为《家礼》作者的朱熹对变礼的议论才是更为可靠的依据。从郑述（1543-1620）的《五先生礼说分类》中也发现了相同情况。

《五先生礼说分类》不仅收录了宋代程颢、程颐、司马光、张载、朱熹等人的礼说，还对三礼书与论·孟集注、中庸·大学章句、《性理大全》、《文献通考》、《仪礼经传通解》、《仪礼经传通解续》、《通典》、《家礼仪节》、《家礼会通》、《乡校礼辑》等书中的相关内容进行了筛选收录。记载天子、诸侯四礼的前集8卷与记载私家四礼的后集12卷构成了《五先生礼说分类》这一鸿篇巨著。前集在"天子、诸侯的昏变礼"题目之下收录了"不娶同性"的条，而后集在《昏变礼》《丧变礼》[7]《葬变礼》[8]的题目之下仅对变礼的相关论述作了简要整理。

---

6 除此之外，祭变礼还引用了《祭统29》与《曲礼上194》。
7 指"闻丧""奔丧"2条目。
8 指"并有丧""返葬""旅葬""久不葬""火葬""招魂葬""改葬""地风"8个条目。

李益诠（？-1679）的《礼疑答问分类》，将朝鲜学者研究变礼的问题意识进行了系统地整理。李益诠的老师郑述，按《家礼》体裁对《退溪丧祭礼答问》的内容进行了分类，在此基础上编纂完成了《丧祭礼答问分类》。李益诠的从弟李惟诠以此为草稿，又补入了郑述与张显光回答门人疑问的内容。《丧祭礼答问分类》由于分类体系不明确而导致无法快速参考，李益诠克服了这一缺陷，从金长生的《疑礼问解》与郑经世的文集中选取有价值的内容增补到相应条目，完成了《礼疑答问分类》。[9]《礼疑答问分类》以郑述的《五先生礼说分类》为基础，除补充李滉的礼说之外，还对郑述与张显光、金长生与郑经世的学说进行完善，同时还构建了便于后人参考的分类体系。

　　《礼疑答问分类》采用《冠变礼》《昏变礼》《丧变礼》《祭变礼》的"四变礼体裁"，收录了变礼的相关内容。《冠变礼》"临冠有丧"，"昏变礼"中的"临昏有丧"各1条，《丧变礼》中包括"并有丧"5条与"改葬"11条等共42条内容，《祭变礼》中收录了包含与祝文相关的12条在内的共32条内容。以下是以《祭变礼》为例对变礼相关事项的整理。

〈表1〉《礼疑答问分类·祭变礼》的构成

条　目	引　用　礼　说
摄祀	《退溪集（李滉）》(9)[10]，《寒冈集（郑述）》(2)，《旅轩集（张显光）》，《愚伏集（郑经世）》
兄弟神主一龛	《寒冈集（郑述）》(2)

9《礼疑答问分类·序》。
10 括号内数字表示被引用的次数，未标者为1次。

条　目		引　用　礼　说
宗子绝嗣		《寒冈集（郑逑）》(2)
立后		《退溪集（李滉）》(2),《寒冈集（郑逑）》(2),《沙溪集（金长生）》(5)
冢妇主祭		《退溪集（李滉）》(3)
支子主祭		《退溪集（李滉）》,《沙溪集（金长生）》
妾子承重		《退溪集（李滉）》(2),《沙溪集（金长生）》,《愚伏集（郑经世）》
侍养奉祀		《退溪集（李滉）》
无后神主		《寒冈集（郑逑）》(3)
承重孽子所生亲祭		《寒冈集（郑逑）》,《沙溪集（金长生）》
外家奉祀		《退溪集（李滉）》,《寒冈集（郑逑）》(3),《旅轩集（张显光）》
外党祭		《退溪集（李滉）》,《寒冈集（郑逑）》(2)
妻亲祭		《退溪集（李滉）》(2)
俗节遇忌日		《寒冈集（郑逑）》
寓中行祭		《退溪集（李滉）》,《寒冈集（郑逑）》(4)
临祭有丧		《寒冈集（郑逑）》,《沙溪集（金长生）》(2),《愚伏集（郑经世）》
临祭拘忌		《旅轩集（张显光）》,《愚伏集（郑经世）》(2)
过时不祭		《退溪集（李滉）》,《沙溪集（金长生）》
祭馔倾覆		《寒冈集（郑逑）》
生辰祭		《退溪集（李滉）》(2),《寒冈集（郑逑）》(3),《沙溪集（金长生）》
祝	丧葬祝	《退溪集（李滉）》,《寒冈集（郑逑）》(2),《旅轩集（张显光）》(4),《沙溪集（金长生）》(2)
	合祔葬祝	《寒冈集（郑逑）》(4),《旅轩集（张显光）》(2),《沙溪集（金长生）》

续表

条	目	引 用 礼 说
祝	题主祝	《退溪集（李滉）》,《寒冈集（郑逑）》(2),《旅轩集（张显光）》,《沙溪集（金长生）》
	虞祭祝	《寒冈集（郑逑）》(7),《旅轩集（张显光）》(2),《沙溪集（金长生）》
	祔祭祝	《退溪集（李滉）》(2)
	祥禫祝	《退溪集（李滉）》,《旅轩集（张显光）》(5)
	改葬告庙祝	《旅轩集（张显光）》(2)
	改葬祝	《退溪集（李滉）》
	祭礼祝	《退溪集（李滉）》(5),《寒冈集（郑逑）》(5),《沙溪集（金长生）》(4),《愚伏集（郑经世）》
	墓祭祝	《寒冈集（郑逑）》,《沙溪集（金长生）》
	后土祀祝	《退溪集（李滉）》(2),《沙溪集（金长生）》
	祝版	《退溪集（李滉）》,《寒冈集（郑逑）》

由上表可以发现三个特点。第一,《五先生礼说分类》收录的内容以《礼记》和宋代学者的礼说为主,而《礼疑答问分类》则将朝鲜学者的礼说作为核心。这部书是变礼讨论已从确认文献来源的考证阶段,向适应朝鲜实际情况的行礼阶段发展的证据。因为朝鲜学者的讨论已经取代礼经、礼记以及宋代学者学说,而成为所必须参考的"判例"。第二,祝文的相关内容被细分为12小目。这体现出随着变礼讨论的增加,有必要摆脱单纯罗列的方式,对其分类进行细化。

第三,大量引用金长生《沙溪集》。若将《祭变礼》中引用的礼说按文集进行统计,李滉《退溪集》被引40次、郑逑《寒冈集》49次、《沙溪集》23次、张显光《旅轩集》19次、郑经世《愚伏集》6次,则《退溪集》与《寒冈集》成为主要的论述来源。据此,将《礼疑答问分类》看作是一部强烈表达学派门户意识的著述也不为过。这种学派门户意识是在李滉到郑逑时代形成的。但若将冠、昏、丧、祭四礼看作一个整体,情况又有所不同。《退溪集》被引用83次、《寒冈集》79次、《沙溪集》68次、《旅轩集》46次、《愚伏集》20次。若排除引用次数,只计算引用的条目,则全部76个条目中《退溪集》至少被引用过一次的条目数是42条。《寒冈集》被引41条,《沙溪集》被引40条,与《退溪集》《寒冈集》相比,《沙溪集》的被引情况并不逊色。

考虑到《沙溪集》引用内容大部分直接来源于《疑礼问解》,可以说《礼疑答问分类》的变礼范畴,继承了《家礼注说》(《家礼注说》以《家礼》四礼体裁为基础来划分范畴)之后的范畴划分潮流,使"四变礼体裁"得以确立,并受到了《疑礼问解》为范畴设定题目的影响。郑逑的《五先生礼说分类》与李益诠的《丧祭礼答问分类》,以及《愚伏集》《旅轩集》中没有变礼的详细分类题目,与之相反,《疑礼问解》中所有与疑文和变礼相关的条目都相应地设定了标题。

三、《礼疑类辑》的变礼构成及其特征

1) 为行礼之便宜而实行的范畴系统化

《礼疑类辑》分为《冠礼》(21条)和《冠变礼》(4条)[11]、《昏

---

[11] 卷一《冠变礼》中收录了"将冠遇丧""服中冠礼行废""国恤中冠礼[见丧礼国恤条]""祸家行冠婚之节"4个条目。

礼》(40条)和《昏变礼》(18条)[12]、《丧礼》(912条)和《丧变礼》(207条)、《祭礼》(279条)和《祭变礼》(99条),包括常礼1252条和变礼328条在内共计1580条,主题极为丰富。[13] 此外从文集中选取了李滉(1501-1570)、郑逑(1543-1620)、张显光(1544-1637)、金长生(1548-1631)、金集(1574-1656)、郑经世(1563-1633)、宋时烈(1607-1689)、朴世采(1631-1695)、权尚夏(1641-1721)、李縡(1680-1746)等人关于变礼的论述,按所属范畴而非《家礼》体裁进行了收录。以《丧变礼》为例,下表为其与《礼疑答问分类》的比较。

〈表2〉《礼疑答问分类》与《礼疑类辑》中"丧变礼"的构成比较

《礼疑答问分类》		《礼疑类辑》		
		中范畴(小范畴)	备考[14]	大范畴
丧变礼(42)	① 并有丧(5)[15]	① 闻丧(12)		丧变礼(207)
	② 服中死	② 奔丧(8)		

---

12 卷二《昏变礼》中收录了"将昏遇丧""服中昏礼行废""国恤中昏礼[见丧礼国恤条]""冒哀嫁娶之非""禫月废昏""改葬时废昏""祸家行冠婚之节[见冠变礼]""失君父行昏之说[见丧礼失君父处变条]""见舅姑""庙见""妻丧改娶"18个条目。

13 《疑礼问解》中常礼与变礼一样,均收录了包括冠礼6条目、昏礼12条目、丧礼351条目、祭礼47条目在内共416个条目的内容。相比之下,《礼疑类辑》的主题数目庞大,接近它的4倍。单就变礼而言,《礼疑答问分类》中收录了包括冠变礼1条目、昏变礼1条目、丧变礼42条目、祭变礼32条目在内共72个条目,《礼疑类辑》收录的条目数是其4.5倍以上。

14 《礼疑答问分类》的条目依据内容被分列至《礼疑类辑》的中范畴之中。此处未列的条目有:⑦因丧而冠、⑬速葬、⑰遗命不用椁、㉒坟墓遇变、㉓加服、㉗战亡人服6个条目。⑦被列入《礼疑类辑》·《冠变礼》的"服中冠礼"中,⑬被列入《丧礼》的"虞",㉒被列入《祭变礼》的"祠墓遇变",㉗列入《丧变礼》的"闻丧"。⑰与㉓属于非礼性质的变礼。

15 括号内的数字指下设的条目数。

续表

《礼疑答问分类》		《礼疑类辑》		
丧变礼（42）	③代父继丧	③追丧（20）	㉔,㉕,㉖	丧变礼（207）
	④庶孙代嫡孙继丧	④代丧（7）	③,④	
	⑤摄主	⑤并有丧（49）	⑧	
	⑥嫁女主私亲丧	⑥途有丧（4）		
	⑦因丧而冠	⑦丧中身死（3）	②	
	⑧葬祥禫有丧	⑧嗣子未执丧（4）	⑤	
	⑨过时练祥禫	⑨无嫡嗣丧（7）		
	⑩寓中成服	无后丧（15）	⑥	
	⑪寓中禫事	过期之礼（4）	⑨,⑭	
	⑫旅葬	追行之礼（9）	⑫,⑱,⑳	
	⑬速葬	追改之礼（5）	⑮,⑯,⑲,㉑	
	⑭过时不葬	染患中丧礼诸节（8）	⑩,⑪	
	⑮丧服改造	丧中遇变乱诸节（3）		
	⑯改棺	被罪家丧礼诸节		
	⑰遗命不用椁	草殡（3）		
	⑱追后封坟	权葬（3）		
	⑲神主改造	改葬（45）		
	⑳神主追造	虚葬		
	㉑神主火改造	失君父		
	㉒坟墓遇变			
	㉓加服			
	㉔追服			
	㉕追服人变除			
	㉖税服			
	㉗战亡人服			
	㉘改葬（11）			

可以确定的是,《礼疑类辑》大量引用《仪礼经传通解续》"丧变礼"的范畴作为自己的中范畴。《礼疑答问分类》中只有"①并有丧"与《仪礼经传通解续》的范畴一致;《礼疑类辑》除"因吉而凶"和"因凶而吉"外,"1闻丧""2奔丧""5并有丧""6途有丧"都是直接沿用《仪礼经传通解续》的范畴格式。但《仪礼经传通解续》将礼经和礼记分类收录,与此不同的是《礼疑类辑》用朝鲜学者的讨论代替了礼经和礼记的内容。正如前文所述,《礼疑类辑》继承了《疑礼问解》之后、变礼研究的潮流。

随后较为引人注目的是范畴的组织化倾向。在《礼疑答问分类》中,只有"①并有丧"[16]与"㉘改葬"[17]2个条目被设定为中范畴,相反,《礼疑类辑》中有19个条目被设定为中范畴。同样,在《昏变礼》中设置9个小范畴,在中范畴"见舅姑"[18],"庙见"[19]之下又设定9个小范畴,在《祭变礼》的16个中范畴[20]之下又设置99个的小范畴来收录相关内容。

"追丧"也称追服,是指在较晚得知讣告的情况下穿上丧服

---

16 "并有丧"下分"(总论)""并有丧葬礼""并有丧祭礼""并有丧持服""并有丧变除"5个小范畴。
17 "改葬"下分"(总论)""告庙""告由""灵座""改棺""葬轻重先后""玄纁明器铭旌""祭礼""虞祭""改葬服""改葬持服"11个小范畴。
18 "见舅姑"下分"舅往妇家见妇""成婚久后见舅姑""舅没姑存见姑见庙先后""未及见舅姑而赴舅丧〔见丧变礼奔丧条〕""姑服丧中妇初见""舅没姑存馈礼行废""未见舅姑而失夫者归夫家之节"7个小范畴。
19 "庙见"下分"成昏久后庙见""姑已没庙见之礼"2个小范畴。
20 "临祭有故"(4)、"丧中行祭"(28)、"两祭相值"(5)、"异居行祭"(6)、"祭祀摄行"(4)、"支子祭先"(3)、"次嫡奉祀"(3)、"妾子奉祀"(7)、"立后奉祀"(4)、"摄主奉祀"(9)、"侍养奉祀"(2)、"外孙奉祀"(5)、"出继子祭本生亲"(4)、"承重妾子祭本生母"(2)、"家庙移奉"(3)、"祀墓遇变"(7)。

为死者服丧。税服专指丧期结束之后才得到讣音，补行服丧的情况。[21] 根据《礼疑类辑》，追丧发生的原因有两种。第一种是异地闻丧，即使马上出发，到家时也会产生时间差。第二种是无后之家遇丧，向官府申告立后，得到许可公文后才可服丧，这期间会产生时间差。前者的"追丧"是在"①闻丧"和"②奔丧"的实际施行过程中进行，而后者是"⑨无嫡嗣丧"和"⑩无后丧"的情况下，丧中立后，必然会出现"追丧"。

"追丧"是在"闻丧""奔丧"的施行过程中，或者在丧中立后的实际状况下，必然产生的变礼。然而，《仪礼经传通解续》中虽设定"闻丧"与"奔丧"范畴，没有设置追丧的范畴，由丧中立后产生的变礼最初并未被收录其中。《礼疑答问分类》发现了这一问题，《礼疑类辑》中也有所涉及。李滉之后类似的讨论不断，这说明朝鲜的变礼研究已不仅限于文献考证，而是围绕行礼或施行过程中出现的实际变礼问题展开。

"代丧"也称代服，指丧中若丧主的父亲或者祖父去世，则由其嫡子或嫡孙代为服丧。从这点来看，代丧虽属于"并有丧"的特殊事例，但因与承重相结合，所以被分离出来。"丧中身死"记录丧中与死者相关的礼节，虽然符合"并有丧"，但因其主要关注新死者的袭敛衣和祭奠，于是被独立出来。"嗣子未执丧"指长子年幼或长子因疾病无法担任丧主时，由亡者的弟弟或亡者长子的弟弟代为服丧。若"代丧"是丧中因嫡嗣死亡而发生的情况，那么"嗣子未执丧"则是嫡嗣年幼或嫡嗣患病而出现的情况；"代丧"是继

21《礼记·檀弓下 45》郑玄注："日月已过，乃闻丧而服曰'税'。"

承丧主地位，而"摄主"只是作为代理来代为执行，在这两点上二者是有差异的。"无嫡嗣丧"指没有嫡嗣而遇丧。"无后丧"指无主管丧事的男主，"无嫡嗣丧"指虽无嫡子或嫡孙，但有众子或者众孙的情况，因此二者存在差异。

"过期之礼"是对因故无法及时举行大敛和埋葬的情况而展开的讨论，"追行之礼"是指未完成的仪节，在之后补充举行。"追改之礼"指起初使用的棺和神主等器物出现问题，或把斩衰服当做齐衰服，把齐衰服当做斩衰服误穿，之后进行改正的情况。"染患中丧礼诸节"指丧中染病，或传染病暴发的状况下举行丧礼的方式。"丧中遇变乱诸节"是丧中遭遇变乱，举行丧礼仪节的方式。"被罪家丧礼诸节"是触犯国法的家中如何举行丧礼仪节的相关论述。

"代丧"和"丧中身死""嗣子未执丧""无嫡嗣丧""无后丧"等是完整统一的丧礼所必需包含的举措；"过期之礼""追行之礼"以及"追改之礼"是为应对行礼过程中出现的特殊情况而设置的仪礼；"染患中行礼诸节""丧中遇变乱诸节""被罪家丧礼诸节"是行礼出现困难时，不得已而采取的权宜之计。由于《仪礼经传通解续》中未见此类问题意识及省察，因此学者们对"代丧"的评价可能与"追丧"相同。

《礼疑类辑》一书的本质是，通过细分化的范畴，省察《家礼》施行过程中产生的变礼问题，对这些省察通过更为细致的范畴划分，以作为行礼时的参考。变礼的范围和内容在80余年[22]间增加了五倍，为便于将这些在行礼时作为参考，《礼疑类辑》不再像

22《礼疑答问分类》成书于1672年，《礼疑类辑》成书于1758年。

《仪礼经传通解续》或《礼疑答问分类》那般简单罗列变礼范围和内容，而是采取了更为高效的方式使之系统化。

2）使"义起"正当化的类比[23]积累

《礼疑答问分类》和《礼疑类辑》将"并有丧"和"改葬"设定为中范畴。前者"并有丧"分为"（总论）""并有丧葬礼""并有丧祭礼""并有丧持服""并有丧变除"等5个小范畴，后者设定了49个小范畴。《疑礼问解》中虽也未对变礼范畴进行明确区分，但在"并有丧"的中范畴下设定了14个小范畴。现将《疑礼问解》的小范畴在《礼疑答问分类》和《礼疑类辑》中的收录状况作如下整理：

〈表3〉《疑礼问解》《礼疑答问分类》《礼疑类辑》中"并有丧"的构成

《疑礼问解》	《礼疑答问分类》	《礼疑类辑》
① 并有君父丧	[《国恤》"私丧"]	[《丧礼》"国恤"]
② 父母偕丧异几筵持重服	并有丧（总论）	父母偕丧设几筵持服
③ 父丧中母死及母丧中父死服	并有丧（总论）	父丧中母亡服母；丧中父亡仍服母期
④ 父丧未葬以斩衰行事母殡	并有丧持服	父母偕丧设几筵持服
⑤ 父母丧偕在道先父下棺先母	并有丧葬礼	并有父母及祖父母丧发引先后
⑥ 父丧中祖父母死代服	并有丧（总论）	父丧中遭祖父母丧代服当否
⑦ 祖丧中父死代服	并有丧（总论）	父死丧中子代服
⑧ 并有祖父母及父母丧袭敛先后	并有丧（总论）	父母及祖父母偕丧袭敛入棺先后
⑨ 并有祖父母及父母丧成服先后	并有丧（总论）	父母及祖父母偕丧成服先后
⑩ 适孙祖母丧中母亡持服及称号	并有丧（总论）	承重孙并有父母及祖父母丧持服

---

23 类比是指将类似的事例进行比较，本文中泛指类比结果相关的讨论。

续表

《疑礼问解》	《礼疑答问分类》	《礼疑类辑》
⑪ 并有丧前丧大祥当服其服而行祭	并有丧变除	并有丧前丧祥日变除之节
⑫ 父丧未毕不可行祖母禫及吉祭	并有丧祭礼	并有重丧中前丧禫祭行废
⑬ 并有丧前丧之禫过时不祭	并有丧祭礼	重丧中遭轻丧者重丧练祥禫行废
⑭ 死丧中适孙承重改题主宜在丧毕后	［未确认］	［"代丧"代丧后改题之节］

可以说《疑礼问解》除去①和⑭的12个条目，均在《礼疑答问分类》和《礼疑类辑》被再次收录[24]。这说明，无论哪个学派，这些作为变礼讨论的核心论据均在《疑礼问解》中得到活用。这在"改葬"的中范畴中也出现了相似情况。《疑礼问解》的"改葬"收录了13个条目，这些也毫无例外地被再次收录在《礼疑答问分类》和《礼疑类辑》之中。据此可以判断，《礼疑答问分类》从《疑礼问解》《退溪集》《寒冈集》《旅轩集》《愚伏集》中选取和完善相关议论，而《礼疑类辑》则是添加了《礼疑答问分类》中宋时烈、朴世采、权尚夏、李縡等人的相关议论。这种从《疑礼问解》到《礼疑答问分类》再到《礼疑类辑》的变化，体现了变礼讨论以积累的方式持续发展的特征。

《礼疑类辑》"并有丧"收录的49个条目中，涉及退溪学派礼说的共12个条目。具体整理如下：

---

24 ①中君丧与私丧相继发生时，均在"国恤"中再次收录。⑭在《礼疑类辑》中被再次列入"代丧"而非"并有丧"，在《礼疑答问分类》的收录情况不明。

〈表4〉《礼疑类辑》中引用退溪学派关于"并有丧"的条目

条　目	引用礼说
① 所后丧中遭本生亲丧奔哭成服之节	李滉（2）[25]
② 父死丧中子代服［见代服］	李滉（2）、金长生（4）、郑经世（2）、宋浚吉、朴世采、权尚夏（2）、金昌协、李喜朝、李縡（3）
③ 父丧中遭祖父母丧代服当否［上同］	金长生（2）、郑经世、朴世采、权尚夏、李縡
④ 父丧中母亡服母	金长生（3）、郑经世、宋时烈、宋浚吉、朴世采（2）、权尚夏、李縡
⑤ 承重孙并有父母及祖父母丧持服	郑逑、金长生（2）、宋时烈（2）、朴世采、权尚夏
⑥ 新丧成服前前丧上食当否	郑经世、金长生、权尚夏（3）
⑦ 丧中死者祭奠用素当否［见丧中身死］	郑逑、朴世采（2）
⑧ 并有父母及祖父母丧发引先后	郑逑、金长生、郑经世、宋时烈、金集、朴世采
⑨ 临葬遇丧	李縡（3）、李滉、宋时烈
⑩ 所后丧中本生亲丧祔祭	郑逑-李滉（2）
⑪ 并有丧前丧祥日变除之节	李滉、金长生、宋浚吉、宋时烈
⑫ 并有重丧中前丧禫祭行废	郑逑、张显光、李縡（2）［以上禫祭当行］、金长生（4）、金集、宋时烈、宋浚吉、朴世采（3）

　　①、⑨、⑩是出后者遇到所后亲、本生亲的丧事相继出现的情况，其余是亲族的丧事相继发生的情况。后者又可分为并有丧与承重结合的②、③、⑤，以及在并有丧的情况下处理丧服和上食、奠、发引、大祥、禫祭等具体仪节问题的④、⑥、⑦、⑧、⑪、⑫。

25　括号内数字表示引用次数。

①是出后者在所后父的丧中闻亲丧时，奔丧成服的相应仪节。关于奔丧时的着装，李滉提出"重丧既成服，在途，恐只以重服行，而至彼，行变成之礼，似可。"[26] 这源于《家礼》"凡重丧未除而遭轻丧，则制其服而哭之。月朔设位，服其服而哭之，既毕，返重服"[27] 的规定。

所后父的丧服要重于亲父的丧服，此规定根据立后的义理而设。因为《仪礼·丧服》以及《家礼》规定，出后者为所后父穿斩衰服，对亲父则降低行礼等级，穿齐衰不杖期服。李滉的主张能在立后之义理和《家礼》中找到直接的根据，故被一致采纳。出后者为埋葬所后父而上山，在未下棺时，若听闻100余里之外的本生母去世，应停止下棺去奔丧，还是下棺之后奔丧，⑨就此展开讨论。⑩记录了所后父丧中本生亲丧的祔祭问题。⑨、⑩的结论也与①相同。因此，据立后之义理制定的服礼，胜过据亲亲之情而制定的服礼。

祖父丧中，嫡子父亲死亡（即②）和父丧中发生祖父母丧（即③），虽是相反的事例，却都与承重问题相联系，二者性质相同。因此两个条目都用小注"见代服"标示，讨论实际收录在"代服"条目中。两个事例中，一方面是情理，三年丧期结束前子女无法面对父母过世之情理；一方面是义理，为处理家系继承的重大问题而应克制子女情感之义理，即如何协调亲亲与尊尊[28] 两大原则的问题。

26《礼疑类辑》卷十七，《丧变礼·并有丧》，第421页。

27《家礼·丧礼·成服》。

28 李俸珪：《17世纪朝鲜丧服论争的规范观——关于对亲亲尊尊观念的认识》，《国际儒学研究》第五辑，1998年。

关于②，郑经世提出"父为嫡，居丧而亡，子不得传重"，此观点来源于《通典》，反对追服与代服。[29] 他提出父亲的三年丧结束之前，不能完成承重的极端主张，表达了亲亲原则先于尊尊原则的立场。与此直接对立的是李縡关于③的立场。以父丧的成殡为标准，支持承重的金长生、朴世采，作为依据提出《通典》的贺循说，认为此说非先王制定的绝对判例，这遭到了李縡的批判。他主张"父丧中祖死者，无论殡与未殡，皆服三年"[30]。关于③，郑经世提出"贺循之言，虽未有先贤折衷之论，求之情理，似为合当，遵行不妨"[31] 的观点，与②的主张一致。包括李滉在内的其他学者集中探讨了"承重"何时可行的问题。就承重孙而言，在父母丧与祖父母丧同时发生时，应将何种丧服视为重服，⑤便是对这一问题的讨论。⑤不仅与郑逑以埋葬为标准、视父服为重服的观点，以及应宋时烈、朴世采将承重服视为重服的观点对立，还与②、③中大多数学者的立场保持一致。

④是关于父丧中又发生母丧的情况。母服受到父亲生存与否的影响。若父在世，母服降服为齐衰杖期服；若父亲已死，则可以举行齐衰三年服。父亲作为家长，其本质，即尊，会降低母服的等级，对其产生影响。这种情况下如何认定父亲死亡的具体时间成为论争的焦点。在《仪礼·丧服》贾公彦的疏中，金长生认为服父丧的三年之内不能同时为母服三年丧，该主张连同与此对立的观点均被收录在《通典》《仪礼经传通解》之中。郑经世以《朱子语类》

---

29 《礼疑类辑》卷十七，《丧变礼·并有丧》，第400页。
30 同上书，第410页。
31 同上书，第409页。

中提到的"礼疑从厚"作为根据，主张为母服三年丧。李縡认为"父先卒而母后死者，虽一日之间，亦可以申三年"，[32] 支持了郑经世的主张。宋浚吉、权尚夏和宋时烈则认为父死埋葬以后便可为母服三年丧。

⑥是在埋葬前出现新丧的情况下，前期丧礼的祭品是否采用素食的相关内容。⑦的主题与⑥一致，讨论丧中祭奠死者是否应使用素馔。这是将"事死如事生"的丧礼大原则运用到具体事例之中的缘故。在⑥中，宋浚吉提出若父母丧尚未结束而子死，是否应停止父母丧的朝夕奠仪，直至子丧的成服完成。对此郑经世根据《曾子问27》[33] 的相关论述，主张至子丧的成殡为止，应停止父母丧的朝夕上食。虽在死亡之后，但考虑到父母对子女死亡的悲痛，故而停止上食。对此，金长生也支持郑经世的主张。[34]

⑦中，郑述主张初丧时"不以死者待之"，因此在朝夕上食时不能使用肉馔。因为初丧时不能视其已死，与生者在母丧中服丧一样应使用素馔。但朴世采反对该主张，他认为不以死者待之的情况下，素馔外还有很多相关仪节，若未修改和举行全部仪节而只施行素馔，这种做法欠妥。

⑧是父、母、祖父、祖母的丧事相继发生时，对发引先后顺序的相关论述。关于父丧和母丧同时发生的情况，郑述主张父丧的发引应在前。金长生同意郑述的意见，但另一方面他又主张下棺应以母亲为先。宋时烈认为同一天发引时，父亲应在前，这是根据"男

32《礼疑类辑》卷十七，《丧变礼·并有丧》，第431页。
33 同上书，第450页。
34 同上书，第451页。

先于女"的义理观做出的正当选择。朴世采对此也并不反对。相反,郑经世认为埋葬是"夺情之事",埋葬的时先行轻丧乃正当行为,批判以"男先于女"的义理为依据先发引重丧的做法。因为无论是埋葬还是发引,都是为减轻子女不愿送走父母的哀恸心情而不得不进行的仪礼,在这个层面上二者没有差异。[35] 夺情之义理不仅在埋葬礼上,在发引以及启殡等方面也应一以贯之。

⑪是关于前丧大祥礼时着装的相关论述。李滉认为应着黲服举行大祥,金长生则认为应着大祥服,在这点上二人的观点存在差异。宋浚吉、宋时烈的立场与金长生相同。⑫论述了在重丧相继发生时,是否应举行前丧禫祭的问题。郑述、张显光、李縡均认为应举行禫祭,而金长生、金集、宋时烈、宋浚吉、朴世采等人则提出反对意见,认为丧中不能举行禫祭。他们对此给出的解释是禫祭作为吉祭,不能在丧中举行[36]。

⑪收录了大祥礼服的相关论述,⑫展现了关于禫祭是否为吉祭的不同主张。除⑪及⑫的2个条目外,其余条目均讨论了制礼的两大原则——亲亲与尊尊,以及"事死如事生"的丧礼原则在变礼中如何进行调整、以适应具体现实的问题。这些讨论从形式上可分为三种类型。第一,达成共识的议论;第二,多数意见与少数意见并存的议论;第三,观点尖锐对立的议论。例如,①、⑨、⑩和⑥、⑦属于第一种类型,②、③、⑤和④、⑧是第二种类型,⑪、⑫则属于第三种类型。

35《礼疑类辑》卷十七,《丧变礼·并有丧》,第459页。
36 同上书,第481页。

第二种类型中，提出少数意见的学者只有郑经世和李縡，这点值得注意。在⑧中郑经世主张夺情的义理不仅适用于埋葬，发引也同样适用。②、③以《通典》为依据，不仅反对追服，也反对代服。④中根据朱熹"礼疑从厚"说，主张父亲死后，尊便不再对母服产生影响。李縡针对②和③，认为不能将《通典》视为绝对的标准，主张无论祖父何时死亡，都应着承重服。这虽与郑经世的观点对立，但④中以贾公彦疏关于《仪礼》《丧服》的论述不可信赖作为论据，这又与郑经世的观点一致。郑经世表现出始终坚持亲亲中心论的倾向，实属少见。李縡关于⑧的主张，没有相关记录。关于第三种类型的特征，完全找不到能作为支撑依据的相关事例。

四、结论

变礼是常礼的反义词，指变更礼或已变之礼。有两种情况必须变礼：一是常礼在施行过程中，遇到突发状况且在常礼中无法找到即时可用的明文规定，故按照常礼的精神新设仪礼（义起）。二是虽然能在常礼中找到明文规定，但与实际情况不符而需进行修改（宜起）。变礼的概念包含了修改与实际情况不符的既存仪礼，以及依据实际情况新增仪礼两方面的含义。变礼的含义是通过修改新增仪礼，使礼符合实际情况以提高它的实用性。即，礼自身的生命性适应环境的同时，所发挥的、本质的活动性。

《礼记》中收录的有关变礼的论述，再现了《礼记》时代礼的发展盛况。从《礼记》时代至宋的1500余年间，宋代黄榦修订的《仪礼经传通解续》设置《丧变礼》,成为变礼范畴化的第一部著作。《丧变礼》提出"奔丧""闻丧""并有丧""道有丧""因吉而凶""因凶而吉"六种变礼的范畴后,筛选并收录经传的相关内容。《仪礼经传通解续》引用的大部分内容来自《礼记》,同时也引用了《仪礼》《周礼》的部分内容。《仪礼经传通解续》及《仪礼经通解》的问题意识在于降低《仪礼》的难读性,"以《仪礼》为经,而取《礼记》及诸经史杂书所载,有及于礼者,皆以附于本经之下,具列注疏诸儒之说"[37] 的阶段,即停留在通过文献考证明确制礼精神的阶段。这点与《读礼通考》和《礼书纲目》一致。

朝鲜时代,将变礼范畴化的第一部著述是宋翼弼的《家礼注说》。《家礼注说》中的变礼规定有三点特征。第一,《仪礼经传通解续》的"因吉而凶"与"因凶而吉"引用的内容按"冠变礼""昏变礼""祭变礼"进行分类。第二,从《礼记》,以及《朱子大全》《朱子语类》等著述中查找朱熹的变礼议论,并对其进行补充。第三,去除属于国家典礼范畴的内容,只保留私家仪礼的相关内容。朝鲜时代对变礼的关注与省察,最初便将重心放在私家仪礼——《家礼》的施行问题上,这一点在《家礼注说》中得到了深刻体现。

《五先生礼说分类》进一步发展了《家礼注说》的问题意识。虽缺少"冠变礼"和"祭变礼",但其有了几点变化:已接近"四变礼体裁";区分"丧变礼"与"葬变礼";与礼经或礼记相比,更加频繁地引用宋代学者与朱熹的礼说。尤其是对宋代学者变礼议

---

[37]《晦庵集》卷十四,《乞修三礼劄子》。

论的关注反映了，不再将变礼问题视为文献考证，而是将其作为施行问题来看待，并对其进行有效的处理，这样一个发展的问题意识。

《礼疑答问分类》系统地整理了朝鲜学者关于变礼问题的问题意识。《礼疑答问分类》体现出以下三方面特点。第一，《五先生礼说分类》以《礼记》和宋代学者的礼说为重点，而《礼疑答问分类》则重点记录朝鲜学者的礼说。这表明变礼的相关讨论，已从明确文献依据的考证阶段，进入朝鲜这一新环境中以行礼为中心的阶段。第二，将祝文相关内容分为12个细目。这表明，随着变礼相关议论的大幅增加，有必要摆脱单纯罗列的方式，而将其分类细化以形成体系。第三，大量引用《沙溪集》的内容。考虑到《沙溪集》引用内容大部分直接来源于《疑礼问解》，可以说《礼疑答问分类》的变礼范畴，继承了《家礼注说》(《家礼注说》以《家礼》四礼体裁为基础来划分范畴）之后的范畴划分潮流，使"四变礼体裁"得以确立，并受到了《疑礼问解》为范畴设定题目的影响。

继承《礼疑类辑》或《五先生礼说分类》之后的潮流，对变礼议论的论据，完全采用朝鲜学者的议论，打破学派门户的界限，进行了大量的整理。针对《家礼》施行过程中遇到的变礼问题，进行了多样化的省察，并通过对省察的细化分类，为行礼提供参考。此为《礼疑类辑》的一个本质。

对"并有丧"内容的分析，向我们展示了走向两个极端的少数意见，这其中存的多种议论的分布状况，但未见凸显退溪学派和栗谷学派的差异的论点。同时《礼疑类辑》针对互相对立的论点和论据，只做简要整理，并不强加评判。从这点来看，《礼疑类辑》如实反映了作为义起结果被提出的各种变礼议论。在此基础上，应对行礼过程中不可回避的变礼状况，《礼疑类辑》正是一部旨在提高应对变礼的省察能力的著作，这是其所具备的另一个本质。

附录

（现传）朝鲜时代家礼研究书目录

【16世纪以前】行礼：3种，考证：8种，变礼：3种　总：14种（失传：30种）

【17世纪】行礼：8种，考证：17种，变礼：14种，谚解：2种　总：41种（失传：37种）

【18世纪】行礼：15种，考证：22种，变礼：23种　总：60种（失传：44种）

【19世纪】行礼：34种，考证：18种，变礼：17种，谚解：1种　总：70种（失传：34种）

【20世纪】行礼：64种，考证：8种，变礼：8种，谚解：1种　总：81种（失传：32种）

【年代不详】行礼：15种，考证：4种，变礼：7种　总：26种（失传：8种）

行礼：139种，考证：77种，变礼：72种，谚解：4种　总：292种（失传包含：477种）

【16 世纪以前】

分类	书名[38]	著/编者	生年	卒年	成书[39]	卷册[40]	备考
行礼	奉先杂仪	李彦迪	1491	1553	1550	2卷1册	丛书[41]
考证	朱门问礼	辛应时	1532	1585	1570	2册	
考证	礼经要语	安余庆	1538	1592	1580?	1册	
考证	丧礼考证	金诚一	1538	1593	（1581）	3卷3册	丛书
考证	家礼讲录	金隆	1549	1593	不详	1卷	
考证	家礼注解	李德弘	1541	1596	不详	1卷	
考证	家礼注说	宋翼弼	1534	1599	1590?	3卷	
考证	家礼考证	曹好益	1545	1609	（1587）	7卷3册	丛书

---

38 本目录以下列资料为基础制成。

张仁经：《奎章阁韩国本礼书研究》，梨花女子大学硕士学位论文，1983年；黄永焕：《朝鲜朝礼书发展研究》，清州大学硕士学位论文，1995年；高英津：《朝鲜中期礼学思想史》，韩吉社，1996年；崔敬勳，《朝鲜时代刊行的朱子著述与注释书的编纂》，庆北大学硕士学位论文，2008年；南在珠，《朝鲜后期礼学的地域性发展研究》，庆星大学博士学位论文，2012年。

39 "成书（年代）"一般记录为著述年度。著述年度不明确的情况下，参考序文及跋文的年度加"（ ）"，参考刊行年度加"〔 〕"，这种做法也只适用于作者当时在世的情况。同时，依据现有可靠的研究成果推测出的年代用"年度?"表示。作者在世期间的著书时间不详或者作者死后著述被编辑刊行的情况，按作者去世时间顺序将作品成书年代记为"不详"。

40 16世纪以前是《家礼》研究步入正轨的初期阶段，专著的数量少且大多失佚。为考察这一时期《家礼》研究的特征，特意在现有目录下收录文集中的15种资料。而本目录删去了分量不足一册的11种资料。

41 "丛书"指庆星大学韩国学研究所分别于2008年、2011年、2017年3次刊行的《韩国礼学丛书》。包含家礼（138卷）及学校礼、乡礼、邦礼（35卷），共计173卷。

分类	书名	著/编者	生年	卒年	成书	卷册	备考
行礼	丧礼备要	金长生	1548	1631	1583	2卷1册	丛书
考证	家礼辑览（图说）	金长生	1548	1631	1599	12卷6册	丛书
行礼	丧礼通载	申义庆	不详	不详	1583以前	5卷2册	
变礼	退溪先生丧祭礼答问	赵振	1535	不详	不详	1册	丛书
变礼	退溪先生丧祭礼说	不详	不详	不详	不详	2册	
变礼	李先生礼说类编	不详	不详	不详	不详	5册	

【17世纪】

分类	书名（异名）	著/编者	生年	卒年	成书	卷册	备考
考证	丧礼考证	柳成龙	1542	1607	1602	3卷1册	丛书
考证	四礼训蒙	李恒福	1556	1618	1614	1册	丛书
考证	五服沿革图	郑逑	1543	1620	1617	1卷1册	丛书
考证	五先生礼说分类	郑逑	1543	1620	1618	20卷7册	丛书
考证	深衣制度	郑逑	1543	1620	1606？	1册	
考证	家礼附解	任屹	1557	1620	（1628）	4册	
变礼	退溪先生丧祭礼答问分类	郑逑	1543	1620	不详	1册	
谚解	家礼谚解	申湜	1551	1623	不详	10卷4册	丛书
变礼	疑礼问解	金长生	1548	1631	1620？	4卷4册	丛书
变礼	疑礼问解拾遗	金长生	1548	1631	1620？	1卷1册	丛书
行礼	乡饮酒礼笏记考证	李埈	1560	1635	不详	1册	

续表

分类	书名（异名）	著/编者	生年	卒年	成书	卷册	备考
变礼	旅轩先生礼说	不详	1544	1637	不详	1册	
变礼	疑礼问解	姜硕期	1580	1643	1638	2卷1册	丛书
考证	家礼附赘	安玑	1569	1648	1628	6卷3册	丛书
行礼	家礼乡宜	赵翼	1579	1655	（1644）	7卷2册	丛书
变礼	疑礼问解续	金集	1574	1656	1643	2卷1册	丛书
考证	古今丧礼异同议	金集	1574	1656	1649	1卷1册	丛书
考证	家礼源流	俞棨	1607	1664	1638	14卷9册	丛书
考证	家礼源流续录	俞棨	1607	1664	1643	2卷1册	丛书
行礼	奉先抄仪	赵任道	1585	1664	（1621）	1册	丛书
变礼	四礼问答	金应祖	1587	1667	（1645）	4卷2册	丛书
考证	家礼源流	尹宣举	1610	1669	1642	18卷9册	丛书
考证	丧服考证	柳元之	1598	1674	（1673）	1册	
变礼	礼疑答问分类	李益铨	不详	1679	1672	18卷6册	
行礼	丧祭要录	洪锡	1604	1680	（1651）	2卷1册	丛书
考证	经礼类纂	许穆	1595	1682	1649	5卷4册	丛书
行礼	四礼笏记	李惟泰	1607	1684	1668	1册	
变礼	疑礼问答	李惟泰	1607	1684	不详	1卷1册	
变礼	尤庵先生礼说	不详	1609	1689	不详	2卷1册	丛书
变礼	尤庵疑礼问答	宋时烈	1609	1689	不详	11卷5册	丛书
考证	家礼要解	朴世采	1631	1695	1683	7卷1册	丛书
变礼	六礼疑辑	朴世采	1631	1695	1690	33卷14册	丛书
行礼	三礼仪	朴世采	1631	1695	不详	3卷1册	丛书
行礼	四礼仪	朴世采	1631	1695	不详	4卷1册	丛书
考证	四礼综要	李沃	1641	1698	不详	7卷2册	

续表

分类	书名（异名）	著/编者	生年	卒年	成书	卷册	备考
变礼	明斋疑礼问答	不详	1629	1714	1690？	8卷4册	丛书
行礼	礼仪补遗	郑鍟	1634	1717	（1698）	3卷2册	丛书
考证	五服便览	权𫄧	1658	1730	1698	7卷4册	丛书
谚解	丧礼谚解	李鸾寿	1550	不详	（1623）	2卷1册	
考证	五服通考	申溧	1561	不详	（1625）	9卷2册	
变礼	二先生礼说	李惟樟	不详	不详	1671？	2卷2册	丛书

【18世纪】

分类	书　　名	著/编者	生年	卒年	成书	卷册	备考
考证	五礼辑略	权以时	1631	1708	不详	6卷3册	丛书
考证	家礼辑说	柳庆辉	1652	1708	不详	6卷3册	丛书
考证	家礼通解	李天相	1637	1708	不详	11卷5册	
考证	家礼辑解	申梦参	1648	1711	（1702）	9卷5册	丛书
考证	家礼考证	柳世彰	1657	1715	不详	3卷	
考证	二礼补考	李之炫	1639	1716	不详	2卷2册	
变礼	家礼或问	郑硕达	1660	1720	1703	10卷5册	丛书
考证	四礼纂说	李㷞	1661	1722	不详	8卷4册	丛书
变礼	变礼集说	权尚精	1644	1725	（1715）	3册	
变礼	四礼考证	安晋石	1644	1725	不详	5卷2册	丛书
变礼	疑礼类聚	金尚鼎	1668	1728	不详	1册	
行礼	改葬备要	郑万阳、郑葵阳	1664	1730	（1715）	1册	丛书
变礼	南溪先生礼说	金干	1646	1732	[1718]	20卷10册	丛书
变礼	疑礼通考	郑万阳、郑葵阳	1667	1732	不详	15卷7册	丛书

续表

分类	书名	著/编者	生年	卒年	成书	卷册	备考
考证	家礼便考	李衡祥	1653	1733	1714	14卷	丛书
行礼	四礼笏记	张浚	不详	不详	1716	1册	
变礼	家礼附录	李衡祥	1653	1733	(1714)	3卷1册	丛书
变礼	家礼或问	李衡祥	1653	1733	(1727)	18卷	丛书
考证	家礼图说	李衡祥	1653	1733	不详	1册	
考证	家礼训蒙	李衡祥	1653	1733	不详	1册	
考证	礼书劄记	南道振	1674	1735	(1719)	26卷13册	丛书
考证	家礼释义	孙汝济	1651	1740	(1731)	2册	
考证	礼书类编	孙汝济	1651	1740	(1734)	12卷6册	
行礼	丧祭辑略	权舜经	1676	1744	(1741)	4卷2册	丛书
行礼	四礼便览	李縡	1680	1746	1746	8卷4册	丛书
变礼	四礼辑要	权万斗	1674	1753	(1745)	6卷2册	丛书
行礼	家礼辑要	郑重器	1685	1757	(1752)	7卷3册	丛书
考证	星湖家礼疾书	李瀷	1681	1763	(1731)	3卷3册	丛书
行礼	星湖礼式	李瀷	1681	1763	不详	1册	丛书
变礼	疑礼类说	申近	1694	1764	(1723)	11卷5册	丛书
变礼	礼疑类辑	朴圣源	1697	1767	(1758)	28卷15册	丛书
变礼	四礼正变	金景游	1689	1773	不详	14卷7册	丛书
考证	家礼辑遗	金泰濂	1694	1775	不详	20卷7册	
变礼	三庵疑礼辑略	尹健厚	不详	不详	1768?	3卷2册	丛书
行礼	丧祭礼	李秉休	1710	1776	1770	3册	
变礼	星湖礼说类编	李秉休	1710	1776	不详	7卷7册	丛书
行礼	丧礼便览	金鼎柱	1724	不详	1771	2卷2册	丛书
考证	五服便览	李毅敬	1704	1778	1849	2卷2册	

续表

分类	书名	著/编者	生年	卒年	成书	卷册	备考
考证	丧礼辑解	郑师夏	1713	1779	不详	2卷1册	
变礼	家礼集考	金钟厚	1721	1780	(1779)	8卷8册	丛书
变礼	决讼场补	李象靖	1711	1781	1748	10卷5册	丛书
考证	冠礼考定	徐昌载	1726	1781	1779	1册	丛书
行礼	丧礼仪式	郑先	不详	不详	(1782)	1册	
考证	五服名义	俞彦镐	1714	1783	不详	3卷3册	丛书
行礼	家礼酌通	朴思正	1713	1787	不详	6卷4册	
行礼	二礼笏记	尹东暹	1710	1795	(1790)	6卷3册	
变礼	常变通考	柳长源	1724	1796	(1783)	30卷16册	丛书
考证	安陵世典	李周远	1714	1796	不详	7卷3册	丛书
考证	五礼考证	安业	不详	不详	(1789)	36卷20册	
行礼	四礼类会	李遂浩	1744	1797	(1790)	4卷4册	丛书
变礼	礼疑劄记	康逵	1714	1798	不详	1册	丛书
考证	家礼增解	李宜朝	1727	1805	(1792)	14卷10册	丛书
变礼	寒水斋先生礼说	不详	不详	不详	不详	1册	
变礼	华山先生礼辑	不详	不详	不详	不详	3卷2册	
变礼	近斋礼说	不详	不详	不详	不详	8卷4册	丛书
变礼	陶庵疑礼问解	不详	不详	不详	不详	1册	丛书
行礼	丧祭礼抄	不详	不详	不详	不详	1册	丛书
行礼	备要补解	南纪济	不详	不详	不详	9册	
变礼	沙明两先生问解	不详	不详	不详	不详	1册	丛书
行礼	二礼撮要	不详	不详	不详	不详	4卷1册	

【19世纪】

分类	书名	著/编者	生年	卒年	成书	卷册	备考
行礼	四礼要仪	黄德吉	1748	1800	不详	3卷3册	
行礼	家祭杂仪	金汉星	1738	1802	不详	1册	
变礼	家礼汇通	郑炜	1740	1811	（1807）	8卷4册	丛书
考证	家礼证补	赵镇球	1765	1815	（1810）	6卷2册	丛书
考证	仪礼九选	赵镇球	1765	1815	不详	15卷7册	丛书
行礼	居丧篇	郑象观	1776	1820	（1816）	2卷1册	
行礼	九峰瞽见	金禹泽	1743	1820	不详	25卷13册	丛书
变礼	大山丧祭礼问答	柳炳文	1776	1826	不详	2册	
考证	家礼考订	柳徽文	1773	1827	（1812）	2卷1册	
考证	冠服考证	柳徽文	1773	1827	（1827）	2卷1册	
行礼	八礼节要	夏时赞	1750	1828	不详	2卷2册	丛书
考证	四礼祝辞常变通解	魏道侗	1763	1830	（1801）	1册	丛书
行礼	二礼辑略	权思学	1758	1832	（1823）	1卷1册	丛书
变礼	丧礼备要疑义	柳建休	1768	1834	不详	1册	
变礼	礼疑问答	丁若镛	1762	1836	1805	3卷1册	丛书
行礼	二礼抄	丁若镛	1762	1836	1810	1册	丛书
行礼	四礼家式	丁若镛	1762	1836	1815	9卷	
行礼	丧仪节要	丁若镛	1762	1836	1817	6卷2册	丛书
行礼	丧礼备要补	朴建中	1766	1841	（1806）	12卷8册	丛书
考证	备要撮略条解	朴建中	1766	1841	（1825）	4卷2册	丛书
谚解	初终礼要览	朴建中	1766	1841	（1832）	1册	丛书
行礼	乡礼志	徐有矩	1764	1845	不详	5卷2册	
考证	家礼酌通	沈宜德	1775	1849	不详	8卷4册	丛书

分类	书名	著/编者	生年	卒年	成书	卷册	备考
变礼	梅山先生礼说	不详	1776	1852	不详	7卷4册	丛书
行礼	丧祭辑笏	李亮渊	1771	1853	（1811）	2卷1册	
行礼	嘉礼备要	李亮渊	1771	1853	不详	1册	
行礼	常变纂要	朴宗乔	1789	1856	不详	6卷3册	丛书
行礼	丧祭仪辑录	金翊东	1793	1860	（1851）	6卷4册	丛书
变礼	家礼辑解	柳致明	1777	1861	（1836）	8卷5册	
行礼	沧海家范	王德九	1788	1863	不详	1册	丛书
考证	丧礼要解	崔祥纯	1814	1865	（1863）	2卷2册	丛书
考证	读礼录	申锡愚	1805	1865	不详	3册	丛书
变礼	溪书礼辑	林应声	1806	1866	不详	2卷1册	丛书
变礼	礼疑问答四礼辨疑	宋来熙	1791	1867	不详	3卷1册	丛书
考证	礼说类辑	卢德奎	1803	1869	（1853）	2册	
变礼	礼说考	卢德奎	1803	1869	（1857）	6卷3册	
考证	儒礼编解	赵相悥	1808	1870	（1837）	2卷1册	
行礼	四礼简要	裴克绍	1819	1871	（1863）	1册	
变礼	礼疑纂辑	慎在哲	1803	1872	（1872）	2卷1册	丛书
考证	全礼类辑	柳畴睦	1813	1872	不详	39卷	丛书
行礼	二礼演辑	禹德麟	1799	1875	1831	4卷4册	丛书
行礼	二礼祝式纂要	禹德麟	1799	1875	不详	1册	丛书
行礼	家礼辑解笏记	柳致俨	1810	1876	不详	2卷1册	
考证	居家杂服考	朴珪寿	1808	1877	1832	3卷2册	丛书
行礼	士仪	许传	1797	1886	（1860）	25卷10册	丛书
变礼	丧祭辑要	姜鋠	1819	1886	（1861）	2卷2册	丛书
行礼	士仪节要	许传	1797	1886	[1873]	4卷2册	丛书

续表

分类	书名	著/编者	生年	卒年	成书	卷册	备考
变礼	四礼辑要	李震相	1818	1886	（1875）	16卷9册	丛书
变礼	礼疑续辑	李应辰	1817	1891	不详	28卷15册	丛书
行礼	四礼笏记	柳重教	1832	1893	不详	2卷1册	丛书
行礼	祭礼通考服制总要	柳重教	1832	1893	不详	1册	丛书
变礼	家礼补疑	张福枢	1815	1900	（1867）	5卷5册	丛书
考证	四礼文汇	申得求	1850	1900	不详	2卷1册	
行礼	四礼节略	都汉基	1836	1902	（1892）	4卷1册	丛书
考证	赞祝考证	尹胄夏	1846	1906	（1881）	4卷2册	
变礼	四礼疑义或问	郑载圭	1843	1911	（1875）	4卷2册	丛书
行礼	四礼祝式	宋秉珣	1839	1912	（1893）	1册	丛书
行礼	四礼集仪	朴文镐	1846	1918	（1887）	10卷5册	丛书
行礼	广礼览	李奎镇	不详	不详	（1833）	3卷2册	丛书
行礼	竹侨便览	韩锡斅	1777	不详	（1849）	10卷3册	丛书
行礼	时行四礼祝式	李钟桢	不详	不详	（1850）	1册	
考证	四礼辑要	沈宜元	1806	不详	（1876）	13卷8册	
行礼	四礼常变纂要	金致珏	1796	不详	（1888）	4卷2册	丛书
变礼	常变辑略	权必迪	不详	不详	（1899）	6卷3册	丛书
考证	士礼汇考	咸镇泰	1761	不详	不详	200卷78册	
行礼	士庶丧祭条例	朴基稷	不详	不详	不详	1册	
行礼	四礼笏记	具㾕	1759	不详	不详	1册	
变礼	礼疑类辑续编	吴载能	1732	不详	（1812）	3卷4册	丛书
行礼	师门九礼	崔君弼	不详	不详	（1899）	1册	
考证	式礼会统	洪养默	1764	不详	（1801）	2卷2册	丛书

【20 世纪】

分类	书名	著/编者	生年	卒年	成书年代	卷册	备考
行礼	临事便考	李明宇	1836	1904	不详	1卷1册	丛书
变礼	家礼变仪	金启运	1845	1907	不详	8卷4册	
行礼	增补四礼便览	黄泌秀	1842	1914	(1900)	8卷4册	丛书
行礼	丧祭类抄	黄泌秀	1842	1914	(1911)	1册	丛书
行礼	悬吐详注丧祭类抄	申泰完	1842	1914	不详	1册	丛书
行礼	六礼笏记	郭钟锡	1846	1919	不详	1册	丛书
变礼	礼疑问答类编	郭钟锡	1846	1919	不详	10卷3册	丛书
考证	士礼通考	徐廷玉	1843	1921	(1911)	9卷7册	
变礼	艮斋先生礼说	不详	1841	1922	不详	4卷2册	丛书
变礼	全斋先生礼说	田愚	1841	1922	不详	4卷2册	丛书
行礼	闺门轨节	王性淳	1868	1923	不详	1册	
考证	仪礼集传	张锡英	1815	1926	(1904)	17卷9册	丛书
行礼	九礼笏记	张锡英	1851	1926	(1916)	1册	丛书
行礼	四礼汰记	张锡英	1851	1926	(1923)	6卷2册	丛书
行礼	四礼节要	张锡英	1851	1926	不详	1册	
行礼	家乡二礼参考略	李鈺均	1855	1927	(1924)	1册	丛书
考证	读礼辑要	尹禹学	1852	1930	(1909)	10卷5册	
行礼	四礼要览	洪在谦	1850	1930	不详	1册	
行礼	常体便览	卢相稷	1854	1931	(1904)	5卷2册	丛书
变礼	闻韶家礼	金秉宗	1871	1931	(1916)	8卷2册	丛书
行礼	士礼要仪	赵昺奎	1846	1931	(1930)	2卷1册	丛书
考证	深衣考证	卢相稷	1855	1931	不详	1册	丛书
行礼	补遗丧祭礼抄	白斗镛	1872	1935	(1917)	1册	丛书

续表

分类	书　名	著/编者	生年	卒年	成书年代	卷册	备考
行礼	家乡汇仪	李钟弘	1879	1936	（1913）	1册	丛书
行礼	庙仪	李钟弘	1879	1936	不详	1册	丛书
行礼	常变祝辞类辑	金在洪	1867	1939	（1921）	8卷3册	丛书
行礼	四礼纂笏	金在洪	1867	1939	［1928］	4卷2册	丛书
变礼	常变要义	安鼎吕	1871	1939	（1934）	4卷2册	丛书
变礼	退溪寒冈星湖三先生礼说类辑	卢相益	1849	1941	不详	5卷2册	
行礼	六礼修略	宋浚弼	1869	1943	（1920）	10卷5册	丛书
考证	家礼补阙	张允相	1868	1946	不详	2册	丛书
考证	四礼要选	洪在宽	1874	1949	（1905）	8卷2册	丛书
行礼	四礼仪	郑琦	1878	1950	（1924）	6卷1册	丛书
行礼	常变告祝合编	郑琦	1878	1950	（1936）	1册	丛书
行礼	四礼提要	柳永善	1893	1960	［1952］	2卷1册	丛书
行礼	四礼节要	李宗基	1900	1970	（1951）	1册	
行礼	四礼受用	金槻	1896	1978	不详	1册	
行礼	四礼撮要	尹羲培	不详	不详	［1917］	4卷3册	丛书
行礼	四礼要览	具述书	不详	不详	（1923）	4卷4册	丛书
行礼	朝汉四礼十三节	李升洛	不详	不详	（1925）	1册	丛书
行礼	昏礼简要	李光昱	1860	不详	（1926）	1册	
行礼	流行祝式四礼精选	姜乂永	不详	不详	［1926］	1册	
变礼	寒冈四礼问答汇类	郑坃	不详	不详	［1929］	4卷2册	丛书
考证	三礼略解	罗濬	不详	不详	［1936］	1册	

续表

分类	书名	著/编者	生年	卒年	成书年代	卷册	备考
行礼	四礼要览	李宗九	不详	不详	（1951）	1册	丛书
行礼	礼笏	宋在奎	不详	不详	（1931）	9卷1册	丛书
行礼	四礼常变告祝	崔相奎	不详	不详	[1930]	1册	
行礼	仪礼大全	安明善	不详	不详	[1952]	1册	
行礼	韩文解读婚丧祭礼节要	金炯准	不详	不详	[1957]	1册	
行礼	丧礼讲究	不详	不详	不详	[1916]	2卷1册	
行礼	丧礼辑解	金源松	不详	不详	（1932）	1册	丛书
行礼	士相见礼笏记	宋璟烈	不详	不详	（1935）	1册	
行礼	四礼要义	徐承益	不详	不详	（1913）	2卷2册	
行礼	祝辞类聚	金竹波	不详	不详	[1949]	1册	
谚解	谚文丧礼	金东缙	不详	不详	（1926）	1册	丛书
考证	四礼正解	不详	不详	不详	[1962]	1册	
行礼	韩文解读婚丧祭礼节要	全灵锡	不详	不详	[1978]	1册	
行礼	四礼仪节	申泰三	不详	不详	[1957]	1册	
行礼	礼祝辑	李士友	不详	不详	（1962）	1册	
行礼	三礼唱笏	不详	不详	不详	[1920]	3卷1册	
行礼	百礼祝辑	徐雨锡	不详	不详	（1929）	1册	
行礼	四礼抄要	金章焕	不详	不详	[1959]	1册	
行礼	仪礼要览	尹奭勋	不详	不详	（1961）	1册	
行礼	仪礼简要	金致晃	不详	不详	（1961）	1册	
行礼	仪礼要览	李廷万	不详	不详	[1963]	1册	
行礼	诸礼祝辑	李机衡	不详	不详	（1963）	1册	丛书
行礼	仪礼备要	金镇孝	1888	不详	（1938）	1册	

续表

分类	书　名	著/编者	生年	卒年	成书年代	卷册	备考
行礼	祝规丛辑	曹秉斗	不详	不详	（1904）	1册	
行礼	现行四礼仪节	高裕相	不详	不详	［1924］	1册	
行礼	四礼常变祝辞	全达准	不详	不详	（1927）	1册	丛书
行礼	冠婚礼讲义	李载荣	不详	不详	［1938］	1册	
行礼	丧祭礼抄	姜夏馨	1861	不详	［1916］	1册	丛书
行礼	国汉详解婚丧祭礼要览	慎保晟	不详	不详	（1957）	1册	
行礼	四礼要览	金容旷	不详	不详	［1961］	1册	
行礼	二礼祝式	申铉离	不详	不详	［1925］	1册	
行礼	仪礼准则	朝鲜总督府	不详	不详	1934	1册	
行礼	婚丧典	心庵金公	不详	不详	（1945）	1册	
行礼	古礼仪节	梁壬承	不详	不详	（1968）	1册	
行礼	家庭仪礼准则	大韩民国政府	不详	不详	［1969］	1册	
行礼	告祝辑览	朴政阳	不详	不详	［1917］	1册	丛书
行礼	仪礼轨范	忠清南道	不详	不详	［1935］	1册	

【成书年代未详资料】

分类	书　名	著者（编者）	生年	卒年	成书	卷册	备考
行礼	缅礼备要	不详				1册	丛书
行礼	家礼便览	不详				2卷1册	丛书
行礼	从先录	不详				1册	丛书
行礼	四礼按	不详				11卷11册	丛书
行礼	缅礼仪节	不详				1册	丛书

续表

分类	书名	著者（编者）	生年	卒年	成书	卷册	备考
行礼	四礼释要	不详				2卷1册	
行礼	四礼仪	不详				8卷8册	
行礼	四礼补遗	不详				1册	
行礼	祝式	不详				1册	
行礼	古来礼书式	不详				1册	
行礼	礼说释疑抄	不详				1册	
行礼	流行祝式四礼精选	不详				1册	
行礼	四礼节要抄	不详				1册	
行礼	四礼略抄	不详				1册	
行礼	四礼笏记	赵泰裕				1册	
考证	二礼通考	不详				2卷2册	丛书
考证	二礼便考	不详				7卷6册	丛书
考证	古冠昏礼解	韩复行				1册	丛书
考证	读礼辑要	尹禹学				5册	
变礼	疑礼辑录	柳溦				3卷3册	丛书
变礼	四礼释疑	不详				1册	丛书
变礼	疑礼考征	不详				1册	丛书
变礼	四礼释疑问答抄	不详				1册	
变礼	变礼考	不详				6卷2册	
变礼	礼变疑释	不详				9卷5册	
变礼	礼疑类聚并续辑	不详				30册	

朝鲜后期庶孽宗法地位的弱化及其原因

[韩]金镇佑（东国大学）

一、绪论

所谓宗法秩序，是指以家父长制为基础的家秩序，其核心在于家系的继承者。因此，嫡庶之分是该秩序最核心的原理。对此，王国维认为若无嫡庶之分，则无宗法、丧服制度，更无为人后者。[1]这表明，嫡庶之分既是宗法产生的原因，又是其核心原理。[2]

嫡庶之分的嫡指嫡长子，即正妻所生的长子，亦是宗子，为正统继承人，地位尊贵。此外，宗子在家族中地位特殊，拥有领导权。[3]反之，庶指除嫡长子以外的众子。[4]对此，中国与朝鲜所指对象有所差别。在朝鲜，庶指庶孽，他们为进入宗法秩序内部，以确保稳定的地位，开展了贯穿整个朝鲜时代的"许通运动"。然而，庶孽虽被获准出仕，但在宗法秩序中的地位却未能得到改善。随着

---

[1] 王国维：《观堂林集》卷十《殷周制度论》，河北教育出版社，2003年：第232-241页。
[2] 林素英：《丧服制度的文化意义——以〈仪礼·丧服〉为讨论中心》，文津出版社，2000年，第332页。
[3] 林素英：《丧服制度的文化意义——以〈仪礼·丧服〉为讨论中心》，第292页。
[4] 同上书，第300页。

朝鲜后期宗法秩序的确立，他们在宗法秩序中的地位反而被边缘化。因此，在本论文中，为了对宗法秩序进行考察，首先将对庶孽宗法地位的弱化情况及其意义进行阐述。

有关庶孽宗法地位的研究，主要围绕与祭祀继承相关的家系继承问题展开，[5]焦点在于其宗法地位是否得以改善和是否被弱化。前者主要论述了庶孽作为家礼行礼者，在宗法秩序中的地位。有研究指出，虽从法制角度看，庶孽的宗法地位受到差别对待，但从礼制层面来看，其宗法地位出现上升的倾向。[6]此外，相关研究对家礼中妾与庶母的地位进行了较为友好的解释，并据此主张庶孽同样包含在家系继承人与家族成员内。这些研究表明庶孽作为践行家礼的主体获得了认可，同时也意味着他们已经进入了宗法秩序内部。[7]

后者主要从法制与现实角度来关注庶孽的地位。学者们主要分析了《经国大典》的立后条与奉祀条，据此将16世纪称作是妾子与继子继承权冲突的过渡期，并阐明这种冲突于明宗时期真正出现。[8]另外，其他研究表明，17世纪以后虽确实存在庶孽继承的情况，但他们由于受到政治与社会条件的制约，引发了诸多矛盾。[9]

---

[5] 裴在弘：《庶孽在朝鲜后期家系继承中的地位》，《庆尚史学》7、8合辑，1992年；郑肯植，《16世纪妾子的祭祀继承权》，《社会与历史》53，1998年。

[6] 韩基范：《十七世纪庶孽的宗法地位——以〈礼问答书〉的分析为中心》，《国史馆论丛》81，1998年；金珍姬，《朝鲜中期庶孽的宗法地位》，韩南大学史学科硕士学位论文，2010年。

[7] 金允贞：《18世纪的礼学研究——以洛论的礼学为中心》，汉阳大学史学科博士学位论文，2011年，第141-150页。

[8] 郑肯植：《16世纪妾子的祭祀继承权》，《社会与历史》53，1998年。

[9] 高旻廷：《十七世纪立后的要件与妾子继承》，《精神文化研究》39，2016年。

因此，本论文将对朝鲜后期庶孽宗法地位的弱化情况及其原因展开分析。首先在第一章本论中，将对中国与朝鲜的嫡庶加以解释。为此，本论文以礼制与法制为根据，揭示中国与朝鲜在嫡庶认识上的差别。通过分析可充分把握中国与朝鲜在关于庶的认识上存在的差异，以及产生差异的原因。同时，在此章中，还将对庶孽的家系继承权进行论述。

在第二章本论中，将以当时的立后资料[10]、庶孽资料[11]、礼问答书、文集等为根据，深入分析朝鲜后期庶孽的宗法地位弱化事例与原因。宗法地位弱化的事例将参考立后资料与庶孽资料，弱化的原因将参考文集等。事例的类型分为移宗、立后与夺宗三类，这在后文将进行详细论述。这些事例是考察宗法秩序中士族与庶孽的关系及其变化情况的媒介，可以充分把握庶孽在宗法秩序中的地位。通过本章的分析，可揭示庶孽宗法地位的弱化及其原因、以及这种变化所具有的意义。此外，论文还将更进一步对士族与庶孽家族的认识展开考察。

---

10 本论文主要参考了《法外继后謄录》，此著作是研究朝鲜后期的家族世系继承时所必需的主要史料之一，亦称《别继后謄录》，记录了仁祖15年（丁丑年，1637年）至英祖29年（癸酉年，1753年）约116年间有关特殊养子的内容。（崔在锡，《韩国家族制度史研究》，一志社，1983年，第593-594页。）

11 庶孽资料包括《葵史》《通塞撮要》《杏下述》等。《葵史》是当时庶孽们独自刊行的、首部庶孽历史著作。关于《杏下述》，纯祖23年（1823年）庶孽们上疏请求许通，成均馆的儒生们为与其论争，从法典中选取相关内容编纂而成此书。《通塞撮要》为手抄本，作者未详。（郑伦周：《〈葵史〉（1859）的编撰与刊行动机》，《历史学报》137，1993年，第35-37页。）

二、中国与朝鲜的嫡庶

1. 中国的嫡庶

中国的嫡庶可通过《礼记·大传》《唐律疏议》《内外服制通释》《大明会典》等著作来了解。在《礼记·大传》中,[12] 郑玄称别子为诸侯的庶子,[13] 即不能继承诸侯王位的其他诸子。只有在他们有嫡子时,才能形成祖和宗,这些人为其后裔之始祖,继承他们的嫡长子是大宗。换言之,庶子即指除嫡长子以外的其他诸子。《唐律疏议》也是以嫡庶为基准编写的法律条文。[14] 嫡统仅可由嫡长子一人继承,故而同《礼记》一样,在该书认为庶子通常指众子,而并非庶孽。宋代车垓撰写的《内外服制通释》对当时普遍使用的服制进行了整理,此书亦称众子为嫡长子以外的诸子,且庶孽也包含在诸子内。[15]《大明会典》也对嫡庶进行了划分。但是,与以上实例不同,此书的有关法律条文将庶子解释为妾子,嫡子孙为嫡妻所生子孙,庶长子孙指妾所生长子的子孙。[16] 综合上述条文来看,庶子有的指众子,有的指妾子,但一般来说,《礼记》与中国的庶子通常指众子。清朝亦是如此。在《大清会典》中,嫡子孙为嫡长子的子

---

12 《礼记集说》卷八一《大传》:"别子为祖,继别为宗,继祢者为小宗。"
13 《礼记集说》卷八一《大传》:"郑氏曰:别子者,诸侯之庶子。"
14 《唐律疏议》卷十二《立嫡违法》:"立嫡者本拟承袭。嫡妻之长子……妇人年五十以上不复乳育,故许立庶子。"
15 《内外服制通释》卷四,齐衰五月,加服:"为众子……释曰:众子者,除嫡长子外,其余若正若庶若男若女养人之子,皆谓之众子……若妾子,虽最长,亦与众子同也。"
16 《大明会典》卷一〇六《袭职替职》:"如无嫡子孙,则庶长子孙袭替,若嫡庶子俱无,方许弟侄袭替。"

孙,庶子孙为其他诸子的子孙。[17] 在清代,庶子基本上指嫡长子以外的诸子,妾子包含在众子内。[18] 综上所述,中国的嫡庶是指嫡长子与其他诸子。即以宗支为基准,[19] 嫡长子为宗子,众子或支子为嫡长子之外的诸子。[20]

2. 朝鲜的嫡庶与庶孽的家系继承权

朝鲜的奉祀条文[21]与立后条文[22],是以嫡庶之分为基础制定的。"嫡子、众子、妾子或嫡妾",这种划分便是例证。即与上文事例不同,在朝鲜,嫡庶的庶被看作是庶孽[23],区别于嫡子所生,且有法律条文明确规定。庶孽的宗法地位与家系继承息息相关。由法律条

---

17 《大清会典》卷一《宗人府》:"凡袭封必以适子孙,无适子孙,许以庶子孙,袭绝嗣则以同父兄弟,及兄弟之子袭。"

18 胡培翚:《仪礼正义》二,江苏古籍出版社,1993年,第1417-1418页。其实长子、众子与适子、庶子,名异实同。凡言长子者,则不独长子之弟为众子,而妾子亦为众子。言适子,则不独妾子为庶子,而适子之同母弟亦为庶子。经中凡以适对庶言者,适谓适长一人,其余皆庶也。

19 《毛诗正义》《小雅·鱼藻之什·白华》:"以妾为妻,以孽代宗……【注】……孽支庶也,宗适也。【疏】……以支庶之孽代本适之宗……以适子比根干,庶子比支蘖,故孽支庶也……是适子比树本,庶子比支蘖也。宗适子者,以适子当为庶子之所宗,故称宗也。"

20 常建华:《宗族志》,上海人民出版社,1998年,第172-176页;王善军:《宋代宗族和宗族制度研究》,河北教育出版社,2000年,127页;刘广明:《宗法中国》,南京大学出版社,2011年,第13页;钱杭:《宗族的世系学研究》,复旦大学出版社,2011年,第231页。

21 《经国大典·礼典·奉祀》:"若嫡长子无后则众子,众子无后则妾子奉祀。【嫡长子只有妾子,愿以弟之子为后者听,欲自与妾子,别为一支,则亦听。(良妾子无后,则贱妾子承重。凡妾子承重者,祭其母于私室,止其身)】"

22 《经国大典·礼典·立后》:"嫡妾俱无子者,告官立同宗支子为后。【两家父同命之。父没,则母告官,尊属与兄弟及孙,不相为后】"

23 庶孽的起源可从《春秋》一书中得以确认。庶孽原意为幼芽,意味着众贱子。(《春秋公羊经传解诂》卷九"襄公二十七年":"公子鱄辞曰:夫负羁絷,执鈇锧,从君东西南北,则是臣仆庶孽之事也……【注】庶孽,众贱子,犹树之有孽生。"

文可知,庶孽的继承权是有保障的。虽然在奉祀条中,庶孽仅为第三位的继承人,且还存在其他的一些问题,如其他支派的形成、奉祀代数限制等,但不可否认,庶孽也是家系继承者之一。立后条文中也是如此,保障了庶孽的奉祀权。此条文规定,嫡妻与妾俱无子者,即没有嫡子和众子,允许立后。这便是认可了庶孽作为子女的地位。

综上所述,与中国一样,朝鲜同样存在嫡庶之分,但嫡庶所指有所不同。首先,在中国,庶子即为众子,关于嫡出与庶出的区分不甚严格。相反,以宗支为基准,对成为宗子的嫡长子与其余诸子进行区分。

然而,在朝鲜的嫡庶中,庶子被称为庶孽。即在朝鲜,嫡指嫡妻所生之子,庶指妾所生之子。以嫡庶为基准,而非宗支。并且良妾之子为庶子,贱妾之子为孽子。[24] 在这方面,朝鲜反而比中国更加细化。另一方面,关于庶孽在家系继承中的地位,中国与朝鲜皆允许庶孽奉祀,但差异在于以何为基准。若以宗支为基准,则庶孽与嫡妻所生诸子的地位相同;若以嫡庶为基准,诸子按母亲的身份,分为嫡出与庶出,庶孽排在嫡长子与众子之后,为第三位。这正是中国与朝鲜的差异所在。

三、朝鲜后期庶孽的宗法地位弱化事例及其原因

1. 庶孽的宗法地位弱化事例

尹拯(1629–1714)对朝鲜后期家族的继承进行了分类。他所

24《明宗实录》卷十五,明宗8年10月15日戊子。

谓的继承类型有三种：第一类，庶孽继承家系；第二类，庶孽仅祭祀父母，作为弟系的次嫡负责其他祭祀；第三类，舍弃庶孽，重新立后。[25] 对此，本论文将以宗为基准，对上述第二类与第三类情况重新分类为：①"移宗"，庶孽仅祭祀父母；②"立后"，舍弃庶孽，另立后嗣；③"夺宗"，庶孽与嫡子间的争讼。[26] 在本章中，将通过对此三种类型事例的分析，来考察朝鲜后期庶孽宗法地位的弱化。

第一类，移宗。这里将列举宋时荣（1588-1637）与金集（1574-1656）的事例。首先来考察宋时荣的事例。他与宋时烈（1607-1689）为亲戚关系。[27] 他的家系由次嫡继承，这在与郭汝静往来的书信中也有所体现。在宋时烈的家族中，大伯仅有一个妾子宋时燮。大伯去世后，奉祀与继承权交于时任主簿的堂兄宋时荣，[28] 庶孽最终未能获得继承权，继承权由次嫡获得。对金集的祭祀由其庶孽继承，而家族的祭祀则由次嫡之子继承。[29] 即金益炯祭祀金集，侄子金益烈继承家族祭祀。在宗法秩序中，继承祭祀权就意味着继承家系与家族宗统。即，宗子向上要敬奉祖先【敬宗】，向下要团结族人【收族】。[30] 最终，士族皆利用移宗这种权宜之计来避免庶

---

25 《明斋先生疑礼问答》卷一。
26 相关事例选自《法外继后誊录》中与庶孽有关的事例，并制成表格（参考【附录】〈表3〉）。在53件与庶孽相关的事例中，仁祖时期5件，孝宗时期7件，显宗时期2件，肃宗时期33件，英祖时期6件。从年均情况来看，仁祖时期0.19件，孝宗时期0.6件，显宗时期0.13件，肃宗时期0.72件，英祖时期0.12件。从17世纪孝宗时期开始，有关庶孽的事例不断出现（金镇佑：《通过立后考察朝鲜后期庶孽的宗法地位》，东国大学史学科硕士学位论文，2018年，第28页）。
27 参考【附录】〈表1〉。
28 《宋子大全》卷一〇七，《书·答郭汝静》。
29 参考【附录】〈表2〉。
30 《礼记集说》卷八五《大传》："尊祖故敬宗，敬宗故收族。"

孽继承家系。³¹

第二类，立后。此处将列举发生于肃宗5年（1679）与李元焕后嗣相关的事例。李元焕在世时，有意立李允焕的次子李基万为后嗣。因此，李元焕去世后，便将立后一事告官。本论文将关注李元焕仅有庶孽这一点。虽有庶孽，但仍立他人之子为后，说明族人不接受贱妾之子祭祀圣贤与祖先，对庶孽继承家系有所顾忌。³²

第三类，夺宗。此处将列举柳兴世的事例。柳兴世作为宗子继承了祭祀祖先的权利，柳弘樾是他唯一的后嗣，但不幸去世。之后，柳兴世的二弟也去世，于是由柳弘樾之子柳斗光继承了宗祀。然而，柳兴世的三弟柳公翼提出兄亡弟及，以夺取宗祀继承权。此事最终结果为由庶孽柳弘樾之子柳斗光与嫡子柳公翼共同继承祭祀权。³³

综上所述，自17世纪孝宗时期开始，庶孽相关事例不断出现。为了家族的家系继承权，即成为宗子以取得领导家族成员的权力，庶孽与嫡子之间频繁发生争讼。由此可知，朝鲜后期庶孽的宗法地位在法律上无法得到保障。

2. 地位弱化的原因

朝鲜后期，庶孽的宗法地位之所以无法得到法律的保障，主要有三点原因：其一，"许通政策"。庶孽认为晋身仕途是改善自身宗法地位的唯一出路，³⁴ 故而不断提出出仕的要求。这种要求演变

31《法外继后誊录》卷五，康熙30年10月1日。
32《法外继后誊录》卷三，己未10月17日。
33《法外继后誊录》卷五，康熙30年10月1日。
34《葵史·乾》："不但有妨于朝家用人之政，臣等之不得尽分于伦常者，专由是也。"《通塞问答》："问：士夫无嫡子，则宁取疏远同姓而子之，不以祀事委其妾子。然则庶孽之卑贱，不齿人类可知矣，何可许以清显耶……曰：不以妾子奉祀者，乃近俗之陋，非古人之法也，亦非朝家之制，直为私家门户计而已……假使永锢庶孽，此弊之厘正，断不可已。而若许疏通，则此风亦可以自革矣。"

为许通运动,促使朝鲜后期朝廷两次推行许通政策。分别为仁祖三年(1625)与仁祖十一年(1633)由崔鸣吉、宋时烈、朴世采等主张的许通政策,以及肃宗二十二年(1696)的许通政策。前者为允许庶孽担任官职。[35]但政策仅允许其担任清职和要职以外的普通官职,[36]且并非所有的士族都支持该政策。他们提出反对意见,认为此措施会使庶孽变得更加狂妄放纵。[37]其中,郑蕴提出,朝廷对此政策意见不一,不宜实行,以免破坏嫡庶之分。[38]而肃宗二十二年采取的许通政策,延续了仁祖时期的政策。[39]但是,该政策同样遭到了士族阶层的反对,[40]故而庶孽的宗法地位并未改善。士族对于朝廷直接下令实行庶孽许通政策不以为然,不仅对其加以抵制,还在家族中更加严格地区分嫡庶。此外,士族对于当时庶孽的认识,也在很大程度上导致了庶孽宗法地位的弱化,即士族将庶孽视为"末流",这是第二个原因。在庶孽的家系继承问题上,士族担忧不仅是自家,甚至连外家与妻家也成为庶孽的亲戚,从而造成家

---

[35]《承政院日记》,仁祖3年10月21日,乙丑;11月10日,乙丑;11月12日,乙丑;11月13日,乙丑;11月17日,乙丑;11月20日,乙丑;仁祖11年10月15日,癸酉。

[36]《葵史·乾》:"仁祖三年【乙丑】,因副提学崔鸣吉等疏请,大臣二品以上收议,始定登科后,许要而不许清。""十一年【乙亥】,吏曹判书崔鸣吉启请,依许要事目,随才拟望。于是,若干人始除郎官。""文正公宋时烈,文纯公朴世采,或拟疏,或陈札,并请通用。"

[37]《记言》卷三九《桐溪先生行状》:"时有宰相建白,以为材能多屈,广开庶孽之路……于是庶孽纵恣,而士大夫皆怒"。

[38]《承政院日记》,仁祖3年11月20日,乙丑。

[39]《肃宗实录》卷三十,肃宗22年7月21日,乙亥;《葵史·乾》,肃宗二十二年,丙子。

[40]《葵史·乾》:"今虽使庶孽通用于公朝,而及其退归私室,则嫡庶之分,固自若也。"

门地位降低。⁴¹ 他们甚至认为，若每个家族皆由庶子继承家系，则整个国家的人都将成为庶孽。⁴² 其三，导致对名分的区分。前文曾提及，由于士族反对许通政策，使得仕途上的庶孽问题比家族内部的庶孽问题更为严重。士族试图通过对国家，即朝廷与家族的名分进行区分，以防止国家对庶孽的家系继承的干涉。因此，庶孽在家族中的地位逐渐被边缘化。肃宗二年与二十一年的上疏可以证明这一点。

肃宗二年（1676）大司宪李袤上疏，他列举各种理由，以阐明嫡庶之分。其中需要注意的是，对家系衰落的担忧，以及宗族名分与官位名分。当时的士族担心家族势力衰败，于是即使有庶孽也与其断绝关系，另立后嗣，并将嫡庶之别作为家族的名分，将贵贱之分作为朝廷的名分。⁴³ 肃宗二十一年（1695）南极井的上疏中提到，即便朝廷略微放宽庶孽出仕的限制，但由于士族对朝廷与家族的区分，庶孽受到差别对待依旧如前。最终，朝廷的庶孽许通政策与家族问题两者变得互不相干，⁴⁴ 朝廷无法对家族问题进行干预，而士族在家族这种社会基本结构中对庶孽的差别对待也变本加厉。

这种现象在之后仍旧持续。即使法律上允许庶孽继承，但这是家族的一件大事，难以由个人决定。继承者若是嫡子，则可顺理成

41《杏下述》："父之于己出，爱无贵贱，而不以为嗣者，特虑其末流也……终若以妾所生，继之嗣焉，则为嗣者之母一边妻一边，皆为戚属，而尽归常贱也。一开承嫡之路，则无复士夫家样子。今日一家承嫡，明日一家承嫡，不几年而混淆无别，浸浸然入于蔑分之域。故所以父不得子其庶子者也。"
42《杏下述·礼典》。
43《通塞撮要》卷一"肃宗二年"。
44《葵史·乾》，"肃宗二十一年"。

章地继承家系,而庶孽则不然。[45] 以曾赞成庶孽官职许通的丁若镛为例,其嫡妻无所出,家中仅有庶孽,依据天理,庶孽应被立为后嗣,但实际上并非如此,这并非轻易便可解决的事情。[46]

从金熙镛与居斋儒生的上疏可知,纯祖时期依旧如此。金熙镛提出:"庶孽虽同众子一样,但为了家门的利益,他们被差别对待[47],在家系继承上仍遭受歧视。"相应地,居斋儒生们认为庶孽之所以不能成为后嗣,只因士族担心其末流的身份会有损家族地位,朝廷若允许庶孽继承家系,则名分将有崩塌之势。[48]

由以上三点原因可知,庶孽认为晋身仕途是改善自身宗法地位的唯一出路,故而不断地要求放宽出仕限制。最终,在仁祖三年与十一年、以及肃宗二十二年,朝廷推行了许通政策。但是,他们的宗法地位依旧未能得到改善。这是因为士族将庶孽视为末流,认为庶孽继承家系会动摇家族地位,于是更加倾向于另立后嗣。然而,士族并没有就此止步,他们将嫡庶之分视为家族的名分,对朝廷与家族的名分进行了划分。但这并非单纯的名分之分,而是试图以此来避免朝廷对家族问题的干涉。名分之分与在此基础上确立的家族秩序既维持了士族在家族中的地位,同时又巩固了自身的秩序。

---

45 《法外继后謄录》卷十一,乾隆8年2月5日;《法外继后謄录》卷十三,乾隆13年9月19日。
46 《丧礼四笺》卷十一 "丧期别6""出后7"。
47 《葵史·坤》,二十三年【癸未】七月:"自宗子之母弟与妾母之子,属支庶,故父于嫡子众子……而众庶为一列也。"
48 《葵史·坤》,居斋儒生卷堂所怀,"不以为嗣者,特虑其末流也……一开承嫡之路,则无复士夫家样子。今日一家承嫡,明日一家承嫡,不几年而混淆,駸駸然入于蔑分之域,故所以父不得子其庶子者也"。

四、结语

以上为朝鲜后期庶孽宗法地位的弱化情况及其原因。所谓宗法秩序,是指以宗子为中心的一个家族的秩序,其核心原理为嫡庶之分。王国维认为若无嫡庶,则无宗法、丧服制度。他的这种主张揭示了嫡庶之分在宗法秩序中的重要性。然而,中国与朝鲜的嫡庶所指不同,中国的嫡庶之分并不严格,反而将庶子看作众子与支子。在中国,宗法的基准为宗支,庶子指嫡长子以外的其他诸子。相反,朝鲜以嫡庶为基准,庶为妾所生,称为庶孽,并进一步细分为庶子与孽子。

在本论文中,主要通过一"移宗",庶孽仅祭祀父母;二"立后",舍弃庶孽,另立后嗣;三"夺宗",庶孽与嫡子间的争讼等此三类事例来对庶孽宗法地位的弱化进行了考察。第一类,庶孽无法作为宗子继承家族的祭祀权,作为权宜之计,仅准其祭祀父母;第二类,士族担心庶孽继承家系,会导致家族势力衰败,于是与庶孽断绝血缘关系,另立后嗣;第三类,主要是指在后嗣未定的情况下,庶孽与嫡子之间发生的争讼。通过分析不同类型的事例,可探究庶孽宗法地位的弱化情况,而这种情况主要是由"许通政策""末流认识""朝廷与家族的名分之分"导致的。

庶孽认为晋身仕途是改善自身宗法地位的唯一出路,故而不断地要求放宽出仕限制,这种要求导致了许通运动产生。朝鲜后期朝廷曾数次推行许通政策,如仁祖三年与十一年的许通政策,以及肃宗二十二年的许通政策。然而,此政策遭到了士族的反对,对他们而言,庶孽是末流,是想要隐藏的存在。他们认为庶孽继承家系,不仅会使家族乃至整个国家都成为庶孽,而且会动摇宗法秩序的根基。他们甚至对朝廷与家族的名分进行区分,排除朝廷的干预,以将庶孽推离秩序中心,使庶孽在宗法秩序中的地位被边缘化。这种现象也表明,宗法,即家族对于庶孽与士族而言,是最重要的社会基本单位。因此,庶孽谋求改善其在家族中的地位,而士族则意图维持其在家族中的地位。

附录

〈表1〉 宋时烈家系图[49]

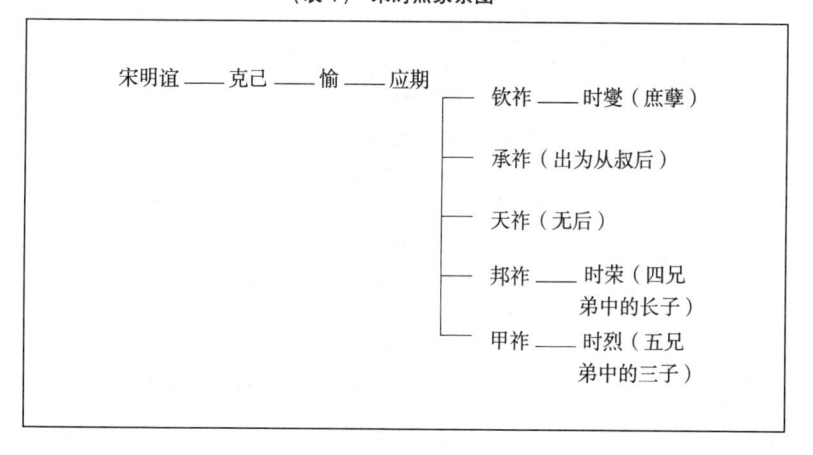

```
宋明谊 ── 克己 ── 愉 ── 应期 ┬─ 钦祚 ── 时燮(庶孽)
                            ├─ 承祚(出为从叔后)
                            ├─ 天祚(无后)
                            ├─ 邦祚 ── 时荣(四兄弟中的长子)
                            └─ 甲祚 ── 时烈(五兄弟中的三子)
```

---

[49] 韩基范:《十七世纪庶孽的宗法地位——以〈礼问答书〉的分析为中心》,《国史馆论丛》81,1998年,第139页。

〈表2〉 金集家系图[50]

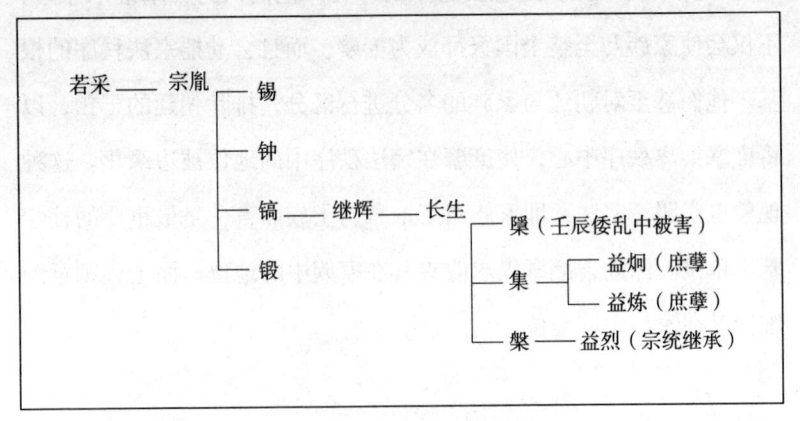

```
若采 ── 宗胤 ┬ 锡
              ├ 钟
              ├ 镐 ── 继辉 ── 长生 ┬ 㯙（壬辰倭乱中被害）
              │                    ├ 集 ┬ 益炯（庶孽）
              │                    │    └ 益炼（庶孽）
              │                    └ 槩 ── 益烈（宗统继承）
              └ 锻
```

〈表3〉《法外继后誊录》中庶孽相关的事例[51]

	年 代	内 容	《法外继后誊录》	其他
1	仁祖16年（1638）	孽孙权士豪与嫡孙权德裕等的奉祀争讼（嫡子继承）	卷1，6月2日	夺宗
2	仁祖21年（1643）	围绕郑万钟的奉祀，孽曾孙郑后启与养曾孙郑簧发生的争讼（嫡子继承）	卷1，4月24日	夺宗
3	仁祖22年（1644）	围绕文献公郑汝昌的奉祀，孽孙元礼与嫡孙弘绪发生的争讼（嫡子继承）	卷1，5月18日	夺宗
4	仁祖24年（1646）	关于儒学郑进用的奉祀权，因叔父金汉一只有姜子，故而交由外孙继承	卷1，9月9日	立后

---

50 韩基范：《十七世纪庶孽的宗法地位——以〈礼问答书〉的分析为中心》，第136页。
51 金镇佑：《通过立后一窥朝鲜后期庶孽的宗法地位》，东国大学史学科硕士学位论文，2018年，第24—28页。

续表

	年代	内容	《法外继后謄录》	其他
5	仁祖25年（1647）	金大器之妻李氏让堂弟金大任的三儿子金益灿代替妾子继承奉祀权	卷1，3月19日	立后
6	孝宗即位年（1649）	文信甲的孽嫡相讼	卷1，10月17日	夺宗
7	孝宗即位年（1649）	围绕先祖奉祀，妾子孙李极、李英文与嫡孙李节发生的争讼	卷1，12月2日	夺宗
8	孝宗2年（1651）	围绕李承休的奉祀，庶孽李解与养子李俊发生的争讼	卷1，3月5日 卷1，4月21日	立后
9	孝宗2年（1651）	因朴尚俊的后嗣庶孽朴得光，家族内部发生纷争（庶孽奉祀）	卷1，4月21日	夺宗
10	孝宗3年（1652）	黄中允就宗祀问题，与庶孽黄石友、养子黄石来发生争讼	卷1，4月19日	立后
11	孝宗6年（1655）	围绕李哲雍的奉祀，庶孽李梦男、梦喜与良孙李元俊发生的争讼	卷1，4月16日	立后
12	孝宗7年（1656）	围绕万户柳时忠的家族奉祀，贱妾子与远房弟弟柳复建的三儿子益间产生继承问题	卷2，5月13日	立后
13	显宗即位年（1660）	朴庆先的妾长子弘靖与妾次子弘奇之子尚真产生奉祀问题（庶孽继承）	卷2，10月12日	夺宗
14	显宗5年（1664）	万户柳时忠的家族奉祀权由贱妾子继承	卷2，9月27日	庶孽
15	肃宗3年（1677）	李寿翼堂兄李忠国的妾子英万成为嫡子	卷2，4月2日	庶孽
16	肃宗3年（1677）	梁彭孙的庶孽梁国应的家系继承问题（嫡子继承）	卷2，5月1日	夺宗

续表

	年代	内容	《法外继后誊录》	其他
17	肃宗4年（1678）	围绕县监李处恒的奉祀，良妾子李重与舅舅生员柳廷虎发生争讼（嫡子继承）	卷2，7月25日	夺宗
18	肃宗4年（1678）	韩季仁的妾子与嫡子间的纷争（嫡子继承）	卷2，7月29日	夺宗
19	肃宗5年（1679）	围绕府使李元焕的奉祀，庶孽李基昌与嫡孙间发生的争讼（嫡子继承）	卷3，10月17日	夺宗
20	肃宗6年（1680）	为使庶孽弟弟尹扬继承庶孽尹就举的祭祀权，将嫡子弟弟尹圣举的户口迁往别处	卷3，8月24日	庶孽
21	肃宗7年（1681）	根据林涤的上疏可知，在有妾子的前提下，养子继承的情况仍频繁发生	卷3，1月13日	—
22	肃宗7年（1681）	围绕郑承汉的奉祀，外孽曾孙启征与亲外孙前主簿朴璇相争	卷3，2月18日	夺宗
23	肃宗7年（1681）	围绕府使李元焕的奉祀，庶孽李基昌与嫡孙李穆、李基万发生的争讼（嫡子继承）	卷3，4月24日	夺宗
24	肃宗7年（1681）	关于故去的主簿尹昌殷的家族祭祀权，由嫡子亦是独子代替弟弟尹相殷的二妾之子继承（嫡子继承）	卷3，5月11日	夺宗
25	肃宗7年（1681）	围绕吕炯的奉祀，妾子孙孝平、孝杜、从和与养子孝孟发生的争讼	卷3，9月26日	立后
26	肃宗7年（1681）	围绕吕炯的奉祀，妾子孙孝平、孝杜、从和与养子孝孟发生的争讼	卷3，11月16日	立后

续表

	年代	内容	《法外继后誊录》	其他
27	肃宗7年（1681）	嫡孙金皡民与孽孙金伟民、金老商发生的争讼	卷3，11月19日	夺宗
28	肃宗8年（1682）	关于江原道的庶孽继承情况，许通政策优先施行	卷3，1月3日	—
29	肃宗11年（1685）	围绕孙大善的奉祀，贱妾子孙枝万与养子孙宽发生的争讼	卷4，1月9日	立后
30	肃宗12年（1686）	金锡翼虽有庶孽，但其弟弟的三儿子金道泳仍被立为嗣子	卷4，2月17日	立后
31	肃宗12年（1686）	围绕李国举的祭祀，庶孽们与嫡子们发生的争讼（嫡子继承）	卷4，2月22日	夺宗
32	肃宗13年（1687）	围绕朴信元的家族祭祀，养子与庶孽父子朴悌元、朴昌震发生的争讼	卷4，7月29日	立后
33	肃宗14年（1688）	关于李时昉的长子李恢的家族祭祀，因其弟李恒仅有独子与妾子六名，因此，不愿将儿子过继过去继承祭祀权。	卷5，2月3日	立后
34	肃宗14年（1688）	庶孽通德郎李廷豪一死，其父统制使李显达的继承权欲交由堂兄之子继承，但遭到拒绝	卷5，3月16日	夺宗
35	肃宗14年（1688）	庶孽弟弟李为龙欲被立为去世兄长李犹龙的继承人，但家族中却将李坠的二儿子李匪豹立为嗣子	卷5，4月22日	立后
36	肃宗14年（1688）	奉祀张维的子孙张楦没有嫡子，仅有庶子，朝廷特准其另立后嗣	卷5，12月7日	立后
37	肃宗15年（1689）	因李圣翊的养子李斗明猜忌李圣翊的妾子，从而引起纷争	卷5，3月15日	立后

续表

	年代	内容	《法外继后謄录》	其他
38	肃宗17年（1691）	围绕朴寿铁的奉祀，孽孙朴三奉与副司果曹夏明发生的争讼	卷5，3月20日	夺宗
39	肃宗17年（1691）	围绕韩启业的奉祀，妾孙韩谧、赵璇与养子韩必煌发生的争讼	卷5，9月30日	立后
40	肃宗17年（1691）	围绕士子柳兴世的家族祭祀，孽孙斗光与嫡孙公益发生的争讼（移宗）	卷5，10月1日	夺宗
41	肃宗17年（1691）	围绕吴白兴的宗祀，孽孙忠翊卫吴哲与嫡孙吴时翊发生的争讼	卷5，10月7日	夺宗
42	肃宗21年（1695）	围绕崔思元的宗祀，妾子成建与养子厚民发生的争讼	卷6，4月2日	立后
43	肃宗21年（1695）	郑怀之妻权氏轻视庶孽郑岱，于是立养子郑来胄为后嗣	卷6，6月19日	立后
44	肃宗21年（1695）	围绕李颐吉的奉祀，庶孽侄子李震贤与嫡孙李楠发生的争讼	卷6，7月4日	夺宗
45	肃宗25年（1699）	以金集的移宗事例为根据，敦宁府事李弘逸之弟李弘述继承家族祭祀权，李世祺则由庶孽孙子李明征祭祀	卷6，6月8日	移宗
46	肃宗27年（1701）	赵万钟的侍养子祭祀父母辈以上的先辈，庶孽祭祀父母	卷6，1月5日	移宗
47	肃宗43年（1717）	沈楠欲立沈杭的庶孽沈如海为后嗣	卷8，8月5日	庶孽
48	英祖12年（1736）	郑缵孝嫡系族兄郑缵章的庶孽郑鏕与嫡兄郑铛发生的争讼（嫡子继承）	卷11，11月	夺宗
49	英祖15年（1739）	因曾祖父李大培（庶孽）的移宗问题，嫡孙与孽孙发生的争讼	卷11，7月19日	夺宗

续表

	年 代	内　容	《法外继后謄录》	其他
50	英祖17年（1741）	围绕朴泂的奉祀，孽外孙李思顺与嫡孙朴远普发生的争讼（嫡子继承）	卷11，11月5日	夺宗
51	英祖18年（1742）	围绕朴泂的奉祀，孽外孙李思顺与嫡孙朴远普发生的争讼（嫡子继承）	卷11，5月15日	夺宗
52	英祖19年（1743）	围绕柳坛的后嗣问题发生的矛盾，以及对当时嫡庶的认识（嫡子继承）	卷11，2月5日	夺宗
53	英祖24年（1748）	庶孽赵廷武被立为赵奎的后嗣，以及对当时庶孽的认识	卷13，9月19日	庶孽

朝鲜本《家礼》之形成及其特征

[韩] 郑现贞(延世大学)

一、绪论

朱熹著述了多种礼书。其中，他在为父亲置办丧礼后，即17–18岁，编著了《诸家祭礼考编》(失传)；20余年后，以此为基础完成了《祭礼》(失传)；到了40岁中期以后，汇集唐、宋时期的祭礼文献编纂了《古今家祭礼》(失传)；之后又参读三礼书，设想将《仪礼》和《礼记》结合起来。这一规划在门人的共同努力下得以实现。而这种礼书修撰工作即是"以历代的注疏和多种文献对礼经中不完善部分的补充"，这可谓是朱熹晚年的切实课业与遗业。而这一礼书又经门人的努力编著成了《仪礼经传通解》。

朱熹以母亲的丧礼为契机著成了《丧礼》《祭礼》，在此基础上，又合《冠礼》《昏礼》而完成了《家礼》，《家礼》之原稿在未完全完成的状态下遗失了，但在他死后又失而复得。由于在朱熹生前很难找到对《家礼》的直接提及，所以我们可能会提出此作是否是朱熹亲作的疑问。虽如此，但《家礼》还被视为朱熹的著述，在其礼书中发挥着最大的影响力。

《家礼》由1211年和1216年的《通礼》《冠礼》《昏礼》《丧礼》《祭礼》等5篇构成并刊行。杨复为了完善《家礼》，用朱熹的相关观点与经典及注疏的内容在各条目之下添加了注释，此即杨复的《家礼附注》。但1245年，周复考虑到《家礼附注》不够简略，便将注释从正文中分离出来，将其附录于《家礼》的后半部分，此即现传《家礼》中最古老的宋刻本《家礼》。

宋代的其他《家礼》版本还有杨复的附注本、刘垓孙的增注本以及附有若干种图的《纂图集注文公家礼》本。元代的黄瑞节在《家礼》中添加杨复、刘垓孙以及自己的注释，又在最后添加28种图，并将其收录于《朱子成书》中。到了明代，《家礼》被收录到《性理大全》中，颁布于各地并成为了学校的教材。性理大全本《家礼》包含了杨复、刘垓孙、黄瑞节、刘璋等的注释，将28种图置于开头，总共由4卷构成。性理大全本《家礼》具有集先前《家礼》研究之大成的意义。

性理大全本《家礼》是朝鲜《家礼》研究的代表性底本。虽然《家礼》在高丽末传入并流行，朝鲜初期便存在着在朝廷奖励实践《家礼》并令官员试验《家礼》的记录，但很难把握此时传入和活用的是何种版本。朝鲜太宗3年（1403）虽然传入了《朱子成书》，但却无法确认朱子成书本《家礼》被活用的事实。世宗1年（1419）之后《性理大全》多次传入、刊行，由此《家礼》得以更广泛地普及并被更积极地活用。因此，《性理大全》传入后，朝鲜的《家礼》版本皆遵用了性理大全本《家礼》，可以说朝鲜的《家礼》研究是以性理大全本《家礼》为依据的。

在朝鲜刊行的《家礼》中，能够把握其刊刻是时间和地域的版本有 5 种。这些版本皆遵从了性理大全本《家礼》的构成，在体制和细节上存在着略微的差异。朝鲜几个世纪的《家礼》研究以及对《家礼》之理解与实践的深化，可以看作是对性理大全本《家礼》不断进行批判性克服的过程。本文旨在考察朝鲜《家礼》研究成果在《家礼》版本上所反映的样貌，并试图将决定版——戊申字本《家礼》命名为"朝鲜本《家礼》"。

二、朝鲜《家礼》的刊行与版本

朝鲜关于《家礼》刊行的最初记录是《太宗实录》1403 年（太宗）"印《家礼》一百五十部于平壤府而颁之"这一记事，但关于这是何种版本却无从得知。1419 年（世宗 1）以后《性理大全》多次传入，此后，关于《家礼》之刊行的事项渐而明确起来。在朝鲜，《性理大全》在 1427 年、1531 年、1537 年、1644 年、1744 年多次刊行。不仅如此，1563 年和 1611 年将《性理大全》中的《家礼》部分（卷 18-卷 21）独立出来，刊行了 4 卷本的《家礼大全》。另外，《家礼》还于 1658 年（戊戌年）在三陟府、镜城府等地刊行。这一版本的特征在于以性理大全本、家礼大全本为依据，实现了从既存的 4 卷体制向 7 卷本体制的变形。[1]

之后朝鲜的《家礼》版本皆呈现为与戊戌年本相同的 7 卷本形态。1666 年（丙午年），咸镜监营中也刊行了 7 卷本的《家礼》。

---

[1] 随着 1518 年明代丘濬《家礼仪节》的传入，推动了在以 4 卷本为中心的情况下，7 卷本这一新版本的出现。张东宇：《〈朱子家礼〉的受容及普及过程——以东传版本为例》，《国学研》第 10 期，2010 年，第 194 页。

但此版本的栏头上记录了订正谬误及脱误字、明示校订事项的72个头注。这些头注比较、对照了当时所通用的诸版本，是反映沙溪金长生（1548-1631）、愚伏郑经世（1563-1633）等朝鲜学者的《家礼》研究而完成的。比较性理大全本和丙午年本，会发现在正文中修订的字句相当多。

1759年（英祖35），艺阁（校书馆）刊行了戊申字活字本《家礼》。比较这一版本与性理大全本，校订的部分也很多，其中关于正文的校勘事项总共标注为75个头注。戊申字本的头注虽然与前面的丙午年本不完全一致，但具有相当大的类似性和联系性。例如，关于相同项目即使添注了相同的校勘内容，但其标记方式也存在差异。丙午年本说道"上，他本作下，非"，明确标明了其他版本的错误，但戊申字本则说道"上，一作天"，并未明确标示。另外，在丙午年本中说道"四堂字，沙溪曰疑皆当作室"，明确标示了指出误字的学者，但戊申字本则说道"四堂字，并疑室"，未明确标示。虽然很难得知这些头注是经过何种过程插入的，但至少可以推断，戊申字本的头注是参考丙午年本而实现整顿、完善的。

另外，戊申字本《家礼》开头的《家礼图》末尾收录了明代丘濬、朝鲜金长生对《家礼图》的批判。这是丙午年本等既存版本中没有的新内容。丘濬曾在《家礼仪节》中积极反驳了《家礼》伪作说，并且提及了当时通用的《家礼》版本中所录之图的问题所在。他指出了《家礼》所附之图中与《家礼》正文之内容不符的6个部分，并论证道这些图并非朱熹所作，而是由后人所添加。在性理大全本《家礼》的《家礼图》中可以确认丘濬所指出的事项，所以可以推测丘濬将性理大全本《家礼》或其他类似版本视为问题所在。

在朝鲜，最初系统涉及此问题的是金长生。他在《家礼辑览》中引用了丘濬所指出的事项，继而在《家礼》正文和《家礼图》之间追加了15处不一致的内容。戊申字本《家礼》在《家礼图》后面收录了丘濬和金长生的言论，这有助于理解《家礼图》的问题。其内容如下：

> 丘文庄公《仪节》曰："文公《家礼》五卷而不闻有图，今本载于卷首，不言作者，而图注多不合于本书，今数其大者言之。《通礼》云'立祠堂'，而图以为家庙，一也。《深衣》缁冠冠梁包武而屈其末，图安梁于武之上，二也。本文黑履，而图下注用白，三也。《丧礼》陈袭衣不用质杀，而图陈之，四也。本文大敛无布绞之数，而图有之，五也。大敛无棺中结绞之文，而图下注则结于棺中，六也。或问：'图固非朱子作矣，何以祠堂章下有"主式见丧礼及前图"八字？'曰：'南雕旧本止云"主式见丧礼治葬章"，并无"见前图"三字，不知近本何据改"治葬章"三字为"见前图"也。由是推之，则图为后人赘入，昭然矣。'"○金文元公《辑览》曰："图之不合于本文，非但此也。《祠堂图》下子孙序立，与本文不相应，一也。《冠礼》公服、皂衫、深衣东领北上，而图西领南上，二也。栉、縰、掠置席左而图在右，三也。《昏礼》主人与壻无再拜之礼，而图有之，四也。《丧礼》陈小敛衣衾在东壁下，而图在北壁下，五也。袭含时尸南首，而图北首，六也。袭主人为位坐于床东奠北，而图次于东南，七也。小敛衣衾以卓子陈于堂东壁下，而图陈于北壁下，八

也。大敛绞布之数裂布为五条，而图十五条，九也。翣只二角，而图三角，十也。大轝横杠上施短杠，短杠上更加小杠，而图则小杠上更加小杠，十一也。祖姑、姑、姊妹出嫁，则皆降一等，而图降二等，十二也。妻为夫党，众子、嫡妇不杖期，而图并杖期，为夫堂姑、夫堂昆弟、夫从祖姑皆无服，而图并缌麻，十三也。本生父母为其子之为人后者，降服大功，而图为之不杖期，十四也。其他与本文不同处甚多，而至如主式图有‘大德’字，大德是成宗年号，则图非朱子所为，益明矣。”

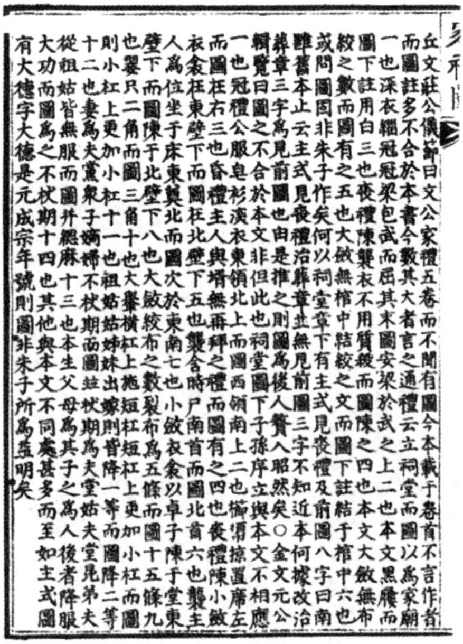
丘文莊公儀節曰文公家禮五卷而不聞有圖今本載于卷首不言作者
而圖註多不合於本書今數其大者言之通禮云立祠堂而圖以爲家廟
一也深衣緇冠冠梁包武而屈其末圖安梁於武之上二也本文黑履而
圖下註用白三也喪禮陳襲衣不用質殺而圖陳之四也本文大斂無布
絞之數而圖有之五也大斂無棺中結絞之文而圖下註結于棺中六也
或問圖固非朱子作矣何以祠堂章下有主式見喪禮及前圖八字曰南
雖舊本止云主式見喪禮治葬章並無見前圖三字不知近本何據改治
葬章三字爲見前圖也由是推之則圖爲後人贅入昭然矣○金文元公
輯覽曰圖之不合於本文非但此也祠堂圖下子孫序立與本文不相應
一也冠禮公服皂衫深衣東領北上而圖西領南上二也櫛靧掠置席左
而圖在右三也昏禮主人與壻無再拜之禮而圖有之四也喪禮陳小斂
衣衾在東壁下而圖在北壁下五也襲含時尸南首而圖北首六也襲主
人爲位坐于床東奠北而圖次於東南七也小斂衣衾以卓子陳于堂東
壁下而圖陳于北壁下八也大斂絞布之數裂布爲五條而圖十五條九
也翣只二角而圖三角十也大轝橫杠上施短杠短杠上更加小杠而圖
則小杠上更加小杠十一也祖姑姑姊妹出嫁則皆降一等而圖降二等
十二也妻爲夫黨衆子嫡婦不杖期而圖並杖期爲夫堂姑夫堂昆弟夫
從祖姑皆無服而圖幷緦麻十三也本生父母爲其子之爲人後者降服
大功而圖爲之不杖期十四也其他與本文不同處甚多而至如主式圖
有大德字大德是元成宗年號則圖非朱子所爲益明矣

图 1　戊申字本　家礼图辩

性理大全本《家礼》虽然是朝鲜《家礼》研究和实践的底本，但并非原封不动的承袭。性理大全本—家礼大全本—戊戌年本—丙午年本—戊申字本的版本发展，呈现了在体制和细节上的逐渐变化。这意味着随着朝鲜对《家礼》之理解的不断深化，在版本方面积极推进，试图实现性理大全本《家礼》的客观化并拓宽其界限。戊申字本便是这种努力的产物。

但可惜的是，戊申字本之后，朝鲜再未发现《家礼》正式刊行的记录。更遗憾的是，1917年全州七书房刊行的《家礼》丝毫没有反映戊申字本，完全承袭了性理大全本，并且其中包含了先前没有的许多误脱字。虽然很难发现戊申字本《家礼》的后续工作，并且后代未能继承其成果，但不可否认的是它是朝鲜《家礼研究》的决定版，是朝鲜化的《家礼》版本。

以下可对上文所言及的《家礼》版本的一部分进行考察。

图2　性理大全本（4卷）　　　　图3　家礼大全本（4卷）

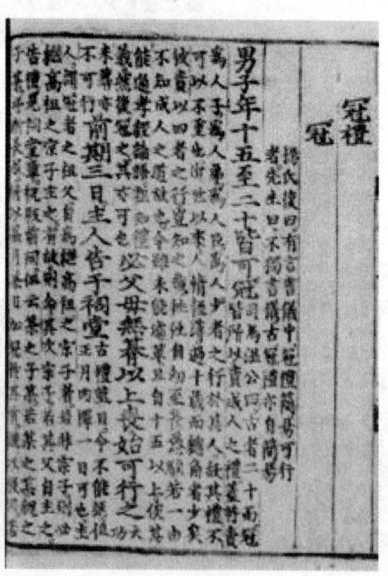

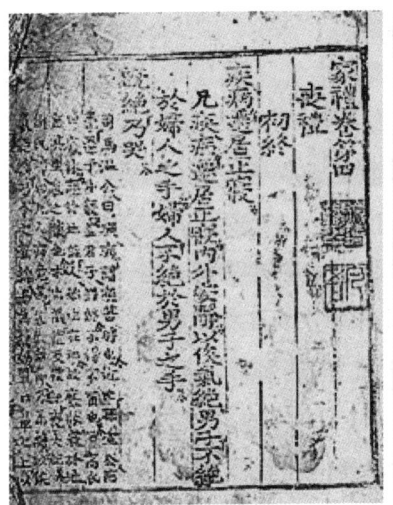

图4　戊戌年本（7卷）
1658（三陟府、镜城府）刊行

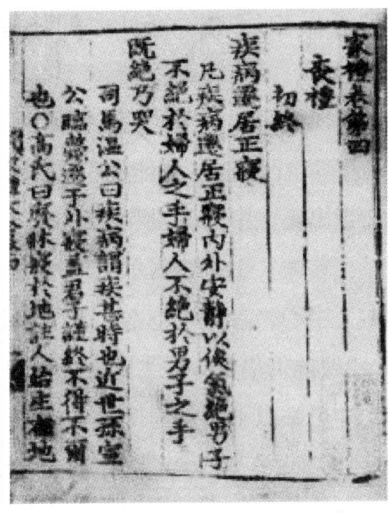

图5　丙午年本（7卷）
1666（咸镜监营）刊行

图6　戊申字本（7卷）
1759（艺阁）刊行

图7　七书房本（7卷）
1917（全州）刊行

三、戊申字本《家礼》的特征

戊申字本《家礼》的特征很明显地呈现于栏上的头注中。具体考察75个头注，大体上包含①比较多种版本，揭示了字句的差异②指出正文中的谬误和误脱字等内容。

首先，①虽然明示了作为比较对象的版本为何，但以性理大全本为中心，参照宋刻本、朱子成书本、戊戌年本、朝鲜经常活用的《性理群书集览补注》等，会发现相应的事项非常多。

可举以下事例为例：

《通礼》祠堂章"为四龛，以奉先世神主"，本注"主式见丧礼治葬章"。

【戊申字本头注】"治葬章"，一作"及前图"。

版本比较	宋刻本	朱子成书本	性理大全本	戊戌年本	性理群书集览补注
	治葬章	及前图	及前图	及前图	及前图

《通礼》祠堂章"正、至、朔、望，则参"，本注"立定，主人盥帨升"。

【戊申字本头注】"帨"，一作"洗"。

版本比较	宋刻本	朱子成书本	性理大全本	戊戌年本	性理群书集览补注
	帨	帨	帨	洗	帨

《丧礼》成服章"其服之制，一曰斩衰三年"，附注"共以八十缕为一升"。

【戊申字本头注】"共"，一作"其"。

版本比较	性理大全本	戊戌年本	性理群书集览补注
	其	其	其

②是通过与丙午年本的比较，以金长生、郑经世等先前时期学者的《家礼》研究为依据而完成的。实际上，在金长生的《家礼辑览》中，可以找到与头注中所指正的事项相关的议论。举例如下：

《通礼》祠堂章，附注"古人所以庙<u>面</u>东向坐者"。

【戊申字本头注】"庙面"之"面"，疑"皆"。

版本比较	丙午年本头注	"面"，沙溪曰："疑当作'皆'。"
	家礼辑览	退溪曰："'面'，恐当作'必'，或作'皆'。"

《丧礼》闻丧、奔丧章"<u>变</u>服"。

【戊申字本头注】"变"，疑"成"。

版本比较	丙午年本头注	沙溪曰："'变'，'成'字之误。"
	家礼辑览	按，"变"字，疑"成"字之误。又按，丘《仪》"次日变服，第四日成服"，当以是为据。

另外值得注意的是，头注还包含将《家礼》正文中从《书仪》《仪礼》疏等其他文献中引用的句节与原典进行比较、校勘的内容。[2]这显示了不仅对《家礼》本身，对可作为其渊源的文献也能够进行直接的检讨和理解。

这些校勘注释的完成能够判别出各种版本的不同部分中最迫切的部分，并且意味着已经确保了能够正确把握本文之问题点和特殊

---

2 《昏礼》亲迎章"初昏，婿盛服"，本注"世俗新婚<u>带</u>花胜"。【戊申字本头注】"带，《书仪》作'戴'"。《昏礼》亲迎章"就坐饮食毕，婿出"，附注"《仪礼》疏云'晢，谓<u>牢</u>瓢'"。【戊申字本头注】"牢，本疏作'半'"。

点的研究力量。因此可知，戊申字本以及作为其前阶段的丙午年本的出现是以当时朝鲜对《家礼》之内容以及与其相关的各种文献、制度、物器等的充分理解为基础，克服既存版本的局限，很好地展示了向比性理大全本更为完备的《家礼》底本发展的过程。

戊申字本《家礼》的头注可整体列举如下：

编次			《家礼》本文	戊申字本头注
1		行冠礼图	堂（图）	堂，恐室。
2	家礼图	本宗五服之图	（图）	从祖，当作再从。
3			（图）	祖姑嫁无，当作缌麻。
4			（图）	姑嫁小功，当作大功。
5			（图）	从姊妹嫁缌麻，当作小功。
6	家礼序		则又略浮文敦本实	敦，一作敷。
7			若祭礼祭始祖、先祖	先，一作初。
8	通礼	祠堂	古人所以庙面东向坐者	庙面之面，疑皆。
9			以后架作一长龛堂，以板隔截作四龛堂，堂置位牌，堂外用帘子	四堂字，并疑室。

续表

	编 次		《家礼》本文	戊申字本头注
10	通礼	祠堂	主式见丧礼治葬章	治葬章,一作及前图。
11			别子者,谓诸侯之弟,别于正適	于,一作为。
12			鲁季友乃桓公别子所自出	所自出,朱子曰衍文。
13			只是正排看正面	看,疑着。
14			大宗以下又不得而祀之也	以,一作而。
15			兄弟嫂、妻、妇,则祔于祖母之傍	于祖下,疑脱父字。
16			主人盥帨升	帨,一作洗。
17			莫亦只祭得四代	四代下,一有但四代三字。
18		深衣制度	交映垂之如燕尾状	映,一作脚。
19			复又取《礼記·深衣》篇熟读之	复,一作后。
20		司马氏居家杂仪	始教之谦让	教之下,一有必。
21	昏礼	亲迎	人何故不行	故,一作苦。
22			世俗新婚带花胜	带,书仪作戴。
23			以灼前导	以下,一有二字。
24			卺,谓牢瓢	牢,本疏作半。
25		妇见舅姑	妇既受礼	受,一作行。
26			俟舅饮毕,又拜	又拜之拜,疑升。

续表

	编	次	《家礼》本文	戊申字本头注
27		沐浴,袭,奠, 为位,饭含	妇人坐于帷外之西	外,一作内。
28		灵座,魂帛, 铭旌	五品以上八尺	上,一作下。
29		小敛袒,括发, 免,髽,奠,代哭	凡物束敛紧急	敛,一作练。
30			当去冠梳	梳,疑疏。
31		成服	此则衣身所用布之处与 裁之之法也	处,一作度。
32			共以八十缕为一升	共,一作其。
33			故一幅布凡三处屈之	屈,一作属。
34	丧礼		外屈于父	父,一作天。
35			嫁母为前夫之子从己者也	嫁母之母, 一作而。
36			为人后者为其父母报	报,一作服。
37			妻族二	二,一作一。
38		朝·夕哭、 奠、上食	不用金银钱饰	钱,疑镂。
39		闻丧,奔丧	又哭尽哀,问故	问故, 一在使者下。
40			变服	变,疑成。
41		治葬	帅执事者于所得地掘穴	穴,一作兆。
42			深葬有水	葬,一作皆。
43			岁久结而为全石	全,一作金。
44			树根遇炭皆横转去	横,一作生。
45			礼圹中用牲体之属	牲,一作生。
46			礼文之意大备	备,一作简。

续表

	编　　次		《家礼》本文	戊申字本头注
47	丧礼	治葬	犹有蚁子入去	有，一作自。
48			某官某公之墓	某官上，一有有宋二字。
49			母氏某封	母下，一有某字。
50			以木为匡	匡，一作筐
51		迁柩，朝祖，奠，赙，陈器，祖奠	则其礼无所施，然又不可全无节文	施下，一无然字。
52		及墓，下棺，祠后土，题木主，成坟	故某官某公讳某字某第几神主	故上，一有宋字。
53		虞祭	具馔如朝奠	朝，疑朔。
54			其设之叙如朝奠	朝，疑朔。
55		卒哭	同虞祭	虞祭，一作再虞
56			其衰无变	衰，一作哀。
57		祔	还奉新主	新，一作神。
58		大祥	未大祥间假以出谒者	假以之假，一作服。
59			妇人冠、梳	梳，疑疏。
60			当俟吉祭前一夕以荐告	吉，一作告。
61		禫	果能始卒一一合于古礼	古，一作曲。
62	祭礼	四时祭	设盥盆帨巾各二于阼阶下之东	盆，一作盘。
63			搢笏焚香	焚香下，疑脱再拜二字。
64			取高祖考盏	考，一作妣。

朝鲜本《家礼》之形成及其特征

续表

	编次	《家礼》本文	戊申字本头注
65	祭礼 / 初祖	具蔬果楪各六	具下,一无蔬字。
66	祭礼 / 初祖	具蔬果楪各六	楪下,一无各字。
67	祭礼 / 初祖	凡十二体	二,一作一。
68	祭礼 / 初祖	切肉一小盘	一,一作二。
69	祭礼 / 初祖	十二体实烹具中	二,一作一。
70	祭礼 / 先祖	大盘六,小盘六	上六,一作四。
71	祭礼 / 先祖	盘、盏各二	二,疑一。
72	祭礼 / 先祖	瘗毛血	瘗,疑进。
73	祭礼 / 先祖	当中少退立	少下,一无退字。
74	祭礼 / 墓祭	则寒食在家亦可祀祭	祀,一作祠。
75	祭礼 / 墓祭	士女遍满	女,一作友。

四、结论

在朝鲜,性理大全本《家礼》是《家礼》研究与实践的底本。朝鲜时代关于《家礼》的多达 485 种(包括失传的 184 种)的研究书可谓皆是以性理大全本为依据的。但就《家礼》版本的刊行过程来看,对性理大全本《家礼》的继承并非原封不动的承袭。首先,《家礼》从《性理大全》中独立出来;之后在编章体制上又从 4 卷变为 7 卷;对于正文的字句,对各个版本进行比较,将指出的问题或修订的内容记录于头注之中。1759 年刊行的戊申字本《家礼》

很好地反映了这一过程。另外,戊申字本收录了丘濬和金长生的言说,即他们指出了性理大全本中最成问题的部分之一——《家礼图》的末尾部分中的图与正文内容不符的部分,这有助于对性理大全本的客观理解。

  戊申字本《家礼》,尤其是栏上的头注以丙午年本为依据,是对其的进一步发展。75个头注显示,《家礼》研究力量已十分成熟,能够从整体上探讨各种版本,正确地指出并校订各种细节问题。即,戊申字本是《家礼》研究成果的积累与克服性理大全本的问题意识交叉的产物,是朝鲜《家礼》研究的决定版,是朝鲜化的《家礼》版本。因此,对于朝鲜时期《家礼》的探究,离不开戊申字本《家礼》。另外,通过对戊申字本头注的详细分析和与中国、日本的《家礼》版本比较,能够提供有效地展示东亚《家礼》研究的各种样象与个性提供很好的资料。

朝鲜中期对《家礼》的考证及补正：
以《家礼辑览》为中心

［韩］韩在壎（延世大学）

一、绪论

朝鲜在学术上对《家礼》的关注，始于朝鲜前期。但直到朝鲜中期，对《家礼》的研究无论从质还是从量的角度，都取得了令人刮目相看的成就。[1] 朝鲜的《家礼》研究经历了如下几个阶段。首先，至16世纪初，朝鲜试图建立以祭礼和丧礼为中心的行礼标准，在此过程中为正确理解《家礼》而对其展开了讲读和讨论；其次，到16世纪中叶，主要是援引三礼书等资料对《家礼》进行考证；最后，16世纪末，则进入对《家礼》的不完善之处进行补充和修改的阶段。

《家礼辑览》是朝鲜截至16世纪末《家礼》研究的成果，本文将以《家礼辑览》为中心展开论述。之所以将其作为考察对象，是因为其成书于17世纪初，从编著的时期来看，它是对既有研究成

---

[1] 张东宇：《通过〈家礼的注释书〉来看朝鲜礼学的进展过程》，《东洋哲学》34，韩国东洋哲学会，2010年，第241页。

果的体现;从内容来看,其将整部《家礼》作为对象进行考证和补充。本文还将《家礼辑览》与同时代著录的其他《家礼》研究书进行比较。笔者首先将《家礼辑览》与同时代的《家礼》研究书——《家礼考证》进行比较;之后,将通过《家礼辑览》与中国的《家礼会成》的比较,探究《家礼辑览》作为《家礼》研究书的特征和意义。

二、《家礼辑览》的特征(1):与《家礼考证》相比较

岭南学派的《家礼考证》和畿湖学派的《家礼辑览》,是朝鲜中期《家礼》研究书的代表。沙溪金长生(1548-1631)编著的《家礼辑览》,由其子慎独斋金集(1574-1656)及其弟子尤庵宋时烈(1607-1689)等人于1685年刊行,但据说此书的草稿完成于1599年。[2] 芝山曹好益(1545-1609)编纂的《家礼考证》,由其弟子潜谷金堉(1580-1658)于1635年刊行,但曹好益离世前一直在编写此书。[3]

《家礼考证》与《家礼辑览》,在时间相近的16世纪末和17世纪初,被岭南学派和畿湖学派分别编纂而成,这是朝鲜16世纪正式开始《家礼》研究以来,在考证阶段取得的成果。这一成果,也成为之后朝鲜时代《家礼》研究最终版著作——市南俞棨(1607-

---

[2]《韩国礼学丛书》5,《家礼辑览》解题参考。
[3]《芝山集》附录卷一,《年谱》:"万历十五年丁亥【先生四十三岁】读《家礼》,考证疑义。【标识于逐条板头,以备观省,后手授门人金堉。】……万历三十七年【光海元年】己酉【先生六十五岁】○著《家礼考证》。"

1664)的《家礼源流》、东岩柳长源(1724-1796)的《常变通考》以及镜湖李宜朝(1727-1805)的《家礼增解》得以成书的坚实基础。

但遗憾的是,《家礼考证》是一部未完成之作。根据曹好益的弟子金堉所作《家礼考证序》,曹好益完成了对冠礼、昏礼及丧礼部分内容的考证,但并未完成丧礼中自成服至祭礼的考证。[4] 不过有证言称,其弟子金堉收藏了曹好益批点的《家礼》,并以此本为基础对《家礼考证》进行补充完善后付梓刊印。[5]

尽管《家礼考证》是未完成之书,但是同《家礼辑览》一样,它也将《家礼》的本文、本注以及附注等全部内容作为研究对象,还摘录出有疑问的条目作为标题,进行考证。[6] 仅看《家礼考证》中曹好益所编部分便可发现,其与《家礼辑览》均可称为朝鲜中期《家礼》研究的里程碑。

首先,这两部书均为更清楚地理解《家礼》的难点而撰写。这充分体现在金长生弟子宋时烈撰写的《家礼辑览序》和曹好益弟子金堉撰写的《家礼考证序》中。宋时烈在《家礼辑览序》中对《家礼辑览》撰写的背景及内容进行了如下的论述。

---

[4]《芝山集》附录卷一,《年谱》:"万历三十七年【光海元年】己酉【先生六十五岁】○著《家礼考证》,未及成书。【丧礼成服以下至祭礼,未及编成。后门人取先生手授金堉《家礼》册子板头标识,辑录续成。】"

[5]《潜谷集》卷九,《家礼考证序》:"但冠昏之礼,则先生之所以考证者,皆为已成之书,而丧礼自成服以下至于祭礼,则皆未及编摩。余所藏《家礼》一册,乃先生亲自批点者也。考出诸书,或书诸册端,或记于别纸,皆先生手笔,盖欲辑成书而未及为也,同门诸友取此册中所录,续之于下,略而未备,诚可惜也。"

[6] 张东宇:《通过〈家礼的注释书〉来看朝鲜礼学的进展过》,第251页。

> 又以为《家礼》之书出于草创亡失之余,而其仪度名物之际,读者犹有病焉者,遂逐条解释,辨别其章句,填补其阙略,讹者正之,疑者阙之。既成名以《家礼辑览》,又为图说一编,置在卷首。(《宋子大全》卷一三九,《家礼辑览后序》)

据宋时烈所说,《家礼辑览》为阐明《家礼》中仪度、名物等难以理解的内容而编。之前朝鲜一直以理解《家礼》为目的,《家礼辑览》正体现了对这一目的意识的接受。特别值得注意的是,相比于之前的研究,《家礼辑览》的目的性更进了一步,即"填补其阙略,讹者正之,疑者阙之"。他从正确理解《家礼》的层面更进一步,试图对《家礼》的内容进行修改和完善。

在金埠所作《家礼考证序》中,也对《家礼考证》的编纂目的进行了如下说明。

> 于礼学,著功尤切,遂就此书,探索幽隐。凡文字之难解者,事物之难究者,考其出处而明之,多引经史而证之,间亦附以己意。(《潜谷集》卷九,《家礼考证序》)

由引文可知,《家礼考证》的编纂目的与《家礼辑览》一致,均是为解释《家礼》中难以理解的文字或难以考证的事物。但是二者的差别在于,《家礼辑览》中并没有体现对《家礼》补充修改的目的。虽然金埠在同一篇文章中提及了《家礼》的不完整性,[7]但并

---

7 《潜谷集》卷九,《家礼考证序》:"天不假年,使《考证》一篇与《家礼》俱为未成之书,哲人其萎之痛,与天地无终极矣。"

未产生补充修改《家礼考证》的问题意识。

《家礼考证》延续之前的《家礼》研究，引证更为丰富的资料，对《家礼》中的文字及事物进行正确的解释。而事实上，从考证的角度，难以分辨《家礼辑览》和《家礼考证》的优劣。当然，与《家礼考证》相比，《家礼辑览》考证的项目更多，但对于同一项目的考证，二者有详略之别。例如，对于《家礼序》当中出现的"贫窭"一词，《家礼辑览》比《家礼考证》考证得更加详细；而对于"易簀"一词，《家礼考证》考证得更为详尽。

表1 《家礼辑览》与《家礼考证》之比较

	贫 窭	易 簀
《家礼辑览》	《韵会》："窭，郡羽切。"○孔氏曰："窭，谓无财可以为礼；贫，谓无财可以自给。"《尔雅》："贫窭通也。"	见《礼记·檀弓》。
《家礼考证》	孔氏曰："窭，谓无财可以为礼。"	见《礼记·檀弓》篇："曾子寝疾，病。乐正子春坐于床下，曾元、曾申坐于足，童子隅坐而执烛。童子曰：'华而睆，大夫之簀与?'子春曰：'止。'曾子闻之，瞿然曰'呼!'曰：'华而睆，大夫之簀与?'曾子曰：'然。斯季孙之赐也，我未之能易也。元，起易簀。'曾元曰：'夫子之病革矣，不可以变。幸而至于朝，请敬易之。'曾子曰：'尔之爱我也不如彼。君子之爱人也以德，细人之爱人也以姑息。吾何求哉?吾得正而毙焉，斯已矣。'举扶而易之，反席未安而没。"注："华者，画饰之美好。睆者，节目之平莹。簀，笪也。瞿，惊貌。呼，嘘气之声。彼，童子也。童子知礼，以为曾子未尝为大夫，故言。"朱子曰："季孙之赐，曾子之受，皆为非礼。或者因仍习俗，尝有是事，而未能正耳。但及其疾病，不可以变之时，一闻人言，而必举扶以易之，则非大贤不能矣。"

从补充和修改的角度来看，二者有着明显的差异。这种差异体现在二者对《家礼图》的处理方式上。除了琼山丘濬（1421-1495）在《家礼仪节》中提到的《家礼图》存在六大问题之外，《家礼辑览》还补充了《家礼图》与《家礼》本文不相符的十三处问题，显示出对《家礼》完整性的高度关注。与此相反，《家礼考证》并未对《家礼图》进行考证。但是在《通礼》"祠堂"部分，《家礼考证》对《家礼》中未收录的"寝庙、正庙图"以及"朱子家庙五架之图"进行了考察，但这与《家礼图》无关。虽说书中也辑入了"祠堂三间之图""祠堂一间之图"及"大宗小宗之图"，但这仅是照搬《家礼仪节》的内容，并未从考证的角度进行研究。

除此之外，于与《家礼考证》相比，《家礼辑览》引用礼书及学者的范围更为广泛。《家礼考证》在考证中只引用了中国学者的观点，而《家礼辑览》还大量引用了朝鲜学者的观点。不仅如此，《家礼考证》仅参考了《家礼仪节》这一部《家礼》之后的相关研究类著作，而《家礼辑览》除《家礼仪节》之外，还大量引用了《家礼集说》《家礼会成》《性理群书集览》《性理群书集览补注》等著述。

朝鲜中期对《家礼》的研究，首先是将《家礼》作为行礼的指南，之后进入对《家礼》的全面理解阶段，再转为进入考证阶段，这是自16世纪后半期至17世纪前半期的研究倾向。《家礼辑览》和《家礼考证》正是这一时期的研究成果。但是《家礼辑览》比这些成果更进一步，将补充修改《家礼》的问题意识导入《家礼》研究之中，这对打开《家礼》研究的新篇章具有十分重大的意义。

三、《家礼辑览》的特征（2）：与《家礼会成》相比较

在朝鲜正式开展《家礼》研究，产出《家礼辑览》等成果的同时，中国也有多种《家礼》的相关研究书问世。如，1557年（丁巳年）魏堂编著的《家礼会成》，及时隔不久由杨九经撰写的《家礼正衡》。中国出现的《家礼》相关研究书中，《家礼会成》的成书时间与《家礼辑览》最为接近，因此笔者将对二者进行比较，通过比较来探究《家礼辑览》的特征。

《家礼会成》完全以《家礼仪节》为基础编纂完成，这是其最突出的特征。魏堂在弱冠之年立志于礼学，不过他当时阅读的并非《家礼》，而是《家礼仪节》。关于这一点，他在序言中写道："余方弱冠时，即有志于礼学，见一二居丧者，仪文度数似未合礼，乃取《家礼仪节》，而细绎之，因窃叹曰：'文庄公此书传播已久，而人犹贸贸焉者，良以但观其本文之叙陈，而未察诸注之意义也。'"[8]由此可推断，魏堂通过《家礼仪节》来接触《家礼》的可能性极大。《家礼会成》中，将《家礼仪节序》置于前，而之后才有《文公家礼序》，也可印证上述推断。事实上，《文公家礼序》并非《家礼》序文，而是丘濬所注的《家礼仪节》的序文，这更有力地支撑了上述推论。

此外，通过《家礼会成》中何鳌（1497-1559）及黄九皋（？-1565）所作序文，也可证明以上论断。何鳌、黄九皋二人均认为，《家礼会成》对《家礼仪节》中不完善的部分进行了补充和修改，

---

[8]《家礼会成·文公家礼会成序》（魏堂）。

他们认为这正是该书的意义。[9]这说明《家礼会成》非为《家礼》，而是为了补充修改《家礼仪节》存在的问题而撰写的。这一特征告诉我们，《家礼会成》的编纂，与《家礼辑览》考证和补充修改《家礼》的问题意识存在着根本的差异。

《家礼会成》与《家礼辑览》这一差异，也完全体现在两书对《家礼》中"图"的考察方式上。由下表中"祠堂图"的相关内容，可见二者的差别。

表2 《家礼》"祠堂图"关联比较

书名	位置	内容
《家礼·图》	卷首	家庙之图-祠堂之图-深衣前图……-大宗小宗图
《家礼仪节·通礼图》	《通礼》后	大宗小宗图-祠堂三间之图-祠堂一间之图-祠堂时节陈设之图-家众叙立之图-义门郑氏祠堂位次之图-五世并列之图-祭四世之图
《家礼会成·通礼图》	《通礼》后	大宗小宗图-祠堂三间之图-祠堂一间之图-祠堂时节陈设之图-家众叙立之图
（附录）《家礼辑览·图说》	《通礼》后	祠堂全图-立祠堂厅事东之图-丧礼备要、祠堂图（祠堂全图-立祠堂厅事东之图）-大宗小宗图-正至朔日俗节出主椟前家众叙立之图-望日不出主图-男女盛服图-祭器图-叉手图-祇揖图-展拜图-揖礼图、拜礼图-中指中节为寸图-深衣前图

9《家礼会成·文公家礼会成序》（何鳌）："于是王源为之《易览》，冯善为之《集说》，然皆琐鄙繁杂，有偏驳之私，而鲜融会之识，本欲发明《家礼》，而不知其为《家礼》之戾多矣。善乎，琼山丘氏之《仪节》也。发所未发，备所未备，而《家礼》为之复明。第旧习犹有所沿，而证释或有未能尽者，君子不能以无议焉。及观魏君斯作，则又广览载籍，博游才艺，补阙订疑，守经达权，纤钜该贯，古今折衷，人情不违，土俗是宜，俾薄海内外咸诵其书，而不能一日违焉者矣。"《家礼会成·文公家礼会成序》（黄九皋）："丘文庄公《家礼仪节》所以申明晦翁崇化道民之意，传播海宇，作式后学。笃古之家世能守之，而是古非今之士多有不能遵者，盖苦于持礼之难，而未会诸注之义也。……《仪节》止摘其要旨，而未及援注以证作。岷山魏侯宰萧之暇，折《家礼》之文，以诸注及经传之发明礼教者，缀于逐条之下，仍以己见及仪注附之，名曰《家礼会成》。"

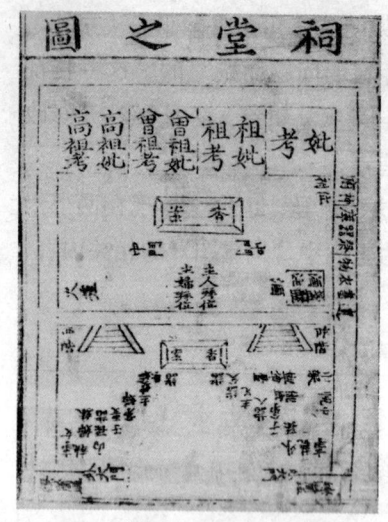

图1 《家礼》的"祠堂之图"

由表2可知，不仅《家礼仪节》与《家礼会成》均将《祠堂图》置于《通礼》之后，而且从"大宗小宗图"至"家众叙立之图"，其内容也完全相同。《家礼仪节》将原本放置在"家礼图"最后的"大宗小宗图"调整到了最前面。关于为何如此做，该书归结为"《家礼》大义所系也"。[10] 不仅如此，《家礼仪节》中"大宗小宗图"内容的排列顺序也由《家礼》中的诸侯—别子—高祖—曾祖—祖—祢改为了始祖—高祖—曾祖—祖—祢。另外，原在《家礼》中的"家庙图"，在《家礼仪节》中因为如下三点原因被删除。第一，在《家礼》《通礼》中仅有"祠堂"，没有"家庙"；第二，过去的庙制并非出自经典；第三，在庶人之家无法设置家庙。[11]《家礼会成》不仅全部照搬了丘濬之说，《通礼图》的构成也完全参照了《家礼仪节》。[12]

---

[10]《家礼仪节·通礼图》："旧以家庙祠堂为首，而大小宗图在主式之后，今首宗法者，《家礼》大义所系也"。
[11]《家礼仪节·通礼图》："除去家庙图者，以通礼止有祠堂而无家庙，况朱子明言古之庙制不见于经，且今士庶人之家亦有不得立者。"
[12]《家礼仪节》收录了从"义门郑氏祠堂位次之图"到"祭四世之图"，而《家礼会成》未将这些图放入"通礼图"中，这似乎体现了二者的区别。但是《家礼会成·通礼》部分的"祭四代"和"祠堂祭始祖之非"，体现了《家礼仪节》"通礼图"的内容，因此可以说《家礼会成》并未完全脱离《家礼仪节》。

视域交汇中的经学与家礼学

祠堂中自高祖、高祖妣至考、妣的四代神主分布图，更充分说明了与《家礼》相比，《家礼会成》更多地参考了《家礼仪节》。《家礼》中的"祠堂之图"，是按照高祖、高祖妣—曾祖、曾祖妣—祖、祖妣—考、妣这种"以西为上"的原则分布的。《家礼仪节》中的"祠堂三间之图""祠堂一间之图""祠堂时节陈设之图""家众叙立之图"采取了与《家礼》相同的形式，但是"义门郑氏祠堂位次之图""五世并列之图""祭四世之图"却采取了完全不同的形式。（参考下方表3）

表3 《家礼仪节》祠堂位次图

义门郑氏祠堂位次之图	考	祖考	曾祖考	高祖考	四世祖考	四世祖妣	高祖妣	曾祖妣	祖妣	妣
五世并列之图	妣显：显考		曾祖妣：曾祖考		始祖妣：始祖考		高祖妣：高祖考		祖妣：祖考	
祭四世之图	妣显：显考		曾祖妣：曾祖考			高祖妣：高祖考			祖妣：祖考	

首先，在"义门郑氏祠堂位次之图"中，四世祖考置于中央的右侧，四世祖妣则位于中央的左侧。以此为标准，高、曾、祖考在四世祖考的右侧，高、曾、祖妣则在四世祖妣的左侧，按照顺序依次排列。《家礼仪节》对这一位次图进行了说明，并指出若按照"以西为上"的标准会出现问题。以中央为基准，祖考侧位于右侧[西]，祖妣侧位于左侧[东]，此位次图完全按照"以西为上"的

原则。但是若仅看祖考侧，会发现左侧［东］为上，这与"以西为上"的原则并不相符。

其次，比较"五世并列之图"与"义门郑氏祠堂位次之图"，会发现几点区别。首先，未放置四世祖考妣，而放置了始祖考妣；其次，未对祖考侧及祖妣侧进行划分，而是将各代考妣一同供奉；最后，以中央的始祖考妣为基准，按照中→左1→右1→左2→右2的顺序排列。这些差异可以解决"义门郑氏祠堂位次之图"的问题。但是，《家礼仪节》中"五世并列之图"也存在几个问题。首先，有批判指出四代奉祀已有所僭越，更不可能供奉始祖；第二，若按照这种位次举行祭祀，就会出现祖父［高祖考］与孙妇［祖妣］位次并列的嫌疑。

因此，《家礼仪节》提出了"祭四世之图"。值得注意的是，这一位次图删除了"五世并列之图"中的始祖考妣。同时，丘濬还提出了如下折中方案。

> 国初用行唐县知县胡秉中言，许庶人祭三代，以曾祖居中，而祖左祢右。今拟士大夫家祭四代者，亦合如时制。列龛祠堂，板以限隔，则无翁妇相近之嫌。若夫出主以祭于寝，则依《家礼》以右为上之制，庶几礼俗相得云。（《家礼仪节·通礼图》"祭四世之图"）

丘濬提出的折中方案是指依照建国初期的时制，在祠堂供奉神主之时，按照"祭四世之图"中中左［高］→中右［曾］→左［祖］→右［考］的顺序排位；而在陵寝祭祀之时，则按照《家礼》

"以西为上"的方式。那么《家礼仪节》的祠堂图中神主［龛］应该按照中左［高］→中右［曾］→左［祖］→右［考］的顺序排列，但是在现存的朝鲜本《家礼仪节》中，"祠堂三间之图"与"祠堂一间之图"均采取了"以西为上"的形式。

有趣的是，《家礼会成》中的"祠堂三间之图"及"祠堂一间之图"中神主［龛］的排位，均按照中左［高］→中右［曾］→左［祖］→右［考］的顺序。这令人不得不怀疑，《家礼仪节》最初或许采取了与《家礼会成》相同的形式。《家礼会成》中有许多证据，可以印证这种合理的怀疑。首先，《家礼会成》的"列主位次"条中，对中左［高］→中右［曾］→左［祖］→右［考］的形式进行说明之后，将《大明会典》"祠堂图"及《家礼仪节》"祭四世之图"后所附丘濬的折中方案作为根据被提出来。之后，又将批判"以西为上"的内容附于标题"列主以西为上之非"之下。此处所引侯氏语如下：

> 朱子明谓非古礼，特以其时宋太庙皆然，尝欲献议而未果，《家礼》之作，姑从时制。至我圣祖，太庙之制出自独断，不沿于旧，可谓酌古准今，得人心之安者矣。（《家礼会成·通礼》"列主以西为上之非"）

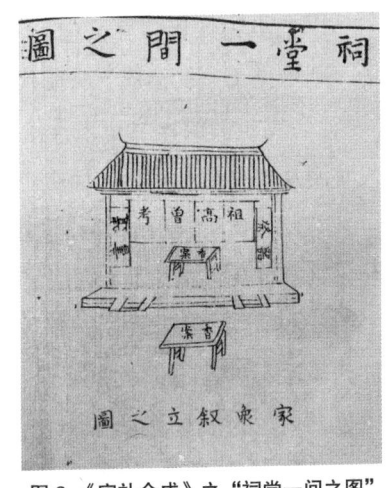

图2 《家礼会成》之"祠堂一间之图"

以上虽为侯氏主张，但若认为《家礼会成》与侯氏持相同立场，则可见《家礼会成》将明代时制设定为十分重要的标准。虽然《家礼会成》借侯氏之口来推崇朱子，但是《家礼仪节》在折中明代时制及《家礼》内容方面更进一步，其比《家礼》更强调时制。

与此相比，《家礼辑览》则更忠实于《家礼》原著。当然，《家礼辑览》也在《家礼辑览图说》中删除了"家庙之图"，将"大宗小宗图"调整到"祠堂图"之后，并未完全依照《家礼》的体制。这种调整证明了其同时也受到了《家礼仪节》较大影响。但是《家礼辑览》撰写的根本目的，是为完全忠实地理解《家礼》内容，并通过各种资料来丰富这种理解。正因如此，同《家礼仪节》和《家礼会成》一样，《家礼辑览》最初也并未将关注的焦点集中在神主的位次问题上，而是原封不动地沿袭了《家礼》的规制。《家礼辑览》所关注的是，如何正确地遵行《家礼》内容。这一点体现在，《家礼辑览》为一些较为细小、琐碎的条目附加上如"男女盛服图"及"祭器图"，甚至"叉手图、祇揖图、展拜图、揖礼图、拜礼图"等作为参考图，而这些图在《家礼仪节》或《家礼会成》中均未见。

联系《家礼》的祠堂图，"祠堂全图"正体现了《家礼辑览》的特征。根据祠堂敷地的宽窄，来决定祠堂建三间还是一间，若这是《家礼仪节》和《家礼会成》所关注问题，那么《家礼辑览》关注的则是祠堂，特别是屋顶的结构。《家礼辑览》之所以如此，是因为现实中在祠堂行礼时，这些会成为十分重要的问题。《家礼》本注中写道："以屋覆之，令可容家众叙立。"[13]《家礼辑览》将"令

---

[13]《家礼·通礼》"君子将营宫室……"，附注："阶下随地广狭，以屋覆之，令可容家众叙立。"

可容家众叙立"解释为，在祠堂行礼时要避开雨水及阳光。之后这种观点演变为，供奉神主和举行祭祀的祠堂应与家众祭祀时叙立空间的屋顶连接起来。《家礼辑览》还认为"两阶之间又设香卓"，即使以《家礼》其他本注的内容作为参考，也是合理的。完全理解《家礼》内容之后，又考虑到实际行礼状况等因素，《家礼辑览》提出了丁字阁形态的祠堂。[14]

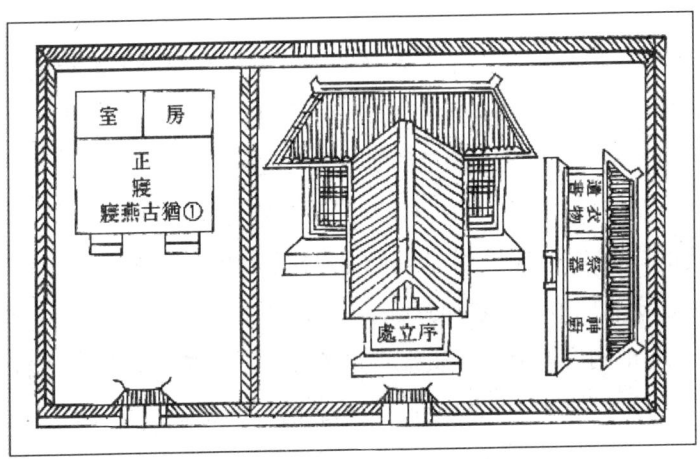

图3 《家礼辑览》的"祠堂全图"

《家礼辑览》提出的丁字阁形态祠堂，是否是《家礼》所设想的祠堂，我们无法得知。但是这种提案至少证明了《家礼辑览》突破了忠实理解《家礼》内容的被动层次，为构建内容的完整性而提

14《家礼辑览·家礼辑览图说·祠堂全图》："按，本注'阶下随地广狭，以屋覆之'，其制不可得以详也。姑以本注推之，其以屋覆之者，乃家众序立之际，欲蔽雨旸也。然则其制当与祠堂前檐相接，今陵寝丁字阁亦其制也。其下'四龛'注'两阶之间，又设香卓'，然则香卓岂可设于雨旸之下乎？"

朝鲜中期对《家礼》的考证及补正：以《家礼辑览》为中心

出能动性方案,从而达到了一个更高的层次。另外,《家礼辑览》研究《家礼》的倾向,与同时期成书的《家礼会成》完全不同。《家礼会成》非以《家礼》,而是以《家礼仪节》为基础,积极地接受明代的时制。

四、结论

　　《家礼辑览》是朝鲜截至16世纪《家礼》研究所取得的实质性成果,也为17世纪之后的《家礼》研究指明了方向。因为,《家礼辑览》不仅通过充分的考证使读者对《家礼》的理解更加清楚准确,还从完善《家礼》内容、修订误谬的新角度,提出了《家礼》研究的新模式。与同时代的其他《家礼》研究书相比,《家礼辑览》的特征更为明显。虽然朝鲜成书于同时代的《家礼考证》,从考证《家礼》的角度取得了可以比肩《家礼辑览》的成就,但未能到达补充修改的阶段。而同时期中国编著的《家礼会成》,不仅为《家礼仪节》的羽翼,还积极地受容明代的制度。但由此看见,该书作为《家礼》研究书,有其局限性。与之相比,《家礼辑览》则完全以《家礼》为中心,对其进行考证和补充修改,可谓是《家礼》研究的典范。从特征和意义两个角度综合来看,可以说《家礼辑览》是当时最高水平的《家礼》研究书。

朝鲜后期《四礼》的典型：以《四礼便览》为主

[韩]金允贞（韩国学中央研究院）

一、序文

《四礼便览》是以适合18世纪朝鲜的《家礼》的实践为目的编撰的行礼书。作者陶庵李縡（1680-1746）是位有名望的老论派学者，因此他的礼书所具有的学术地位和影响力也得到了强调。《四礼便览》作为朝鲜具有代表性的礼书，被视为传统冠婚丧祭的典型。该书作为研究朝鲜的冠昏丧祭的必需资料，一直被广泛应用于分析朝鲜时代仪礼的实际情况。[1]

相较于《四礼便览》的这种名声，对礼书本身的性质和意义缺乏研究。人们一般认为《四礼便览》重视实用性，但也有人指出，该书是不顾现实、只强调礼之原则的老论派礼书。[2] 对《四礼便览》的具体研究，主要通过分析作者的见解，即136个"按语"来进

---

[1] 张哲秀：《中国仪礼对韩国仪礼生活起到的影响——以〈朱子家礼〉和〈四礼便览〉的丧礼为中心》，《韩国文化人类学》6，1973年；崔在锡：《朝鲜时代的有服亲——经国大典和四礼便览的比较分析》，《史学研究》36，1983年；李吉杓，《〈朱子家礼〉和〈四礼便览〉中出现的祭礼文献的比较考察》，《生活文化研究》15，2001年。

[2] 李承妍：《朝鲜朝礼学史中〈四礼便览〉的地位》，《东洋礼学》3，1999年。

行,并以《四礼便览》的校订过程为中心,扩展到了对其性质和地位的研究。[3] 最近,在有关朝鲜时代《家礼》的研究潮流中,有一些研究认可《四礼便览》为提高实践可能性而删改《家礼》规程的做法是有意义的变化。[4]

本文将以《四礼便览》的构成和礼说(有关礼仪的学说或见解)为中心,考察《四礼便览》作为行礼书的意义。首先,本文注意到《四礼便览》为了实用性的最大化而设计了精巧而层次分明的结构。《四礼便览》系统地调整字的大小和安排,一目了然地整理了顺序,并通过扩充细分的各种诸具和文书格式,提供了行礼所需的具体知识。第二,本文注意到《四礼便览》以实用性为主,修整和补充完善了《家礼》,并为行礼提供了明确的标准。作者基于礼学方面的判断,研究各种礼说,并加以选择,进而确立了《四礼便览》的定说。其意义在于,该书成为实践《家礼》的新指南,也成为当时朝鲜礼学的发展方向。

二、《四礼便览》对《家礼》的重组

1. 四礼体制的确立

从《四礼便览》的书名可以看出,此书是为了方便应用冠昏丧祭的仪礼而写的礼书。认为朱子未完成《家礼》的认识,促使人们

---

[3] 金允贞:《18世纪礼学研究——以洛论的礼学为中心》,汉阳大学博士学位论文,2011年;金允贞:《白水杨应秀的〈四礼便览辩疑〉研究》,《奎章阁》44,2014年。
[4] 张东宇:《通过行礼书看朝鲜后期家礼研究的特点和意义——以〈四礼便览〉和〈家礼辑要〉为中心》,《国学研究》36,2018年。

去编写各种形态的礼书以完善《家礼》。在朝鲜,《丧礼备要》成为以《家礼》为中心,参考古礼和先儒说,提高《家礼》的实践可能性的行礼书的标准。《四礼便览》按照《丧礼备要》的编纂方式,整理和完善了冠礼、昏礼的仪节。至于丧礼和祭礼,《丧礼备要》进行了重新整理,但《四书便览》仍在书中尝试修整和补充不足之处。[5]

《四礼便览》就是这样逐渐完善为冠昏丧祭四礼的行礼书。17世纪金长生(沙溪,1548-1631)的《家礼辑览》表明《家礼》注释书形态的四礼书已达到礼学的高度。相反,行礼书仍然以丧祭礼书形态的《丧礼备要》为主。此后李惟泰(草庐,1607-1684)的《四礼笏记》(1668)和朴世采(南溪,1631-1695)的《三礼仪》(1689)等书陆续面世,出现了包括冠礼和昏礼的行礼书。18世纪中叶,郑重器(梅山,1685-1757)写成《家礼辑要》(1752)和《四礼便览》。《四礼便览》批判不严格遵循冠礼和亲迎(昏礼)的时俗,说明当时的朝鲜需要一部有关冠礼、昏礼的行礼书。[6]

《四礼便览》作为行礼书的地位,从其超出《家礼》体制的新结构就能看出来。《四礼便览》以《家礼》为主,但使用"四礼便览"这个名称,强调以冠昏丧祭四礼为主。《家礼·通礼》中"祠堂"被挪到《祭礼》的开头部分,"深衣制度"被挪到《冠礼》"陈

---

[5]《四礼便览·四礼便览凡例》:"一,古今礼书详略不同,太详者失于烦,太略者伤于简。惟家礼,则是朱夫子酌古通今之制,固当一一遵奉,然其节目之间,或不无疏略处,先儒多以未成书为言。故沙溪先生于丧祭礼,祖述家礼,参证诸说,作为备要之书。然其为书,犹有所未尽备者,今一依其例,以朱夫子本文为主,参之以古礼,订之以先儒说,以补其阙略,而又添入冠昏二仪,合为一书。盖为其便于考览,以作巾衍之藏而已。"

[6]《四礼便览》卷一《冠礼》:"按,……盖四礼之中,冠礼最为简易,而今人尠有行之者,诚可叹也。"《四礼便览》卷二《昏礼》:"按,古者昏必亲迎,今世行之者绝少,盖礼废教弛而然也。"

"冠服"的诸具部分,完善了原先缺少《通礼》的四礼体制。而且删除不直接关系到四礼实践的"居家杂仪"和"居丧杂仪",未收录朱子表示已不实行的《祭礼》中的"初祖"和"先祖"部分。作者还查找其他书籍,补充了《家礼》中的疏漏,删除了因时宜的差异而难以实行的部分。为了查阅方便,还把繁杂的内容去掉,改换了顺序。[7]

对于《家礼》的条目也做了调整。《冠礼》中"笄礼"被处理为"附",《昏礼》中"亲迎"之后的"妇见舅姑""庙见""婿见妇之父母"等条目被删去,只收录了本文内容。《丧礼》的条目则折中了《家礼》和《丧礼备要》的条目。《家礼》的"灵座、魂魄、铭旌""朝夕哭奠上食"等,则去掉条目,只收录了内容。《家礼》中"吊、奠、赙"简略地改为"吊","迁柩、朝祖、奠、赙、陈器、祖奠"被缩减为"迁柩"。《丧礼备要》的条目也有这样的变化,但条目的选定有所差异。按照《丧礼备要》添附了"吉祭"和"改葬"。参表1。

这样的立场与李宜朝(镜湖,1727-1805)在《家礼增解》中强调的内容明显有差异。他说,在解释《家礼》本文的"义"时,未敢挪动《家礼》本文一字。[8] 郑重器在《家礼辑要》中批判说,《丧礼备要》将《通礼》的内容分开,加入到《祭礼》,已丧失了《家礼》的宗旨。[9] 而且,权万斗(知足堂,1674-1753)的《四礼辑要》(1745)、金景游(后村,1698-1773)的《四礼正变》等书,

---

[7]《四礼便览·四礼便览凡例》:"其有疏略处,则旁采诸书补入。……其有古今异宜事势难行者,则删之。……或删其烦,或易其次,以便考阅。"

[8]《家礼增解·凡例》:"一,广引经传及古今诸儒说,以解家礼本文之义,而家礼本文,则不敢动一字。"

[9]《家礼辑要·序》:"备要割通礼,移合祭礼,已失家礼本旨。"

虽然使用"四礼"的名称,却固守包含《通礼》的《家礼》体制。在这样的倾向中,《四礼便览》的四礼体制可以说体现了旨在完成以冠昏丧祭为主的行礼书的积极变化。

表1 《四礼便览》《丧礼备要》《家礼》项目比较

四礼便览	丧礼备要	家　礼
		通礼
		祠堂
		深衣制度
		司马氏居家杂仪
冠礼		冠礼
冠（笄附）		冠
		笄礼
婚礼		婚礼
议婚		议婚
纳采		纳采
纳币		纳币
亲迎		亲迎
		妇见舅姑
		庙见
		婿见妇之父母
丧礼		丧礼
初终	初终	初终
袭	袭	沐浴，袭，奠，为位，饭含
		灵座，魂帛，铭旌
小敛	小敛	小敛
大敛	大敛	大敛
成服	成服	成服
		朝夕哭奠上食
吊		吊，奠，赙

朝鲜后期《四礼》的典型：以《四礼便览》为主

续表

四礼便览	丧礼备要	家　礼
闻丧	闻丧	闻丧，奔丧
治葬	治葬	治葬
迁柩	启殡	迁柩，朝祖，奠，赗，陈器，祖奠
		遣奠
发引		发引
及墓	及墓	及墓，下棺，祠后土，题木主，成坟
	成坟	
反哭	反哭	反哭
虞祭	虞祭	虞祭
卒哭	卒哭	卒哭
祔	祔	祔
小祥	小祥	小祥
大祥	大祥	大祥
禫	禫	禫
		居丧杂仪
吉祭	吉祭	
改葬	改葬	
祭礼		祭礼
祠堂	祠堂之仪	
	参	
四时祭	时祭	四时祭
		初祖
		先祖
祢		祢
忌日	忌日	忌日
墓祭	墓祭	墓祭

2.《家礼》程序的重组

《四礼便览》将《家礼》的结构重组为正文—本注（＋小注）—参考的资料—按语—诸具—文书格式。《四礼便览》在《家礼》的正文和本注基础上，用小注补充古礼和先儒说，并添加了诸具和文书格式，这一点与《丧礼备要》一致。但将补充的内容结构化的方式明显不同。《丧礼备要》用括弧标示正文中添加的内容，其他都用写成两行的小注加以处理。相反，《四礼便览》通过字的大小、布置和写成一行、两行的方式，从视觉上区分了内容的重要度和作用。参表 2。

第 1 行用大字写了《家礼》的正文（A）。《家礼》中没有，后参考其他书籍补充的部分（a）写成了小字。[10]《家礼》中没有，但因为认为是必需的程序而补充的内容，虽然安排在正文的位置，但字的大小不同。以行礼为主，需要挪动或删除《家礼》的正文的时候，在第 4 行加上（按），说明了理由。

在第 2 行，将《家礼》的本注（B）写成大字。对本注进行解释或修整的部分（b1），写成单行小字，而且未标示出处。添补古礼和先儒说的部分（b2）也写成单行小字，但记录了援引的书名。与注相关的各种说法（ⓑ1），写成两行加以标注，并说明了出处。没有出处的，则标明是作者的见解（ⓑ2）。[11]

10《四礼便览·四礼便览凡例》："一，家礼正文，则并以大字书之，而其有疏略处，则旁采诸书补入。"

11《四礼便览·四礼便览凡例》："一，家礼本注，则以大字低一格书之，……其本注中有训释注意者及辞命中有改用他句者，则以单行小字，书于本段下，而不书出处。以古礼及先儒说添补者，则先书书名，加匡而别之。诸说之发明注说者，则双书，而亦书书名或姓氏别号。其双书而不书出处者，瞽说也。"

第 3 行，与《家礼》无关，但值得参考的古礼和先儒说（ⓒ），写成了两行。第 4 行，将作者的论说写成两行（ⓓ），并加了"按"字。[12] 各条目下面添附了诸具（E）和文书格式（F），诸具用墨盖子写于第 3 行，文书格式用墨盖子写于第 5 行。图的位置在每篇的结尾部分，便于查找，这与《家礼》将图收录于开头部分不同。

表 2 《四礼便览》构造

	大　字	小字（单行）	双书（两行小字）	墨盖子
第 1 行	A：《家礼》正文	a：参考其他书籍		
第 2 行	B：《家礼》本注	b1：本注进行解释或修整，出处无	ⓑ1：与注相关的各种说法，出处有	
		b2：添补古礼和先儒说，（书名）表示	ⓑ2：作者的见解，出处无	
第 3 行			ⓒ：与《家礼》无关，但值得参考的古礼和先儒说	E：诸具
第 4 行			ⓓ：作者的论说，（按）表示	
第 5 行				F：书式
篇末	图			

A：再加帽子，服皂衫、革带、系鞋。

B：宾揖冠者即席跪。【ⓑ2 宾乃降，主人亦降。宾盥毕，主人揖升，俱复位】执事者以帽子盘进、宾降二等受之，执以诣冠者前，祝曰，【ⓑ云云】b2（仪节）赞者彻巾冠。【ⓑ1（龟峰）曰，执事者受冠巾入房】乃跪加之，【ⓑ赞者结缨】兴复位。【ⓑ2 冠者

---

[12]《四礼便览·四礼便览凡例》："一，古礼及先儒说，有可参考，而不涉于注说者，则各条下，低二格双书，以愚见附论者，则又低一格双书，加按字。"

亦兴】揖冠者适房,释深衣,服皂衫、革带、系鞋,出房立。"[13]

　　细看《冠礼》中增加的程序,本注的"宾揖将冠者即席跪"加了小注,说明了大宾和主人洗手复位的程序。大宾读祝辞后,加上了《家礼仪节》的"赞者撤巾冠",并补充了宋翼弼(龟峰,1534-1599)的礼说。接着在授冠的环节具体地说明,"赞者给受冠者系缨",大宾起来复位时"受冠者也起来"。即补充了实际行礼时必要的细节。《四礼便览》通过一目了然地整理以《家礼》为中心补充的内容的渊源,以及行礼所需的指针,极大地提高了实用性。

　　《四礼便览》的诸具和文书格式比《丧礼备要》有了大幅扩充。《丧礼备要》的诸具和文书格式参考了明代丘濬的《家礼仪节》。该书对行礼所需的事项另行进行考证和整理,提高了《家礼》的执行可能性。《家礼》中有关诸具和文书格式的内容包含在本注中,丘濬则将"当用之物""当用之人"等另外收录起来,以仪节为中心补充了很多文书格式。《丧礼备要》追加诸具和文书格式,并根据丧礼顺序加以细分,收录在相关正文之前。

　　《四礼便览》的诸具共有214个,其中147个与《丧礼》有关。[14]这比《丧礼备要》的40个多出2倍以上。《四礼便览》积极地补充了诸具。由于《家礼》有关诸具的内容不够仔细,作者通过其他途径收集信息,并采纳民间遵行的方式,添附了每个条目下面。[15]通过扩充诸具,作者将《家礼》的顺序按照执行的单位加以

13《四礼便览》卷一《冠礼·冠(笄附)》。
14《四礼便览》的诸具由冠礼14个、昏礼27个、丧礼147个、祭礼26个组成。
15《四礼便览·四礼便览凡例》:"家礼诸具之见载于本注者,或欠详备,故别为搜辑。且采世俗之所遵行者,以附于每条之下。"

细分，并具体说明了行礼所需的物品和人力。参表3。

《四礼便览》的告辞、祝文、书状等文书格式也压倒性地多。《四礼便览》收录的173个格式中110个涉及《丧礼》，比《丧礼备要》的35个增加了2倍以上。《四礼便览》的文书格式中，选自《家礼》本注的达到50%，但重新制作的"新补"格式也多达23%。此外还有很多引用自《家礼仪节》《丧礼备要》《高仪》《书仪》《仪礼》《朱子大全》《疑礼问解》。参表4。这些也通过添加小注补充了内容。至于用"前同""后同"省略的部分，则收录完整的格式，尽量为实际使用提供了便利。

表3 《四礼便览》《丧礼备要》《家礼仪节》"诸具"比较

项目	四礼便览	丧礼备要	家礼仪节
初终	诸具（迁居正寝），诸具（既绝），诸具（复），诸具（迁尸），诸具（楔齿缀足），诸具（护丧），诸具（易服），诸具（始死奠），诸具（治棺）	初终之具，易服之具，治棺之具	棺具 迁尸之具 沐浴之具 袭具 含具 敛具 奠具 括发免髽之具 服制之具 灵座魂帛铭旌之具 治葬之具 送葬之具 当用之物 当用之人（初终）
袭	诸具（陈袭衣），诸具（沐浴），诸具（饭含），诸具（设冰），诸具（为位），诸具（设燎），诸具（置灵座），诸具（立铭旌）	迁尸之具，沐浴之具，设冰之具，袭具，饭含之具，奠具，为位之具，灵座之具，魂帛之具，铭旌之具	
小敛	诸具（陈小敛），诸具（设奠），诸具（括发）	小敛之具，环绖之具，奠具，括发免髽之具，经带之具	
大敛	诸具（陈大敛），诸具（设奠），诸具（纳棺），诸具（漆棺），诸具（结裹），诸具（涂殡），诸具（设灵床），诸具（丧次）	大敛之具，成殡之具，灵床之具，奠具	
成服	诸具（成服），诸具（朝哭），诸具（心丧），诸具（吊服），诸具（出入），诸具（朝奠），诸具（上食），诸具（朔日），诸具（荐新）	成服之具	

续表

项目	四礼便览	丧礼备要	家礼仪节
吊**	诸具（吊奠），诸具（赙）		
闻丧	诸具（易服遂行），诸具（变服），诸具（成服），诸具（未得行为位），诸具（成服），诸具（之墓哭），诸具（齐衰以下闻丧为位成服）	奔丧之具	
治葬	诸具（治葬），诸具（开茔域）（祠后土），诸具（告先茔），诸具（合葬告先葬），诸具（穿圹），诸具（作灰隔），诸具（刻志石），诸具（造大舉），诸具（作主）	开茔域祠后土之具，穿圹之具，窆葬之具	
启殡*		朝祖之具，发靷之具	
迁柩	诸具（迁柩），诸具（朝祖），诸具（迁于厅事），诸具（奠赙），诸具（陈器），诸具（祖奠），诸具（遣奠），诸具（奉魂帛）		
发引**	诸具（柩行），诸具（哭步从），诸具（亲宾客）		
及墓	诸具（设灵幄），诸具（亲宾次），诸具（妇人幄），诸具（奠），诸具（乃窆），诸具（赠），诸具（实灰），诸具（祠后土），诸具（下志石），诸具（题主），诸具（奉主），诸具（成坟）	祠土地之具，题主之具	
成坟*		成坟之具	
反哭	诸具（置灵座）		
虞祭	诸具（沐浴），诸具（陈器），诸具（具馔），诸具（埋魂帛）	虞祭之具	
卒哭	诸具（陈器）（具馔），诸具（既卒哭）	卒哭之具	
祔	诸具（设位）（陈器）（具馔），诸具（沐浴），诸具（奉主），诸具（与宗子异居宗子告于祖），诸具（纸牓），诸具（奉新主）	祔祭之具	

朝鲜后期《四礼》的典型：以《四礼便览》为主

续表

项目	四礼便览	丧礼备要	家礼仪节
小祥	诸具（沐浴），诸具（陈器）(具馔），诸具（陈练服），诸具（既练），诸具（亡日行奠）	小祥之具	
大祥	诸具（沐浴），诸具（陈器）(具馔），诸具（前一日告祠堂），诸具（陈祥服），诸具（奉主）	大祥之具	
禫	诸具（卜日），诸具（沐浴）(设位）(陈器）(具馔），诸具（陈禫服），诸具（奉主）	禫祭之具	
吉祭	诸具（卜日），诸具（齐戒），诸具（告迁），诸具（改题），诸具（设位），诸具（陈吉服），诸具（奉主），诸具（埋于墓侧），诸具（告墓），诸具（不迁之位迁于墓所），诸具（迁于最长房），诸具（改题）	吉祭之具	
改葬	诸具（治棺），诸具（敛床），诸具（制服），诸具（开茔域祠土地），诸具（穿圹）(作灰隔），诸具（刻志石），诸具（告祠堂），诸具（旧墓张白幕），诸具（男女位次），诸具（旧山祠土地），诸具（旧冈告先茔），诸具（两墓同冈一迁一否告不迁之墓），诸具（启墓），诸具（开坟），诸具（举棺）(拭棺），诸具（设奠），诸具（朝夕奠）(上食），诸具（改棺），诸具（漆棺），诸具（结裹），诸具（陈器），诸具（设奠），诸具（至家复葬者前一日祖奠），诸具（发引），诸具（灵輀）(輀次）(设奠）(乃窆）(赠）(实灰）(下志石）(成坟），诸具（祠土地），诸具（奠而归），诸具（设位）(陈器）(具馔）(奉主），诸具（三年内改葬就灵座祭告），诸具（除服）	改葬之具	
合计	147	40	14

﹡只是《丧礼备要》的项目，﹡﹡只是《四礼便览》的项目。

表4 《四礼便览》书式分析

引用书	家礼	新补	家礼仪节	丧礼备要	高仪	书仪	士昏礼	朱子大全	疑礼问解	合计
冠礼	8	4	7							19
昏礼	5	5	6				1			17
丧礼	54	29	13	11	2				1	110
祭礼	21	3				2		1		27
合计	88	41	26	11	2	2	1	1	1	173

三、《四礼便览》的礼说和性质

1.《家礼》的修整和补充完善

《四礼便览》为便于行礼,对《家礼》的本文进行了修整和补充完善。对《家礼》进行修整时考虑了朝鲜的时俗和程序上的完整性。补充则是针对《家礼》的内容中不足之处,考证古礼和先儒说,以及时俗等后,采取了添附的方式。

《冠礼》部分修整《家礼》时,(1)将已经不使用,且制度不明确的"䙆"删去。(2)与宋代不同,朝鲜时代没有不行冠礼而任官职的情况,因此删去了与公服相关的内容。(3)根据《家礼仪节》,对于笄礼也像冠礼一样用正文补充了"主人以笄者见于祠堂"。(4)将冠礼"礼宾"的本注挪到笄礼"礼宾"时,删除了"皆如冠仪"。因为笄礼的"礼宾"不需要写得和已经重新扩充的冠礼"礼宾"仪节一样,因此将原先的冠礼本注挪过来收录。[16]

补充《家礼》时，（1）《家礼》和《家礼仪节》的深衣实际上没有具体展现出来，因此补充了新的深衣制度。（2）皂衫无法考证，因此引用宋时烈（尤庵，1607-1689）的礼仪学说，用黑团领或青道袍代替。（3）就是说，用《仪礼》的"士冠礼""乡饮酒礼"及《家礼仪节》等补充了疏漏的礼宾仪节。[17]

《昏礼》中则对《家礼》的婚礼服规程进行了补充完善。《家礼》中只说"盛饰"，《四礼便览》则根据"士昏礼"，从使用袡衣的立场出发，考证并补充了袡衣制度。而且批判时俗中穿红长衫的做法，强调"应制作和使用袡衣，变俗复古"。但由于袡衣制度不够明确，利用《周礼》和《三才图会》等，考证了在玄衣制度的基础上制作袡衣的方法。[18]

在《丧礼》中，根据《丧礼备要》进行了补充和修整。与《丧

---

[16] 《四礼便览》卷一《冠礼·冠（笄附）》："按，家礼本注有罪，而今人既不用，其制又不可详，故删之……盖宋时多未冠而官者，故有是制，而今无未冠而官者，公服一节似无所用，正文中删去九字……按，此条家礼所无，而依丘仪补入，其仪与子冠而见同……按，家礼于此正文云皆如冠仪，而此书则冠礼礼宾取用一献之礼。此若云皆如冠仪，则便成亦令行一献之礼，故正文中四字删之，移置冠礼礼宾下注于此。"

[17] 《四礼便览》卷一《冠礼·冠（笄附）》："按，……如是，则裳居后为四片，居前者内外各为四片，其云后六片如旧式者，成不得矣……按，昔有问皂衫之制，世所罕传者，尤庵答曰，如今黑团领，凡上衣之染黑者皆可用。又答人问有再加常服之说，常服即今道袍之类，虽非染黑，今制染青者，亦可代用。……按，家礼此段本注，本于书仪，不无疏略。……故以士冠礼注所云献酬酢宾主人各两爵而礼成为主，取用朱子增损乡约，兼采丘《仪》，而录之如此。"

[18] 《四礼便览》卷二《昏礼·亲迎》："按，古者昏用袡衣，玄衣而纁缘，义有所取。今俗用红长衫，甚无谓。好礼之家，当制用袡衣，以为变俗复古之渐矣。……兹著新制于下，览者详之。○玄衣素里，衣身用黑绢二幅，中屈下垂，通衣裳长可曳地。缀内外衿，亦通衣裳，而衣身通广，令可容当人之身。"

礼备要》一样,在"初终"条目里加入"楔齿缀足",在"袭"条目里加入"设冰"和"设燎"等,并对由此派生的顺序也进行了细密的修整。将"楔齿缀足"这个程序加入到"初终"之后,将"袭"里的《家礼》正文——"执事者设帏及床迁尸"挪到"楔齿缀足"之前。因为按照古礼,"复"之后,为了马上楔齿缀足,需要先迁尸。[19] 如果说《丧礼备要》注重用古礼补充《家礼》,那么《四礼便览》注重的是将有可能冲突的《家礼》和古礼整理为一个程序。

而且基于行礼的经验,积极完善了程序上的缺陷。《家礼》中定"祝"的规程包含在"袭奠"的顺序里,但在人们的经验中祝的作用比较重要,应该先定好。基于这种来自经验的知识,《四礼便览》将其挪到"初终"的"护丧"顺序里。[20] 而且"袭"中迁尸的程序不够仔细,因此参考经验丰富者的话,进行了补充。[21] 根据《丧礼备要》添加"吉祭"和"改葬"的条目,对于不足的部分进行了大幅补充。尤其是"改葬"条目,补充了很多诸具和文书格式,参考经验丰富者的话加以收录,分量几乎占了第7卷整个篇幅。[22] 如此这般,重视在行礼的过程中得到的经验知识,体现出了

19《四礼便览》卷三《丧礼·初终》:"楔齿缀足(士丧礼)……按,家礼此条,在掘坎上,而古礼复后,即迁尸而楔齿,事势当如此,故今依古礼,移置于此。"
20《四礼便览》卷三《丧礼·初终》:"护丧……按,祝一段,家礼在袭奠条。……祝明于丧礼,后主人而治事者,不可不豫为择定,兹移置于此。"
21《四礼便览》卷三《丧礼·袭》:"按,备要略有迁尸服上之节,而犹欠详备,故以原说为主,而并采经历惯熟者之言,而参互录之,俾便于举而行之。"
22《四礼便览》卷七《丧礼·改葬》:"三月而除服。……按,改葬家礼所无,而备要依丘《仪》补入,故今亦从之,而备要所载,则节目之间,颇欠详备,兹取本条,并采经历惯熟者之言,参互录之。"

《四礼便览》的实用性。

《祭礼》中强调了对朝鲜时俗的调节。作者对违背《家礼》礼义的时俗，即不严格进行正祭四时祭，4大节日不进行墓祭的做法，抱着批判的态度。[23] 相反，在具体的祭祀饮食方面则积极接纳了朝鲜的时俗。由于朝鲜不使用茶，因此把有关茶的内容都删去，[24] 代为使用"熟水"。因为不能少了《家礼》中没有但朝鲜人常吃的酱，而且根据古礼朝鲜一直使用酱，因此添加了"清酱"。[25] 俗节要上的时食方面，详细记录了朝鲜的饮食。另外，《家礼》的俗节中中元是佛家推崇的，因此根据朱子的晚年说法删除了中元节。[26]

2.《四礼便览》定说的确立

《四礼便览》的实用性体现为，它提示了明确的行礼指针。在各种礼仪学说相互冲突的情况下，为了行礼需要进行选择，而作者的礼学判断作为《四礼便览》的定论被收录了进去。尤其是丧礼，因程序复杂，需要变礼的情况频繁发生，《四礼便览》中可以看到很多与《丧礼备要》或先儒说不同的新定论。

第一、找出《家礼》中不足之处，提出了明确的行礼标准。

---

[23]《四礼便览》卷八《祭礼·四时祭》："按，时祭乃正祭，祭莫重于时祭，而近世行之者甚尠，诚可寒心。"《祭礼·墓祭》："按，墓祭非古也，朱子随俗一祭，……今于庙行四时祭，又于四节日上庙，则是墓与庙等也，乌可乎哉。四节墓祭，国俗行之已久，有难顿变，故栗谷要诀，略可节损，然犹未免过重，终不若以家礼为正，而三月一祭也。"

[24]《四礼便览》卷八《祭礼·祠堂》："正至朔望则参。……按，茶是中国所用，而国俗不用，故设茶点茶等文，一并删去。"

[25]《四礼便览》卷八《祭礼·四时祭》："诸具（省牲涤器具馔）……清酱，按，酱是食之主，似不可阙。家礼只有醋楪而无用酱之文，栗谷沙溪始以清酱据古礼。……茶，备要，国俗代以水。〇即熟水。"

[26]《四礼便览》卷八《祭礼·祠堂》："按，家礼本注有中元，而是佛家所尚，朱子晚年，亦自不行，故今删之。诸具（俗节）汤饼，药饭，……以上国俗四节时食。"

（1）规定除了穿三年丧服的人之外，其他人在"易服不食"顺序中不脱冠。《家礼》"初终"的"易服不食"里有妻、子、妇、妾脱下冠和上服，被发的规程，该规程中穿三年丧服的妻、子等人脱冠这一程序很明确，但其他穿期年服或大功服的人，是否戴着冠，常有人就此发生争论。金长生和宋时烈主张穿期年服和大功服的人也应该脱冠，而且这种方式同时俗也是一致的，但李縡认为，《礼经》里没有确切的根据，而即使是在哀痛的情况下，不戴冠是很不符礼仪的行为。他强调与穿三年丧服的区别，主张穿期年服和大功服的人不应该脱冠。27

（2）具体规定了小祥时换穿的练服。《家礼》中对于练服没有详细的说明，因此人们根据《礼记·檀弓》，练布只用于制作冠和中衣，衰裳根据《仪礼丧服图式》用制作大功服的七升布制作，而不是练布。李滉（退溪，1501-1570）主张采用这种方式，金长生则在《丧礼备要》中采取暧昧的立场，表示用练布制作衰裳也不是没有根据。28 对于这些议论，李縡指出"冠和中衣用练布制作，而衰裳不用练布，上下表里不一致"，进而明确规定衰裳也要用练布

27《四礼便览》卷三《丧礼·初终》："乃易服不食。妻子妇妾，皆去冠及上服，被发。……按，去冠于礼，惟妻子妇妾为之，而期大功则不论，故后世议者多歧。沙溪以为祖父母与妻丧，岂有不去冠之礼。尤庵亦以为期而吉冠，似骇俗，宁从俗去冠。先正所论，虽如此而于礼，既无明文，虽是哀遑之中，头上不冠，亦甚无仪。……今之期大功者，若去冠，则是与古之服三年者无异矣，不其过乎？"

28《常变通考》卷十九《丧礼·小祥》："退溪曰，……为中衣以承衰，以其练冠练中衣，故谓之练耳，非谓并练衰也。惟其衰不练，故檀弓注云，正服不可变耳，非谓仍衰别制也。……备要，依图式练冠与中衣，而衰裳以大功七升之布改制而不练，则恐无违于古礼，……家礼亦谓大功用熟布，小祥换练布，则虽并练衰裳，亦不为无。"

制作。29

（3）完善了大祥时穿祥服，禫祭时穿禫服，吉祭时穿吉服的变除程序。《家礼》只规定"大祥"时"设次阵禫服"，但《丧礼备要》在"禫"条目里补充了"设次陈吉服"。《四礼便览》根据松江郑澈（1536-1593）出使明朝时李部郎中胡僖说"禫祭时陈设禫服符合顺序"的话，在"大祥"加上"陈祥服"，将"大祥"的"设次陈禫服"挪到了"禫"。30 而且将《丧礼备要》里补充的"禫"的"设次陈吉服"挪到了"吉祭"。31

李縡虽然将明朝的皇朝礼拿来当依据，但在大祥设白衣、白冠的方式依照的是朝鲜的国制——《国朝五礼仪》。当时在朝鲜，大祥时按照国制一般穿戴白衣白冠，禫祭时按照《丧礼备要》一般穿吉服。32《丧礼备要》根据《家礼》，在"大祥"仍保留"陈禫服"，但补充了《国朝五礼仪》的白衣、白冠规程。《丧礼备要》的这种叙述成为了大祥中穿戴白衣白冠的根据，事实上未使用《家礼》的禫服——黪布衫。李縡将已成为国制和时俗的白衣白冠编入祥服，同时恢复《家礼》的禫服，努力将时俗和《家礼》协调起来。

29《四礼便览》卷六《丧礼·小祥》："按，家礼只云陈练服，而无某服不练之文。正服不练，虽是疏说，既练冠及中衣，不练衰裳，则上下表里，甚不相称，并练衰裳，恐得宜。"

30《四礼便览》卷六《丧礼·大祥》："陈祥服（皇朝制）……按，家礼此条云陈禫服，而不无古今之异，且在万历年间，郑松江赴京，问于礼部则，郎中胡僖答曰，禫而陈禫服序也。今当荐此，祥事之日，而先陈禫服，人无不微疑其间，……故但以陈祥服三字为大文，注以皇朝制，以丘仪与国制，关录于下而禫服一段，移置禫条。"

31《四礼便览》卷六《丧礼·吉祭》："设次陈吉服……按，此一节，备要在禫条，而今移置于此。"

32《渼湖集》卷七《答韩士涵》："今人于大祥则从国制，于禫祭则从备要，周公之纤，朱子之黪，何为而全没也。"

第二、提出了《家礼》中未提及的变礼定说。(1)代服是祖丧中若遇到父丧，代替去世的父亲为祖父辈穿丧服的做法，是《家礼》中没有规定的变礼。李縡认为1日也不能没有丧主，因此认可代服的必要性，并收录先儒说供参考。[33]

（2）为父丧中死亡的母亲穿丧服，是最为议论纷纷的事例。《仪礼》"丧服"的经文规定，父亲去世后为母亲穿孝服要穿三年，但贾公彦的疏解释说，为父亲穿3年孝服后，才能为母亲穿3年孝服。李縡批判金长生和宋时烈不遵循经文而认可贾公彦的疏的做法。他认为，根据经文而不是疏，若父亲去世后母亲也去世，那么就算两人只相差1天，也要开始为母亲穿3年孝服。[34]

四、结论

《四礼便览》是为了应用于冠昏丧祭的实践而写成的行礼书。《四礼便览》的实用性通过系统的结构和指针化的礼说得到了具体体现。该书一目了然地收录行礼所需的信息，通过对礼学的明确判断，消除了引争议的可能性，实现了实用性的极大化。

《四礼便览》以四礼的实践为中心，具备了将《家礼》的《通

---

[33]《四礼便览》卷四《丧礼·成服》："按，代服一节，自是变礼，故家礼不载，而人家之遭此变者，当哀遑急遽之际，未易善处，兹附先儒说数段于此，以备参考。盖丧不可一日无主，父或废疾未能执丧，或未终丧而亡，其子之为父代服，断不可已。"

[34]《四礼便览》卷四《丧礼·成服》："按，父丧中母死者，其服最为可疑。兹附仪礼及先儒说数条于此，以备参考。盖仪礼父卒则为母之文，本自明白，而贾氏因一则字，曲为解释，以为父除而母卒然后乃伸三年。沙溪尤庵两先生既以为可疑，与泥滞于可疑之疏说，无宁直依经文之为寡过。若一依经文，则父先卒而母后死者，虽一日之间，亦可以伸三年，未知果如何也。"

礼》重新布置的四礼体制。这部著作为行礼果断地对《家礼》的条目进行增删,简略地进行调整,尝试了积极的变化。而且,对《家礼》的结构进行修改,重组为正文—本注—参考资料—按语—诸具—文书格式的结构。并且通过字的大小和安排,以及写成一行、两行的方式,从视觉上进行了区分和体系化。细分和扩充诸具和文书格式,提供了实践所需的具体知识。

《四礼便览》为了方便行礼,对《家礼》的规程进行了修整和补充完善。对《家礼》的修整是为了朝鲜的时俗和程序上的完整性,如从《冠礼》删除"醻"和"公服",从《祭礼》删除"茶"。补充和完善《家礼》是通过为行礼添附古礼和先儒说,以及时俗等来完成的。如在《昏礼》中根据古礼考证袡衣制度,在《丧礼》部分适用经验丰富者的知识。而且《四礼便览》定下来的内容为行礼提供了明确的标准,提高了实用性。《四礼便览》规定了《家礼》所不足的练服规定和脱丧服的程序等。对于《家礼》没有提及的变礼也提出了新的指南。

《四礼便览》作为行礼书,为了实践,积极地对《家礼》进行了修改。该书之所以能做到这一点,是因为对《家礼》有充分的理解,积累了很多行礼的经验。不只是对各种变礼,该书对细节上的程序也进行了研究和讨论,以礼义为根据确定了新的指南。《四礼便览》的这些特点显示出18世纪朝鲜礼学的发展方向。

朝鲜后期《家礼》的活用：《国朝丧礼补编》与《林园经济志》为中心

［韩］李俸珪（仁荷大学）

一、序论

《家礼》在朝鲜的活用可以从三个方面考察。第一，士大夫依据《家礼》建立大宗、小宗家门，代代相传。这是477种家礼书产生的直接动因，其中的292种传承至今。[1] 第二，朝鲜朝廷以《家礼》为依据制定和修改国家礼典。《国朝五礼仪》(1474)是朝鲜的第一部邦礼典章，其在世宗朝（1454）初具形态，至成宗朝编纂完成。总体来看，虽然《国朝五礼仪》是以高丽的《详定古今礼》及《大唐开元礼》等中国的历代礼制，以及当时朝鲜施行的礼制为基础的，但其中的士庶人礼制则基本上是以《家礼》为主，同时体现了朝鲜的时俗。[2] 之后朝鲜朝廷又以古礼和《家礼》

---

[1] 张东宇：《朝鲜后期变礼书的发展：以〈礼疑类辑〉为中心》附录，上海：复旦大学学术会议发表论文，2019年。随着今后调查的不断进行，以及分类标准的改变，这一数字会产生变化。

[2] 张东宇：《对〈国朝五礼仪〉中大夫、士、庶人四礼的考察》，《韩国学研究》31，仁荷大学韩国学研究所，2013年。

为依据，对《国朝五礼仪》不断进行修订，最终辑成《国朝续五礼仪》(1744) 和《国朝丧礼补编》(1752、1758)。第三，家礼的施行，影响了士大夫的经济观以及经营家庭的政策——家政。柳重临 (1705-1771) 的《增补山林经济》(1766) 与徐有榘 (1764-1854) 的《林园经济志》(1827) 是朝鲜时代士大夫家政论的典型代表。

本研究将对上文中提及的第二和第三个特征进行进一步探究。首先，与国家典礼的修订相联系，集中讨论士大夫与朝鲜朝廷对《家礼》的活用方式，以及《国朝丧礼补编》中修订内容的本质。论文中首先考察了朝鲜朝廷中遇王室丧事情时，以《家礼》为依据订立的仪式，以及为将佛教等其他仪式转变为儒教仪式而在民间普及四礼时所采取的政策。另外还分析了士大夫为修订《国朝五礼仪》而提出的主要见解，及这些见解在《国朝丧礼补编》中是如何体现的。如此，可以理清士大夫家礼与邦礼活用《家礼》的脉络，并且还扼要地阐述了《家礼》在东亚历史上的意义。关于第三个特点，以《林园经济志》中《乡礼志》与《倪圭志》两篇为中心，来考察徐有榘的《家政论》。以《家礼》为基础，他亲自制定了丧礼与祭礼，论文中揭示了其丧礼和祭礼的特征，以及《倪圭志》中体现的家政论的特征，并对其在儒学史中的价值进行了分析。

二、朝鲜朝廷为《家礼》普及所做的努力

朝鲜前期，作为统一和教化民间风俗的方法，以及建立和施行

国家典礼过程中的经典依据，《家礼》被朝廷积极地活用。[3] 世宗下令生员复试要先考《小学》和《家礼》，通过后才有应试资格。这一措施在成宗时刊行的《经国大典》中则有了明文规定。[4] 李滉制定尼山书院学规时，规定新入学学生第一阶段的教育课程便是《小学》和《家礼》。自此，书院学规普遍规定两部经典为初学者必修课程。[5] 朝鲜前期国家选拔人才时将《小学》《家礼》作为考试内容，以此作为向社会普及二书的手段，这自然会反映到士大夫的书院教育课程上，其结果是《小学》与《家礼》成为了朝鲜儒学者的基本教养书。

制定《国朝五礼仪》之前，朝鲜朝廷以《家礼》为依据，以丧祭礼为中心，举行国家典礼，并不断对现有典礼加以完善。例如，太祖过世，太宗依《家礼》居丧，居庐期间每日诵读《家礼》。[6] 不过太宗没有施行《家礼》中的祔祭，而是在大祥后施行了祔庙礼。因为中国历代并无施行祔祭的先例，《家礼》中的祔祭是对士礼的规定，不适宜王室仪礼。

世宗继位当年遇定宗丧，治丧仪节依宋制及太宗居丧中制定的

---

[3]《太宗实录》卷五，太宗3年（1403）6月9日（乙卯）："令初入仕者，并试《朱文公家礼》，吏曹请之也。虽已入仕者，七品以下，亦令试之。"
[4]《世宗实录》卷三一，世宗8年（1426）1月27日（壬戌）。"赴生员试者，始令文臣监察，分台于成均正录所，考讲《小学》《家礼》。"可参考《经国大典》中《典礼》部分关于"生员复试"和"进士复试"的规定。
[5] 李俸珪：《由涵养论语教育课程来考察朝鲜性理学的特性》。
[6]《太宗实录》卷十五，太宗8年5月24日（壬申）："太上王薨于别殿……治丧一依《朱子家礼》。"5月26日（甲戌）："始居庐，昌德宫东南隅有小室，王子读书处也。上始居，日览《朱子家礼》。"

《太祖康献大王丧葬仪轨》《家礼》。[7]之前太宗依《家礼》,并参酌中国历代礼制制定的仪节,至此再次以《家礼》为根据得以完善。例如,初丧时献币礼与奠同时举行,世宗则从虞祭开始行献币礼。其依据为古礼及杨复附注的《家礼》。[8]太祖丧时,太宗依《家礼》制定的《太祖康献大王丧葬仪轨》在世宗时得到承继,并据《家礼》再加以完善而制定了《太宗恭靖大王丧葬仪轨》。这部仪轨与《元敬王太后仪轨》一起,在居丧结束后再次修订,修订时参照了《文献通考》《通典》及《家礼》。如据《周礼》和《家礼》对朝夕奠和朔望奠进行区分,改为虞祭前由执事者行奠礼,虞祭后均由嗣王亲行。礼曹认为《家礼》中规定的虞祭前的奠要行祝,并且从虞祭开始由主人亲行,这与古礼相合,他们还批判规定了大敛奠由嗣皇帝亲行的《大唐元陵仪注》及宋钦宗丧的治丧仪节。朝鲜朝廷活用古礼和《家礼》,以其为依据来批判中国历代仪注或丧事。总之,

---

[7]《世宗实录》卷五,世宗1年9月27日(己巳):"大行上王丧制,依宋宁宗故事,参用本朝《太祖康献大王丧葬依轨》,上王服斩衰三年,以日易月,十三日而练服,祥服、练冠,去首绖、负版、辟领,衰二十五日而祥,服禫,服乌纱帽、白衣、黑带,二十七日而禫,释服即吉。主上齐衰期年,亦以日易月,十三日而除,其服制,并依《朱子家礼》。大妃、明嫔以下宫人,并斩衰三年;恭妃,齐衰期年;诚妃、贞庆宫主以下宫人齐衰三年,其服制亦依《朱子家礼》,参用俗制。宗亲斩衰三年,十三日而练,二十五日而祥,二十七日而禫,服用《家礼》之制。文武百官及各道使臣、守令斩衰三年,生粗布团领、布裹软角纱帽、生麻带、白靴,十三日而练,白布裹纱帽,二十五日而祥,乌纱帽、白衣、黑带,二十七日而禫,释服即吉,依宋制。凡干丧事,皆用丧服。前衔大小官及生员、生徒,白衣、白笠、白靴、白带,二十七日而除。"

[8]《世宗实录》卷六,世宗1年12月20日(庚寅):礼曹启:《檀弓》曰:"葬日虞,不忍一日离也。是日也,以虞易奠,卒哭曰成事,是日也,以吉祭易丧祭。"《文公家礼》杨复附注:"先生曰:'未葬时,奠而不祭,但酹酒、陈馔、再拜而已。'"虞始用祭礼,则虞祭以前皆奠也,而酹酒、陈馔而已,则其不用币明矣。太祖之丧,自启奠即行献币礼,似违礼意。今大行大王之丧,乞依古礼,自虞祭始行献币礼。从之。

朝鲜朝廷制定《国朝五礼仪》之前，在建立和施行包括国王在内的王室丧葬礼仪轨时，《家礼》作为主要的典据被活用，同时《家礼》成为出仕的士大夫所具备的基础知识，这一点成为了法制规定。

三、《国朝五礼仪》的修定：《古今丧礼异同议》与《国朝丧礼补编》

世宗下令制定国家礼典，1454年初稿完成，但未付梓，经过完善，于1474年成宗时得以刊印。姜希孟在《国朝五礼仪》序文中指出，五礼的制定活用了《通典》《洪武礼制》等中国礼典与《古今详定礼》等高丽礼典。[9] 但儒学家认为《国朝五礼仪》关于王室仪礼的规定多是根据士大夫之礼——《家礼》制定的，甚为不妥。[10] 有研究指出，《国朝五礼仪》中关于士大夫四礼的规定基本活用了《家礼》。[11]

作为礼式，《家礼》并不完备。首先，因为其是以士大夫为对象的仪节，所以仪节的规模相当于诸侯等级，与王室仪礼多有不合

---

9 姜希孟：《私淑斋集》卷八《五礼仪序》："及我世宗庄宪大王……乃命礼曹判书臣许稠，详定诸祀序例及吉礼义，又命集贤殿贤儒臣，详定五礼仪，悉仿《杜氏通典》，旁采群书，兼用中朝《诸司职掌》、《洪武礼制》、东国《今古详定礼》等书，参酌损益，裁自圣心，未及施用，而宾天斯迫，呜呼痛哉！"

10《中宗实录》卷四六，中宗17年10月5日（丁丑）："礼曹参判金安老启曰：'《五礼仪》注与《大明会典》，颇多抵牾。《五礼仪》仿《朱文公家礼》士大夫之礼而为之，故祝辞皆士大夫之礼。《大明会典》乃帝王之礼，祝辞、节次简约而有等级。今此冠礼自今创为之事，不可容易为之，必须会议，酌二礼（《大明会典》、《五礼仪注》），而取中撰定其礼，故今日不得为习仪也。'"

11 张东宇：《〈国朝五礼仪〉关于大夫、士、庶人四礼的考察》。

之处。另外,《家礼》反映的是司马光《书仪》等宋代礼制和时俗,因此有与古礼相悖之处。并且,《家礼》中还存在一些与《晦庵集》或《朱子语类》中出现的朱熹礼说不符的内容。不仅如此,《家礼》本身不够严谨,导致根据《家礼》制定仪节有一定困难。朝鲜广泛使用的《家礼》,是 1419 年传入的《性理大全》中收录的《家礼》。而性理大全本《家礼》中附加了《家礼图》29 个条目,这虽然使视觉上更容易理解家礼仪节,但对图示的说明有与《家礼》原文不相符的内容,因此需要进行调整。

《家礼》内部存在的前后不一致的内容,以及与古礼或时俗不相符的部分,依据《家礼》对这些内容进行修订,在朝廷内部首先展开了讨论。如上文所述,《家礼》规定卒哭后的第二天,通过祔祭举行告祔,大祥后第二天举行祔庙仪节。太祖丧时,朝廷未按《家礼》,而是遵循郑玄对《周礼》祫祭的注,大祥之后只举行祔庙。太宗时将此予以定制之后,[12]《国朝五礼仪》沿用了此规定。即使进入朝鲜后期,士大夫虽然主张依《家礼》施行祔祭,但最终《续五礼仪》和《国朝丧礼补编》等改订后的礼典并未采纳。[13]

12《太宗实录》卷十六,太宗 8 年 9 月 15 日(庚申):"谨按,祔庙之礼,《仪礼》及《文公家礼》所载,皆是士礼,国家之礼则经文无可考。《周官》《大宗伯》及《诗》《殷颂》注》,郑康成谓'鲁礼三年丧毕,而祫于太祖',以祫训祔。是则以新主合于旧主,而始行禘祫之吉祭也。《文献通考》,历代帝王卒哭之后,皆无告祔,即行永祔于庙,祥禫之前,已行吉祭,盖缘后世短丧而致然耳。然丧未毕,而遽行吉祭,似未合义。今我太祖神主祔庙之祭,参酌古今,停行告祔,宜据康成三年丧毕之说,以待大祥之后,而行永祔之礼,庶合于义。从之。"

13 李俸珪:《通过丧礼论争考察〈国朝丧礼补编〉的意图——以〈古今丧礼异同议〉及〈国朝丧礼补编〉相关情况为中心》,《东洋哲学》36,韩国东洋哲学会,2011 年,第 103-104 页。

再举一例,关于练祭时受服的仪节,《国朝五礼仪》中规定,穿初丧时的衰服,只将冠改为练冠。《家礼》中虽有对练服进行说明的条目,但并未真正编入换穿练服的仪节。而《檀弓》等古礼的练祭中,则有着练冠和练服受服的规定。朝鲜儒学家依据古礼单独施行练祭的受服仪节,同时也要求对练服受服仪节进行修改。[14]1660年,孝宗的练祭中,宋浚吉以《仪礼经传通解》的"练祭受服图"为依据,主张使用练冠和练服,他的修改建议得到朝廷官员的支持而得以实行。到英祖朝《续五礼仪》中有了明文规定。[15]

关于朝鲜王室仪式,《家礼》和《国朝五礼仪》中有不够明确或者不完备的规定,在对这些部分如何加以完善展开讨论的过程中,朝鲜士大夫对《家礼》的学术研究得到了进一步深化,同时重新展开了改定国家礼典的运动。对于国典的改补,进入17世纪,士大夫主张更加丰富和活跃。逢仁祖丧,孝宗问于金集,金集将自己的修改方案整理为《古今丧礼异同议》呈于孝宗。这部著作是他与父亲金长生及门人宋浚吉、宋时烈等两代学者,对《丧礼备要》《家礼辑览》《疑礼问解》《疑礼问解续》《经书辨疑》等共同讨论、实践的成果。因此,《古今丧礼异同议》总结和整合了17世纪朝鲜士大夫对丧礼仪节的见解。

1649年5月8日,仁祖去世,12日大殓,13日成服,5个月后,也就是9月20日举行葬礼。[16]金集上呈《古今丧礼异同译》

---

14 参考《明宗实录》卷三二,21年4月3日(甲子),4日(乙丑)条。官员们建议文定王后丧时施行练祭受服制度,但未得以施行。
15《显宗实录》卷二,1年4月24日(戊申)条。
16《仁祖实录》卷五十,仁祖27年5月8日(丙寅)条。

的时间是 6 月 24 日。《孝宗实录》中，收录了礼曹和李景奭关于是否采用金集意见的讨论。但 9 月 10 日启殡，11 日发靷，20 日举行葬礼，这期间是否体现了金集的建议，没有明确的记载。目前可知的，只有不采用金集关于朝祖仪节的建议，[17] 而葬地较远时可以在葬地举行初虞祭的见解被采纳和实行。[18] 有关于 1 年后练祭时练服的讨论，赵翼认为不仅冠，衰服也要变为练服，金集以《仪礼经传通解》为论据再次提出相同主张。虽然孝宗接受了讨论的结果，但实际是否按照施行，不得而知。

金集在《古今丧礼异同议》中，首先列举出古礼中丧礼各仪节的依据，以经典为依据，提出如何改补《国朝五礼仪》仪节的建议，在这一过程中《家礼》作为论据被运用。金集的主张，以及当时礼曹和李景奭的讨论，在之后遇到丧礼时便作为修订的依据被提及和讨论。到英祖朝，金集的主张体现在了《国朝五礼仪》的修订本《续五礼仪》和《国朝续五礼仪补》中。

英祖在位期间遇丧事时，一面治丧，一面不断修订《国朝五礼仪》中的丧礼部分，最终编纂完成《国朝丧礼补编》。初稿（壬申本）完成于孝顺贤嫔（1751）和懿昭世孙（1752）治丧期间。在贞圣王后（1757）[19]、仁元王后（1757）等的丧事期间，又进行了完善。最终本（丁丑本）完成于 1757 年，于第二年刊行。英祖

---

17 《孝宗实录》卷二，孝宗即位年 9 月 10 日（丙寅）条。当日实录中记载："卯时行启殡奠，辰时启攒宫，行别奠，申时行祖奠。"因此笔者认为当时没有朝祖仪节。
18 《孝宗实录》卷二，孝宗即位年 9 月 20 日（丙子）条。
19 在贞圣王后丧中修改的内容，可参考金允贞《英祖代贞圣王后国恤的本质及意义》，《首尔与历史》98，首尔历史编纂院，2018 年。

将《国朝五礼仪》《国朝续五礼仪》,以及新修订的内容全部合编入《国朝丧礼补编》中。英祖之后,关于国恤的讨论和补充也不断进行,通过编纂成书而文字化的成果便是丁丑本《国朝丧礼补编》,这是朝鲜政府修订的、关于丧礼的、最终版本的礼典。

那么《古今丧礼异同议》的修订意见,以及《国朝丧礼补编》的修订,是如何活用《家礼》的呢?以《古今丧礼异同议》中修订的仪节为中心,对《家礼》《国朝五礼仪》和《国朝丧礼补编》的相关仪节进行比较,可以整理为下表。

〈表1〉《家礼》《五礼仪》《古今丧礼异同议》《国朝丧礼补编》比较

	条目	《家礼》	《五礼仪》（1474）	《古今丧礼异同议》（1649）	《国朝丧礼补编》（1578）
1	顾命	迁居正寝。	内侍扶相乘舆,出御幄,凭几。	以小臣（在寝、在朝之赞正服位而从君者）扶持之,疾则外庭之人共知其疾,薨则外庭之人共治其丧。 典据:《檀弓》	同《五礼仪》。
2	初终（属纩）	侍者	内侍	"《五礼仪》略同。" 典据:《丧大记》	宗戚之臣
3	复	侍者	内侍	小臣 典据:《丧大记》	同《五礼仪》。
4	始死奠	袭后	袭后	复后即设,至小敛始彻。 典据:《夏官》	复后设始死奠,袭后设袭后奠。

条目		《家礼》	《五礼仪》（1474）	《古今丧礼异同议》(1649)	《国朝丧礼补编》（1578）
5	戒令		卒哭后许嫁娶，借吉三日。	"婚姻一事，一月之外，许军民；三月之外，许士吏；复土之后，许选人；祔庙之后，许承议郎以下，小祥之后，许朝请大夫以下；大祥之后，许中大夫以下，各借吉三日，其大中大夫以上，则并须禫祭，然后行吉礼焉。官卑而差遣职事高者从高，迁官者从新，贬官者从旧。"典据:《君臣服议》	士吏军民，许卒哭后；实职三品以下，许小祥后并借吉三日；堂上受杖以上及实职二品以上许禫后。内丧小丧，则实职三品以下，许卒哭后借吉三日；堂上曾经侍从以上，小祥后乃行吉礼。官卑而差遣职事高者从高，迁官者从新贬官者从旧。小内丧则并许公除后。
6	迁尸、楔齿、缀足、帷堂		阙楔齿、缀足之节。	沐浴条："内侍以帷障大行卧内，又设帷于殿中间……内侍盥水，迁大行于床。"	射人、仆人迁尸。小臣楔齿用角柶，缀足用燕几。幕人共帷幕帟绶。典据:《夏官》、《丧大记》	复条："内侍楔齿齿用角柶，缀足用燕几。"沐浴条："内侍以帷障大行卧内，又设帷于殿中间……内侍盥水，迁大行于床。"
7	哭位	在袭奠后。	在袭奠后。	"不当移在袭奠之后，恐当以古礼（迁尸后）为正。"典据:《檀弓》、《丧大记》、《天官》	同《五礼仪》。

续表

	条目	《家礼》	《五礼仪》（1474）	《古今丧礼异同议》（1649）	《国朝丧礼补编》（1578）
8	陈沐浴、袭明衣、饭含、冰盘之具	袭衣用幅巾、深衣、大带。用质杀。（杨复注）	袭衣用幅巾、衮龙袍、大带。阙质杀之节。	袭衣用幅巾、深衣、大带。补质杀之节。典据：《天官》、《春官》、《丧大记》、《杂记》	袭衣用翼善冠、衮龙袍、大带。补质杀之节。
9	袭、饭含	"主人……以匙抄米，实于尸口之右，并实一钱。又于左于中，亦如之。"	"内侍……以匙抄米实于口之右，并实一珠。又于左于中，亦如之。"	"王亲为之，实合情礼。"典据：《天官》注、《春官》、《杂记》	"王世子以匙抄米实于口之右，并实一珠。又于左于中，亦如之。"
10	具环绖	阙环绖之节	阙环绖之节	"至小敛，尸已设饰，则孝子亦不可无饰，故具环绖、素弁，而国制阙之，恐当以古礼添补。"典据：《杂记》、《丧服小记》、《家礼仪节》	补环绖之节："王世子白巾环绖，俯伏哭。""大君以下白巾环绖，俯伏哭。"
11	大殓	阙成殡之节	大敛、成殡，各设一奠。有质杀之节。	"大敛、成殡，合为一奠，殡后始设。""质杀乃袭时之用，而国制至此始用之，恐非古礼之意也。"典据：《丧大记》	同《五礼仪》。质杀之节移于袭条。

续表

	条目	《家礼》	《五礼仪》（1474）	《古今丧礼异同议》（1649）	《国朝丧礼补编》（1578）
12	成服	斩衰三年："衣裳皆用极粗生布……，冠比衣裳用布稍细……，首绖以子麻为之……，腰绖……，绞带用有子麻绳一条……，苴杖用竹……，腰亦粗麻为之。"	"宗亲、文武百官，团领衣、布裹帽、麻带、白皮靴，卒哭后白衣、乌纱帽、黑角带。凡干丧事，着衰服，练祭，练布裹纱帽。"	于君则宜亦纯用丧服。前衔之服宜与士人白衣之制有别。典据：《檀弓》、《春官》、《君臣服议》	文武百官及前衔之官纯用丧服。[20] 补公服、燕服之制。
13	倚庐	设倚庐在成服后。	设倚庐在成服前。	设倚庐在成服后。典据：《丧大记》、《家礼》	同《五礼仪》。
14	朝夕奠	大小敛奠无拜礼，成服后朝夕奠有再拜之节。	朝夕奠无拜礼。	朝夕奠宜有再拜之节。典据：《家礼》	同《五礼仪》。补成殡以后至练祭朝夕哭、成殡以后至祥祭上食之节。

[20]《国朝丧礼补编》卷一《服制》："宗亲及文武百官（各道大小使臣外官及前衔官同），斩衰三年，衣裳（用极粗生布不缉边），中衣（承服者用略粗生布，缉边），冠（用略粗生布，以麻绳为武及缨），巾（承衰冠者用略粗生布○网巾白绿去金玉圈子），首绖、腰绖、绞带（并生麻，以麻绳为首绖缨、腰绖系），竹杖（宗亲从二品及正三品都正以上、文武荫从二品曾经同敦宁副总管以上堂上、曾经判决事堂下，参下曾经侍从以上、外官曾经水使以上，皆有杖。各品曾经视内职），管履。公服，布圆领衣（用生布），布裹帽、布裹角带、白皮靴。凡干丧事，服衰服。燕居服，布衣，布笠，布带。十三月练祭，改制衣裳……"

续表

	条目	《家礼》	《五礼仪》（1474）	《古今丧礼异同议》(1649)	《国朝丧礼补编》（1578）
15	陈朝祖奠	有朝祖及奠。	无朝祖之节。	发靷前宜有朝祖及奠。典据：《天官》、《春官》	补朝祖之节。
16	启	无变服之节。"古礼……启殡，斩衰男子括发，妇人髽，盖小敛括发髽，今启殡亦见尸柩，故变同小敛之节也。"（杨复注）	无变服之节。	宜有变服如小敛时。典据：《既夕》	同《五礼仪》。
17	作主	在窆后。	在窆后。	古礼作主在虞祭后，国制在窆后，古今异宜，恐当从国制。典据：《曲礼》	在窆后
18	虞	"葬之日，日中而虞，或墓远，则但不出是日，可也。若去家经宿以上，则初虞于所馆行之。"	"初虞，葬之日日中而行，或路远，则但不出是日，可也。若经宿以上，则于行宫行之。"	"礼日中而虞，路远则行之于墓所，恐不必泥于反虞之文也。"典据：《杂记》	同《五礼仪》。

朝鲜后期《家礼》的活用：《国朝丧礼补编》与《林园经济志》为中心

续表

条目		《家礼》	《五礼仪》（1474）	《古今丧礼异同议》(1649)	《国朝丧礼补编》（1578）
19	反哭	在虞前。	无反哭之节。	"此（反哭）一节似不可阙，而国制无之，当从古礼。"典据：《既夕》、《家礼》附注 21	同《五礼仪》。
20	罢朝夕奠	在初虞后。	无罢朝夕奠之节。	初虞后，当罢朝夕奠。典据：《家礼》	同《五礼仪》。22
21	祔	在卒哭明日。	无祔之节。	当补祔之节。典据：《士虞》注、《丧服小记》、《家礼》	同《五礼仪》。
22	练	祭日用初忌。练祭后止朝夕哭。	无择祭日与止朝夕哭之节。	"古礼卜日，后世用初期。练后当罢朝夕哭，而国制无之，恐当从家礼为正。"典据：《家礼》	补祭日用初忌与止朝夕哭之节。23

---

21 此附注摘自《朱子语类》(87-55) 条："'反哭升堂，反诸其所作也。主妇入于室，反诸其所养也'。须知得这意思，则所谓'践其位，行其礼'等事，行之自安，方见得继志述事之事。"
22 "朝夕奠"条规定，成殡后至练祭要行朝夕奠、朝夕哭和上食，练祭后至祥祭要行上食。
23 练祭条进行了如下补充规定："期而练，自初丧至此，不计闰凡十三月，用初忌日。（内丧在先，则不计闰十一月而练卜日；小内丧在先同。）""魂殿朝夕哭及上食"条中补充规定："每日［昧爽行朝哭，初昏行夕哭。（值大祭及朔望奠，则先行朝哭。练后乃止。）朝夕上食］……"

续表

条目		《家礼》	《五礼仪》（1474）	《古今丧礼异同议》（1649）	《国朝丧礼补编》（1578）
23	大祥	"其主且当祔于祖父之庙，俟三年丧毕，合祭而后迁。"（附注）24		"至祥后，当奉主入，祔于祖龛东边西向坐，俟吉祭而后乃入正位。"典据：《家礼》、《丧礼备要》25	

由上表可知，对《国朝五礼仪》的修订主要从两个方向展开。一个方向为，《家礼》中有遗漏或与古礼不同的仪节，对其进行修改；另外一个方向为，古礼中规定不够明确的内容，依据《家礼》和朱熹的礼说，甚至《家礼仪节》等后代的礼制加以补充。

首先，《国朝丧礼补编》修订的《家礼》中不完善的仪节如下。初终的属纩，由内侍改为由宗戚的大臣实行。金集认为，从顾命开始到属纩和复的仪节，将由内侍实行改为由小臣和宗戚之臣来实行。李景奭则主张，国王的初终应由礼官、承旨和史官共同参与，这一规定应固定不变。26 因为国王丧事中存在"外廷之人"，即朝廷的官员，共知共治之义理。27 始死奠改为在复后举行，而非袭后。

---

24 杨复注中引用的朱熹之言出自《晦庵集》卷六三《答李继善》："既祥而彻几筵，其主且当祔于祖父之庙，俟祫毕然后迁耳。"
25 《丧礼备要》卷三四《大祥》"奉新主人于祠堂"条，注：《大全》，既祥而彻几筵，其主且当祔于祖父之庙，祔于东边西向，祫毕然后。""既祥而彻几筵，其主且当祔于祖父之庙，祫毕然后迁"为朱熹语，"祔于东边西向"一句是金长生依据杨复附注《家礼》的精神补充的。
26 《孝宗实录》卷一，孝宗即位年6月24日（壬子）条。
27 金集，《慎独斋先生遗稿》卷十三《古今丧礼异同议》："'疾则外庭之人共知其疾，薨则外庭之人共治其丧'。然则《五礼仪》所谓'内侍扶相升舆'者，恐非正终之义。"

同时补入了复后行楔齿与缀足之仪节，以及小殓中行环绖仪节。这是在《家礼》中补入了古礼的两种仪节。

《国朝丧礼补编》依据《家礼》和朱熹礼说，来修改古礼中不甚明了的部分，其具体内容如下。完善了国恤期间允许举行婚礼的时间，并依据朱熹的《君臣服议》对官员的公服进行了详细的规定。根据朱熹的观点，规定截止至大祥之前为上食期间。不能返回举行初虞时，可在途中的行宫举行；练祭后，结束朝夕哭，这些依然是根据《家礼》修改的。饭含改为不由内侍，由嗣王直接实行，这是将古礼和《家礼》复原成了相同的仪节。

通过丧礼仪节的修改建议或实际得以修改的仪节来看，可以发现朝鲜国恤具有的几种特征：第一，用古礼来改补《国朝五礼仪》的同时，对古礼中不明确的部分用《家礼》和朱熹的礼说加以完善，这种倾向一直持续。即复原古礼的同时，运用《家礼》的仪节完善古礼中的内容。在朝鲜打破士大夫之礼的界限，使《家礼》成为上下共同实行的、普遍之礼，这正是《家礼》在朝鲜的活用。第二，国恤治丧中减少内侍的参与，增加嗣王和官员的参与，以此来强化国恤公的特性。饭含，以及上食至大祥由国王亲行，虞祭之前的奠可以不由国王亲行。对仪节进行如此修改，均是为使国王实践孝养和爱敬之理。这也是用古礼来修改《家礼》时或依据《家礼》来修订古礼不够明确的内容时所共同的目的。通过丧礼的仪节来充分实践《家礼序》中所谓"爱敬之实"，这是整个朝鲜朝修订丧礼仪节的目的。另外，减少内侍参与，从初终开始由朝中大臣参与，这是为了强化臣民共治君主丧事的义理。总之，朝鲜朝时期国家礼制的改补，反映了国王修行人伦的公共作用，同时以此削弱国王独断国事的权力。

四、《家礼》与《家政》:《乡礼志》与《倪圭志》

进入18-19世纪，朝鲜出现了包含士大夫治家方略的著作。洪万选（1643-1715）的《山林经济》，柳重临的《增补山林经济》（1766），以及徐有榘的《林园经济志》（1827）为其中的代表作。这三部著作虽然是关于士大夫治家时所必须的农法、医疗、生活等方面知识的类书，但从内容构成上可以发现存在一定的差别。《增补山林经济》中新增加了《家政》篇，编入了日常生活的处事指南、忌祭馔定式等礼式，以及家产运营的方法等。[28] 他将《林园经济志》中《乡礼志》和《倪圭志》的内容进行重新整理，编为《家政》篇。《乡礼志》和《倪圭志》所收录的内容整理如下表。[29]

〈表2〉《乡礼志》内容

章	节	目	著·注·疏	备 考
通礼	乡饮酒礼	《仪礼》	郑玄注；贾公彦疏（节略）	同《乡礼合编》。
		《唐开元礼》		同《乡礼合编》。

---

28 如《先修身》《孝父母》《兄弟和》《夫妇敬》《训子孙》《教女儿》《安命》《修身》《齐家》等篇章中包含了生活伦理，《谨丧祭》《敬祭先》《时嫁娶》《加冠礼》《祭用诸物》等是与家礼相关的内容。另外，《力农桑》《治财用》《防火灾》等大部分是关于管理财货方法的内容。

29 以下两个图表转引自李俸珪：《由〈林园经济志〉考察枫石的礼学及景帝观》，《枫石徐有榘研究》（下），第317-323页，首尔：人之图纹（译者注）。以下内容是对这篇论文的缩减整理。

续表

章	节	目	著·注·疏	备 考
通礼	乡饮酒礼	《宋史·礼乐志》		同《乡礼合编》,阙《乡礼合编》之《行乡饮酒告先圣文》。
		《明集礼》		同《乡礼合编》。
		《国朝五礼仪》		同《乡礼合编》。
		新定仪	徐有榘	同《枫石集》。
	乡射礼	《仪礼》	郑玄注;贾公彦疏(节略)	同《乡礼合编》。
		《国朝五礼仪》		同《乡礼合编》。
		新定仪	徐有榘	同《枫石集》。
	乡约	《朱子增损吕氏乡约》	朱熹	同《乡礼合编》。
		社仓契约束	李珥	同《栗谷全书》。
	冠礼	《书仪》	司马光	同《乡礼合编》。
		《家礼》	朱熹	同《乡礼合编》。
		《国朝五礼仪》		同《乡礼合编》。
	昏礼	《书仪》	司马光	同《乡礼合编》。
		《家礼》	朱熹	同《乡礼合编》。
		《国朝五礼仪》		同《乡礼合编》。
丧礼	丧礼	复	徐有榘	《家礼》本文,本注;《仪礼》(注疏);《礼记》;《家礼仪节》;《书仪》;《丧礼备要》,徐有榘案。
		具纩(讣书式)		
		袭(具)		
		小敛(具)		

续表

章	节	目	著·注·疏	备 考
丧礼	丧礼	大敛（具）		
		成服（具；服制图）		
		朝夕哭奠		
		吊赙（慰疏式；慰人祖父母亡状式；答状式）		
		奔丧		
		治葬（具；祠土地祝文式）		
		发引（具）		
		窆葬（具；祠土地祝文式）		
		虞祭（具；祝文式；设馔仪；设馔图）		
		卒哭（答慰疏式）		
		祔祭（祝文式）		
		小祥（具）		
		大祥（具）		
		禫祭（具）		
		吉祭		
		改葬（开茔域祠土地祝文；启墓前祠堂告辞；启墓时祠土地祝文；启墓告辞；改葬后祠土地祝文；虞祭祝文；改葬后祠堂告辞）		

朝鲜后期《家礼》的活用：《国朝丧礼补编》与《林园经济志》为中心

续表

章	节	目	著·注·疏	备 考
丧礼	祭礼	立祠堂（有事告辞；改题主告辞；出主告辞；合祭埋主祝文式；合祭祖以上祝文式；合祭新主祝文式）	徐有榘	《家礼》本文本注；《张氏祭礼考》；《张氏祭仪考》；《家礼仪节》；《击蒙要诀》；《栗谷祭仪抄》；《丧礼备要》，徐有榘案。
		时祭（出主告辞；祝文式）		
		忌祭（出主告辞；祝文式）		
		墓祭（祝文式）		
		丧服中行祭仪		

〈表3〉《倪圭志》内容

章	节	目	引用书	著 者
制用	量入为出	①十分用七	陆梭山居家制用	陆九韶（宋）
		②丰俭异制		
		③贵富尤难守成	袁氏世范	袁采（宋）
		④岁月计		
		⑤日计	金华耕读	徐有榘
	节省	⑥奢俭利害	经鉏堂杂志	倪思（宋）
		⑦四养	鹤林玉露；福寿金书	罗大经（宋）；陈继儒（明）
		⑧节用毋忽少	袁氏世范	袁采（宋）
		⑨节俭延寿	岩栖幽事；昨非庵日纂	陈继儒（明）；郑瑄（明）
		⑩论衣食缓急	经鉏堂杂志	倪思（宋）

续表

章	节	目	引用书	著者
制用	节省	⑪燕馔宜从简	王道焜馔客约	王道焜（明）
		⑫食时三思	经鉏堂杂志	倪思（宋）
		⑬饭宜节约	增补山林经济	柳重临
		⑭食勿重肉		
		⑮敬惜五谷		
	戒禁	⑯五虚	黄帝宅经	
		⑰十盗	增补山林经济	柳重临
		⑱戒举债	增补山林经济；袁氏世范	柳重临；袁采（宋）
		⑲戒侵支国税	袁氏世范	袁采（宋）
		⑳戒抛财无用	增补山林经济	柳重临
		破家诸兆		
		戒营造破费	袁氏世范	袁采（宋）
		戒贾玩好	岩栖幽事	陈继儒（明）
		戒鄙啬	昨非庵日纂	郑瑄（明）
		戒火杂法	袁氏世范；人事通，知世事；增补山林经济	袁采（宋）；石成金（清）；柳重临
		警盗杂法	袁氏世范，人事通	袁采（宋）；石成金（清）
		弭盗杂述	袁氏世范	袁采（宋）
		宅舍关防	袁氏世范，人事通	袁采（宋）；石成金（清）
		戒浪费	快活方	石成金（清）
		戒质典		
		戒赁屋	传家宝	
		戒养闲汉		

续表

章	节	目	引用书	著者
制用	备豫	柴米宜备足	传家宝	石成金（清）
		米谷储新用旧法	知世事	
		储新法		
		预谋不失时	袁氏世范	袁采（宋）
货殖	贸迁	①治生须贸迁	八域可居志	李重焕
		②船利	八域可居志，北学议	李重焕，朴齐家
		③车利	热河日记，北学议	朴趾源，朴齐家
		④榷货		
		⑤商贩妙法	人事通	石成金（清）
		⑥商以公诚为主		
		⑦伪贾无益		
	孳殖	⑧假贷取息贵得中	袁氏世范	袁采（宋）
		⑨钱谷不可多借人		
		⑩金宝莫闲藏		
	治产	⑪论田土可宝	恒产琐言	张英（清）
		⑫田产界至宜分明	袁氏世范	袁采（宋）
		⑬置田不必膏腴	恒产琐言	张英（清）
		⑭置田五要		
		⑮邻近田产宜增价买	袁氏世范	袁采（宋）
		⑯田产不宜鬻	恒产琐言	张英（清）
		⑰违法田产不可置	袁氏世范	袁采（宋）
		⑱交易宜著法绝后患		
		⑲置产当存仁心		
		⑳存恤佃客		

续表

章节	节	目	引用书	著者
货殖	治产	婢仆须宜土人	袁氏世范	袁采(宋)
		雇婢仆要牙保分明		
		买婢妾当审可否		
		修治陂塘		
		种树毋失时		
		兼并用术非悠久计		
		分析务平均		
	勤励	勤俭为根本	传家宝	石成金(清)
		勤惰利害	快活方	
		每日早起	人事通	
		勤耕织	人事通	
		勤俭要有分别	人事通	
	任使	干人择淳谨	袁氏世范	袁采(宋)
		优恤婢仆		
	八域物产	总论	星湖僿说	李瀷
		京畿	舆地图书	官撰
		湖西		
		湖南		
		岭南		
		关东		
		海西		
		关西		
		关北		

朝鲜后期《家礼》的活用:《国朝丧礼补编》与《林园经济志》为中心

续表

章	节	目	引用书	著者
货殖	八域场市	京畿	金华耕读记	徐有榘
		湖西		
		湖南		
		岭南		
		关东		
		海西		
		关西		
		关北		
	八域程里表	西北抵义州第一		徐有榘
		东北抵庆兴西水罗第二		
		东抵平海第三		
		东南抵釜山第四		
		东南抵太白山第五		
		南抵统营第六		
		西抵江华第七		
		京畿列邑相距里数		
		关东列邑相距里数		
		湖西列邑相距里数		
		湖南列邑相距里数		
		岭南列邑相距里数		
		海西列邑相距里数		
		关西列邑相距里数		
		关北列邑相距里数		

《乡礼志》中收录了家礼式和乡饮酒仪、乡射仪、乡约、社仓契约束等乡礼式。乡饮酒礼、乡射礼、乡约、冠礼、婚礼的礼式,是将他曾经参与编纂的《乡礼合编》中的相关内容照搬过来的。其他内容,乡礼后附加了李珥的《社仓契约束》,丧礼和祭礼由他制定的礼式来取而代之,并将他制定的《乡饮酒仪》和《乡射仪》附加到乡饮和乡射两节之后。《倪圭志》收录了财政管理方法——《制用》,以及财产增值与买卖、奴仆管理方法等内容。《货殖》后附有全国8道市场的位置,和市场间距离的图表。[30]

徐有榘新编的丧礼和祭礼的礼式,仿照了附注本《家礼》的结构框架。直接采用《家礼》本注,只有附注部分参考古礼、《家礼》附注、《家礼仪节》、《丧礼备要》,加上新注,根据需要添加自己的意见。关于祭礼,删除了始祖相关规定,将《家礼·通礼》部分的"祠堂"内容放在《祭礼》前。总体来看,使用了"《家礼》的节目—《家礼》本注—徐有榘或引用他人观点或直接添加注释"的框架。

对于丧祭礼,徐有榘重点运用了朝鲜的礼书——《祭仪钞》《击蒙要诀》《丧礼备要》。虽然结构框架与《丧礼备要》不同,而使用附注本《家礼》的结构框架,即经(《家礼》本文)—注(本注)—疏(徐有榘的注释)。虽然内容上活用了很多朝鲜的俗制,但仪节和物品方面非常积极地使用了朝鲜的礼书。如此编纂,与其祖父徐命膺直接制定并附加于《考事新书》后的丧礼相比,要缜密很多。

---

30 大阪本中没有这部分,应该是徐有榘后来添加的。相关分析可参考郑明炫(音译),《倪圭志解题》,郑明炫等译,《林园经济志朝鲜最大的实用百科字典》,播种的人,1461-1465页,2012年。

与《四礼便览》不同,他的编辑方法更加忠实《家礼》的行礼方式。可以说,《乡礼志》的丧礼和祭礼以畿湖学派礼学成果为基础,是18世纪种类多样的家礼式的一种类型。

与《增补文献备考·家政》的结构框架相比,《倪圭志》内容的重点在于财货的管理。不仅中国的资料,书中还大量引用了《增补山林经济》和李瀷、李重焕、朴趾源、朴齐家、柳重临等朝鲜学者的见解。财货的管理方法方面多引用《增补山林经济》,通过商业活动使财货增值的方法多采用李忠焕、朴趾源和朴齐家的观点。将粮食作为财货的重心,与健康相联系,节约用度的方法、预防火灾等意外情况的方法,都使用了《增补山林经济》的相关内容。而利用马车、船舶等交通工具使财物流通更加便宜,促进商业发展来增加财物的方法,则采用了李重焕、朴齐家、朴趾源的观点。徐有榘强调,家庭财政的管理要以收入的70%消费、30%存储为基本原则,存储的对象为米而非银子等可以被轻易消费的东西,70%用于消费的财物要有部分用于救济街临,财政支出勿要低于50%。[31] 他还认为,正常收入的60%–70%用于支出是正常的,所以他告诫世人若支出低于50%会丧失人心,在邻里间招致恶名。[32] 因此为了自身经济的安定和邻里,要维持一定的消费水平,对此他曾说:

---

31 徐有榘:《林园经济志》册5,501–514页,《倪圭志·制用》。
32 同上书,第501页"量入为出":可余而不可尽用,之七分为得中,不及五分为太啬。(盖于所余太多,则家益富,将至僭侈无度,则入于罪矣。)同上书,第502页"丰俭异制":"夫丰余而不用者,疑若无害也。然已既丰余,则人望似周济,今乃恝然,则失人之情矣。既失人之情,则人不佑之,惟恐无所隙,苟有隙可乘,则争媒孽之,虽其子孙,亦怀不满之意,一朝人乎若决堤破防矣。"

> 前言所谓存留十之三者,为丰余之多者制也……以一月合用之数,约为三十分者,非为必于其日用尽。但约见每月每日之大概,其间用度自为赢缩,惟是不可先次侵过恐难追悔,宜先余而后用以毋贻鄙吝之议。[33]

这段引文,徐有榘摘自陆九渊的《居家制用》,《增补山林经济》的《家政》篇中也同样引用了这段话。为了家庭管理的稳定,徐有榘认为要有部分支出以救助贫困的乡邻。同时告诫大家不能为了自身的富有,而向邻里收取高额利息或逼债,[34] 也不能以兼并的方式抢夺邻里财物。[35] 总之,徐有榘批判以给邻里带来灾祸而积蓄自身的财富方法,提出了能达到收支良性循环的存储和消费方式,这是与邻里共生的"相资相生"型财政运营方略。与《家政》相比,《倪圭志》更积极地主张用货殖,即财货增值的方法运营商业。李重焕、朴致远、朴齐家都认为,由于运输工具落后,而使各地区物产无法有效流通,由此进一步导致全国物价无法得到统一调控,致使民生物资不能相资相生,徐有榘将这些观点放在了《货殖》篇篇首。[36] 他还利用《舆地图书》等,将全国8道的市场分布于相关市场的主要商品,以及以首都为中心的路线和间隔距离、8道各邑间的距离,在《货殖》后进行了详细地整理,以图表的形式展示出来。这反映了,徐有榘等当时的学者站在国家经济的层面,通过开发运输工具来促进商品流通和减少地区间物价差异的思想。这正是

---

33 徐有榘:《林园经济志》册5,第502页"丰俭异制"。
34 同上书,第507页"戒吝啬";第518页"假贷取息贵得中";第521页"存恤佃客"。
35 同上书,第520页《货殖·治产》"治产当存仁心";第522页"兼并用术非悠久计"。
36 同上书,第515-517页《货殖·贸迁》篇的"治生须贸迁""船利""车利"。

利用厚生的观点。《林园经济志》总体上来看，重视农业生产的本利，同时体现了通过促进商业流通来达到各地区相资相生的意图。徐有榘并不认同士大夫通过商业利润来增值家产。不过冠婚丧祭等家礼实行中需要一定的财物，为获得和扩充这些财物可以获取一点商业利润。[37] 另外，经营财货时，可以参照物价变动或产物情况等，获取适当的利息。总体来看，他并不认同士族们为致富放弃作为本业的农业而从商，但从事本业的同时，获取一点商业利益以稳定家庭经济，这是可以的。

徐有榘认为，为保证收支的良性循环，要重视节俭，但维持人伦礼节的费用不能吝啬。[38] 根据自身情况，若不满意于存储 30% 的财货，可适当增加存储，丧礼和婚礼的费用也可以调整。丧礼的费用根据家庭收入情况可有所变动，婚礼费用大体上参考丧礼费用即可，[39] 他还指出"礼可不废而财不匮"，[40] 以此劝导世人运营经济。

---

37 徐有榘:《林园经济志》册5，第515页《货殖·贸迁》："人生于世，养生送死，皆需财用，而财非天降地涌，故必待贸迁有无。贸迁之道，舟利为最，车马次之。若乃富商大贾，南通倭国，北通中国，积年灌输天下之物，或至累百万金者，惟汉阳多有之。次则开城，又次则岭南之东莱、密阳，关西之义州、安州、平壤，皆以通南北之路，每获奇羡，其利倍蓰于国内商贩。然士大夫不可为此，但视鱼监相通处，置船受赢，以备冠婚丧祭之需，亦何害哉？"这部分内容引自李重焕的《择里志》。

38 同上书，第523页《货殖·勤励》"勤俭要有分别"："俭用只是量入为出，不急之事莫为，至于孝悌忠信，人伦礼节之类，应用钱财者，亦不可鄙吝。"

39 同上书，第502页《制用·丰俭异制》：《记》曰"丧用三年之防"，注谓"防，什一也"，正今所谓留三分数。凡丧葬所费，其丰俭之节，当以此为准。今谓人家昏礼，当视丧礼所费，则丰俭亦似得中，其有贫者，岂可复立准，则所谓敛手足形还葬而无椁，人岂有非之者，则昏礼宜俱无所废，所谓"迨其谓之"足矣。

40 同上书，第502页《制用·丰俭·异制》。

在祭典的相关条目中，徐有榘借用曹端（月川，1376-1434）的观点，将50亩[41]祭田作为运营祭礼的独立财产，永久固定。[42] 50亩祭田的收入，可维持怎样的祭祀规模，尚不明确。笔者认为，大体可提供4代以内小宗祭祀所需财物，基本维持家礼的实行和宗族的承继。稳定地维持生计和实行家礼、乡礼所需财货使仪礼得以正常进行，如此的家政经济管理，是一种礼治经济体制，这正是《林园经济志》所追求的经济观。

从东亚儒教史的发展来看，《家礼》的出现使士族们在现实生活中，可以不受身份限制、充分发挥儒教本质。水稻种植区域的扩大和集中的协同劳动，要求更广阔的空间，这成为东亚社会的普遍现象。同时以实行家礼为媒介，形成家族共同体，从而家族共同体间合作经济的管理方式得以发展。宋代理学的发展促使《小学》《家礼》问世，两部书是共同体生活伦理和文化方式的主要模式。但关于维持家礼共同体所需的经济策略，宋代并未出现相关范本。宋代以后，东亚各地区根据本地区的情况，创作了标准的家礼书，而保证家礼实行的家政经济运行策略也得以文本化。从这样的历史发展来看，《乡礼志》和《倪圭志》提出了家礼，甚至乡礼的标准，成为礼治家政经济管理方略文本化的典型事例。可以说它是具备了家礼、家政完整体系的、屈指可数的事例。

41《家礼·通礼·祠堂》中未提及祭田的规模。祭田的规模与家族规模相关，不同家族其规模也不同。例如，由宋代开始延续至清代的仪文郑氏，其家族的《郑氏规范》中规定祭田为150亩。笔者认为，祭田如此规定，与郑氏家族未停止始祖祭祀、同时供奉5世以上神主的家族管理方式和祭祀规模的差异有关。

42《林园经济志·乡礼志·祭礼·立祠堂》"置祭田"条。

五、结论

在朝鲜社会,《家礼》礼式得以广泛实行,各种家礼书层出不穷,这是士大夫和朝廷双方积极努力的结果。可以说,朝鲜初期开始朝廷便以法制形式,规定想要出仕的士子必须具备《家礼》相关知识,士大夫在书院教育中也将《家礼》和《小学》列入初学者的教育课程,民间和王室都将《家礼》作为礼式的标准,积极地使用。

国家礼典的制定和修改过程中,《家礼》与古礼同时作为论据被积极活用,这成为朝鲜王朝的一个特征。太祖丧中,太宗依据《家礼》制定丧葬礼式,创作了《太祖康献大王丧葬仪轨》。太宗丧中,世宗运用《家礼》和《太祖康献大王丧葬仪轨》制定丧葬礼式,从而创作出《太宗恭定大王丧葬仪轨》。这些又在成宗时《国朝五礼仪》的编纂中被使用。朝鲜士大夫依据古礼和《家礼》,不断提出修改《国朝五礼仪》的主张。17 世纪金集提出的《古今丧礼异同议》,是其对之前士大夫意见的综合整理,成为 18 世纪朝廷编纂《国朝丧礼补编》的参考书。可以说,《国朝丧礼补编》是朝鲜朝廷反映士大夫意见,而修订的丧礼礼典的最终成果。

《国朝丧礼补编》依据《家礼》修订礼式,减少内侍参与,增加嗣王和官员的参与。从而国丧的礼式中,强化了国王亲自实践爱敬人伦的义理,以及臣民共治国丧的义理。整个朝鲜时期,国家礼典不断修订,修订的目标是强化国王实践人伦的公的作用,预防其对国事的独断,这期间《家礼》和朱熹的礼说一直是主要的论据和标准。

在朝鲜,《家礼》对治家的经济观产生了深刻的影响。士大夫们依据《家礼》,制定和实践家礼礼式,为维持家的传承制定和实行治家治产策略。《增补山林经济》的《家政》和《林园经济志》便是其中的代表。徐有榘改编了同时具备礼式和家政内容的《家政》结构,并将乡礼和家礼礼式编为《乡礼志》,将家产管理策略编为《倪圭志》。这是难得一见的、家礼和家政兼具的实例。从伦理和礼式层面更进一步,经济层面上也将礼治观念以文本的形式具体化。

通过家礼的稳定实行来达到家的承传,徐有榘从这一角度制定管理家产的方案。农业为本利,商业利润的取得只能用于扩充实行家礼所需财物,建立和邻里相资相生的财政收支形态。这是《家礼》问世后,朝鲜士大夫们为维持作为家礼共同体的家,而制定和实行家政的典型。

朝鲜后期代替《家礼》的新定式：
以《四礼家式》*为主

[韩]全圣健（国立安东大学）

一、绪论

　　朝鲜王朝家礼文化的成长与发展是基于对于《家礼》的贯彻、对《家礼》本身所具有的问题的完善、对来自于与中国和时空间差异造成的各种变礼的积极应对以及与朝鲜礼俗的沟通完成的。而朝鲜后期能够切实体现以上多种问题意识的代表性家礼书即是《常变通考》和《家礼增解》。《常变通考》根据《家礼》的编次重新对章节进行了划分，并在附录中汇聚了古今的常礼和变礼。《家礼增解》虽以《家礼》为基础，但增补了变礼，对古礼进行解释并揭明了变礼的意义。著述此书的目的是为了在与中国的时空间不同的朝鲜施行变礼。

　　明代琼山丘濬（1420-1495）的《家礼仪节》通过对古礼和北

---

* 并不存在以《四礼家式》作为书名的手写本，但1822年丁若镛《自撰墓志铭》(集中本) 中却提到了"《四礼家式》9卷"，奎章阁本A《祭礼考定・嘉礼酌仪》中也标明了"四礼家式的卷次"，因而以此为依据而使用了《四礼家式》这一书名。

宋时期时制的考证从理论上进行了补完,并通过具体的仪节探寻了行礼之偏倚。另外,他还增加了改葬、返葬的仪式,并展示了应对变礼的问题意识。西坡申义庆(1577-1648)纂辑的《丧礼备要》继承了《家礼仪节》的问题意识,补充了《家礼》中被遗漏但在礼经中被明文规定的内容,并探寻了行礼之偏倚。就继承了他们之问题意识而言,《丧礼备要》可谓是朝鲜版《家礼仪节》。在这种文化的绝顶期,茶山提出了《四礼家式》,由此,我们便可以考察他所抱有的时代性问题意识。[1]

> 镛案:东儒唯沙溪,【金文元公长生】最为知礼,而特从四世之制。此所以举世遵用也。然沙溪之礼,盖从《家礼》,《家礼》出于《书仪》。《书仪》者,温国公司马光之作。彼固天子之上相,得用上公之礼者也。藩邦之士、庶人,其敢倚是乎?(《四礼家式·祭法考》)

沙溪金长生(1548-1631)被称为朝鲜后期礼学宗匠。他的礼说被尤庵宋时烈(1607-1689)、南溪朴世采(1631-1695)、明斋尹拯(1629-1714)继承,不仅对京乡的西人学者产生了影响,还对岭南和近畿的南人学者产生了重大影响。沙溪的礼说遵从了《家礼》,而家礼出自《书仪》,《书仪》是司马光的作品。但茶山认为,天子之上相自然要使用上公的仪式,而番邦的士人和庶人则不可使

1《丧仪节要·序》:"余笺释丧礼,既有年矣。博而不约,览者病之,愿有节要文字。顾谦让不敢为此者,诚以贵贱异位,富贫殊力,古今异宜,华东殊俗,性好各偏,识趣随别,参酌会通,其事实难也。"

用这种仪式。

茶山的这种观点一方面是对近畿南人之宗长星湖李瀷（1681-1763）的礼学成果的继承，另一方面则是应对当时的时代状况进行了改新。星湖认为有必要重新确立自身这样的从士沦落为庶人的匹庶能够施行的家礼规范。他还批判沙溪金长生及其门下的礼说，试图以新的视角提出对案。而其努力的产物即是《家礼疾书》和《星湖礼式》。尤其是《星湖礼式》，在星湖死后，成为星湖家门及其门下家门中实际传承的家礼规范。

二、星湖学派的问题意识

沙溪金常生与慎独斋金集（1574-1656）父子及弟子所完成的畿湖礼学成果为朝鲜的各种礼制提供了标准仪式，并且通过古礼对《家礼》进行了理论性补完。作为沙溪的弟子、畿湖学派的代表性热人物尤庵宋时烈（1607-1689）之所以主张必须将沙溪从祀于文庙，是因为他提出了继承晦庵朱熹（1130-1200）和勉斋黄榦（1152-1221）之礼学研究的理论。最终，沙溪从祀于文庙实现于1715年（肃宗41）。

尤庵宋时烈评价沙溪的方式体现了通过道统，即通过确保学问的正统性而确立畿湖学派学术地位的问题意识。另外，这也是朱熹评价二程之学问的方式，可以说他们的这种方式试图通过评价使他们自身的学术使命正当化的方式。并且这种方式可以说是通过沙溪的正统性来削弱退溪学派地位的方式。

星湖李瀷按照不同条目细致地探讨了朱熹《家礼》，将自身的观点整理为《家礼疾书》。并且也与邵纳尹东奎（1695-1773）和顺庵安鼎福（1712-1719）等弟子一起整理了退溪李滉的礼说，编纂了《李先生礼说分类》一书。他还认为，虽然《家礼》并非朱熹晚年的定论，因而需要补完，但却具有实现邦俗统一的"一王之法"的地位。因此，可以说他的《家礼疾书》具有补完作为一王之法的《家礼》的问题意识。另外，星湖认为退溪是继承朱熹礼学宗旨的嫡传。这是因为就如同通过朱熹可以使周公之礼制大放光彩于世一样，通过退溪可以使《家礼》再次在朝鲜大放异彩。

星湖评价朝鲜礼学认为，就岭南学派而言，退溪以后，星湖学派在沙溪金长生之后没有任何进展，呈衰退之势。因此，星湖主张，要实现朝鲜礼学新的发展需要不断加强三礼书的阅读。星湖的这种问题意识，如同《金沙溪〈疑礼问解〉辨疑》一样，包含着沙溪及其门下为了克服礼说而进行的批判性努力。星湖的高弟邵南还对沙溪《〈疑礼问解〉剳疑》和《〈丧礼备要〉剳疑》等礼说进行了批判性探讨，贞山李秉休也著述了《读〈愚伏答沙溪论礼问目〉剳疑》等，指出了星湖学派礼说的问题。

继星湖将岭南的退溪视为朱熹的嫡传之后，星湖与其门下将星湖视为岭北，即近畿地区继承退溪学问的嫡传。概而言之，星湖与门下的这种努力，一方面确立了继承退溪学的南人在近畿地区的整体性，同时，展示了沙溪之后对畿湖学派在学问上的对应。

三、《星湖礼式》的再解释

进入17世纪，制定并实践家门中家礼的仪式与乡村中所需的宗规和乡规的努力进一步扩大。这在星湖学派也不例外。星湖经历了家门中的大小事宜后，提出了自身在家中实行的家礼仪式。他在筹备孙子九焕的冠礼和婚礼过程中确立了《删节冠仪》和《娶妇仪》，在嫁女儿的过程中确立了《嫁女仪》，在筹备妻子丧礼的过程中确立到了《丧威日录》，并且为了家中的祭祀和后嗣门徒制定了《家宗法》《参礼式》《墓祭式》《丧内行祭式》《祝式》等各种家礼仪式。星湖死后，这些仪式由贞山李秉休汇集为《星湖礼式》，受到了星湖家门的遵行与补完，甚至进行了重新改定。

《家礼》或者沙溪门下整理的《家礼辑览》《丧礼备要》等只要是以出仕的士大夫的家门的行礼为主的，因而追求礼式的厚重，相反，《星湖礼式》则遵循了《家礼》的体制的同时，运用并完善了朝鲜的礼学成果，并提出了匹庶所遵行的家礼形式。这是因为贯通于星湖礼学的问题意识是为了使以匹庶身份生活的士大夫后裔即使生活不富裕，也能够维持家门的宗法秩序。并且对《家礼》的完善旨在施行符合身份的礼制和节约不必要的费用。

但由于《星湖礼式》与《家礼》存在差异，因而招来了世人的质疑，这就成了星湖门人所面临的一大课题。贞山在《星湖礼式序》中叮嘱不要使用"违于朱子"这一表达；顺庵辩护道，星湖是由于经济状况而主张缩减家礼的仪式，此并非是他的本意；茶山担忧《星湖礼式》过于简朴且多有违于古礼被诸识者所知。

星湖死后，星湖门下的家礼仪式大致分为两个方向。其一，将过于简朴的形式按照《家礼》进行完善，减少其与《家礼》的差异。其二，立足于古礼的原则，超越《家礼》和《星湖礼式》确立新的家礼书。前者出现于顺庵门下，后者出现于茶山门下。顺庵著有《家礼注解》《家礼冀》《家礼集解》等，并不断进行关于《家礼》的研究。虽然这些著述现已失传，但从其文集中的礼论来看，可谓具有回归《家礼》之体系之貌。

后者通过茶山的代表性著述《四礼家式》可以得以确认。茶山首先试图通过《丧礼四笺》复原古礼。关于其方法，首先是运用有利于理解《仪礼·士丧礼》的《礼记》；其次是活用经书和先秦古文中出现的与丧礼有关的事例；第三是获得被流放于黑山岛的巽庵丁若铨（1758-1816）的检验。并且为了便于行礼，以《丧礼四笺》中所复原的古礼为基础著述了《四礼家式》。

四、《四礼家式》的特殊性

《四礼家式》是系统整理冠婚丧祭四礼的家礼书。《四礼家式》由以实行《丧礼四笺》为核心的《丧仪节要》6卷、从祭礼层面把握比古礼更奢侈的时俗的《祭礼考定》2卷和追求冠礼和婚礼之实用性的《嘉礼酌仪》1卷。

丁若镛虽以再现古礼之理想为目的，但当面临着能否在现实中实行的问题时，他试图在坚持古礼之宗旨的情况下遵循时俗或者提出具有现实可能性的对策。即，如果《丧礼四笺》是从理论上探讨了古礼的理想，那么《四礼家式》则是在考虑古礼之原则的同时提高现实实用性的著述。《四礼家式》作为具有实用性的家礼书，将古礼的原则和朝鲜的时俗加以折中，因此，朝鲜后期礼学的发展不仅是对朱熹《家礼》的受容与理解，而是进一步将其发展成了新定式的家礼书。

茶山的《自撰墓志铭》中虽记载道,《四礼家式》是经集232卷中的一本著述,总共9卷。但问题是此书并未流传下来,仅存在其名而已。《〈与犹堂全书〉中关于礼学著作的再构成与年代考证》一文中指出,《四礼家式》由《丧仪节要》、《祭礼考定》、《嘉礼酌仪》(《冠礼作意》、《婚礼酌仪》)构成。为了了解《四礼家式》的成立过程,有必要首先了解一下《丧礼四笺》。

茶山1803年开始著述《丧仪匡》,1807年《丧具订》、1809年《丧服商》、1811年《丧期别》,此即《丧礼四笺》。但当把这些标准原封不动地运用于现实生活中时,便多少会产生问题。由于存在着为了便于行用而对这些内容进行整理的呼声,茶山就在丧礼之外增加冠礼、婚礼、祭礼,构成了四礼,此即《四礼家式》。而《四礼家式》整合了1808年著述的《祭礼考定》2卷和1810年完成的《嘉礼酌仪》2卷,并整备了四礼的礼式,是为了便于在日常生活中的实践而著的实用礼书。

《冠礼作意》的本文中记录了告庙→戒宾→宿宾→陈服→始加→再加→三加→醮子→冠者见父→字冠者→醴宾→拜宾→冠者见母→冠者见庙等仪节,提出了与《家礼》《星湖礼式》的不同以及对仪节的补充说明。《冠礼作意》总共包含15个条目。

《婚礼酌仪》的正文记录了纳采→问名→纳吉→请期→纳征→亲迎→共牢→见舅姑→醴妇→盥馈→妇见庙→飨妇等仪节,还探讨了《家礼》《书仪》《星湖礼式》等。在此收录了《盥馈图》和《共牢合卺图》两图。《婚礼酌仪》总共包含16个条目。

《丧仪节要》的正文总共由6卷构成,卷1中包含始卒→袭含→小敛→大敛→成服→成殡条目,卷2中包含启殡→朝奠→发引

→窆・反哭→虞祭→卒哭・祔→小祥→大祥→禫祭→奔丧→居丧之制条目，卷3中包含这1815年冬长子丁学稼以及《丧仪节要》卷1中关于从始卒到成殡的问答。卷4包含1816年弟子李纲会的父亲去世，他在置办父亲丧礼时对丧礼提出的疑问，关于殡之前，以与学稼的问答内容进行了回答，而关于启殡之后到释祭的问答则单独构成了一篇。卷5中，将1803年流放康津之时，读礼书过程中在草稿堆中找到的《礼书劄记》1卷于1816年附加到了《丧仪节要》之后。卷6则收录了1811年完成的《本宗五服图》和《五服沿革表》。

《祭礼考定》的正文由《祭法考》《祭期考》《祭仪考》《祭馔考》四部分构成。《祭法考》按照身份的不同，规定了奉祀代数和庙制；《祭期考》规定了时祭、荐新、朔参、忌祭、墓祭的时间与次数，并且禁止后土祭、俗节；《祭仪考》对《仪礼》中的《少牢馈食礼》《特牲馈食礼》和《家礼》加以折中，使其具有可行性，并且还涉及了包含礼意的祭仪；《祭馔考》规定了祭馔的规模和等级、祭器的规格和材料、吉祭和丧中祭馔等。还收录了与祭需相关的《小牢加豆加笾考妣合食之图》《特牲加豆加笾考妣合食之图》《小牢牷享图》《特牲图》《特豚图》《指尺之半》6图。

如上所论，《家礼四式》的目的在于使为了寻求古礼之原型而著述的《丧礼四笺》成为简便易行的实用性礼书，是努力对《星湖礼式》加以批判性修正、补完的产物。

五、结论

星湖学派的礼论具有以下几个特征。第一，视退溪为朱熹学问的嫡传,确立了星湖学派的学问整体性。这一方面指出了星湖学派是退溪学派的一员,另一方面也体现了应对畿湖学派的礼学并确保星湖学派之学术正统性的努力。即,通过沙溪的礼学,应对畿湖学派继承了朱子学道统的尤庵门下的学术追求,并试图重新确保其学术正统性,这种问题意识构成了星湖学派的礼论基础。

第二,星湖学派的礼论与自身的家族、宗族紧密结合,并与试图维持两班士族之地位的现实关怀相关。这是积极地将礼学与自身的现实问题结合,是作为匹庶,试图实行家礼之仪式的现实性苦心的产物。可以说为实现与身份相符的礼制并克服现实困难而提出的节俭态度与方式鲜明地体现了星湖礼学的问题意识。

第三,星湖门下虽然积极地继承了星湖的礼说,但以顺庵为中心,呈现了试图通过减少与《家礼》之不同部分的方式进行补完的样象。这是对世人认为星湖礼学中所提出的匹庶的家礼仪式与朱熹之礼学具有相当大差异之批判的应对,可以说具有"保守性倾向"。

但不能因此便认为星湖学派的礼说皆具有保守性。茶山的《四礼家式》提出了新格式的家礼,《四礼家式》的特征如下:

(一)《四礼家式》认为《星湖礼式》过于减少了礼式,对于违反古礼精神的部分进行了批判性继承。茶山认为,虽然应按照时宜坚持节俭,但如果家计有余力,应进行厚礼,所以主张应根据经济实力对行礼进行调整。

(二)正如星湖门下的邵南和顺庵等的礼说一样,相比于矫正《星湖礼式》以减少与《家礼》之不同的保守倾向,《四礼家式》以古礼的精神为本,提出了符合朝鲜现实的家礼书,呈现了代替《家礼》的倾向。

（三）《四礼家式》虽在茶山家门中被作为家礼规范，但又并非仅局限于家门之中。这是因为茶山所著的《丧礼四笺》（古礼的复原）和《四礼家式》（实现性运用）是作为体制改革中的一环的。

茶山在寄给儿子的信中说道："使我成此书于数年之前，岂不疏陈于先朝，沛然施行乎？书成于邑，悲不自胜也！"[2]，关于茶山仁政与礼制立场的研究大多数以"一表二书"（《经世遗表》《牧民心书》《钦钦新书》）为中心的。如果说一表二书是为了实现朝鲜王朝方礼的体制改革的著述，那么《四礼家式》则可谓是实现朝鲜王朝家礼之体制改革的著述。可以说茶山对正祖离世的哀惜很好地体现在了茶山对体制改革的意志之中。

---

[2]《寄两儿》："兹所去《祭礼考定》一卷，此吾平生之志也。大牢少牢之名，世非不知，唯知为牛一羊一豕一与羊一豕一之名，其笾豆簠铏之秩然若天成地造，人所不知耳。古人燕飨祭祀，皆有品级，每于大牢少牢特牲特豚一鼎脯醢，六者之中，拣而用之。其一菜一果，不敢任意增损，先王法制之严且密如是也。大牢者，天子诸侯之物，今监司巡历之飨，其铏俎笾豆之数，较之大牢，不啻五倍。古所谓饮食若流，流连荒亡，不幸近之，吾兹祭礼，不唯祭祀是为。凡京外使客支应及婚姻寿考，一切燕飨之馔，并宜画一为制，使之钦此钦遵，无敢逾越，则于世道不亦有裨？使我成此书于数年之前，岂不疏陈于先朝，沛然施行乎？书成于邑，悲不自胜也！"

越南汉喃家礼书籍研究：版本与特征

[越南] 武越鹏（越南汉喃研究院）

绪论

越南家礼指家族家庭范围中的全部礼仪，此意义内涵与"家礼"本源意义相比已有一定发展。15世纪之前，中国家礼随着文化交流之路开始传播到越南。15-17世纪，《性理大全·文公家礼》《文公家礼仪节》等家礼文献正式通过官方或非官方的途径传入越南，对越南思想文化产生了较大影响。17-18世纪，越南礼学的实践不明并且关于礼学方面的文献多半不一。面对儒教社会道德沦丧、礼仪陷入危机等背景，越南封建朝廷颁行提高道德的司法工具，同时儒士官员也不停撰写家礼书籍，一边为了满足当时人们实行仪式的需求，一边有助于封建国家提高民众的法律道德知识。从而越南家礼书籍开始形成，代表有吴仕评《家礼捷径》、胡士扬《胡尚书家礼》、胡嘉宾《寿梅家礼》等喃字家礼著作相继问世。从18世纪到20世纪，除了上述作品多次印刻，广泛流行，普遍使用，以外，还出现了大量家礼的著作，一时得到繁荣地发展，形成越南家礼书籍体系，有其版本特征和内容特征，对17-

20世纪越南社会习俗影响深远,可称为越南家礼发展最为繁荣的阶段。

本文以越南社会科学翰林院所属汉喃研究院所藏为限,首先进行梳理汉喃家礼文献,再从数量、版本、文字、内容等方面进行探析越南汉喃书籍特征。

一、汉喃家礼书籍

到目前为止,汉喃研究院收藏家礼古籍有十一种,大概六十文本左右,简单说明如下。

1.《家礼捷径》Gia lễ tiệp kính

《寿梅家礼》所记"本朝永盛三年东岸县三山社吴仕评撰捷径家礼刻行于世",《雨中随笔》所记"小尹阮公撰家礼捷径托名吴尹"。据此所知编者就是吴策谕,又称为吴仕评,东岸县三山社人(今属越南北宁省),中进士于景治二年甲辰科(1664年),官至奉天府尹。

吴策谕撰写《家礼捷径》于1682年以前。《家礼捷径》现存一种永盛三年(1707)印行的版本,馆藏编号AB.572,版式高19公分,宽14公分,全书正文共

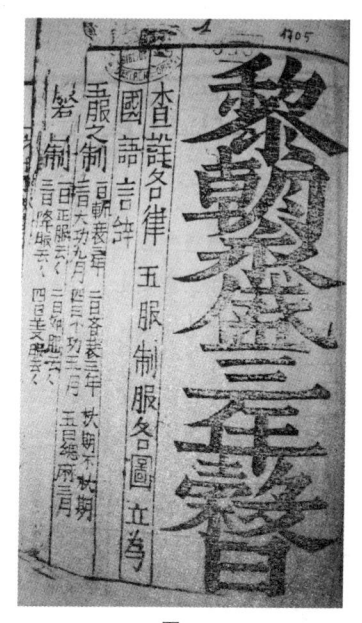

图1

七十四叶[1]，每半叶八行，每行大字十八字，小字双行不等。

书名围匡部分被撕去，卷末题"家礼丧祭捷径卷终"，据此推考此版本是《家礼捷径》。第一叶纵刻五列，自右至左依次为"黎朝永盛三年榖日/查详各律五服制服各图立为/国语言辞/五服之制（小字注：一曰斩衰三年，二曰齐衰杖期不杖期，三曰大功九月，四曰小功五月，五曰丝麻三月）/服有四制（小字注：一曰正服云云，二曰如服云云，三曰降服云云，四曰义服云云"（图1）。

正文从第一后半叶到第七四叶。正文每半叶九行，行二十二字。卷一用喃文（具体是喃文间有汉文，但是以喃文为主），内容记载丧服制度，包括本宗九族五服制服、为宗人服、八母报服等，另外还有本宗九族立服之图、三父八母制服之图、外族母党妻党服图、妻为夫族服图、夫为妻亲服图、妾为君服图、女出嫁为本宗服图、根生枝叶图等图。卷二用汉文，内容引导实行祭礼丧礼仪式，附有元旦、端阳、中元等节祭文。

2.《胡尚书家礼》Hồ Thượng thư gia lễ

又名为《胡相公家礼》。本来包括两卷，上卷名为《家礼国语》，下卷名为《家礼问答》。1739年，搜寻到这本书之后，朱伯珰进行刻印，命名为《胡尚书家礼国语问答》，简称为《胡尚书家礼》。

编者是胡士扬（1622-1682），琼瑠县完厚社人（今属越南乂安

---

1 叶：古籍版式术语，同"页"，指古籍双面印刷的一纸，包括两半叶，正中有或没有版心。

省琼瑠县琼堆社），官至工部尚书。撰写的年代是大约1676-1682年。汉喃研究院现存《胡尚书家礼》印本二种。

1739年印本的馆藏编号AB.592、版式高19公分，宽12.5公分，全书正文共六十六叶，后有嘉隆十一年（1812）所刻的《寿梅家礼》。内封尚存后半叶，纵刻"皇朝永佑万万年之五端阳中浣"字样（图2）。

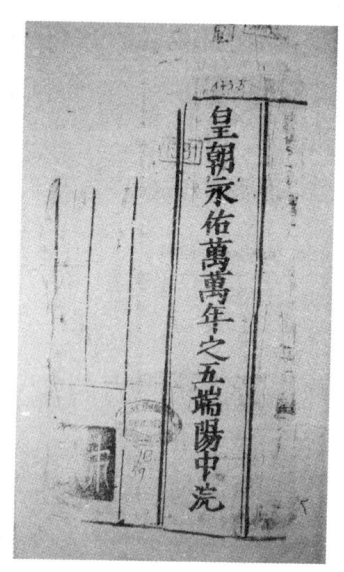

1767年印本的馆藏编号AB.175，版式高18公分，宽12.5公分，全书正文共七十叶。内封被撕去，序末题"大越景兴二十八"，下方已被撕去。

1739年印本的行款字体与1767年印本相同，正文每半叶九行，每行大字二十字，小字双行不等（图3）。

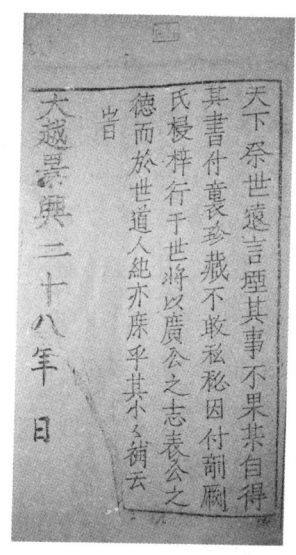

馆藏编号A.279的写本，高30公分，宽20公分，全书共四十五叶，名为《胡尚书家礼》，但是内容包括《胡尚书家礼》的序文、《家礼捷径》的服图、丧礼的仪式等，所以此本不是《胡尚书家礼》。

图2

图3

《胡尚书家礼》正文包括两卷:"卷之上"和"卷之下"。卷之上名为《家礼国语》,用喃文,内容引导实行敛殓、送葬等祭礼丧礼仪式,附有祭文、插图;卷之下名为《家礼问答》,用汉文,内容以问答形式论述家礼仪式。

3.《三礼集要》*Tam lễ tập yếu*

又名《仪礼集要》,阮甫(昭如)序于黎景兴壬寅年(1782),范甫(静斋)编辑于明命八年(1827)。

现存抄本四种:

馆藏编号 A.1915,高 28 公分,宽 16 公分,全书共八十七叶;

馆藏编号 A.1599,高 26 公分,宽 15 公分,全书共四十八叶;

馆藏编号 A.1281,高 31 公分,宽 19 公分,全书共六十伍叶;

馆藏编号 A.1013,高 29.5 公分,宽 20 公分,全书共七十四叶。

内容用汉文,有序文、志文、凡例,之后记载婚礼、丧礼、祭礼等仪式,附有请帖、寿帖、祭文等。

4.《寿梅家礼》*Thọ Mai gia lễ*

编者是胡嘉宾,海阳上洪府唐豪县人(今属越南兴安省),官至鸿胪寺班。撰写的年代大约 18 世纪中后期。现存印本 35 种,写本 5 本,分为三类:

第一类(一本),馆藏编号 AB.592,高 24 公分,宽 13 公分,全书正文共三十四叶,每半叶七行,每行大字二十四字,小字双行不等。内容只有祭仪部分而没有服制部分。内封书名刻在围匡内上方横刻"皇朝嘉隆十一年岁在壬申重刊"字样,下纵刻三列:

右列为"礼仪述古先贤意";左列为"文质明今厚孝心";中间列上方即书名"寿梅家礼",下方为"附录婚礼及祭神仪注并嫁娶祭丝红春首禳星百艺礼先师下田上田尝新祭神农岁周自灶当年迎送各文与占日时吉凶"。嘉隆十二年,即 1812 年（图 4）。

第二类（一本）,馆藏编号 AB.312,高 25 公分,宽 14 公分,全书正文共五十八叶,每半叶八行,每行大字二十一字,小字双行不等,白口,单鱼尾,左右双边。内封被撕去所以年代不详。卷端无书名、作者等项。

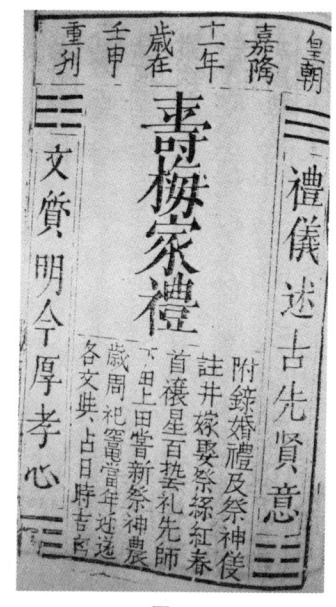

图 4

第三类（三十三本）,高 16 公分左右,宽 12 公分左右,全书正文共三十二页,每半页八行,每行大字二十一字,小字双行不等,包括：

（1）有文堂藏本（嗣德四年八月重刊-1851）：馆藏编号 VHb.117、VHb.192。

（2）阮文堂藏本（嗣德五年五月重刊-1852）：馆藏编号 ST.610。

（3）锦文堂藏本（嗣德九年正月重刊-1866）：馆藏编号 VHb.116。

（4）成文堂藏本（嗣德丁丑仲秋重刊-1877）：馆藏编号 VNb.128、VNb.185。

（5）盛义堂藏本（成泰丁酉仲秋重刊-1897）：馆藏编号 AB.89、VHb.109。

（6）观文堂藏本（成泰九年丁酉二月重刊-1897）：馆藏编号 VHb.114。

（7）聚文堂藏本（成泰九年丁酉重刊-1897）：馆藏编号 VHb.110、VHb.115。

（8）观文堂藏本（维新丙辰仲春吉日重刊-1916）：馆藏编号 VHb.112、VHb.113、VNb.188。

（9）盛文堂藏本（启定丁巳春重刊-1917）：馆藏编号 VHb.108。

（10）福安号藏本（启定庚申年春新刊-1920）：馆藏编号 VHb.106、VNb.136。

（11）富文堂藏本（启定辛酉年春新刊-1921）：馆藏编号 VHb.132、VHb.111、ST.22。

（12）福文堂藏本（保大戊辰年秋新刊 1928）：馆藏编号 VHb.104、VNb.186、VNb.187、VNb.190、VHb.82、ST.611。

（13）盛文堂藏本（保大三年仲秋重刊-1928）：馆藏编号 VHb.105、VNb.127、VNb.185、ST.38、ST.574。

（14）聚文堂藏本（保大乙卯年春新刊-1939）：馆藏编号 VHb.107、VNb.126。

内封有两类别：锦文堂藏本的内封书名围框内上方横刻"岁在丙寅新镌"字样，下纵刻三列，自右至左依次为"礼仪述古先贤意／寿梅家礼／文质明今厚孝心"（图5）；三十二本的内封书名围匡内纵刻三列，自右至左依次为"礼仪述古先贤意／寿梅家礼／文质明今厚孝心"（图6）。

图5　　　　　　图6

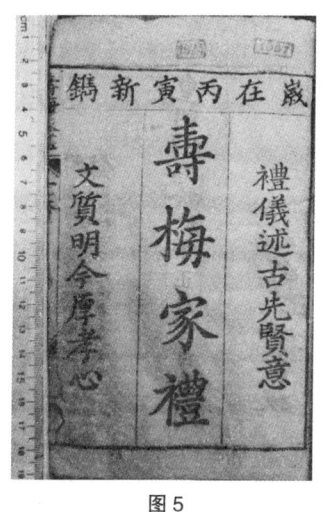

　　内容用喃文（喃文间有汉文），有序文，内容引导实行衾殓、送葬等丧礼仪式，其次记载丧服制度，包括九族五服制服、八母报服、为外族母党服、妻为夫党服、女出嫁为本宗服、为人后为所后服、为人后者为本生服、为朋友服等服制；附有祭文、祭神仪节、婚娶仪式，择日方法等。

5.《清慎家礼大全》Thanh Thận gia lễ đại toàn

　　编者是清慎先生。现存写本两本：

　　馆藏编号 A.1064，高 31 公分，宽 20 公分，全书共九十七叶；

　　馆藏编号 VHv.271，名为《黎贵惇家礼》，高 26 公分，宽 15 公分，全书共四九叶。内容大部分相同于《清慎家礼大全》，也包括行礼体式、仪节行礼、问答仪节、设铭旌法、题主法祭文等内容。因为《清慎家礼大全》卷端题"黎贵惇先生撰集"，所以后人误解这本书是《黎贵惇家礼》。其实,清慎先生只参考黎贵惇所撰的某一部家礼书,而黎贵惇与清慎先生是两个人(《清慎家礼大全》序末题"清慎先生年六十四集成会录",黎贵惇(1726-1784)只享寿五十八),因此《清慎家礼大全》不是黎贵惇撰写。

内容用喃文,有清慎先生所撰的序文,正文包括两卷:卷之一和卷之二。卷之一的内容主要记载礼仪(是黎贵惇所撰的丧礼祭礼等仪式,清慎先生是编辑人),附有祭文(有汉文、喃文的祭文)。卷之二内容"上记养生之质,下记事死之文",包括寿礼仪式,吉礼、凶礼等祭文(有汉文、喃文的祭文)。

6.《四礼略集》*Tứ lễ lược tập*

编者是裴秀岭(1794-1862)。撰写的年代是明命己亥年(1839)。现存写本二本:

馆藏编号 A.1016,高 30 公分,宽 19 公分,全书共二百十六叶;

馆藏编号 VHv.1166/1-4,高 28 公分,宽 16 公分,全书共三百六十一叶。

内容用汉文,序文和引文是裴秀岭于明命己亥年(1839)所撰,阮志亭于绍治元年(1841)所撰。正文包括五卷,记载冠礼、婚礼、丧礼、祭礼等仪式与考论。

7.《文公家礼存真》*Văn Công gia lễ tồn chân*

编者是杜辉琬(1815-1882)。撰写的年代是嗣德庚午年(1870)。现存写本一本,馆藏编号 VHv.272,高 30 公分,宽 18 公分,全书共六十三叶。

内容用汉文，卷端是杜辉琬于嗣德庚午年（1870）所撰的序文，正文包括：《文公家礼存真》从第二叶到第四十五叶，《家礼考正》从第四十六叶到第六十二叶，记载丧礼祭礼等仪式，附有插图，以杨慎《文公家礼仪节》为底本，寻求朱熹《文公家礼》的"存真"。

8.《阮氏家训》*Nguyễn Thị gia huấn*

编者是阮梅轩。撰写的年代是嗣德二年（1849）。现存写本一本，馆藏编号 A.2942，高 28.5 公分，宽 16 公分，全书共九十二叶。

内容用汉文，有阮梅轩于嗣德二年（1849）所撰的序文。主要内容是家训，第一卷记载命名、辨讳、家规、幼仪、女训等内容，第二卷记载祠堂、冠礼、昏礼、丧礼、葬礼、祭礼等内容，附有祭文。

9.《丧祭考疑》*Tang tế khảo nghi*

编者不详。撰写的年代是成泰六年（1894）。现存写本一本，馆藏编号 A.2370，高 25 公分，宽 13 公分，全书共八十九叶。

内容用汉文，以问答形式记述、考论丧礼祭礼的仪式，附有两篇祭文。

10.《丧礼备记》*Tang lễ bị kí*

编者不详。撰写的年代是维新五年（1911）。现存写本一本，馆藏编号 A.2227，高 30 公分，宽 20 公分，全书共九十七叶。

内容用汉文，记载丧礼祭礼仪式，附有服图；另外还有祝寿、贺婚的仪式。

11.《家礼略编》*Gia lễ lược biên*

编者、撰写的年代不详。陈氏所藏。现存写本一本，馆藏编号 A.2487，高 25 公分，宽 14 公分，全书共三十叶。

内容用汉文，第一部分为《古训》记载祠堂、斋戒、祭礼等论述；第二部分为《祭训》记载祭礼仪式以及元旦、端阳、中元等节的祭文。

12.《家礼杂仪》*Gia lễ tạp nghi*

编者和年代不详。现存写本一本，馆藏编号 VNv.456.

内容用汉文，包括第一部分是《家礼杂仪》（抄自《文公家礼仪节》卷八），第二部分是《太上感应篇》，第三部分是《文昌帝君阴骘文》，第四部分是《自训铭》。

卷末有"竹亭主人阮俊翁谨书于笈里"字样，但是竹亭阮俊翁（1562-?）只是《自训铭》的作者。

二、越南家礼书籍的一些特点

按照以上分析表，汉喃家礼书籍有如下特点：

第一，按在汉喃研究院所藏家礼书籍范围之内，若以版本数量为标准，则刻印版本占大部分，具体：

《家礼捷径》《胡尚书家礼》《寿梅家礼》三种刊本只占有 3/12 书籍总数量，但是占有 37/56 版本总数量。

19 世纪之前，由于当时越南印刻政策严厉且印刻费用比较贵，所以刊本较为少见。《家礼捷径》《胡尚书家礼》的刊本都是由朝廷

综述越南家礼书籍基本特点表

书 名	版本		内 容				丧 礼		论 述		文 字			撰写目的		
	刻印	写本	冠	婚	丧	祭	仪节	服制	直接	问答	喃文	喃文间有汉字	汉文	(1)	(2)	(3)
家礼捷径	1				×	×	×	×				卷二		×		
胡尚书家礼	2	1			×	×	×			×		卷上		×		×
三礼集要		4		×	×	×	×	×					卷下		×	×
寿梅家礼	34	4		×		×	×					×		×		
清慎家礼大全		2			×	×	×					×			×	
四礼略集		2	×			×	×		×				×		×	×
文公家礼存真		1		×			×	×	×				×		×	×
阮氏家训		1	×		×	×	×						×			×
丧祭考疑		1			×		×			×			×		×	
丧礼备记		1			×	×	×			×			×		×	
家礼略编		1		×	×	×	×						×		×	
家礼杂仪		1		×	×	×	×							×		
	37	19	2/12	4/12	10/12	9/12	10/12	4/12	3/12	4/12	0/12	4/12	9/12	3/12	7/12	6/12
56 版本			17%	33%	83%	83%	83%	33%	25%	33%	0%	33%	75%	25%	58%	58%

（1）最初目的是引导自己家庭/家族成员实行家礼，刊刻之后对风俗生活影响；（2）引导自己家庭/家族成员实行家礼仪式；（3）论述礼学。

许可刻印，具有官方性。从19世纪末到20世纪初，《寿梅家礼》的多种刊本出现，主要有两个原因：第一是越南阮朝印刷出版政策较为宽松，没有之前严厉，所以出版、印刷、发行等活动得到了发展，许多书坊在各地方出现。第二是《寿梅家礼》著作对越南人民生活的影响广泛，甚至对皇室礼仪的产生影响，从而民间中需求日增。

为了满足当时越南民众实行仪式的需求，从19世纪末到20世纪初，许多书坊刻印了《寿梅家礼》，刊刻的年代，集中在嗣德四年至保大十四年之间（1851-1939），如：河内有文堂（重刊1851）、河内阮文堂（重刊1852）、锦文堂（重刊1866）、成文堂（重刊1877）、盛义堂（重刊1897）、河内观文堂（重刊1897、1916）、聚文堂（重刊1897、新刊1939）、河内盛文堂（重刊1917、1928）、河内福安号（新刊1920）、富文堂（新刊1921）、福文堂（新刊1928）。各书坊之间存在相互配合或继承的联系，所以印刻和流行的活动更有顺利。

若以书籍数量为标准，则手写书籍占大部分（9/12书籍总数量），包括《三礼集要》《清慎家礼大全》《四礼略集》《文公家礼存真》《阮氏礼训》《丧祭考疑》《家礼略编》《丧礼备记》《家礼杂仪》，主要是家族范围中文献。

第二，刊本的印刻流行的目的是振兴风化或者满足民众实行礼仪的需求，所以家礼刊本的最高宗旨是为了使礼仪容易传达到民间底层。而汉文与民间底层之间还是存在相当大的距离。因此喃字和喃文通俗易懂，能够克服汉文的表达限制，成为表达家礼的工具，造成越南家礼书籍的特色。

实际上，从 19 世纪到 20 世纪初，《寿梅家礼》在风俗信仰生活中占有重要地位，但是《寿梅家礼》颇有平民性，所以不能满足具有传统儒学的家庭之要求。当时一些儒家学者认为《寿梅家礼》是"鄙俚无论"(杜辉琬《文公家礼存真·序》)、"遐学鄙陋"(阮文理《四礼略集·四礼摘集》)。因此传统儒教家族一般都有自己的礼仪指南，一些家族还有自己家礼手册。《三礼集要》《清慎家礼大全》《四礼略集》《文公家礼存真》《阮氏礼训》就是此种，有目的地教导自己家庭/家族成员进行家礼仪式。家族中家礼书籍就像一本礼仪剧本，编者是了解家礼的一位儒家，读者对象都是了解礼仪之人，所以其大部分是汉文书籍。因此，较之于喃文家礼书籍，汉文家礼书籍在总数量之中占有多数（75%）。

第三，汉喃家礼书籍主要有丧礼和祭礼的内容。在家礼书籍总数之中，丧礼祭礼书籍占有 83%，而其他礼仪书籍只占 33% 以下。

汉喃家礼著述有主要内容是丧礼仪式，此情况与越南人思想有关联。对越南儒家来说，撰写家礼著述还是重视丧礼仪式精神等事情就是报孝父母的表现。胡士扬《胡尚书家礼·国语解》说："仉濫猠得，油鼠库拱沛礼底麻报孝父母。"（喃文，意为：人们不管富贫，都要以礼报答父母）。因报孝目的而许多越南儒家在自己家庭遇到丧事之后常撰写家礼著述，如：胡士扬在《胡尚书家礼·家礼问答》中有说："戊寅年偶值父丧情深哀戚，因而推究。"杜辉琬在《文公家礼存真·序》中说："予昔年游宦，闻丧而奔，乐欲尝，敛欲见，俱已无及，呼天伤地，惟独礼耳，乃取礼径及古今家礼诸书，朝夕探讨。"阮文理在《四礼略集·四礼摘集》中说："余于戊寅年丁艰，尝袖朱礼问于盛烈裴先生，粗识礼意一二。"

第四，汉喃家礼书籍一般都将丧礼和祭礼拼合成为"丧祭"一个整体，如：《家礼捷径》《胡尚书家礼》《寿梅家礼》《文公家礼存真》等是典型著作，其丧礼和祭礼的内容不分篇，不单独成章，比如《家礼捷径》丧礼和祭礼的内容完全不分开，卷末再一次肯定："家礼丧祭捷径卷终。"甚至把丧礼编成祭礼一部分，比如《寿梅家礼》有主要内容是丧礼但是卷末题是"家礼祭仪集完"。杜辉琬在《文公家礼存真·序》中说"命男僚摘编文公丧祭二礼"，但是此书内容也把丧礼和祭礼整合成一卷，完全不分别篇章。

第五，除了记载丧祭礼仪内容之外，越南家礼书籍还有礼学论述的内容。实际上，越南家礼书籍大部分都含有论述礼学的部分，或者用问答形式（《胡尚书家礼》《丧祭考疑》），或者直接论述礼学（《三礼集要》《清慎家礼大全》《四礼略集》《文公家礼存真》），全部都是汉文，目的是服务儒学知识界的探讨礼学需求。此种著作明显反映越南儒家的礼学思想和经学能力，通过此部分不但了解越南家礼的理论问题而且可以加深了解越南礼学。

第六，越南家礼实践不存在冠礼，《三礼集要·志》云："冠礼今世不行惟婚丧祭通国所用。"《四礼略集·序》云："我南文献之邦，诸名家礼书婚丧祭者有之，而于冠礼缺焉。"但是出发于冠礼的价值，所以越南儒家知识界始终对冠礼论述极为重视，同时总是自觉保留冠礼文献。越南儒家的此行为不仅是单纯保留而且表示挽回儒教伦理道德的愿望，所以《四礼略集·序》说："四礼之中，冠在其首，譬犹四序之有春其可废而不讲之哉。"虽然如此，在现存汉喃家礼书籍体系之中只有《四礼略集》涉及冠礼价值和记载冠礼仪式。

三、越南家礼书籍的经学性与实用性

若说越南家礼书籍无经学性,是有点牵强的;但是若说越南家礼书籍有经学性,也有点不对。实际上,越南汉喃家礼书籍出发于越南经学活动,但是其最上的目的是超过经学目的范围。

相同于儒家传统经学,越南经学也以诠释经书为主,目的是使儒士容易接近经典。其表现形式之一是"节要""撮要"或者用喃字"演义""演音""演歌""解音"经典。

关于经典"节要""撮要",节要和撮要实际上是摘要、省约或经省略经文或经文注释,使儒士赶快领悟经书的主要意义,比如:《周礼注疏删翼节要》是《周礼》注释的摘要;《五经节要》《中学五经撮要》是五经内容的摘要等。按在汉喃家礼书籍范围之内,《家礼捷径》的"捷径"也相同于"节要",其表现是此书简略了《文公家礼仪节》的经文和注释。

关于经典"演音""演义",演音或演义等也是越南经学的表现方面之一。在此活动之中,喃字是解释经文内涵的工具,目的是容易传播儒家思想,同时在一定方面上可以越化儒家经典。越南儒家经学活动中的汉喃书籍(按在刻印版本范围之内)常有版本布局包括汉文经文和喃文诠释两部分,其中汉文经文大字印,位置在版本的上部分(天头下边)或者在诠释部分前边;喃文诠释小字印,位置在版本的下部分(地脚上边)或者在汉文经文后边。在"对译"这些书籍之中,可以一边通过喃文诠释一段使儒士容易接近经典,一边可以顺便将喃文诠释部分与汉文经文对比,不但让学者不陷入教条地解释经典的情况,而且启发学人加深了解经文。按在汉喃家礼书籍范围之内,《胡尚书家礼》《寿梅家礼》《清慎家礼大全》等喃文家礼书籍都用喃文解释家礼仪式,或多或少也出发于用喃文诠释经典的活动。其中《胡尚书家礼》有最显著的经学表现,此作品以《文公家礼仪节》为诠释对象,省略一些仪式之后,进行用喃字翻译撰写成一本喃文仪式。

家礼书籍编者都是儒学知识界,其中吴策谕、胡士扬还是儒学进士同时也是封建朝廷中官员,都出身于儒学科举,当然会接受儒家的接近经典方法。因此按在方法方面上可视,汉喃家礼书籍与越南儒家的经学活动完全不分开,因此汉喃家礼书籍或多或少也有经学性。

礼学是复杂的一个问题,连儒学知识界也不避免误解不少礼学问题。《胡尚书家礼·序》说:"亦或奥义弘深人所难晓。虽通经学古之士亦相矛盾于其间。此古人有聚讼之名也。"礼学与儒学知识界之间本有一定距离,当然礼学与平民阶层之间更有距离。而礼学还是助于管理国家的工具,礼学发展则社会生活各方面随着发展,同时管理国家之事也随着有机会发展。如此客观实践要求儒家经典特别是礼学经典必须"喃化",使礼学与平民阶层之间的差距可以逐渐缩小。不同于传统经学的基本目的是使儒士接近经典,"喃化"礼学经典特别是喃化家礼有相反目的,就是要求将礼学经典还是礼学思想接近平民阶层。因此可以说,按在方法方面上,汉喃家礼书籍虽然发出于经学活动,但是按在目的方面上,汉喃家礼书籍超过了经学目的范围,有实用性的表现。

按在17世纪家礼生活背景之中,家礼书籍的实用性与提高儒教道德运动有直接关联。实用性的内涵与经学性相反,经学的目标是接近经典的上层思想,服务对象是儒学儒士,和目的是使儒士"靠近"经典同时运用此上层思想来治理国家社会。在此关系之中儒士是主动的,经典是被动的。而实用性的目标是简化经典礼仪变成下层实用礼仪,服务对象是平民阶层,目的是使礼仪本属于经典,被易懂易行,日渐"靠近"民民阶层,从而使民众阶层提高儒教道德。在此关系之中,经典是主动的,民众阶层是被动的。

15世纪以后,儒教至少有两个优势:第一,黎初朝建立后,独尊儒学,政治社会各方面都建立于儒家思想;第二,由于儒学的发展,儒士阶层的数量与势力都上升,大部分乡村都有儒士,能够参加改造社会。虽然黎朝增强使用不少办法,其中有法定礼仪来建造儒教礼仪模型,但是实际上,儒教还未有突破工具来能够全面改变当时家礼状况。此限制使黎中兴时期礼仪陷入危机情况,其表现是礼仪未定型,不是佛教礼仪,更不是儒教礼仪,还出现迷信异端的现象。面对此状况,儒教知识阶层积极参考历代家礼文献,从中选择礼仪模型适合于越南社会实践。从而实用礼仪书籍有条件推动问世。

越南家礼书籍的实用性表现在两方面:

第一,实用性的参考文献。1419年,《文公家礼》和《性理大全》正式传入越南,或多或少影响到宫廷中丧礼。但是由于客观条件所以《文公家礼》不能广泛传播,对平民阶层中礼仪生活还未发生影响。到17世纪,通过文化交流、贸易交流或者通过多次岁贡,中国家礼文献有机会传入越南,同时越南儒家也有机会接近中国家礼文献。实际上,中国家礼文献虽然通过官方和非官方两路传入越南,但是数量也不多,礼仪典章文献只有《大明会典》《明集礼》,

单纯家礼文献只有《文公家礼》和一些家礼诠释书籍，比如：宋杨复《家礼附注》、明刘垓孙《家礼增注》、明丘濬《文公家礼仪节》、明杨慎《文公家礼仪节》、明王世贞《家礼或闻须知》。中国家礼文献大部分都重于经学性，而越南当时家礼背景要求寻求实用文献，才能有益于建造儒教家礼。从现有文献，越南儒家认为杨慎《文公家礼仪节》[2]是有最大实用性的家礼文献，从此以《文公家礼仪节》为建造家礼用于越人的基础。

杨慎《文公家礼仪节》是记载家礼仪节的著作。若《文公家礼》只单纯记载家礼大略仪式，则《文公家礼仪节》的每仪式都被具体化成先后仪节程序。此特点使《文公家礼仪节》有实用性，同时比其他著作有优势，被越南儒家用为建造家礼过程中的基本参考文献。汉喃研究院现在保存《文公家礼仪节》一版本，馆藏编码ST.4167，此事更肯定《文公家礼仪节》曾流行在越南，同时也可以肯定越南儒家曾参考此书。

第二，实用礼仪内容。越南家礼书籍主要有丧礼仪式内容。越南丧礼资料有两部分，包括仪节制度资料和丧服制度资料。

按在仪节制度资料之中，若将《家礼捷径》与《文公家礼仪节》对比则可知，吴策谕按照《文公家礼仪节》中仪节秩序而撰写成《家礼捷径》，但是吴策谕只巧妙选择一些仪节，主动省略非实用礼仪和注释部分。吴策谕的行为表明了中国家礼文献中注释部分对平民阶层有很少作用，同时也表示仪节部分对于当时家礼背景的实用性。

---

[2] 此阶段中，版本学的意识还未重视，所以《文公家礼仪节》版本、作者是丘濬还是杨慎等问题也还未被越南儒家关注。但是通过越南文献的考究，可以肯定越南儒家大部分都以杨慎《文公家礼仪节》为参考本。

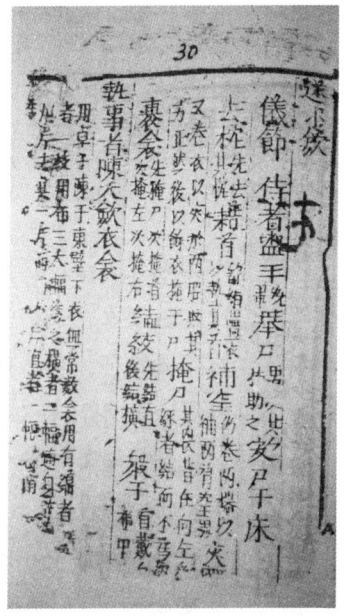

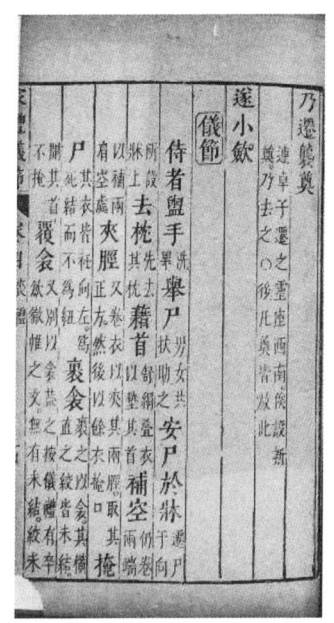

图7 《家礼捷径》"小殓仪节"　　图8 《文公家礼仪节》"小殓仪节"

　　类似《家礼捷径》中吴策谕的选择，胡士扬也选择了《文公家礼仪节》的仪节部分来撰写成《胡尚书家礼》。胡士扬也主动省略非实用的一些仪节。较之于吴策谕《家礼捷径》，胡士扬进一步，用喃文演义《文公家礼仪节》中仪节。

　　《文公家礼仪节》中仪节包括：第一级仪节、第二级仪节和第三级仪节。《胡尚书家礼》没有第一级仪节，同时第二级仪节和第三级仪节完全不分别，都被同行安排。其中，对于《文公家礼仪节》的第二级仪节，《胡尚书家礼》只接受57/176仪节总数量，占有32%；对于第三级仪节，《胡尚书家礼》只接受33/121仪节总数量，占有27%。在《文公家礼仪节》每仪节之中都有引导实行仪节的段话，但是《胡尚书家礼》只接受一小部分，具体：《胡尚书家礼》中引导实行仪节的喃文段话一共7000字，但是只有2000喃字是翻译自《文公家礼仪节》。

较之于中国家礼书籍，在丧服制度资料之中，越南家礼书籍中丧服制度资料有结构特征，它体现越南丧服制度资料的实用性。

丧服制度是越南家礼书籍的所谓"服制"。服制是居丧期间中关于服饰的规则体系，指死者的亲属按照其亲疏关系而穿戴不同丧衣服的规则，表示生者与死者之间血缘亲疏关系。一般来说，服制以服饰/丧服为标准而分成五等，包括斩衰、齐衰［齐衰三年、齐衰杖期（一年用杖）、齐衰不杖期（一年不用杖）、齐衰五月］、大功、小功、缌麻五等级，简称为五服。每个等都相应于一个或多个亲属关系，例如：大功服饰是女子为丈夫的祖父、祖母、伯父、伯母、叔父、为自己的兄弟，都服之。丧服制度在礼学之中有重要地位，总是为历代学者所重视、注解，例如元龚端礼《五服图解》、清吴嘉宾《丧服会通说》（中国）、无名氏《五服图说》（越南）。

中国服制资料常以服饰为标准，以下简称为"服饰服制"，每

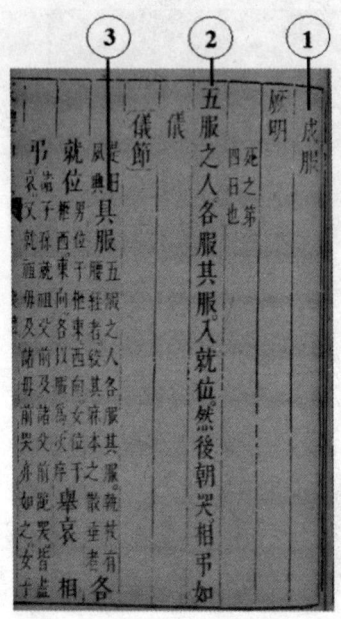

图9 《文公家礼仪节》中仪节包括：
（1）第一级仪节
（2）第二级仪节
（3）第三极仪节

一个"服饰"相当于一个或多个服序，结构分成：1）斩衰；2）齐衰三年，齐杖期，齐衰不杖期，齐衰五月，齐衰三月；3）大功九月；4）小功五月；5）细麻三月。中国服制资料，例如《文公家礼》《文公家礼仪节》《大明会典》等书籍都用服饰服制此类。评价中国服制资料，清崔述（1740-1816）在《五服异同汇考·凡例》中有云："礼经服制皆以服分之服同者为一章后世作者率多沿之。"

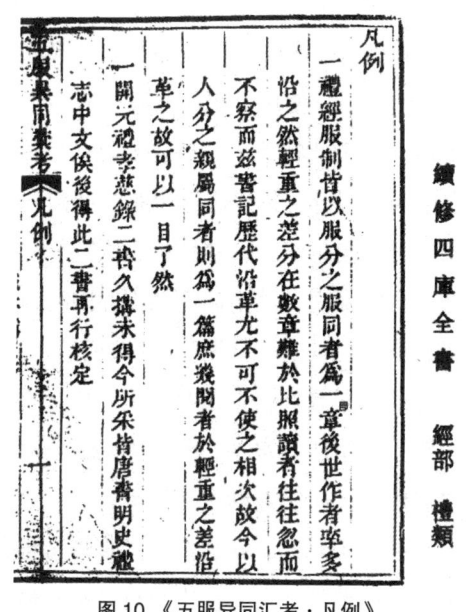

图10 《五服异同汇考·凡例》

较之于中国服制资料，越南服制资料常以服序为标准，以下简称为"服序服制"，每一个"服序"相当于一个服饰，结构分成：1）为高祖服；2）为曾祖服；3）为祖行服；4）为父行服；5）为同行服；6）为子行服；7）为孙行服；8）为曾孙行服；9）为玄孙服；

10）为宗人服；11）八母报服；12）三父八母制服；13）外族母党服；14）妻为夫党服；15）夫为妻服；16）妾为君族服；17）女出嫁为本宗服；18）为伧服；19）为人后者为所后服；20）诸人后者为本生服；21）为朋友服；22）师不制服。

若服饰服制还重于典章性，与刑律有直接关系，目的是通过丧服可以辨别亲疏关系，各关系之间的相当度，从而确定民事关系中一个人的责任。但是因这个性质而服饰服制没有实用性，在实行丧服制度的时候难以查出自己丧服。而服序服制以服序为标准，容易查出自己丧服，当然会易于使用。服序服制资料易于使用但是也不能否认它的刑律性。出于此特点，《家礼捷径》《寿梅家礼》等广泛流行家礼书籍之中服制部分总是以服序服制的结构为固定模型。

按在内容方面上，越南家礼书籍的实用性体现在以易懂易行为重的始终观点。具体来说，越南儒学知识界同时也是封建国家官员主动省略了经典仪节，其次曾强用喃文演讲引导实行每个单独礼仪，同时把儒教传统的服制资料结构改成新结构，符合于越南当时家礼实践，适合于平民阶层的水平。此行为的首先目的是无条件服务平民阶层，之后使平民阶层逐渐习惯儒教家礼，最后是平民阶层自然地接受儒教家礼。实际上，封建国家的管理者也获得了预期的结果。此结果的明证体现于社会生活中流行家礼书籍的数量。基于供求规律，因有用于平民阶层，《寿梅家礼》被许多书坊先后刻印，有的书坊曾多次重刻，及时满足社会需求。据此可见，当时儒家的行为与实学性有点相同，毕竟只是寻求解决社会问题的改革方案。其实，若按从管理国家位置的角度，则越南家礼书籍有实学性，但是若从使用家礼书籍的人，具体是平民阶层的角度，则越南家礼书籍的实用性还大于实学性。结果就是双方都有利益,管理国家方达到了提高儒教道德的要求,有助于管理民众之事;家礼被"仪节化",风俗生活更丰富而平人阶层方就是享受对象。

结论

越南家礼书籍是儒教家礼形成过程中的核心工具。越南的第一本家礼书籍问世于17世纪。到20世纪初,越南家礼书籍发展成体系,有总共12个作品,主要内容是丧祭。

按在越南家礼书籍体系之内,撰写目的与特点和特征有密切关系,其中目的直接影响到版本文字等特点,同时造成越南家礼书籍的特征。越南家礼书籍有目的是引导平民阶层实行礼仪,所以要求易懂易行,因此广泛印行的书籍都以喃文为主导。虽然如此,按在汉喃家礼书籍体系,大部分是儒学传统家族范围中流行的引导实行礼仪手册,所以都用汉文记载。因此越南家礼书籍随着目的而使用相应文字,同时全面而说,越南家礼书籍还以汉文为主。

汉喃家礼书籍中礼仪被越南平民阶层使用当且仅当满足必须条件是不超过儒教经典的理论范围,和充分条件是不离开社会生活实践和不超过平民阶层的认识能力。因此汉喃家礼书籍虽然有经学性,但是实用性似乎越过经学性,成为主导特征,同时使经学性变得模糊和不再是汉喃家礼书籍的基本特征。

总之,客观实践是推动喃文家礼书籍问世的根本原因,形成汉喃家礼书籍体系的基础,成为其特有之处。反之,汉喃家礼书籍问世之后都带着社会功能,不但是形成越南儒教家礼的基础,而且成为改造风俗生活和提高儒教社会道德的工具,推动回客观实践。就是说,客观实践、儒教家礼和汉喃家礼书籍之间的关系就像一个弹簧的圆圈,而每个都是另一个的原因和结果。因此,汉喃家礼书籍是客观现象,也有一定发展规律。经过250年发展,有些汉喃家礼书籍仍然存在,另外一些却转成国语版本,这与客观实践、当代家礼发展是同一发展过程。

后　记

　　现在想来，颇感庆幸的是，在"新冠疫情"弥漫全球并由此阻断了国际学术界正常交流的大约半年之前的2019年6月，我们召开了一个"东亚礼学与经学国际研讨会暨上海儒学院第三届年会"的学术研讨会。会议的主办方是复旦大学哲学学院、上海儒学院以及上海市儒学研究会，而与会者则有来自大陆、港台两岸三地以及美、日、韩等国家地区的学者共70余位。在会议筹办之初，我们曾担心以"东亚"为视域，并同时涉及"经学"和"礼学"这两大学术领域，能否得到各方学者的支持？抑或是否是邀请方的一厢情愿而徒增被邀请者的困惑？结果证明这种担心是多余的，因为此次会议收获了多层意义上的成功。

　　概言之，成功的意义主要体现为三个方面的收获：其一，中国传统的知识形态是以各种经史典籍为载体的，对这些经典进行疏解和阐释乃是传统学术研究的主要任务之一，而在中国哲学"学科"领域将儒家经典纳入自身的研究范围，这是一件理所应当的事情，因此，我们有必要正视经学研究在中国哲学领域的正当性，举办此次会议的目的之一就在于推动中国哲学领域内的经学研究。其二，儒家经典之学涉及历史、制度、语言、哲学等各种文化思想领域，在现代"学科"的体制下，传统经学大有被分割成文史哲不同专属学术领域之势，如何让不同门类的人文研究视域得以互相交汇，共同推动中国人文学的学术交流，这是举办本次会议的另一学术企望。其三，以典籍为载体的儒家思想文化在历史上表明，它具有跨地域、跨文化因而也具有相应的跨时代的重要特质，本次会议主要聚集于《朱子家礼》在近世东亚的日本、韩国及越南等地域得以传延、流播乃至创造、转化等文化现象，我们称之为"家礼学"现象，与会学者不受自身国别的限制而对不同地域的"家礼学"展开了深入探讨，推进了跨文化的"家礼学"研究。

以上是我们对本次会议的几点收获的主观感受，至于其"客观效应"如何，则有待于大家对本论文集的批评指正。

最后，按照惯例，要说几句感谢的话。复旦大学哲学学院对会议的召开以及论文集的出版提供了大量资助，哲学学院的中国哲学学科各位同仁给予了有力的支持，在此一并表示衷心的感谢！对于会议志愿者的各位博士生以及参与论文集整理的各位同学，也要表达谢意！当然，最应该致谢的是来自世界各地的诸位学者，由于你们的努力，为中文学界奉献了一份东亚地域经学与家礼学的学术新成果。

编者
2022 年 1 月 18 日

图书在版编目(CIP)数据

视域交汇中的经学与家礼学/吴震,郭晓东主编.--上海:上海古籍出版社,2022.3
(复旦哲学.中国哲学丛书)
ISBN 978-7-5732-0225-3

Ⅰ.①视… Ⅱ.①吴… ②郭… Ⅲ.①经学-文集 ②礼仪-中国-文集 Ⅳ.①Z126.27-53 ②K892.9-53

中国版本图书馆CIP数据核字(2022)第005376号

视域交汇中的经学与家礼学

吴　震　郭晓东　主编

上海古籍出版社出版发行

(上海市闵行区号景路159弄1-5号A座5F　邮政编码201101)
(1) 网址：www.guji.com.cn
(2) E-mail：guji1@guji.com.cn
(3) 易文网网址：www.ewen.co

印刷　启东市人民印刷有限公司印刷
开本　890×1240　1/32
印张　32.75　插页5　字数729,000
印数　1—1,100
版次　2022年3月第1版
　　　2022年3月第1次印刷
ISBN 978-7-5732-0225-3/B·1247
定价：138.00元
如有质量问题,请与承印公司联系